*Is Democracy Working in Japan
after the Political Reform?*

小林良彰
制度改革以降の日本型民主主義
選挙行動における連続と変化

木鐸社

〔シリーズ21世紀初頭・日本人の選挙行動〕

序文

　投票行動の研究には、普遍性、固有性、歴史性が詰まっている。
　民主主義を標榜する体制では、投票はほぼ普遍的に見られるシステム運営の方法である。それは政治参加のもっとも一般的な手段であり、また世論の重要な露頭でもある。しかも制度設計が結果に大きく影響するため、投票による民意の代表のあり方を巡って論争が絶えない。つまり社会的な重要度が著しく高い。
　一方、個々の投票の機会には、著しい固有性が存在している。本シリーズがカバーしている2001年の参院選、2003年の衆院選、2004年の参院選、2005年の衆院選は、いずれも小泉政権下の国政選挙であるが、それぞれで展開されたドラマも政策の争点も、みなユニークである。2001年には誰もまだ小泉旋風を体験しておらず、「自民党をぶっ壊せ」という主張の破壊力は見えていなかった。2003年にはマニフェストが全く新しい焦点となった。2004年は萎む期待の政治の中で戦われ、2005年には郵政民営化争点をめぐって賭に出た首相に多くの有権者が反応する選挙となった。
　この固有性は換言すれば歴史性でもある。アメリカの大統領選挙の全国調査が既に半世紀以上にわたって継続され、それだけで計量的手法による現代政治史研究が可能となったように、我が国の投票行動研究でも近未来にそれが可能になるだろう。じっさい、本研究は日本人の投票行動についての過去の研究資産を多く引き継いでいる。手元には1976年JABISS調査、1983年JES調査、1993−96年JESⅡ調査、そして2001−2005年JESⅢ調査という30年近いデータの蓄積が既にある。
　このように普遍性、固有性、歴史性という三つの視点を現時点でより具体化させる形で、本シリーズ『21世紀初頭・日本人の選挙行動』は執筆された。選挙制度の変更が定着し、加えて行政改革の結果として首相権限が強化された状況下で、出自の自民党に反旗を翻すようなスタンスを取り、その反響のどよめきにも乗る形で未曾有の支持を獲得し続けた首相による4度の国政選挙では、何が生じていたか。21世紀という時代の区切りと同期するように、日本人の選挙行動は変化したのか、変化を望んだのか、あるいはどのような新しい特徴が生じたのか、そうした固有性、歴史性を踏まえつつ、われわれは検討を進めた。一方で普遍性という視点からは、政治のリアリティの構造、

政治参加のあり方，投票の階層性や政治的な対立軸の変容，民主主義のインプットとアウトプットにおける機能の検証にも各巻の執筆は重きを置いた。シリーズの三冊は以下のように題される。

池田謙一『政治のリアリティと社会心理：平成小泉政治のダイナミックス』
小林良彰『制度改革以降の日本型民主主義
　　　　　：選挙行動における連続と変化』
平野　浩『変容する日本の社会と投票行動』

　各巻著者の三人は，文部科学省科学研究費特別推進研究（平成13－17年度）「21世紀初頭の投票行動の全国的・時系列的調査研究」のメンバーであった。このプロジェクトの概要は池田の巻の1章に説明されているが，小泉の国政選挙を全てカバーし，しかもそれを基本的に同一の有権者を対象としたパネル調査を行ったもので，2003年の統一地方選挙まで含めて計9回の全国調査を実施している。そのうち7回までは訪問面接調査であり，7回全てに回答した有権者（回答者）は537名，6回以上の回答者1,064名，5回以上の回答者1,352名という大調査であった。そのデータセットは2006年度末に公開する運びになっているが，本シリーズはこれに大きく依拠しつつ，さらに投票・政治参加やメディアの情報環境に関する外部データ，行政的・経済的・社会資本的な諸指標，選挙運動関連資料までを結合させることで多くの知見を引き出している。

　また，公開のデータセットは次の四つの国際的スタンダードを満たしており，前JESⅡプロジェクトも狙った研究界への貢献をよりいっそう発展させようと願っている。

　　1．重要な国政選挙のカバー
　　2．全国レベルのサンプリング面接調査
　　3．パネル調査および時系列的な調査の継続
　　4．英語版の公開と国際比較研究への開放

　1，2，3の点は調査の仕様としてすでに実現されている。また第4の点については調査データの英文版の公開のみならず，2001年には調査票の設計でアメリカの代表的な投票行動研究NESと比較可能な部分を多く設定し，2004年には50カ国以上にまたがる国際比較政治体制プロジェクトの第2波（CSES 2）の調査項目群のデータを取得・公開するなど，日本人の選挙行動が国際比較の視点から十分に位置づけられるよう工夫している。

国際比較の点で，日本のデータはじつはたいへんに「おいしい」。アジアにおいて60年の歴史を持つ日本の戦後の民主主義が，西欧で生まれた民主主義についての仮説の恰好の実験場になりうるからである。同じ民主主義についての仮説が西欧にも，またそれと異なる文化・社会の日本にも当てはまるとすれば，それはその仮説の妥当性を著しく高めるであろう。当てはまらないとすれば，いったいそれは何が原因なのか，日本という固有の文化のためなのか，日本の政治制度のゆえなのか，アジア的な何らかの特徴に淵源があるのか，数々の仮説をさらに誘発するはずである。こうしたことを通じて，日本のデータに関心を持つ海外の研究者がさらに増えることをわれわれは願っている。

　最後になるが，JES Ⅲプロジェクトが可能となったのは多くの方々のおかげである。5年にわたる科学研究費の取得，追加を可能にしてくださった文部科学省と審査員の方々，調査の実査を担当した中央調査社，なかんずく直接の担当者であった山中博司さん，そしてJES Ⅱやそれ以前のプロジェクトから多大のご指導をいただき，また一方では同僚でもあった綿貫譲治先生，三宅一郎先生，蒲島郁夫先生には，特に記してお礼を申し上げたい。そしてシリーズの三巻本の出版を快諾してくださった坂口節子さんには頭が上がらないことを告白しておこう。この分野における彼女の貢献たるやまことに大である。

　　2006年10月

　　　　　　　　　三四郎池に遅れた秋の気配を感じつつ
　　　　　　　　　　シリーズを代表して　　池田謙一

目 次

第一部　制度改革以降の政治状況

第1章　日本の有権者意識の特徴と政治改革以降の投票行動 …………11

第二部　プロスペクティヴ・ヴォーティング（将来期待投票）

第2章　選挙公約の形成と変化
　　　　―選挙の際に有権者に何が提示されているのか？― …………47

第3章　選挙公約の効果
　　　　―選挙公約は選挙結果に影響しているのか？― ………………87

第4章　将来期待と争点態度投票
　　　　―有権者は選挙の争点を通じて民意を負託できているのか？― 107

第5章　ダイアメトロスモデル
　　　　―日本型投票行動の数理モデル― …………………………………131

第三部　リトロスペクティヴ・ヴォーティング（業績評価投票）

第6章　業績評価の形成と変化
　　　　―有権者は政府の業績をどのように評価しているのか？― ……155

第7章　回顧評価と業績評価投票
　　　　―有権者は業績評価を通じて民意を反映できているのか― ……171

第四部　制度改革と日本型民主主義

第8章　投票行動の決定要因
　　　　―選挙を通して民主主義が機能しているのか？― ………………223

第9章　ポークバレルポリティクス
　　　　－民主主義の機能不全は改善されたのか？－ ……………263

第10章　市民社会のための制度改革
　　　　－どうすれば民主主義の機能を回復することができるのか？－　285

参考文献 ……………………………………………………………304

あとがき ……………………………………………………………328

abstract ……………………………………………………………331

索引 …………………………………………………………………332

第一部

制度改革以降の政治状況

第1章

日本の有権者意識の特徴と政治改革以降の投票行動

1 はじめに

　第二次世界大戦後，わが国も民主化の道を歩み，民主主義と言われる制度の構築が進められてきた。その結果，今日の日本の市民は「多様な情報源」や「投票の自由」，「政治指導者が民衆の支持（投票）を求めて競争する権利」，「公職への被選挙権」という「民主主義を保障する制度的要件」（表1－1）を手中に収めるに至った[1]。しかしそれにも拘わらず，わが国において「自分達のことを自分達で決定する」原理としての民主主義を実感している市民は多くない。例えば，世界各国の市民を対象に行った国際市民意識比較調査[2]によると，「民主主義に対する満足度」に対して，日本の市民で「満足して

表1－1　R. ダールにおける「ポリアーキー」の基本原理と条件

原理	市民が以下のような機会を持つこと	以下のような制度上の保障が必要
1．同意 2．政治的平等	1．選好を形成する 2．選好を表現する 3．政府の対応において選好が平等に扱われる	1．多様な情報源 2．表現の自由 3．投票の自由 4．自由かつ公正な選挙 5．政治的指導者が民衆の支持（投票）を求めて競争する権利 6．公職への被選挙権 7．組織を形成・参加する自由 8．政府の政策を，投票あるいはその他の要求の表現に基づかせる諸制度

　1　Robert A. Dahl, *A Preface to Democratic Theory*, University of Chicago Press, 1956. Robert A. Dahl, *Polyarchy*, Yale University Press, 1973. Robert A. Dahl, *On Democracy*, Yale University Press, 1998 などを参照。
　2　国際市民意識比較調査は，平成15～19年度文部科学省21世紀COEプログ

いる」と回答した人の割合は50％しかおらず,「不満である」と回答した人の割合が42％に上っており,他国と比べて「満足している」市民が少ないことがわかる（図1－1）。さらに近年,折角,手に入れた「市民参加の機会」を放棄し,選挙の際に棄権する市民が少なくないことも懸念されている。

　こうした状況に対し,「日本の民主主義は有権者が自分達で獲得したものではなく,戦後,上から与えられたものであり,まだ市民としての意識が十分に成熟していない」と述べる者がいる。つまり,日本の市民が,他国の市民に比べて政治に関心を持っていないのではないかという批判である。しかし,実際に日本の市民の政治意識を調べてみると,こうした批判が妥当しないことが明らかになる。例えば,韓国や欧州各国の市民に比べて,日本人の政治関心はむしろ高いレベルにあり（図1－2）,政治や行政について様々な質問をしてみると,日本の市民の政治的知識度はドイツや米国よりは低いものの,イギリスやイタリアよりも高いレベルにあることがわかる（図1－3,図1－4）。つまり,他の主要国に比べて政治関心が高く,政治的な知識につ

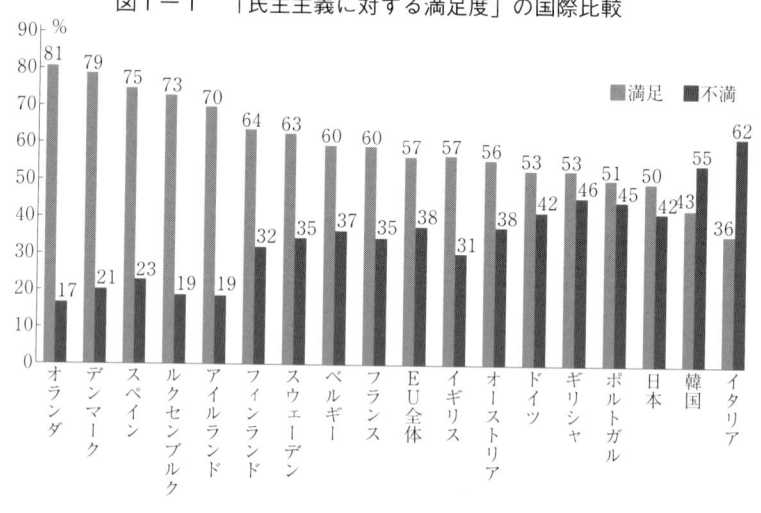

図1－1　「民主主義に対する満足度」の国際比較

ラム「多文化多世代交差世界の政治社会秩序形成－多文化世界における市民意識の動態－」により慶應義塾大学多文化市民意識研究センターが平成15年度,平成16年度,平成17年度に行った調査データに,ユーロバロメーター調査ならびに世界価値観調査の結果と比較して作成したものである。

図1－2 「政治関心」の国際比較

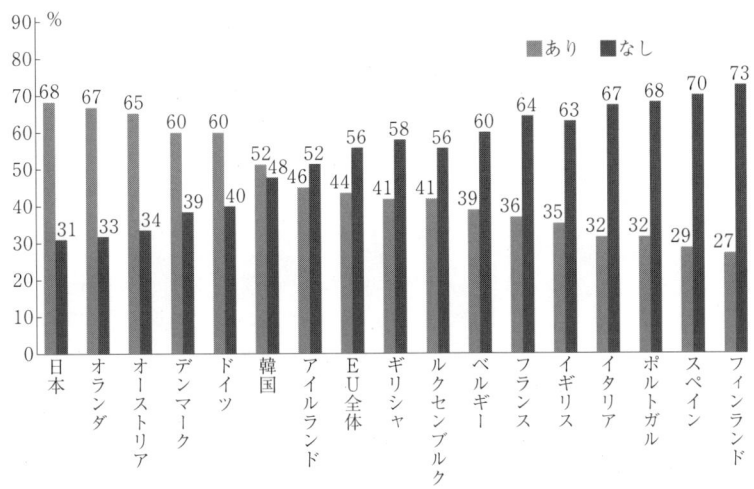

図1－3 「政治的知識度（政治）」の国際比較

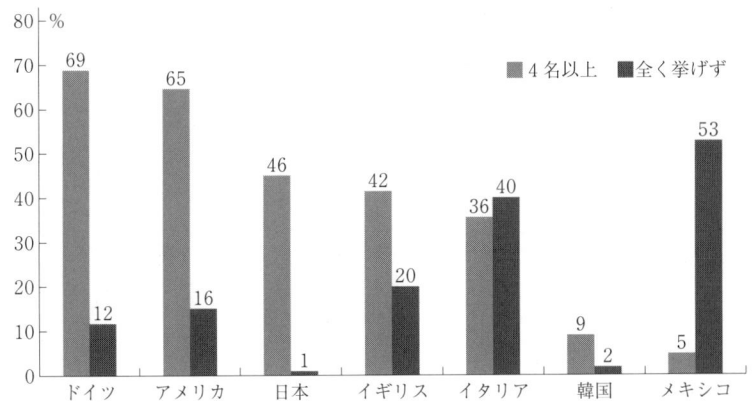

いても決して引けをとっているわけではないのが日本の市民の特徴である。
　しかしながら，このように「政治関心が高」くて「政治に関する知識もある」にも拘わらず，日本の市民が政治に対して積極的に参加しているのかと言えば，残念ながら，答えは「否」と言わざるを得ない。例えば，選挙における投票率が高くないことに加えて，日本の市民で「日常，政治について家族や友人と頻繁に議論する」人はわずか5％しかおらず，「時々，議論する人」

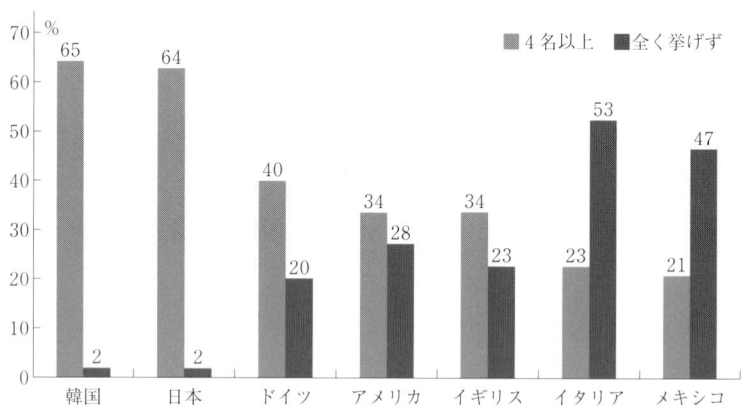

図1−4 「政治的知識度（行政）」の国際比較

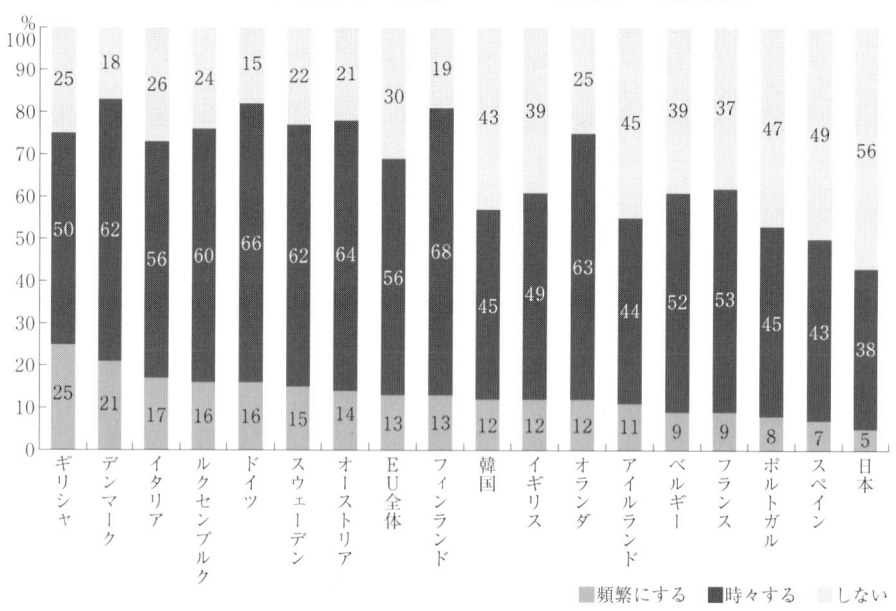

図1−5 「政治参加（政治についての議論）」の国際比較

も38％に留まっている（図1−5）。これは先進諸国の中で最も低い値であり、如何に日本の市民が政治について積極的に関わろうとしていないのかがわかる。いわゆる「傍観者民主主義」と呼べる現象である。

そこで，その理由がどこにあるのかを分析してみると，「自分が政治に関わる（具体的には，投票したり，友人・知人と議論したりする）ことで，政治が良くなると思うかどうか」という「政治的有効性感覚」が少ない点にあることがわかる。つまり，日本人の政治的有効性感覚が他国に比べて低い値を示していることから（図1－6，図1－7），政治に対する関心や知識はあるものの，自分が積極的に関わっても政治が良くなるわけではないという気持ちが，日本の市民に強くみられるわけである。

換言すれば，日本では「制度」としての民主主義は整っていても，現実には民主主義を実感することができず，民主主義の制度が機能不全を起こしていると言っても誇張ではないであろう。さらに，このようにわが国にみられる「民主主義の機能不全」という現象は，他国においても大なり小なり見られる現象であり，こうした状況を踏まえて2006年に行われた世界政治学会

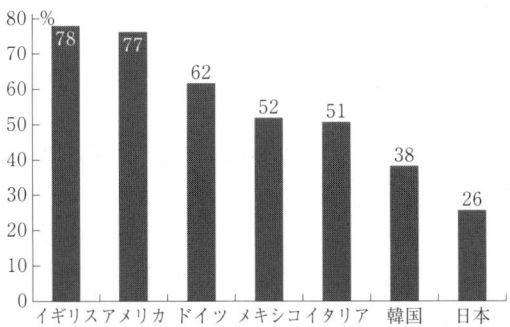

図1－6　「政治的有効性感覚（国）」の国際比較

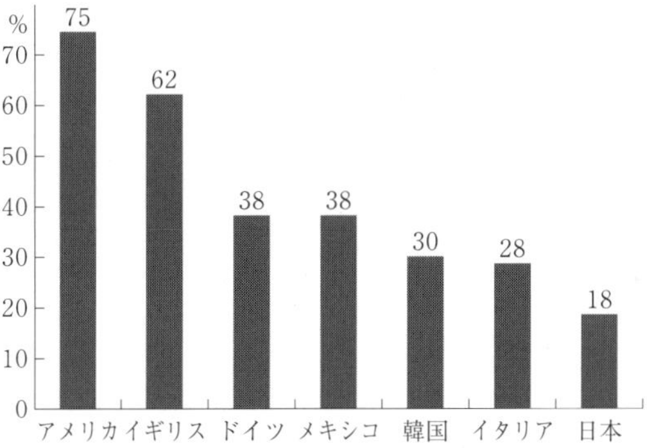

図1－7　「政治的有効性感覚（地方）」の国際比較

(IPSA：International Political Science Association）大会でも，「Is Democracy Working?（民主主義は機能しているのか？)」をメインテーマとして世界各国から史上最多の政治学者を集めて討議が行われた。

　言うまでもなく，民主主義という同じ制度を導入しても，それがうまく根付く国々もあれば，そうではない国々もある。したがって，各国における制度をみるだけでなく，民主主義の主役である市民の意識を分析することで，各国により良い民主主義をもたらすための要件やそれを阻害する要件を解明することが，政治学において重要な課題であると言わざるを得ない。こうした問題意識に従い，筆者は55年体制が始まった1955年から中選挙区制による最後の衆院選挙が行われた1993年までの期間における日本の民主主義の問題点を分析し，どのような政治家の合理性がみられ，また何故，選挙という代議制民主主義を通してその問題が解決されないのかを以前に明らかにした（拙著『現代日本の政治過程－日本型民主主義の計量分析』東京大学出版会，1997年）。本書では，その後，これらの問題を解決するために行われた1990年代の政治改革および小選挙区制を中心とする並立制導入などの改革によってわが国における民主主義がどの程度改善されたのかを明らかにするための分析を行った。特に，並立制下で行われた最近の国政選挙に際してみられる有権者意識とその変容を分析し，有権者の視点に立ってわが国における民主主義がどのように機能しているのかを解明することで，民主主義をより良く機能させるための鍵を探りたいと考えている。

　なお，本書では，代議制民主主義の「擬制」に関する前提に基づいて議論を進めている。それは，わが国のような大勢の有権者がいる社会においては全員が一堂に会することが現実には不可能であるため，代議制民主主義を採用せざるを得ない。そして，代議制民主主義においては，本来的には，選挙において候補者が提示した公約の中から，有権者が自分の争点態度に最も近いものを選択して投票することで，自分の民意を負託することになるはずである。さらに，選出された政治家により構成される議会の決定に基づいて行われる行政サービスや負担に対する評価は，次の選挙における投票の際に考慮されることになる。こうした一連のつながりによって，有権者が「自分達で自分達のことを決定する」という民主主義を実感できるようにするのが代議制民主主義において想定されていることである。本書では，こうした代議制民主主義の理念が現実の日本において，果たして機能しているのかどうか

を明らかにすることを目的としている。

2　本書の概要

　本書の具体的な構成は，まず第1章「日本の有権者意識の特徴と政治改革以降の投票行動」で日本の市民意識の特徴を論じた後，並立制導入以降に行われた最近の国政選挙に際して実施された意識調査に基づいて，有権者意識や投票行動にどのような変化が生じているのかを明らかにするとともに，政治改革以降の国政選挙の概略について述べておくことにしたい。第一部「制度改革以降の政治状況」では，本書全体において解明すべき被説明変数を明確にすることが目的である。

　次に，第二部「プロスペクティヴ・ヴォーティング」（将来期待投票）では上記の問題設定に対し，様々な市民意識のうち，プロスペクティヴな側面から説明を試みることにしたい。つまり，選挙に際して提示された候補者の公約に基づいて有権者としての市民が投票行動を決定しているのかどうかを明らかにし，有権者が自分の争点態度に最も近い候補者を選ぶという代議制民主主義の「擬制」が果たされているかどうかを検証するのが第二部の目的である。具体的には，第2章「選挙公約の形成と変化」で最近の国政選挙における候補者の公約を内容分析し，有権者に「選択肢として何が提示されているのか」を明らかにする。つづいて，第3章「選挙公約の効果」では第2章で明らかにされた公約が候補者の選挙結果にどのような効果をもたらしているのかを分析し，マクロレベルにおける両者の関連を明らかにする。さらに，第4章「将来期待と争点態度投票」では，市民意識における将来期待が彼らの投票行動にどのように影響しているのかをみることで，市民意識というミクロレベルにおける公約と選挙結果の関連を解明することにしたい。第5章「ダイアメトロスモデル」では，第4章で計量的に明らかにされた関連に基づいて数理モデルを構築し，分析結果をより一般化して提示する。この作業は，従来，米国における政治の実態に基づいて構築されていた政治現象の数理モデルに内在する米国依存バイアスに対し，わが国の政治の実態に基づいて構築された数理モデルを提示し，両者を超えたメタ数理モデルを構築する契機としたい。

　第三部「リトロスペクティヴ・ヴォーティング」（業績評価投票）では，前述の代議制民主主義の擬制のうち，有権者が自ら選んだ政府の行動に対する

評価に基づいて投票行動を決定しているのかどうかを明らかにすることが目的である。このため第三部では，業績評価というリトロスペクティヴな側面から有権者の投票行動を解明する。まず第6章「業績評価の形成と変化」では，有権者はどのような業績評価を行っているのか，またその業績評価がどのように変化しているのかを明らかにする。つづく第7章「回顧評価と業績評価投票」では，第6章で明らかにされた業績評価が有権者自身の投票行動にどのような影響をもたらしているのかを解明する。第二部と第三部における一連の作業を通じて，わが国における代議制民主主義の「擬制」を計量的に分析し，その実態を描くことが目的である。

最後に，第四部「制度改革と日本型民主主義」では，わが国における民主主義がより良く機能するための制度改革について考えたい。まず，第8章「投票行動の決定要因」では，争点態度や業績評価がどの程度，有権者の投票行動と有意な関連をもっているのかを明らかにする。このことにより，1990年代の政治改革で想定したような政策論争が起きてプロスペクティヴな意味で民主主義の機能が回復するようになったのか，あるいは政府に対する有権者の業績評価が投票行動と関連をもつことでリトロスペクティヴな意味で民主主義の機能が回復するようになったのかを実証的に解明する。また，第9章「ポークバレルポリティクス」では，1990年代の政治改革以前に問題となっていた「票と補助金の交換システム」が政治改革以降，どのように変わったのかを分析する。つまり，これら二つの章を通して，1990年代に行われた政治改革が日本の民主主義にどのような効果をもたらしたのかを明らかにしたい。そして第10章「市民社会のための制度改革」では，今後に残された問題を改善するための施策について提言する。これらの作業を通して，われわれがより良い民主主義を実感できるようになれば幸いである。

なお，本書の分析に用いたデータは，主に，平成15～19年度文部科学省21世紀COEプログラム「多文化多世代交差世界の政治社会秩序形成－多文化世界における市民意識の動態－」(21COE-CCC)実施調査および平成13～17年度文部科学省科学研究費特別推進研究「21世紀初頭の投票行動の全国的・時系列的調査研究」実施調査である。このため本書で分析の対象とするのは，主に統一した設問で調査を行った2001年参院選，2003年衆院選，2004年参院選，2005年衆院選であり，それ以外の国政選挙については比較対象として随時，分析に加える。また，1995年参院選と1998年参院選については，

争点態度の設問が少ないため本書の分析から除外することにした。

3　55年体制以降の有権者の政治意識と投票行動

3-1　55年体制以降の政治状況

　ここで，55年体制末期の1980年代末から現在に至るまでの国政選挙を，リアルタイムで体験していない読者のために，簡単に振り返ってみることにしたい。まず「リクルート，消費税，農政」の3点セットで争われた1989（平成元）年参院選と1990年衆院選では，有権者は与党に対する社会党や（政党としての）連合による批判に自分たちの「政権政党不信」を重ね合わせて期待をした。しかし，1989年参院選や1990年衆院選で社会党が大勝したものの，社会党議員が絡むパチンコ疑惑問題が生じ，消費税もなくならなかった上に，自民党による補助金農政に代わりうる独自の農業政策を求められても，結局は従来と大差のない補助金農政しか提示できなかった。つまり，政権政党に対する野党の批判は鋭くても，政権政党に取って代わるほどの政権担当能力を示すことはできなかったわけである。このため，1992年参院選と1993年衆院選では，「与党だけでなく，野党もダメ」という「既成政党不信」が高まり，有権者は新しく誕生した日本新党や新党さきがけ，新生党に期待した。

　その結果，3新党は1993年衆院選で3党合わせて100議席を獲得して国会内でのイニシアティヴを握り，細川護煕非自民連立政権を発足させて55年体制に終止符を打った。ところが，スタート当初は人気の高かった細川政権も，肝心の日本新党や新生党が「それまで批判の対象としていた」既成政党と一緒に合流して新進党を結成したり，また国民福祉税構想を発表したりしたことから，メディアの風向きも変わり，結局は途中で政権を投げ出すことになった。その結果，1995年統一地方選では「古くても新しくても，政党はダメだ」という「政党不信」が生じ，特定の政党とのつながりをもたない無党派候補が注目を集めるようになり，青島幸男氏や横山ノック氏が東京都や大阪府の知事に当選した。しかし，当選後まもなくして，両知事ともに，次第に都庁や府庁の職員や議会のペースに歩調を合わせるようになり，選挙公約違反ではないかと指摘する声も出てきた。このため，1995年参院選や1996年衆院選になると，「政党だけでなく無党派候補もダメ」という「間接代議制不信」が昂じ，「投票所に行ってもどうせ何も変わらない」という理由から棄権する

者が増加した。このため，両選挙ともにそれぞれ参院選，衆院選の史上最低の投票率を記録することになった。

　しかし，投票所に行ってもほとんど何も変わらないかもしれないが，棄権したからといって，さらに何かが変わるものでもない。もっとも政治や自分たちの生活に満足しているのであれば，現状維持を願って有権者は棄権するかもしれない。一方，政治の現状や生活に対する不満があれば，少しでも良い変化を願って，相対的に期待できる政党政治家を探し出して「青い鳥」を見出すしかないことになる。このため，1998年参院選と2000年衆院選では，民主党に期待する者が増え，次の衆院選では再び政権交代の可能性もあるのではないかとさえささやかれ始めた。

　そのような状況の下で登場したのが，小泉純一郎首相である。小泉氏は，それまでの自民党における，いわゆる「8分の1論理」で総理総裁になったわけではない。8分の1論理とは，「有権者の2分の1が投票に来ればよい。さらにその中の2分の1が自民党に投票してくれればよい。その自民党の2分の1を押さえれば首相になれる」という理屈である。この理屈に従えば，何も広く有権者全体に利益をもたらす必要はない。むしろ有権者の8分の1だけに，狭く厚い利益を配分した方が効果的である。しかし，小泉氏が自民党総裁に当選した際には，国会議員による総裁選投票に先立って自民党員・党友による各都道府県単位の予備選が行われ，「勝者総取り方式（ウィナー・テイクス・オール）」もあって小泉氏が圧勝したため，国会議員も総裁選での態度を改めて小泉氏支持に回った経緯があった。

　有権者からみると，小泉氏が永田町の人間ではあっても自分たちに近い政治家であり，8分の1ではなく自分たちのことを考えて改革をしてくれる政治家ではないかと期待したわけである。このため，2001年参院選では1年前の2000年衆院選とは打って変わり，無党派層も自民党に投票するという現象が起きたのである。しかも，それまでの自民党とは異なり，財政拡大ではなく財政再建を打ち出したことから，世代間不公平感を抱く若年層からの支持をも得て，一時は時代の寵児とさえなった感があった。

　その後，時間の経過とともに小泉政権をみる有権者の視点が，将来期待から業績評価に移るとともに支持率が逓減し，2003年衆院選や2004年参院選では「政権発足から2年以上も経ったのに何が変わったのだろう？」とか「3年過ぎたのに，まだ成果が出ていない」という論調が出始め，どちらの選挙

でも自民党は苦しい戦いを強いられることになった。しかし，2005年になると小泉首相の持論である「郵政民営化」法案がついに国会に提出され，衆議院において僅差で可決された後，「賛成票を投じる」旨の自民党の党議拘束が出たにも拘わらず，造反組が反対票を投じたために参議院で否決された。その後，小泉首相は「国民の声を聞きたい」として衆議院を解散し，「郵政改革をするのか？　それともしないのか？」という議題設定の下で2005年衆院選が行われ，自民党が圧勝する結果になった。

3－2　55年体制以降の政党支持の変化

　このようにみてくると，55年体制以降の選挙とは，有権者にとっては誰かに青い鳥をみては失望し，別の政党政治家に青い鳥を見出そうとする「青い鳥探し」の繰り返しであった。このため1980年代末以降，一見何も変わっていないようにみえて，実はそうではない。確実に有権者の政党離れは進んでいる。例えば，以前であれば支持政党をもつ有権者は，大方，自分が支持する政党に投票し，支持政党をもたない無党派層の多くは棄権するという時代があった。しかし，55年体制終焉以降，①支持政党を持つ有権者が減少し，半数以上の有権者が無党派層となっている，また②たとえ支持政党をもってはいても，選挙の際に別の政党に投票したり，棄権したりする者が増えている，③無党派層の少なからぬ人たちが選挙の際に投票しているために，無党派層が選挙に与える影響が大きくなっている，といった現象がみられるようになった。さらに，政党支持率の変化をみても，無党派層の割合が短期間の増減を繰り返しながら長期的には増加していることが挙げられる。

　そこで，まず全体的に政党離れが進んでいる政党支持の変化について，政党別にどのような変化がみられるのかを明らかにすることにしたい。まず自民党については，1993年衆院選から2000年衆院選までの間概ね30％ポイント台で増減を繰り返してきたが，小泉内閣になってからの，自民党支持率は5割近くにまで高まっている。民主党の場合，結党直後は多少増減をみせたものの，2000年以降は順調に逓増しており，自民党が圧勝した2005年衆院選においても20％を超える支持率を集めている。また，公明党はいずれの選挙においてもほぼ5％で推移し，安定をみせている。

　続いて，政党支持の変化を地域特性別にみていくことにしたい。具体的には，「都市化」（都市－農村）と「活性化」（活性－停滞）という2つの観点か

ら全国をそれぞれ5つに分類し，各カテゴリーの名称は，都市化の場合「都市，準都市，中間（都市化），準農村，農村」，活性化の場合「活性，準活性，中間（活性化），準停滞，停滞」とする。まず政党支持と地域特性の関係をみると，自民党支持率は都市や準都市，中間（活性化）の地域において2001年参院選以降上昇しており，いわゆる小泉ブームの担い手が比較的都市化の進んだ地域であったということができる。また全国的にみられた2000年以降の民主党人気は都市化とはあまり関係なく，いずれの地域においても上昇傾向にある。政党支持と活性化の関係をみると，比較的活性化している地域では1990年代後半から自民支持が増え始め，小泉内閣になってから5割近くに達しているが，中間（活性化）やそれよりも停滞している地域の自民支持については2000年衆院選のときに最も落ち込んでおり，特に準停滞，停滞の各地域では2000年以降，特に目立った回復傾向を示してはいない。それに対して，民主支持については全国でみられたような逓増傾向が準停滞，停滞地域においてもみられ，時間の経過とともにやはり支持率が上昇している。そのほかに，社民党（旧日本社会党）についてみると，1990年代前半はいずれの地域でも概ね10％を超える支持を集めていたが，選挙を経るにつれて次第に低下していっており，共産党の場合は地域ごとに大きな差はみられず，一定した傾向を示している。

　これらのことから，小泉ブームと民主党人気のいずれもが，概ね全国的な動きであったことを窺うことができる。しかしながら，活性－停滞という観点からみれば，2000年代に入って緩やかに回復し始めた景気や，財政構造改革をはじめとする一連の小泉改革の恩恵を受けることができなかった地域では，改革に対する否定的な見方を有する人が多く，その受け皿として民主党が支持されるようになったものと考えられる。

3－3　55年体制以降の内閣支持の変化

　次に，自民党が政権復帰を果たした1995年参院選以降の内閣支持の変化をみることにしたい。内閣支持は，これまでみてきた政党支持や投票行動とは異なり，誰が首相になるかによって，特に組閣時の支持率が大きく異なるため，その点に留意した上でみていくことにしたい。

　全体に，2000年衆院選までの間，支持率はおよそ20％弱から40％弱の間，不支持率は40％から60％の間で推移している。そのうち，支持率が40％程度

を維持していたのは橋本内閣の頃であり，その前後，すなわち村山連立内閣と森内閣の下で行われた選挙時には20%を下回る支持率となっている。そして，小泉内閣成立後の2001年参院選では，内閣支持率は一気に8割近くにまで達したものの，2003年衆院選では6割まで減らし，その後は緩やかに増減を繰り返している。また，小泉内閣においてはとかく支持率に目が向きがちではあったが，不支持率にも注目してみると，2001年参院選から2003年衆院選にかけては20%ポイント台から30%ポイント台へと上昇しており，その後は支持率に呼応しながらも極めて緩やかに推移している。

政党支持と同様に，内閣支持の変化を地域特性別にみると，2000年衆院選までは，概ね農村部において支持率が高い傾向がみてとれる。また2000年衆院選に限ってはいずれの地域においても支持率が20%ポイント程度にまで落ち込み，自民党が野党に転落した1993年衆院選の水準に近いものとなっている。次に，小泉内閣成立後の2001年参院選以降をみると，地域特性の違いを超えて全国的に高い支持を得ており，その後の低下傾向もほぼ全国的に同じ変化となっている。一方，2004年参院選と2005年衆院選における不支持率をみると，比較的都市部で高くなっている。また，内閣支持と活性化の関係をみると，活性地域と停滞地域では，2004年と2005年の選挙時の支持率の高さに若干違いがみられ，活性地域においては2003年以降高めに安定して推移しているのに対して，停滞地域では2003年から2004年にかけての低下傾向が他の地域よりも大きくなっている。同様に，2004年における停滞地域の不支持率は他の地域に比べて高くなっている。

小泉氏が首相に就任した頃は期待から内閣を評価し，時間が経つにつれて業績で内閣を評価するようになることは既に述べたが，改革の成果が問われるようになった2004年参院選の頃になると，他の要因も相まって小泉内閣に対して厳しい評価を下す有権者が増えている。また，2005年衆院選での自民大勝にも拘わらず，内閣支持自体はそれに連動していないことが明らかになった。

3-4 55年体制以降の投票行動の変化

これまでみてきたように，自民党や民主党は2000年衆院選以降，その支持率を回復させてきており，自民党離れ，あるいは政党離れの傾向は一旦収束したかのようにみえる。しかし，先に述べた通り，有権者がその政党を支持

しているからといって必ずしもその政党に投票するとは限らないという傾向がみられるようになった。そこで，投票所に行った有権者がどの政党に投票しているのか，その得票率の変化を，政党支持や内閣支持の変化とも比較しながら政党別にみていくことにしたい。

　まず，全国でみると，自民党の場合，増減を繰り返しながらも，1995年参院選以降，全体的には緩やかな増加傾向を示しており，小泉内閣になってからは半数近い有権者が自民党に票を投じていることがわかる。しかし，政権が長くなるにつれて小泉内閣に対する期待よりも業績で判断する有権者が増えてきたのか，2004年参院選になると2001年と比べて10％ポイント近く票を減らしている。民主党の場合，1996年衆院選以降，ほぼ増加傾向を示しているが，その変化は2001年参院選までと2003年衆院選以降に分けられ，とりわけ2003年衆院選以降に高くなっている。これに対して，公明党，社民党，共産党はほぼ一定，ないしは僅かながら票を減らしていることがわかる。

　続いて，都市化や活性化といった地域特性別に得票の状況をみると，準農村，農村地域においては，1993年衆院選以降2005年衆院選までの間，全体的に自民党の得票率が高い。それでも小泉ブームの影響はみてとれるものの，2001年参院選以降，自民党がより多くの票を得，議席を伸ばしたのは都市部においてであったということが窺える。また，2004年参院選において票を減らしたということは全国的な現象ではあったが，政党支持と比較した場合，大きな違いがみえてくる。つまり，2004年参院選の際，政党支持について，自民党を支持すると答えた有権者は，準停滞，停滞地域を除けば，その前後の国政選挙と比べて全体的に大きな変化はみられない。それにも拘わらず，この年の選挙で得票率が下がったのは無党派層の動向が影響している可能性がある。また，2004年から2005年の間，自民党支持や内閣支持の変化に比べて，自民党に投票した有権者の増加の程度は著しいものがある。ここにも，2005年における自民大勝の背景に，普段自民党を支持していない有権者の影がみてとれる。民主党の場合，2003年衆院選以降にみられる得票の大きな伸びは，多少の増減の違いはあるものの，都市－農村，活性－停滞のいずれの地域でもほぼ同様の傾向を示しており，特に都市部においてその傾向は顕著となっている。ここで政党支持の変化に照らし合わせてみると，民主党の支持率は1998年参院選に一度上げ，その後2001年参院選にかけて下げたものの，その後再び上昇に転じているというのが全体的な傾向であった。また，都市

化,活性化ともに各地域における変化は投票行動の変化よりも緩やかであることから,民主党に投票した有権者は必ずしも普段民主党を支持しているというわけではなく,むしろ無党派層の影響を窺うことができる。

これまでみてきたように,選挙において政党が大きく躍進できるかどうかは,日頃からの政党支持に加えて,いかに無党派層の支持を集めるかが重要になっており,その傾向は自民党の場合2004年参院選において特に強くみられ,民主党の場合も政党支持よりも得票率の方が概ね高めになっているところに現れている。

4　55年体制以降の投票行動

4－1　1993年衆院選における投票行動

これまで政治改革以降の政党支持や内閣支持,投票行動における全体の変化をみてきた。次に,1993年から2005年にかけて行われた国政選挙の概略を述べることにしたい。この時期の選挙を体験している読者や個々の選挙に関心がない読者は,以下の記述をとばして第2章に進んで頂いても構わない。その上で,第2章以降を読んで,「何故,その時期にそのような争点が生じたのか?」とか「何故,その時期に内閣の業績評価が変わったのか?」といった疑問を感じたら,必要に応じて以下に述べる個々の選挙の概略を参考にしていただければ幸いである。

1993(平成5)年衆院選における最大の焦点は「政治改革」となった。なぜなら,それまでに度重なる「政治と金」に関するスキャンダルが生じ,その度に,当該政治家を罰するという対処療法に終始してきたが,そうした治療では根本的な解決にはならず,政治制度そのものを抜本的に変える必要があるのではないかという主張が説得力をもってきたからである。無論,具体的な制度改革については百花繚乱の状態にあり,ある者は比例代表制を唱え,別の者は小選挙区制を導入すべきだと訴え,お互いの主張は最後まで歩み寄ることはなかった。それでも,とにかく「政治を変える」ことについては多くの有権者が賛同していたのが1993年衆院選であった。したがって,この選挙に際して「今回の選挙で,何に最も関心があるか」を尋ねると,半数以上の投票者が「政治改革」を挙げ,特に,日本新党,新党さきがけ,新生党の3新党に対する期待が高まっていた。ここで,1993年衆院選で日本新党に投

票した人が1990年衆院選で何党に票を投じたのかをみると、自民党と社会党の割合が大きいことがわかる。つまり、「自民もダメだが、社会もダメ」という票が、大挙して日本新党に流れ込んだわけである。

一方、社会党は93年の選挙で議席を大幅に減らすことになった。その理由としては、日本新党や新生党、新党さきがけの出現によって、もはや「アンチ自民」の行き場が社会党の他にもできたこと、また1990年衆院選で社会党支持者ではないものの社会党に投票した「期待票」を、その後社会党が支持者に転換する努力を怠ってきたことが挙げられる。そして、何よりも最大の敗因は社会党の方向転換が考えられる。1990年衆院選で自民党批判として社会党に一票を投じた有権者にすれば、自民党から分かれた新生党と社会党の区別が心理的にできにくくなったため、「新生党と一線を画している」非既成政党の日本新党へ移っていたのである。

こうした状況を踏まえて、2003年衆院選における有権者の政党支持と投票行動の関連をみることにしたい。まず各政党支持者が自分の支持する政党にそのまま投票する「歩留まり率」をみると、自民党64.9％、社会党61.6％、公明党68.1％、共産党73.7％などとなっており、従来の国政選挙に比べて、自民党の歩留まりが低く、7割を切っていることが特徴である。

次に無党派層の投票行動をみると、自民党投票が19.5％と最も多く、次いで社会党投票13.6％、日本新党投票8.7％、新生党投票7.9％、共産党投票4.3％となっている。今回の選挙では、多くの無党派層が投票に参加し、その投票先は与党よりも野党の方が多くなっている。そこで、今度は無党派層を投票行動に応じて与党投票無党派層、野党投票無党派層、棄権無党派層に分類してそれぞれの特徴をみる。まず性別では、男性の無党派層の6割が野党投票であり、棄権は2割しかない。これに対し、女性では3分の1が棄権となっている。次に年齢では、若年の無党派層ほど選挙に棄権する傾向がみられる。年収については、少ない者ほど棄権していることがわかる。

また肝心の政治改革について、「選挙制度改革は必要か否か」を尋ねると、必ずしも与党投票が「選挙制度改革不要」と結びついているわけではない。与党に投票する者でも野党に投票する者でも、あるいは棄権する者でも、ほぼ同じ割合で選挙制度改革に対する態度を示している。具体的には、「政治改革のためには選挙制度改革が必要」だと思う無党派層で野党に投票した者が50.0％いるものの、「政治改革のためには選挙制度改革は不要」だと思う無党

派層で野党に投票した者も56.4％いる。したがって，当時マスメディアが「政治改革＝選挙制度改革」と報じていたものの，無党派層はそれに流されて投票していたわけではないことになる。むしろ宮沢喜一内閣の業績評価，とりわけ政治資金規制などの政治改革に対する業績評価が無党派層の投票行動に影響を与えており，業績評価が低い者ほど野党投票となり，高い者ほど与党投票，もしくは棄権していることが明らかである。

4－2　1995年参院選における投票行動

　1995年参院選は，史上最低，しかも国政史上初めて50％を下回る投票率に終わった。無党派層の投票行動をみると，選挙区選挙，比例代表選挙ともに無党派層の約8割が棄権したことが95年の特徴である。ここで，無党派層を投票行動に応じて，与党投票無党派層，野党投票無党派層，棄権無党派層に分類してみると，村山内閣の業績を評価しない者では野党投票が多くなっており，これは特に阪神・淡路大震災に対する対応の評価に顕著に現れている。支持政党があるか否かでみると，今回無党派層は54.6％いたが，このうち1年前の1994年においても無党派だったのは22.6％で，残りの32.0％は1年前まで何らかの政党支持をもっていた。つまり，彼らはこの1年で無党派となったわけだが，その内訳をみると1年前に自民党支持者だったのは9.5％，社会党支持者は4.4％，旧新進党（公明・民主・日本新・新生）支持者は3.9％，その他は0.9％であった。この背景には，「政治の変化」を期待して非自民連立政権を支持したものの，結局，大きな変化が生じないまま政権が元に戻ったことや，自民党と社会党という長年55年体制下で対立してきた者同士が，政策的な違いを残したまま連立政権を組んだことへの不満などがあったものと思われる。

　政党支持と無党派層の割合の変化を振り返ってみると，95年の参院選よりも前，自民党の支持率は以前から一定の割合を保っていたが，社会党支持率は1989年をピークに，その後は支持を落とし，1993年12月からは7～9％で安定していた。これに対して，政党支持をもたない無党派層の割合は徐々に増加していった。1993年12月頃には新しい政党への支持に有権者が流れたものの，その後日本新党や新生党，新党さきがけへの期待が次第に薄れるにつれて，再び支持なしの割合が急速に増えていった。1994年半ばに50％を超え，95年の参院選になってついに有権者の6割近くに達していたのである。

政党支持をもつ有権者の割合では，自民党支持率は22〜23％で，新進党（8％）の約3倍，社会党は9％であった。そして，自民党を支持し，自民党に投票した「自民党固定層」は選挙区，比例代表ともに約6割，自民党支持者であるが自民党に投票しなかった「浮動層」は3分の1であった。過去の国政選挙では75％程度の歩留まり率を保っており，大敗したと言われている1990年2月の衆院選ですら歩留まり率は65％であった。また，「前回1992年参院選で自民党や社会党に投票した人が，1995年参院選でどこに投票したのか」という投票の移動に注目すると，92年自民党投票者の47.7％が棄権している。そして，92年自民党に投票し，95年も自民党に投票した人はわずか4割弱しかおらず，1割の人が新進党に投票するなど，継続性の悪さを示している。ちなみに，92年の参院選でブームをわき起こした日本新党であるが，同党が解党した後，1995年日本新党投票者がどこに投票したのかをみると，72.6％が棄権に回っており，新進党に投票した人は12.9％にすぎなかった。もう一つ特筆すべきは，自民党支持者は他の政党にほとんど投票しておらず，自民党に投票するか棄権するかのいずれかの選択をする者が多い。そのどちらを選択するのかについては人々の景気感が背景にあると考えられ，「景気は悪くない」と考えている自民党支持者の81.2％は自民党に投票しているが，「景気が悪い」と感じている支持者では63.5％しか自民党に投じていなかった。

しかし，1993（平成5）年から5年間にわたって行われたパネル調査[3]をもとに1993年衆院選から1995年参院選への変化をみると，1993年に自民党支持者であった有権者のうち，1995年も自民党支持者であったのは65.4％しかいない。つまり3分の1が自民党支持をやめたことになる。その中で最も多いのが無党派層（15.9％）で，以下，新進党支持者（12.0％），社会党支持者（3.5％）などとなっている。同様に，他の政党支持者について，この期間における政党支持の変化をみると，社会党支持者では58.3％，共産党支持者でも50.0％しか，それぞれ同一政党の支持が継続されていないことがわかる。そして，1993年時における社会党支持者の27.4％，共産党支持者の22.7％が，1995年時には無党派層に変わっている。この他，新進党に合流した公明党と民社党，新生党について，政党とともに新進党支持者に移行した支持者の割

---

[3] 平成5〜9年度文科省科研費特別推進研究「投票行動の全国的・時系列的調査研究」による調査（JES Ⅱ）のデータに基づく。

合をみると，まず公明党支持者では63.0％，民社支持者でも64.3％だが，新生党支持者では50.0％しか新進党支持者になっていない。さらに日本新党についてみると，32.3％しか新進党支持者になっておらず，29.0％が自民党支持者，22.6％が無党派層になっている。つまり，肝心の3新党が他の既成政党と一緒に政権をとって永田町における変化を起こしたものの，それは有権者にとっての変化につながっていないために，支持者は新進党支持に移行していないものと思われる。

　最後に，1993年に無党派層であった有権者が1995年ではどのような政党支持を示しているのかをみると，同じ無党派層であった者は49.5％ポイントしかおらず，20.4％ポイントが自民党支持者，9.7％ポイントが新進党支持者，8.6％ポイントが社会党支持者，6.5％ポイントが新党さきがけ支持者に変わっている。換言すれば，わが国の有権者の政党支持は，わずか2年間に大きく変わったわけである。まとめてみると，1993年から1995年にかけて政党支持を変えなかった者は，公明党，民社党，新生党，日本新党の各党と新進党を同一政党とみなしたとしても58.8％ポイントにとどまっている。このため，残りの4割強は政党支持を変えたことになり，政治改革をめぐる混乱した政党状況を窺うことができる。

4－3　1996年衆院選における投票行動

　1996年の衆院選では自民党が善戦した。一つには，新進党との歩留まりの差を最小限にとどめたことにあった。1995年参院選では，自民党固定層は6割程度しかおらず，新進党の同じ割合と25％もの差が開いていたが，1996年衆院選では，小選挙区で75％ポイント，比例代表でも74％ポイントと組織の硬さを示し，新進との差を1割程度に縮めた。もう一つの理由としては，民主党の登場が挙げられる。新進党が無党派層のうちの「アンチ自民派」を一本化できず，同党が自民党との政策の違いを明確にできなかったわけである。例えば，消費税については，1989年参院選のように消費税そのものの是非を問う「質的な差」ではなく，「税率アップの時期をいつにするか」という「量的な差」が争点であった。また新進党の主張した「税率アップ据え置き」や「大幅減税」が，いかにも選挙を意識しているようにみられた点もマイナスに働いた。民主党については，比例代表でも無党派層の26％を得るにとどまり，議席増を果たせなかった。1996年衆院選で共産党に投票した人の内訳をみる

と，1993年衆院選で共産党に投票した人だけでなく，社会党や3新党に投票した人も吸収し，より幅広い層から票を得た。社民党の場合は，1993年衆院選で社会党に投票した人の1割にとどまり，保守化への路線変更の影響がみてとれる。

　無党派層の投票行動をみると，1995年参院選と同様に71%ポイントが棄権し，1995年統一地方選における東京都知事選や大阪府知事選のように選挙結果を動かすには至っておらず，投票政党をみても，自民党，新進党，民主党に三分されている。無党派層と投票方向の関連をみると，まず年齢では，20代や高学歴の無党派層に野党投票が多いことがわかる。また，橋本内閣の業績評価が厳しい無党派層ほど野党に票を投じている。一方，橋本首相の続投を望む者ほど与党投票が多くなっている。

　ここで，1993年衆院選から1995年参院選にかけて政党支持を維持，もしくは変更した者が，その後，1996年衆院選にかけてどのような変化をたどったのかを類型化した上で検証してみた。すると，わずか3年の間だけでも有権者の政党支持は大きく変わり，有権者の政党支持が安定しているわけではないことが明らかになった。具体的には，①1993年から1995年にかけては政党支持を変えたが，1995年から1996年にかけては変更しなかった者が23.1%ポイント，②1993年から1995年にかけては政党支持を変更しなかったが，1995年から1996年にかけて変更した者が16.1%ポイント，③1993年から1995年にかけて別の政党支持に変わったものの，1996年には1993年と同じ元の政党支持に戻った者が13.7%ポイント，④3回ともまったく別の政党支持をもった者が10.9%ポイントいることになる。

　このように，1990年代前半における有権者の多くは何らかの党派性をもちながら，特定の政党支持と無党派層の間，あるいは近似した政党間を揺れ動いていることがわかる。このことは3回とも無党派層であった者がわずか5.2%ポイントしかいないことでも明らかである。つまり同じ無党派層といっても，自民党支持と無党派層の間を行き来する者もいれば，野党と無党派層の間で迷う無党派層もいる。換言すれば，無党派層であるからといって，全ての政党から等距離のところに位置しているわけではなく，個々の政党のいずれかと相対的に近い無党派層が多いことになる。

　このようにみてくると，歩留まりの高い公明党と共産党を除けば，たとえ支持政党をもったとしても，選挙の際にそのまま自分が支持する政党に投票

する有権者は6割程度であり，それ以外は，他党に投票，あるいは棄権していることになる。また，支持政党をもたない無党派層であっても，多くは投票に参加し，その方向は選挙ごとで異なっている。換言すれば，「支持政党＝投票行動」というわけではなく，何らかの要因で特定の政党への投票がもたらされることになる。

4－4　1998年参院選における投票行動

1998年参院選では，変化を求める明確な意思表示が行われた。この参院選における投票行動には，有権者の新しい動きをみてとることができる。それは，わが国でも業績評価投票（retrospective voting）が行われたことである。

この業績評価投票というのは，自分の生活状態感や景気状態感を基準にして有権者が投票態度を決めることである。つまり，景気が良くて生活が向上していると思えば与党に投票し，逆の場合には野党に投票するわけである。これは，一見して当たり前のようにみえてそうではなく，わが国では，これまでむしろ逆の現象が起きていた。例えば，1970年代初頭までの経済成長期においては，自民党は支持率も得票率も減らし続けてきた。そして，第1次ならびに第2次石油危機以降の長期経済低迷期には，有権者の支持を取り戻している。いわゆる保守回帰とよばれる現象である。そして，1980年代末からバブル景気が始まると，国政選挙での大敗北が続き，1993年には政権を失った。言い換えると，欧米とは異なる投票行動がみられたわけである。これはもちろん偶然の産物ではない。そもそもわが国では，中央政府の歳入の方が地方政府よりも多く，地方政府の歳出の方が中央政府（地方移転分を除く）よりも多い仕組みになっている。このため，常に中央政府から地方政府への財の移転を行う再配分を必要とする構造になっており，具体的には毎年20兆円の交付税交付金と13兆円の各省庁補助金がこれに該当する。この再配分システムにより，これまで業績評価投票が行われてこなかった。なぜなら，景気が悪くなるほど「中央とのパイプ」をもつ与党議員が選挙で力を発揮してきたからである。「私には中央との太いパイプがある」とか「与党の空白区となってもいいのか」という選挙運動が，仕事を求める有権者に影響した。いわゆる「政権党効果」がみられたわけである。

しかしながら，1998年参院選でも同様の選挙戦が行われたにも拘わらず，従来の政権党効果が発揮されなかった。いわば有権者の反乱で投票率が上が

り，特に複数候補擁立区では，東京，神奈川，埼玉，愛知，岐阜の各選挙区で共倒れとなるなど，都市部での投票率上昇を読みきれなかったことにある。その最大の原因は，わが国の財政破綻である。さらに，与党と同様に，野党の掲げる政策にも目標はあっても具体案がみえてこず，例えば，景気対策の財源にしても，赤字国債というならばどうやって返済するのか，あるいは公共事業を削減するというならば，どの省庁のどの事業を止めていくら捻出するのかまでは示されていなかった。1998年参院選でアンチ自民党が民主党や共産党などに分散した原因もこの辺にあるのではないかと考えられる。

また橋本内閣に対する業績評価には厳しいものがあり，橋本内閣の経済政策を評価する人は，「大いに評価する」と「やや評価する」を合わせても14.8%にしかならなかった。また，自民党支持者だけを取り出してみても，「あまり評価しない」と「評価しない」で合計67.7%に達している。さらに，橋本首相が火だるまになるといった行政改革についても，これを評価する声は少なく，自民党支持者に限っても，「大いに評価する」が2.3%，「やや評価する」が34.6%にとどまっており，行革論議がいつの間にか省庁の再編にすり替わってしまったことへの不満が鬱積していた。さらに言えば，そもそも，自民党は1996年衆院選でも3分の1程度の得票率（小選挙区39%，比例代表33%）で239議席しか有権者から与えられていなかった。それがその後，党籍変更という永田町の中の論理で衆議院での単独過半数を確保したことも，有権者の不満を募らせたものと考えられる。いずれにしろ，1998年参院選で投票率が上がったものの，それでは「投票に行くことで民意が反映すると思うか」を尋ねてみると，実に7割の有権者が「反映しない」と答えている。もし，この選挙結果を踏まえても，なお日本の政治そのものが変わらないのであれば，住民投票を整備してもっと積極的に活用するとか，国民投票を導入しようという直接民主制を求める声がさらに強まっていくのではないだろうか。

次に，1998年参院選における各党の歩留まりをみると，自民党74.3%，社民党60.4%，公明・平和89.5%，民主党67.2%，共産党60.0%となっている。また無党派層の投票行動では，民主党投票が16.9%と圧倒的に多く，自民党投票の7.2%を大きく上回っていた。一方，無党派層の投票行動について与党投票，野党投票，棄権に分類してみると，まず性別では男性の無党派層の4割が野党投票であるのに対し，女性では野党投票は25%しかない。次に年齢では，60歳未満の無党派層では6割以上が棄権している。そして橋本内閣

の業績を「ある程度評価する」無党派層では2割以上が与党に投票しているのに対して,「あまり評価しない」では与党投票は4％に下がり,「ほとんど評価しない」では与党に投票した無党派層はいなかった。この傾向は,経済運営や外交問題など,個別政策の業績評価についても同様に指摘することができる。これに対し,「財政構造改革 vs 景気対策」や「護憲 vs 改憲」といった争点態度との関連は認められなかった。

4－5　2000年衆院選における投票行動

　1998年参院選では,将来の生活や景気に不安を感じる有権者が野党の民主党を選択するという「業績評価投票」がみられたが,2000年衆院選では,有権者はどのような投票行動を示したのかをみておくことにしたい。すると,景気動向については,悪化の一途をたどっていた2年前とは異なり,「良くなる」が「悪くなる」を上回っていた。しかし,森首相の「神の国発言」については,有権者全体の54％が「取り消すべき」という厳しい態度を示しており,中でも無党派層の62％が「取り消すべき」としていた。このため森内閣の評価でも,有権者全体で「評価する」が16％しかおらず,「評価しない」が66％に達していた。特に無党派層では「評価しない」が71％と圧倒的であった。

　さらに,「景気対策 vs 財政再建」という政策論争の影響をみると,景気回復優先が28％であるのに対し,財政再建優先が39％と多くなっている。これを政党支持別にみると,公明党支持者では景気優先派が40％と多くなっているが,自民党支持者では景気優先と財政優先がほぼ同数となり,無党派層では財政優先派が38％で景気優先派の23％を大きく上回っている。さらに民主党支持者になると,財政優先53％に対して景気優先25％と財政優先派が2倍になっている。これは与党が主張する「不景気＝景気対策」では,将来にツケが回ることになるという世代間不公平に対する若年層の不満が現れたのではないかと思われる。したがって,若年層の多い無党派層や民主党支持者において財政優先派が景気優先派を上回っていたのではないだろうか。このため,自民党支持者の歩留まりは74％と手堅く足場を固めていたが,無党派層の投票行動では,民主党投票が18％と自民党投票6％の3倍に達していた。ここで留意すべきは,無党派層は必ずしも全員が昔から政党支持をもたなかったわけではないことである。2000年衆院選時における無党派層のうち,

1993年時点でも無党派層であった者は40％しかいない。そして2000年衆院選時の無党派層の25％が1993年時点では旧自民党支持者であり，35％が旧社会党支持者や旧3新党支持者であった。したがって，「神の国発言」や旧来型の公共事業による景気対策への不満などが，旧社会党支持者や旧3新党支持者を刺激して投票に駆り立てたとしても不思議ではなかった。

　なお，自公保連立政権への評価が選挙に与える影響をみると，有権者全体では自公保連立が「好ましい」と思う者26％に対して「好ましくない」は70％であった。与党3党の支持者では，公明党支持者の74％が「好ましい」と評価しているのに対して，自民党支持者の56％，保守党支持者の64％が「好ましくない」としていた。そのためか，自民党候補者を立てた自公協力区では公明党支持者の6割が自民党候補に投票したのに対し，公明党候補者を立てた自公協力区では自民党支持者の27％しか公明党支持者に投票しなかった。

　最後に，どの政党に投票したのかによって無党派層を分類してみると，70歳以上を除くすべての年代層で野党投票者が与党投票者を上回っている。特に，40代の無党派層では34％が野党に票を投じている。また，森内閣の業績評価と無党派層の投票行動の関連をみると，評価しない者ほど野党に投票し，評価する者ほど与党投票，もしくは棄権する者が多くなっている。具体的には，無党派層で野党に投票する割合は「ほとんど評価しない」で38％，「あまり評価しない」で25％，「ある程度評価する」で12％となっている。さらに，争点態度と無党派層の投票行動にも関連がみられ，「財政再建を行うべき」と思う者では37％が野党に投票しているが，「景気対策を行うべき」と思う者では22％にとどまっている。

5　2001年参院選以降の投票行動

5－1　2001年参院選における投票行動

　2001年参院選の最も大きな焦点は，「小泉純一郎首相の人気がどれくらい選挙に影響するのか」ということであった。結論からいえば，この選挙における「自民党大勝」を「小泉効果」抜きで説明することは不可能である。

　まず，ここで2001年参院選時点における小泉内閣支持率をみると，有権者の4分の3が「支持する」と答えていた。政権発足当初のピークは過ぎたとはいえ，まだ高いレベルであった。そして「支持する」人に「支持理由」を

尋ねると,「人柄」の49％と並んで「政策」を挙げる人も42％と多く,小泉人気は単なる「ワイドショー人気」だけで説明できるものではなかった。次に,有権者は争点として何を認知しているのかという「争点選択」について尋ねると「景気対策」が最も多く,以下,「福祉」と「財政再建」が続き,この3つが抜きん出ている。これに対し,「靖国参拝問題」や「集団的自衛権」などと関わる「憲法」や「外交・防衛」を挙げる者は,それぞれ2％足らずにとどまっていた。

　なお,ここで留意すべきは,上記の「争点選択」と「争点態度」は異なるということである。つまり,「争点選択」で「景気対策」が「財政再建」よりも多いからといって,有権者が「財政再建」よりも「景気対策」を支持していると解釈するのは誤りである。なぜなら,「争点選択」で景気対策に関心があるという人の中には,「景気対策をやってくれ」という態度をもつ人もいれば,「いつも景気対策ばかりをやってもらっていては困る」という態度の人もいる。つまり,「争点選択」というのは,あくまでアジェンダ(議題)として何を認知しているかということにすぎない。そこで,「景気対策が遅れても財政再建を優先して欲しい」か「財政再建が遅れても景気対策を優先して欲しい」かについて尋ねてみると,64％が「財政再建優先」を望み,「景気対策優先」を望む者は28％であった。特に,30代の有権者に「財政再建優先」派が最も多く存在した。なお,2000年衆院選時では,同じ質問に対し,「財政再建優先」が38％,「景気対策優先」が28％であったことから,この1年間で「わからない」が減った分だけ「財政再建優先」が増えたことになる。

　また個別改革としての道路特定財源についてみても,64％が「見直すべき」と考えている。さらに,「痛みを伴っても改革をすべきかどうか」という質問に対しては,62％が「すべき」と考えている。これを参院選の投票行動別にみると,自民党投票者の67％,他党投票者の57％,棄権者の58％が同様の回答をしていた。一方,上述したように,ほとんどの有権者が2001年参院選の争点として認知していなかった「外交・防衛」や「憲法」問題についてみると,「集団的自衛権の行使」については「行使すべき」が41％で,「行使すべきではない」が49％となっていた。また「憲法改正」については,「改正賛成」61％に対し「改正反対」が33％であるが,「憲法9条の改正」に特定すると,66％の人が「改正すべきではない」とし,「改正すべき」は27％にとどまっていた。これを小泉内閣支持別にみても,小泉内閣支持者の中でも「改正

すべき」が29％にとどまり，64％が改正に反対であった。小泉内閣不支持者では，「改正すべき」が22％で，反対が72％となっていた。言い換えると，2001年参院選時では，小泉首相の唱える財政構造改革は多くの有権者から支持されているものの，外交・防衛問題や憲法問題までもが支持されているわけではなかったことになる。

次に，小泉改革が本当に実現すると有権者が考えているかどうかをみることにしたい。まず，小泉改革の実現性について「期待するかどうか」を尋ねると，「期待する」が有権者の8割を超え，「期待しない」が7％にとどまった。この期待別に，投票行動をみると，「期待する」人では，自民党投票が51％と半数を超え，民主党投票13％，他党投票が16％，棄権20％となっていた。これに対し，「期待しない」人では，自民党投票は19％にとどまっており，「期待するか否か」が参院選における投票行動の鍵となっていた。

無党派層がどこに投票したのかを尋ねると，自民党26％，民主党7％であった。2000年衆院選のときは，自民党が6％で民主党が8％であったことから，無党派で民主党に投票した割合は変わらないのに，自民党投票者が4倍に増えたわけである。また自民党支持の歩留まりも上昇している。その原因をみるために，自民党の支持者に，自民党が変わったかどうか，つまり首相が変わったということではなく，「自民党の体質が変わったと思いますか」という質問をすると，「変わった」と答えた人が68％であった。つまり，支持者と自民党との間の距離感が縮まっていたことになる。

最後に，無党派層を投票行動に応じて，与党投票無党派層，野党投票無党派層，棄権無党派層に分類してみると，まず性別では，小泉効果のせいか与党に投票した無党派層の7割が女性である。また60歳以上ばかりでなく30代の無党派層でも与党投票者が野党投票者を上回っている。さらに，小泉内閣の業績評価と無党派層の投票行動の関連をみると，評価する者ほど与党に投票し，評価しない者ほど野党に投票する傾向がみられる。具体的には，無党派で小泉内閣の業績を「かなり良い」と思う者では与党投票19％に対し野党投票6％，「やや良い」では与党投票15％に対し野党投票9％，「どちらともいえない」で与党投票8％に対し14％，「やや悪い」で与党投票7％に対し野党投票23％となっている。この傾向は，財政構造改革や景気対策という個別の業績評価についても同様に指摘できる。これに対し，集団的自衛権や憲法問題などの争点態度と無党派層の投票行動の間には明確な関連を見出すこ

とができなかった。

5－2　2002年統一補選における投票行動

　小泉内閣成立後しばらくは安定した政治運営が続いたが，11月になって2002年度予算の原案づくりに入ると，内閣支持率が低下していった。この背景には，小泉首相が「政策一元化」の検討を指示し，事前審査制に踏み込む姿勢を示しながらも，「党議拘束」の都合上，「抵抗勢力」と呼ばれる人たちと会って双方の主張を折り合わせる様子が国民に報じられたことにある。翌年，田中真紀子外務大臣の更迭問題を経て，6月頃まで小泉内閣支持率は4割余を推移することになる。その後，国会で重要法案と思われた有事法制について「まだ十分な審議が行われてはいない」という世論を受けて無理押しをせず，また有権者が評価する「郵政改革」や道路建設に関する人事によって「改革の旗を下ろしていない」ことをアピールすることに成功した。その結果，支持率は5割弱へと反転上昇し，さらに日朝首脳会談開催によって支持率が15％程度押し上げられた。一方，民主党にとっては9月の代表選に2つの課題があり，それは代表選を通して政権担当能力があることを国民に示すことと，小泉首相よりも魅力のある首相候補を選ぶことであった。しかし現実には，国民が関心を寄せる財政構造改革や景気回復で具体策を示せず，また民主党が寄せ集め政党であることをあらためて印象づけたことで，民主党支持率は低下した。

　こうした中で2002年10月末に行われた統一補選では，与党の「5勝1敗1分」（1分は神奈川8区の江田氏），民主党の「1勝6敗」に終わった。争われた7選挙区中，3つが「政治とカネ」をめぐる元自民党議員辞職，1つが同様の元社民党議員辞職によるものであったため，本来民主党にとってはこれ以上ない追い風選挙となるはずであったが，大阪や神奈川という都市部では次点にも届かない惨敗となった。この背景には，先の辞職への追及を控え，与党のように公共事業の必要を訴えるなどした点で，与党候補と十分に区別化できなかったことが挙げられる。自民党勝利の背景には，夏以降の内閣支持率回復と自民党支持率上昇が挙げられるが，個別選挙区をみると鳥取や新潟などでは接戦で，山形では元からの議席を失っている。また，この統一補選では，7つの選挙区すべてで史上最低の低投票率を記録した。

5－3　2003年衆院選における投票行動

　2003年衆院選では，政権交代を目指した民主党が40議席伸ばす一方で，自公保連立も絶対多数を確保して政権を維持した。
　この時「政権選択の手段」として民主党が仕掛けたのが「マニフェスト選挙」で，投票にあたって「マニフェストを参考にした」者は62％に上り，有権者への浸透度は高かった。しかし，「マニフェストの実物を入手して読んだ」という者はわずか6％にとどまり，83％が「メディアを通して内容を知った」と答え，メディアが報じた形でしか各党のマニフェストの内容を知らない者が大半であった。また，有権者の38％が高い関心を示した年金問題では，実は，国民負担を上げることや年金の支給水準を下げることでは一致している政党が多いのにも拘わらず，選挙期間中は，メディアに「消費税を当面，上げない」とか「給付水準を当分の間，維持する」という一面だけを強調する政党が少なくなかった。しかし，「税金や保険料などの負担を増やしてでも，年金の支給水準を維持するのか」，それとも「年金の水準を下げても負担を増やさないのか」を有権者に尋ねると，57％が「負担を上げても年金水準を維持すべき」と答え，「年金水準を下げても負担を上げるべきではない」とする39％を上回った。さらに，民主党が主張した高速道路無料化についても同様であり，民主党の支持者ですら，高速道路無料化に賛成する者はわずか30％に留まった。こうして本来，政策論争の手段となるはずであったマニフェストも，有権者にとっては，従来の公約をリフォームしたものにみえていた可能性がある。
　この衆院選において，もう一つ重要なのは「小泉信任選挙」といえる点であり，小泉改革の方向はともかく，その進み方があまりに遅いと思う有権者が多かったことである。無党派層に「小泉改革への評価」を尋ねると，66％が「改革の方向は良いが，進み方が遅い」と答えている。また，「小泉改革への期待」をみると，一昨年（2001年）の参院選では「期待する」が81％で「期待しない」が17％であったが，今回（2003年）では「期待する」が55％と減り，「期待しない」が44％と増えている。そして，「小泉改革の実現性」をみても，一昨年（2001年）は「実現できる」と思う有権者が38％いたが，今回（2003年）は29％とさらに減っている状態である。しかも，一部の企業の業績回復とは裏腹に，有権者の生活実感はまだ回復しておらず，「痛みを伴っても改革すべきか？」を尋ねると，2001年参院選の時には「賛成」が62％と

多かったのが，今回（2003年）の選挙では「賛成」41％対「反対」54％と痛みを伴う改革には反対する者の方が多くなっている。

　有権者の投票行動を決定する要因のうち，この選挙で注目を浴びたマニフェストは，政党がこれから何をするのかという「将来期待（プロスペクティヴ）」としての争点投票を誘うものであった。かつて，米国でもベトナム戦争や公民権運動が盛んな60年代にこそ争点投票がみられたが，その後は「業績評価（リトロスペクティヴ）」投票に移行した。つまり，将来の約束は信頼できないので，裏切りようのない過去の実績で投票を決めるというわけである。今回の衆院選をみると，小泉効果がみられた2001年の参院選時ほどの全面肯定ではないが，だからと言って全面否定して政権交代するほどでもないというのが，多くの国民の心理であったように評価できる。

　また，年金などの社会保障や財政構造改革，景気対策など，経済の課題は山積みであったにも拘わらず，国論を二分するような論争にはならなかった。その原因は，日本の政党政治の特殊性にある。米国の「民主党 vs 共和党」にせよ，英国の「労働党 vs 保守党」にせよ，元々は，「国民負担が増えても福祉を充実させる」財政的リベラル（大きな政府）vs「福祉水準を下げても国民負担を減らす」財政的コンサーバティヴ（小さな政府）という対立軸に根ざしていた。しかし，日本の政党は税収の増加が右肩上がりの高度成長時代にルーツが形作られたために，自民党から野党に至るまで，財政的リベラルの大きな政府を志向してきた。そして，その恩恵を自民党は第一次産業や建設業に配分し，民主党は第二次産業労働者や公務員に配分するなど，配分の行き先が各党で異なるだけであった。このため，いざマニフェスト論争となっても，国民負担を上げないとか行政サービスの水準を守るという主張ばかりが目立つ結果となった。

　高度経済成長が終わり，巨額な政府債務を抱える時代になっても，相変わらず明確な財政的コンサーバティヴを主張する政党がみあたらない背景には，このような経緯があると考えられる一方で，二つの大政党が，財政的にも社会的にも明確な対立軸をもった主張を国民に提示して，支持者を再編成する必要が生じてきたと感じられるようになったのも今回（2003年）の衆院選であった。

5－4　2004年参院選における投票行動

2004年参院選では，自民党は2議席減にとどまり，選挙区，比例区ともに得票率で民主党を下回ったが，その一方で民主党も議席を大幅に増やすほどではなかった。

　この時，多くの有権者が小泉内閣を支持しない理由を尋ねてみると，有権者全体でも無党派層でも，年金改正法案の成立過程や多国籍軍への自衛隊参加決定，経済運営が挙げられている。そして，こうした問題について，有権者は小泉首相にかなり厳しい評価を下しており，それが原因となって選挙前に急に内閣支持率が下落したものと考えられる。また，小泉改革への評価も必ずしも高くはなく，半分以上の有権者が「小泉改革を評価しない」と答えており，無党派層にいたっては7割近くの人が小泉改革に不満をもっている。さらに，小泉改革の今後の展望について尋ねてみると，小泉改革は「実現できない」という回答が3年前の58％よりも増えて70％に達した。つまり，発足当時，多くの有権者が抱いていた「これから何を改革してくれるか」という「将来期待（プロスペクティヴ）」が，3年余を経て「これまでに何を改革してくれたのか」という「業績評価（リトロスペクティヴ）」に変化したということになる。年金問題強行採決や多国籍軍参加決定にみられる有権者軽視とともに，小泉支持についての視点の変化が支持率を下げ，今回の選挙結果に至ったものと考えられる。

　それでは，2004年の参院選における有権者はどのような投票行動をとったのであろうか。まず支持政党をもつ有権者についてみると，投票所に来た自民党支持者の7割，民主党支持者の8割余が各々，自分が支持する政党に投票した。公明党支持者は，同党の候補者が立候補していた埼玉・東京・大阪の3選挙区では9割以上が同党候補者に投票し，同党候補者がいない残りの44道府県では6割が自民党候補者に投票，2割余が民主党に投票した。これに対し，全選挙区に公認候補者か推薦候補者をもつ共産党支持者の2割が，同党候補者ではなく民主党候補者に投票し，社民党支持者も6割近くが民主党候補者に投票した。また，社民党候補者が立候補した選挙区でも，少なからぬ同党支持者が民主党候補者に投票した。こうした社共両党の支持者の行動というのは，自分が最も適切と思う候補者に忠実に投票（sincere voting）しても当選する可能性がほとんどない場合死票になるので，それならば自分の1票を有効に活用するために，当選する可能性がある候補者群（多くの選挙区では，自民党候補者か民主党候補者）の中から，ベターな方を選んで投

票（strategic voting）するという合理的判断に基づいたものと考えられる。そのため，このような合理的投票が1人区では自民・民主両党に票を集める効果をもたらすことになった。

　こうした政党支持層の行動に対し，無党派層の場合をみると，選挙区選挙では民主党候補者に投票した者が自民党候補者に投票した者の2倍以上おり，比例代表では民主党3対自民党1とさらに差が開く結果になった。ここで，選挙区選挙で無党派層の票が自民党と民主党，どちらに流れたかをみるために，投票に来た無党派層を100とすると，2000年衆院選では，民主党が自民党の3倍の票を獲得し，翌年の参院選では小泉ブームで自民党が無党派層の5割を集めて圧勝した。ところが，2003年の衆院選では民主党5対自民党3と再逆転し，2004年は一層民主党へ傾斜したことになる。こうした無党派層の投票行動の変遷は，投票基準の移ろいやすさに由来するものではない。比較的若年層に多い無党派層は長期的な視点から日本の将来について不安を感じている。そのため，2000年の衆院選時では財政構造改革を訴えた民主党に投票し，2001年参院選では財政健全化路線を明確にした小泉自民党に期待を寄せた。ちなみに，この時民主党も財政構造改革を打ち出してはいたものの，政策に差がなければ政権を担う方の主張に現実味を感じるのは当然なことであった。しかし，小泉自民党への期待が薄れ始めると，再び民主党の方へ流れたのである。こうして2001年参院選で大量に集めた自民党票のうち，2004年も自民党に投票した者の割合は6割に留まっている。そして，残りの4割の内，2割強が民主党に投票し，3年前の小泉ブームとは大きな違いをみせた。しかしながら，政権担当能力（政権を担当できる党はどこか）を尋ねてみると，減りつつあるとはいえ，自民党がまだ過半数を得ており，民主党は自民党の3分の1に留まっている。

　このように2004年の選挙結果は，自民党に対する不満がもたらしたものであり，それに対抗する受け皿として野党第一党の民主党が議席を伸ばしたことになる。言い換えれば，前回の参院選の際に小泉首相に「青い鳥」を見出そうとした有権者が，新たに青い鳥探しの旅に出ようとしていたものと考えられる。実際，3年前の2001年参院選の時点で69%もあった政治への不満はさらに増えて8割近くに達し，また自分たちの1票で政治が変わると思うかを聞いてみると，「変わらない」と答えている人が同じく5割以上を占めたのである。

5－5　2005年衆院選における投票行動

　2005年衆院選では，小泉首相は自民党単独で300近い議席を得，大勝した。この原因としては，「郵政民営化是か非か」をめぐって，単純明快でブレない首相の姿勢と覚悟が，有権者には「改革に本気なのではないか」としてわかりやすく映ったことにあると考えられる。このため，自民党支持者に「改革を推進する自民党に投票する」というある種のプライドをもたらし，結果として自民党支持者の歩留率（自民党支持で自民党に投票する割合）が通常の6割後半から8割近くにまで上がった。

　さらに，将来負担に不安を感じる若年層に多い無党派層に「小さな政府」という財政健全化路線が浸透したため，2003年衆院選では無党派層の民主党投票が自民党投票の2倍以上みられたのに対し，2005年は無党派層の取り合いで自民党が民主党と互角の戦いをみせた。

　民主党は，元来強かった東京，神奈川，大阪，兵庫の68小選挙区で3勝56敗となるなど，大都市で大惨敗を喫した。また共産党と社民党は，自民党も岡田民主党代表も憲法改正を検討しているだけに，護憲と社会福祉という主張をアピールするチャンスではあったが，肝心の社会福祉を行う財源を有権者に説明し切れていなかったため，大きな政府による財政悪化や負担増を想起させて解散前の議席を確保するのが精一杯であった。いずれにせよ，小泉自民党が「郵政民営化」というシングルイシューの議題設定化に成功した選挙であり，あらためてテレビメディアの影響力の大きさと限界を知らされることになった。

6　まとめ

　本章では，55年体制以降の国政選挙において，有権者がどのような投票行動をとってきたのかを振り返ってきた。その結果，これまでに政界再編や，それに伴う有権者の政党支持や投票行動の変化が起きていたことがわかった。こうして，1993年衆院選で非自民連立政権が誕生したが，1995年参院選までに自社さ連立政権に変わり，1996年衆院選では低投票率もあって自民党が善戦した。橋本内閣が財政構造改革で臨んだ1998年参院選では敗北して内閣が交代し，さらに2000年衆院選では財政構造改革を訴えた民主党が無党派層の支持を得て都市部で議席を増やした。さらに，2001年参院選では小泉首相の

財政構造改革を無党派層が支持して自民党の圧勝に終わり，民主党は2002年統一補選でも惨敗し，党首を鳩山由紀夫氏から菅直人氏に交代せざるを得なくなった。

　しかし，こうした変化はいずれも永田町における政界の変化であって，それが有権者の期待するような「政治の変化」につながっているわけではない。例えば，1994年に政治改革という名の選挙制度改革が実現し，1996年衆院選から小選挙区比例代表並立制下で選挙が行われるようになったが，それで「政治とカネ」の問題はなくなったわけではない。政治改革当時，「中選挙区制だから，同一政党から複数の候補者が立候補する」ので，「同じ政党だから政策に違いがない」ので，「サービス合戦をするから選挙にお金がかかる」ので，「悪いお金も受け取ることになる」という論理が堂々と叫ばれた。もし，この理屈が正しいのであれば，中選挙区制を小選挙区制にしたのだから，「同一政党から1人しか立候補しない」ので，「政策論争をするのだからサービス合戦をする必要がない」ので，「選挙にお金がかからなくなる」から，「悪いお金を受け取ることはなくなる」はずである。しかし現実には，中選挙区制時代に比べて政治資金の総量が減ったとはいえないばかりか，相変わらず「政治とカネ」の問題は続いている。つまり，前述した選挙制度改革の理屈は正しくなかったのではないだろうか。例えば，全国の市区町村に対する補助金をみると，中選挙区制下における配分よりも並立制下における配分の方が，政治環境との関連が強くなっていることを指摘する研究もある[4]。

　このように，本来改革すべきことがそのまま先送りになり，時間だけが過ぎているようにも思える。まさに1990年代は「失われた10年」であったのかもしれない。しかし，それでも少しずつ変化が見え始めている。それは有権者の政党離れであり，欧米の地方自治体でも1990年代より顕著にみられる現象である。この背景としては，これまで政党支持層を規定していたような伝統的社会階層の相違が相対的に小さくなり，かつてのようなもてる者ともたざる者を代表する政党間の競争がみられなくなってきたことを指摘できる。そして，それは環境や教育といった社会的争点を中心とする争いに代わり，いわゆるNPC（新政治文化）がみられるようになってきた。わが国において

　4　名取良太「選挙制度改革と政策アウトプット」（2001年度日本選挙学会大会報告）。

も，第1次地方分権以降，地方の首長間で改革競争が行われるようになってきた。中には，情報公開や行政評価で先進的な改革を行った県もあり，公共事業の返還を含む大胆な財政改革に乗り出した県もある。

　また，現在のところ，毎年成立する法案のうち，議員立法によるものはほとんどないのが実情であり，大半は内閣提出法案として国会にかけられたものである。このため，「立法，行政，司法」の三権分立とはいえ，実際には行政府が立法活動の大半をこなしており，立法府が機能不全を起こしていると言っても誇張ではない。しかし，われわれ有権者は行政府の人を選ぶことはできず，あくまでも有権者の代表となりうるのは国会議員である。その意味で，中央の国会も本来の立法機能を取り戻し，これまで以上に間接代議制民主主義が機能するようになることを切に願うものである。

第二部

プロスペクティヴ・ヴォーティング
（将来期待投票）

第2章

選挙公約の形成と変化
―選挙の際に有権者に何が提示されているのか？―

1 はじめに

　本章では，最近行われた国政選挙における候補者の選挙公約の内容分析を行うことで，個々の選挙においてどのような政策公約が有権者に提示されていたのかを明らかにすることにしたい。分析の対象とする国政選挙は，2001年参議院選挙から2003年衆議院選挙，2004年参議院選挙を経て，2005年衆議院選挙にいたる計4回の国政選挙である。

　本章における選挙公約の内容分析については，まず政策領域に関するコーディング・カテゴリーに基づいて各候補者が掲げる選挙公約を16項目の政策領域に分類した（表2－1）。次に，各々の政策領域において，各候補者がその政策領域に関する予算を「増額しようとしているのか」，それとも「減額しようとしているのか」，あるいは「現状を維持しようとしているのか」という判断基準をもってコーディングを行った。

　なお，政策領域については，「社会福祉」，「保健衛生」，「生活保護」，「教育・労働」，「防衛」，「外交・貿易」，「農林水産」，「商工鉱業」，「運輸・通信」，「地方自治」，「住宅・中小企業」，「国土環境」，「一般行政」，「司法・警察」，「国債」，「その他」の計16項目であり，これはバッジとホフバートの研究（Budge and Hoffbert, 1990）を基に小林（1997）が改良したものである。

　これらの16項目の政策領域は，さらに「人的サービス」，「防衛および外交・貿易」，「物理的資産」，「特別なカテゴリー」という4つの政策分野に分類されている。例えば，「人的サービス」という第一の政策分野には，「社会福祉」，「保健衛生」，「生活保護」，「教育・労働」という政策領域が分類されている。そして，「社会福祉」は一般会計の目的別歳出における社会保険，国民年金，社会福祉，恩給費に該当しており，財政投融資においては厚生福祉施

表2−1　選挙公約の政策領域と予算項目の対応

政策分野	政策領域	一般会計の目的別歳出	財政投融資の使途別歳出
人的サービス	社会福祉	社会保険,国民年金,社会福祉,恩給費	厚生福祉施設
	保健衛生	保健衛生	
	生活保護	生活保護	
	教育・労働	教育文化,学校教育,失業対策	文教施設
防衛および外交・貿易	防衛	防衛関係費	
	外交・貿易	対外処理費	貿易・経済協力
物理的資産	農林水産	農林水産	農林水産
	商工鉱業	商工鉱業	基幹産業
	運輸・通信	運輸・通信	運輸・通信・道路
	地方自治	地方財政費	地域開発
	住宅・中小企業	住宅対策	住宅,中小企業
	国土環境	国土保全,国土開発,災害対策	国土保全,災害復旧,生活環境整備
特別なカテゴリー	一般行政	一般行政,徴税	
	司法・警察	司法・警察	
	国債	国債費	
	その他	予備費,その他	

設の歳出に該当している。また,「保健衛生」は一般会計における保健衛生と,「生活保護」は一般会計における生活保護とそれぞれ合致している。さらに,「教育・労働」の政策領域については一般会計における教育文化,学校教育,失業対策と,財政投融資における文教施設に該当している。

そして,防衛および外交・貿易という第二の政策分野については「防衛」と「外交・貿易」という2つの政策領域が分類されており,「防衛」は一般会計における防衛関係費に,そして「外交・貿易」は一般会計における対外処理費と財政投融資における貿易・経済協力の歳出に該当するものである。

また,物理的資産という第三の政策分野については「農林水産」,「商工鉱業」,「運輸・通信」,「地方自治」,「住宅・中小企業」,「国土環境」という6つの政策領域が該当する。この政策分野における「農林水産」は一般会計における農林水産と財政投融資における農林水産に適うものであり,「商工鉱業」は一般会計における商工鉱業と財政投融資における基幹産業に,「運輸・通信」は一般会計における運輸・通信と財政投融資における運輸・通信と道路の歳出に合致している。さらに,「地方自治」は一般会計における地方財政費と財政投融資における地域開発に,「住宅・中小企業」は一般会計における住宅対策と財政投融資における住宅と中小企業の歳出に該当するものである。

そして,「国土環境」は一般会計における国土保全,国土開発,災害対策と財政投融資における国土保全,災害復旧,生活環境整備に符合している。

最後に,第四の政策分野である特別なカテゴリーには「一般行政」,「司法・警察」,「国債」,「その他」が分類されている。そして,「一般行政」は一般会計における一般行政と徴税の歳出に,「司法・警察」は一般会計における司法・警察に,「国債」は一般会計における国債費に該当している。そして,「その他」は一般会計の予備費とその他の歳出に該当するものである。

2　各候補者の選挙公約

2-1　各候補者の選挙公約（社会福祉）

ここで,最近行われた4回の国政選挙において,候補者がどのような主張をしてきたのか,その変遷の概観を16項目ならびに政党毎にみていくことにしたい（図2-1）。

まず「社会福祉」についてみると,自民党の候補者は,2001年参院選においては予算の増額を主張する者がほとんどいなかったが,2003年衆院選以降,徐々に増額を主張する候補者が増えてきており,2005年衆院選では2割余に達している。しかしながら,自民党以外の政党の変遷と比較すると,自民党の変化はきわめてわずかなものである。また,この間,社会福祉に関する予算について減額を主張する自民党候補者はおらず,増額を主張する候補者が増えた分だけ現状維持を主張する候補者の割合が下がったことになる。

これに対して,同じ与党でも公明党はそもそも党の綱領が弱者救済であることから,この社会福祉については,かなり多くの候補者が予算の増額を主張している。そして,2003年衆院選と2005年衆院選の2度にわたる衆院選において予算の増額の主張が一層,大きくなり,その割合は2003年では8割強,2005年では6割弱に達しているのに対して,2004年参院選ではほとんどなく,また2001年参院選も衆院選と比較するとその割合は低く,過半数に届いていない。このことから,公明党による社会福祉予算増額の主張は,衆院選において,より明確に打ち出されているようである。

次に民主党の場合,予算の増額を主張する候補者の割合の変化が自民党と似たパターンを示しているものの,全体的には増額を主張する候補者が自民党よりもはるかに多いのが特徴である。具体的には,2001年参院選では2割

図2−1　候補者の主張内容—社会福祉

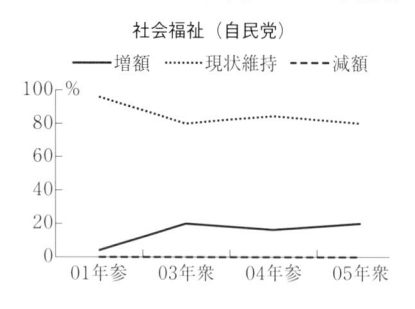

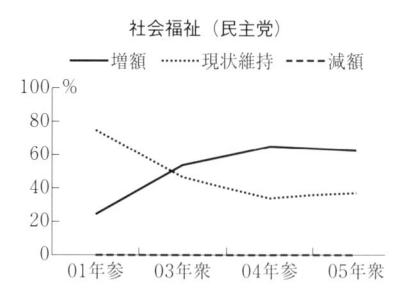

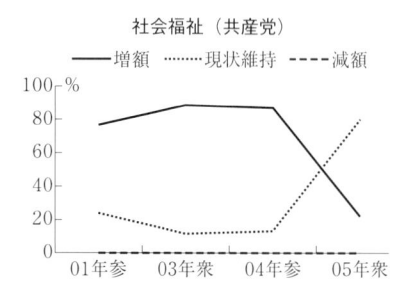

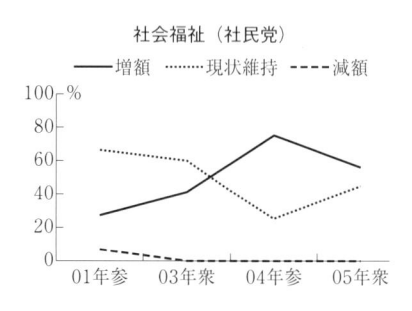

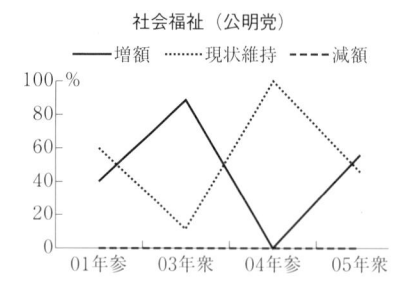

社会福祉（自民党）

社会福祉（民主党）

社会福祉（共産党）

社会福祉（社民党）

社会福祉（公明党）

余にとどまっていた割合が，2003年衆院選を経て2004年参院選では6割を超え，2005年衆院選までその傾向が続いており，予算増額を主張する候補者の割合は自民党と比較して3倍強となっている。

　これに対して，共産党の場合は，2001年参院選から2003年衆院選，2004年参院選にかけて，8割弱から9割弱へと予算の増額を主張する候補者が徐々に増加していたのに対して，2005年衆院選では増額の主張が2割余にまで一気に低下し，代わりに現状維持を主張する候補者の割合が増加に転じている。

おそらく財政健全化を志向する者が多い無党派層に焦点を当てながらも，年金生活者をはじめとする比較的所得の低い階層の有権者にも配慮して，社会福祉予算の減額を主張するまでには至らなかったのではないかと推察される。なお，社会福祉の充実を強調する共産党の候補者は，その財源として防衛，公共事業に関する予算の削減を主張しており，それが後述の防衛ないし国土環境の政策領域において減額要求をする傾向に反映している。

さらに，社民党についてみると，社会福祉関連においては民主党と似た傾向を示しており，2001年参院選において予算の増額を主張する候補者が2割余であったが，その後2004年参院選では8割近くにまで達し，2005年衆院選ではやや下がったものの，依然6割が増額を主張している。

これまで述べてきたことをまとめると，2001年参院選から2005年衆院選の4回の国政選挙において，自民，公明，民主，共産，社民の主要5政党の候補者は，社会福祉の政策領域において総じて予算の現状維持ないし増額を要求している。特に，300小選挙区のうち，ほとんどの選挙区で候補者を擁立している自民党と民主党の候補者の間で大きな違いがみられないことから，それぞれの選挙区において予算の増額を主張する候補者と現状維持を主張する候補者の違いを有権者が各党の相違を明確に区別して認知することは難しかったものと思われる。また，主張内容の変化のパターンは5大政党間で必ずしも一様ではなかったことから，4回の国政選挙のうちこの社会福祉が特に重要な争点であったといえるような選挙を見出すことはできなかった。

2-2 各候補者の選挙公約（保健衛生）

次に，「保健衛生」についてみることにしたい（図2-2）。まず自民党では，2001年参院選から2005年衆院選まで，いずれの選挙においても予算の増額を主張する候補者はほとんどみられず，9割超の候補者が現状維持を唱えている状況である。あえていえば，2003年と2005年衆院選では，2001年と2004年参院選に比べて若干予算の増額を主張する候補者の割合が高くなっている。

民主党もまた予算の増額を主張する候補者がほとんどみられない点では，自民党と似た傾向を示しているといえる。予算の増額を主張する候補者の割合は自民党よりは多いものの，ほぼ10％台前半を推移しており，2001年参院選の8.3％から2003年衆院選の16.2％へとほぼ2倍になっていることを除けば

図2-2　候補者の主張内容─保健衛生

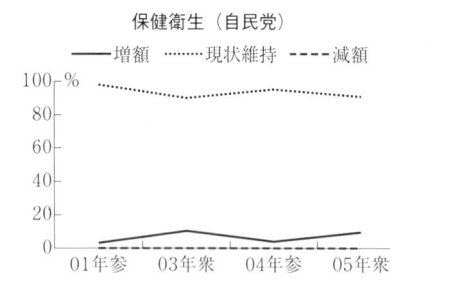

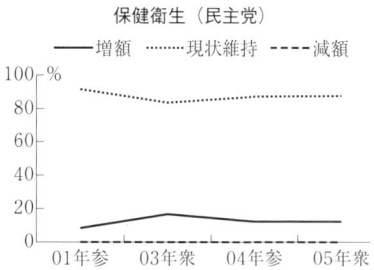

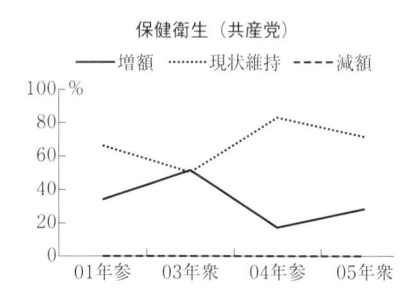

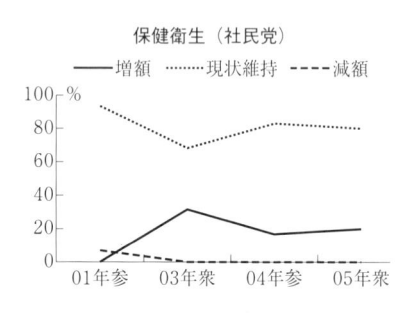

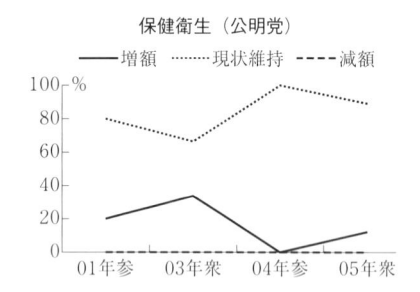

保健衛生（自民党）

保健衛生（民主党）

保健衛生（共産党）

保健衛生（社民党）

保健衛生（公明党）

ほぼ横ばいに推移している。

　これら自民・民主両党に対して，公明党の場合，予算の増額を主張する候補者の割合の4回の国政選挙における推移をみると，かなり変化に富んでいることがわかる。例えば，2003年衆院選では3分の1の候補者が予算の増額を主張しているものの，2004年参院選では一転して激減しており，2005年衆院選でも1割余程度にとどまっている。

　一方，共産党は，2003年衆院選で5割前後の候補者が予算の増額を主張し

たものの，2004年参院選では一旦2割弱にまで下がり，2005年衆院選では再び増加に転じて，3割近くにまで達している。

社民党の場合，2001年参院選から2003年衆院選にかけて予算の増額を要求する候補者の割合が大きく伸びており，2003年の時点でその割合が3分の1近くにまで達している。しかし，その後の2004年参院選と2005年衆院選にかけては，ほぼ2割程度で落ち着いている。

「保健衛生」について概括すると，5大政党の候補者のほとんどがこの政策領域に関する予算の増額ないし現状維持を主張しており，各選挙における増額主張の候補者割合は政党によってかなりの相違がみられる。しかし，各政党の変化のパターンを比較すると，いずれの政党も2003年衆院選において最も予算の増額を主張する候補者の割合が大きくなり，次の2004年参院選になると減少し，2005年衆院選にかけては増加ないし横ばいで推移している傾向が共通してみられる。つまり，保健衛生については，やはり社会福祉と同様に国論を二分するような対立争点にはならなかったものと考えられる。

2－3　各候補者の選挙公約（生活保護）

「生活保護」という政策領域における特徴は，ほとんどの候補者が予算の増額を主張していないことである。まず自民党で予算の増額を主張するものは皆無に近く，民主党でも2001年参院選で若干の候補者が主張したことを除くと，その後の国政選挙ではほとんど増額の要求がなされていない。また，公明党や共産党においてもあまり明確な予算の増額要求を主張する候補者はおらず，社民党でもほとんど増額要求がみられない（図は省略）。

2－4　各候補者の選挙公約（教育・労働）

これに対して，「教育・労働」は政党ごとの傾向がかなり異なっていることがみてとれる（図2－3）。まず自民党では，2001年参院選で予算の増額を主張した候補者がほとんどみられなかったが，2003年衆院選から2004年参院選にかけては増額を主張する候補者が増え，10％台半ばに達している。2005年衆院選においてもやや下がったとはいえ，予算の増額の公約を掲げる候補者が10％近くみられる。一方，予算の減額を要求する候補者はほとんどみられなかった。

同じ与党の公明党については，2001年参院選で2割の候補者が増額要求を

図2-3　候補者の主張内容—教育・労働

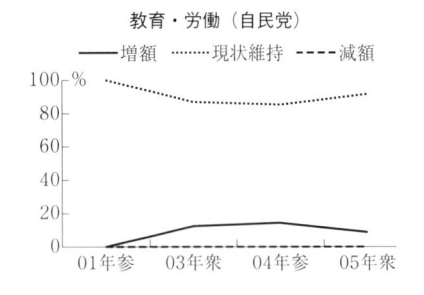

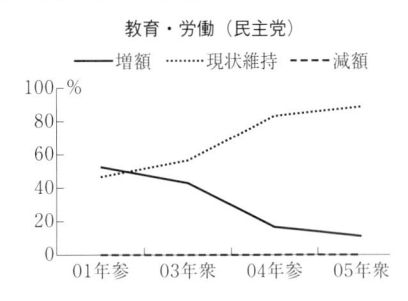

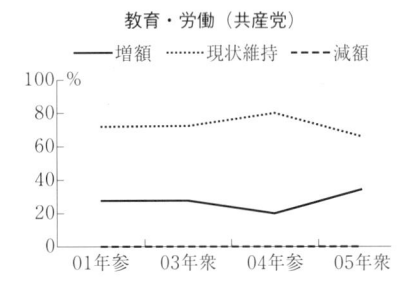

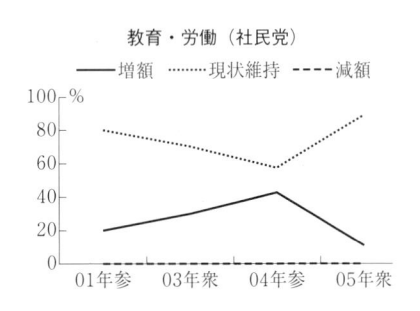

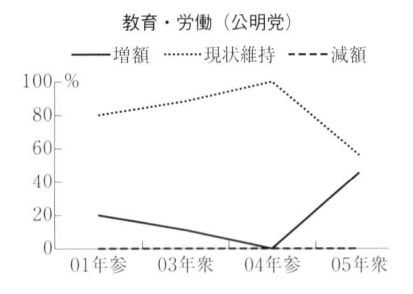

教育・労働（自民党）

教育・労働（民主党）

教育・労働（共産党）

教育・労働（社民党）

教育・労働（公明党）

していたが，2003年衆院選を経て徐々に下がり，2004年参院選では増額要求をする候補者がほとんどみられなくなった。しかし，その後，2005年衆院選では4割を超える候補者が予算の増額の要求を出し，公明党が同年の選挙でこの教育・労働の政策領域にかなり力を入れていたことがわかる。このように同じ与党であっても，2001年参院選から2005年衆院選にかけて緩やかな予算の逓増の傾向を示している自民党と，2005年衆院選になって増額要求を強調した公明党という違いがみられる。

一方，野党の民主党は，自民党とも公明党ともまったく異なった傾向を示している。具体的には，2001年参院選において与党とは対照的に半数以上の候補者が教育・労働関係の予算の増額の要求をしていたものの，2003年衆院選において4割強にまで下がり，さらに2004年参院選では2割弱，そして2005年衆院選では1割強にとどまっている。このように，衆院選であるか参院選であるかを問わず，時間を経るごとに予算の増額を要求する候補者が減少していることが民主党の特徴である。

また，社民党については，2001年参院選から2004年参院選までの3回の国政選挙では予算の増額を主張する候補者が徐々に増えており，2001年参院選では2割程度であったが2004年参院選では4割に達している。しかし，2005年衆院選では大きく低下して1割強にとどまっている。こうした予算の増減の要求の傾向は自民党でみられた傾向に若干似ているものの，自民党よりもはっきりとした変化のパターンを描いている。

共産党についてみると，2001年参院選から2004年参院選までは予算の増額を主張する者が20％台後半でほぼ推移しており，横ばいの傾向であったものの，2005年衆院選になると逆に30％台半ばにまで増加していることがわかる。共産党と公明党の変化のパターンを比較すると，いずれの政党も2001年参院選から2003年衆院選，2004年参院選にかけて緩やかな減少ないしほぼ横ばいをたどり，その後，2004年参院選を起点にして2005年衆院選にかけて増加している点で変化のパターンが類似している。

教育・労働という政策領域を概観すると，各政党の変化はそれぞれ異なったパターンを示しており，前述のとおり，一部において若干似通った増減の変化のパターンをみせている時期も見出すことができる。その変化の緩急の程度などは与党間，野党間，与野党間で相違をみることができる。

2-5　各候補者の選挙公約（防衛および外交・貿易）

次に，「防衛および外交・貿易」の政策分野における各政策領域についてみていくことにしたい（図は省略）。まず「防衛」については，いずれの政党とも基本的には同じような傾向がみられる。つまり，2001年参院選において予算の増額を主張する候補者がいたものの，それ以降はほとんどみられなくなっている。主だった政党についてみると，自民党の場合は2003年衆院選以降，ほとんどの候補者が防衛について現状維持の立場をとっており，2005年衆院

選においてわずかに増額の要求がみられる程度である。また，2004年参院選においてごくわずかではあるものの，防衛に関して予算の減額要求をする候補者がみられる。

公明党についても，自民党と同じような変化のパターンを示している。民主党は，2003年衆院選以降，予算の増額要求の候補者が皆無であった公明党と比べると，若干の増額要求がみられる。

これに対して，共産党と社民党については特徴的な傾向をみてとることができる。まず，共産党については，予算の増額を要求する候補者はほとんどみられない。しかし，予算の現状維持については2001年参院選から2003年衆院選にかけて急激に伸びはじめ，その後も着実にその割合を増やし，2005年衆院選においては9割強の候補者が現状維持を主張している。さらに，共産党においてもう一つ特徴的な傾向は，予算の減額を要求する候補者がみられることである。2003年衆院選において4割以上の候補者が予算の減額を主張しており，現状維持の割合に迫るほどになっている。その後，予算の減額を要求する候補者が2004年参院選を経て徐々に減少し，2005年衆院選においては1割程度にとどまっている。

社民党の場合は，2003年衆院選以降，予算の現状維持を主張する候補者の割合が高い水準で推移しているものの，減額を要求する候補者も常に1割前後いることが特徴となっている。特に，2003年と2005年の2回の衆院選においては若干多い割合をみせている。

次に，「外交・貿易」についてみると，予算の増額を要求する候補者，減額を要求する候補者はいずれの政党においてもほとんどみられず，大半の候補者が現状維持を主張している。あえていえば，2003年衆院選で予算の増額を要求する公明党の候補者がみられたものの，それも2％とごくわずかであった。

2－6　各候補者の選挙公約（農林水産）

「物理的資産」の政策分野における各政策領域をみると，まず農林水産では，予想に反して予算の増額を要求する自民党の候補者があまりみられなかった（図2－4）。つまり，2004年参院選において予算の増額を要求する候補者が20％近くにまで達しているものの，その前後の国政選挙では10％を上回ることなく推移している。予算の減額を要求する候補者こそいないものの，やは

図2-4 候補者の主張内容―農林水産

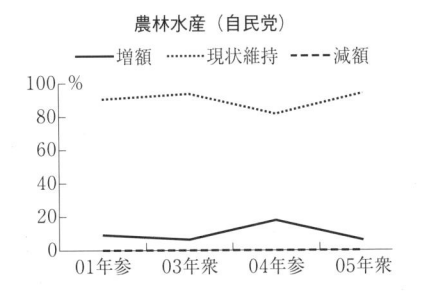

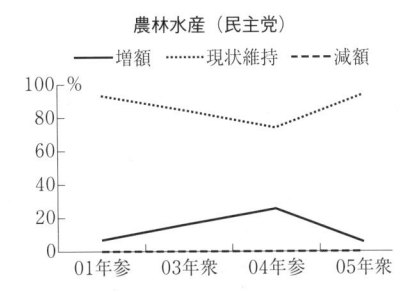

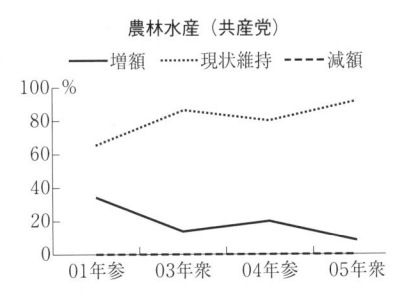

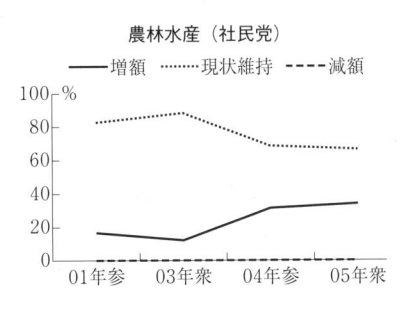

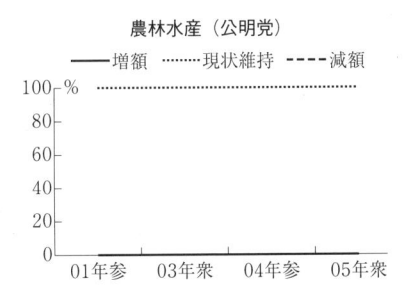

農林水産（自民党）
農林水産（民主党）
農林水産（共産党）
農林水産（社民党）
農林水産（公明党）

りわが国における第一次産業従事者，特に専業農家の比率が減少していることから，あまり極端な増額を要求することが難しくなっているのではないかと思われる。また，特にその中で，2004年参院選において予算の増額を要求する候補者がみられるのは，比例代表候補者の中に農林水産関係の者がいるためではないかと推察される。同じ与党であっても，公明党については農林水産における予算の増額要求はほとんど行われていない。

これに対し，野党の場合，農林水産関係の予算の増額を明確に主張してい

る。まず民主党については，与党の自民党以上に予算増額の要求がなされている。2001年参院選から2003年衆院選にかけては10％台後半でほぼ横ばいとなっており，2003年衆院選以降では予算の増額を要求する候補者がほぼ倍増している。そして，2004年参院選から2005年衆院選にかけては，民主党の全候補者の4割近くが農林水産関係の予算増額を選挙公約で主張するようになっている。それに対して予算減額を要求する候補者は特にみられない。

共産党については，2001年参院選から2005年衆院選にかけて概観すると，増額要求は減少傾向にあるようである。2001年参院選において予算の増額を要求する候補者の割合は30％台半ばであったが，2003年衆院選にかけて減少した後，2004年参院選にかけて，再び10％台前半から20％へと増加し，さらに2005年衆院選で1ケタ台にまで減少している。こうした変化のパターンはやや自民党に類似している。

社民党についてみると，2001年参院選から2003年衆院選を経て2004年参院選にかけては，1ケタ台から20％台半ばへと予算増額要求をする候補者が増加している。しかし，2005年衆院選になると再び1ケタ台にまで減少している。

「農林水産」の政策領域について概観すると，予算の増額ないし減額を要求する候補者がみられなかった公明党を除けば，いずれの政党においても2003年衆院選と比べて2004年参院選では増額を主張する候補者が増加している。

2－7 各候補者の選挙公約（商工鉱業）

「商工鉱業」についてみると，全体として予算の増額要求がさほど多くはみられないことが特徴となっている（図は省略）。自民党と社民党についてみると，2001年参院選から2005年衆院選にかけて，予算の増額を要求している候補者が1ケタ台前半を推移しており，残りの候補者は現状維持を主張している。公明党については，2003年と2005年の2回の衆院選で，予算の増額を主張する候補者の割合が自民党をわずかながら上回っており，その値は10％台となっている。民主党については，予算の増額を要求する候補者の割合が2003年衆院選で10％を超えているものの，2004年参院選以降は1ケタ台にとどまっている。

一方，共産党についてみると，2004年参院選で，商工鉱業に関する予算の減額を主張する候補者が4割程度いたことが大きな特徴として指摘すること

ができる。そして，同党で予算の増額を要求する候補者は，4回の国政選挙いずれにおいてもごくわずかとなっている。

2-8 各候補者の選挙公約（運輸・通信）

「運輸・通信」についてみると，自民党では2001年参院選から2005年衆院選にかけて，3割以上の候補者が予算の増額要求をしており，特に2004年参院選では4割に上る候補者が増額要求をしている（図2-5）。一方，予算の現

図2-5 候補者の主張内容——運輸・通信

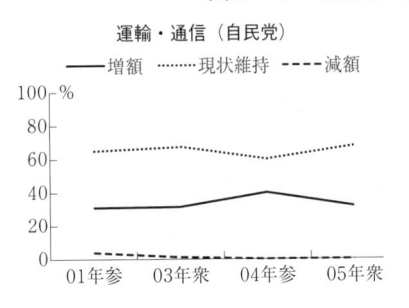

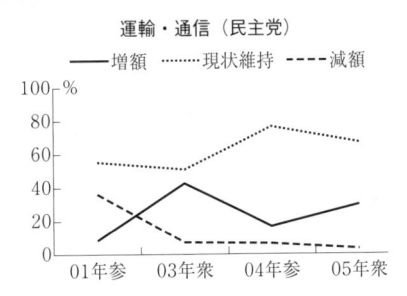

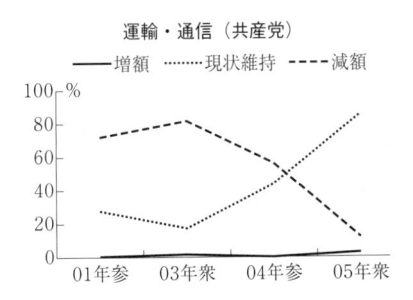

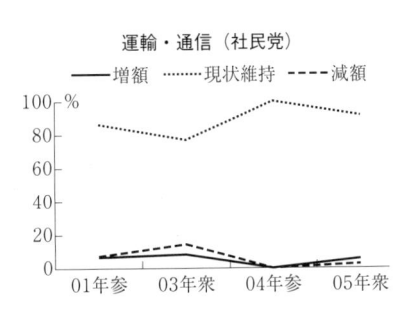

状維持を主張する候補者は6割から7割の間を推移しており，減額を主張する候補者は2001年参院選において多少みられることを別にすれば，その後の国政選挙ではほとんどみられない。

公明党については，2004年参院選までは運輸・通信予算の増額を要求するものがほとんどおらず，2003年衆院選でも10％にとどまっていた。しかし，2005年衆院選においては7割前後の候補者が予算の増額を公約に掲げるようになり，同年の選挙で公明党の重点政策の1つとして取り上げられたものと思われる。その一方で，予算の減額については2001年参院選から2003年衆院選にかけて20％台を推移していたが，2004年以降減額を要求する候補者はみられなくなっており，現状維持を主張する候補者がいずれの国政選挙においても7割以上を占めていることがわかる。

野党の民主党については，参院選よりも衆院選において「運輸通信」の予算の増額を主張する候補者が多くみられ，2001年参院選では1割，2004年参院選でも2割弱にとどまっている一方，2003年衆院選では4割強，2005年衆院選においても4割弱の者が増額を主張している。また，同党で予算の現状維持を主張する者は50％台から80％の間に推移しており，予算の減額要求をする候補者については，2001年参院選から2005年衆院選にかけてその割合が低下し，特に2001年参院選から2003年衆院選にかけては4割から1割にまで一挙に下がっていることが特徴的である。

共産党についてみると，2001年から2005年の4回の国政選挙においても，予算の増額要求をしている候補者は皆無に等しい。また，予算の減額を主張している候補者は2001年参院選から2003年衆院選にかけて7割から8割へと増加しており，その後は2005年衆院選にかけて減額要求をする候補者が減少している。これは，社会福祉において既に説明した通り，社会福祉の充実を強調する共産党がいわばその代償として公共事業に関する予算の削減に言及していることを反映したものと理解することができる。

社民党については，ほとんどの候補者が予算の現状維持を主張しており，増額を要求する候補者と減額を要求する候補者の各割合は似たような変化のパターンを示している。2001年参院選においてはともに10％未満であったが，2003年衆院選にかけてはそれぞれ増加し，特に予算の減額要求の割合が増額要求の割合を上回っている。しかし，2004年参院選になるといずれの割合もほぼゼロとなり，2005年衆院選になって再び1ケタ台に戻っている。

2－9　各候補者の選挙公約（地方自治）

「地方自治」についてみると，予算の増額を主張している候補者がみられるのは自民党と民主党，そして社民党であり，公明党と共産党は増額ないし減額要求をしている候補者はあまりみられない（図2－6）。まず自民党は，2001年参院選から2003年衆院選にかけて，予算の増額を要求する候補者の割合が1ケタ台で推移していたが，2004年参院選になると3割の候補者が増額

図2－6　候補者の主張内容―地方自治

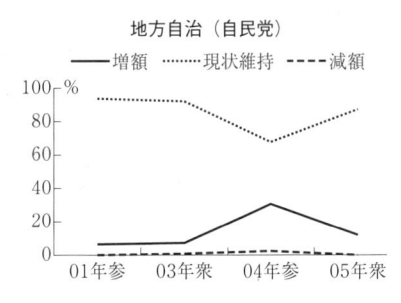

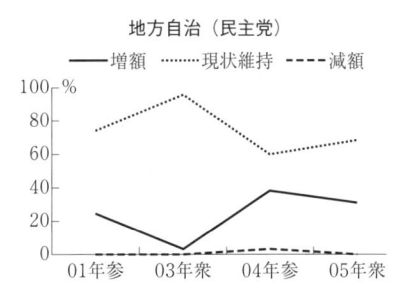

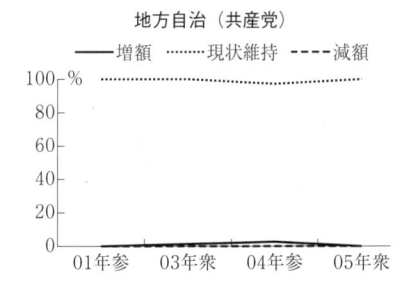

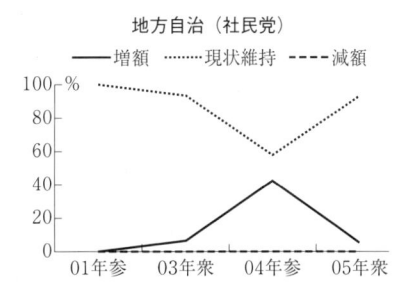

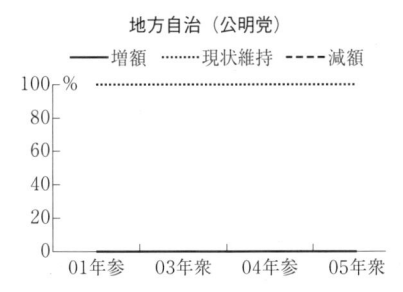

を要求するようになった。しかし，2005年衆院選になると10％台に減少している。予算の減額を要求する候補者は2003年衆院選と2004年参院選においてわずかながらみられたが，2005年衆院選においてはみられなくなった。

　一方，民主党は2004年参院選において，予算の増額を要求する候補者の割合が最も多く4割近くに上っており，2005年衆院選でも4割弱と，自民党以上の増額要求を公約に掲げる候補者がいる。ちなみに，2001年参院選においては20％台，2003年衆院選においては1ケタ台となっていることから，ごく最近の国政選挙において民主党は地方自治に関する予算増額に積極的な姿勢を示していることが窺える。具体的には，地方分権化に関する議論が盛んになってきた時期と重なっており，権限や税財源を自民党案よりも積極的に地方に移譲すべきであると主張していることがこうした結果につながっているものと推察される。

　社民党も2001年参院選から2003年衆院選を経て，2004年参院選にかけて，予算の増額を要求する候補者が増加しており，ピーク時は40％を超えている。しかし，次の2005年衆院選になると再び減少し，2003年衆院選とほぼ同じ水準の1ケタ台になっている。

　こうした著しい変化を見せる民主党や社民党に対して，共産党の場合，予算の増額を主張する候補者は2003年衆院選と2004年参院選においてわずかばかりみられる程度にとどまっており，大半の候補者は現状維持を主張している。

2－10　各候補者の選挙公約（住宅・中小企業）

　「住宅・中小企業」についての特徴は，自民党と公明党，そして民主党の3党で，2004年参院選において予算の増額を公約に掲げた者が多く，それ以外の選挙においてはある程度の範囲に収まっていることである（図は省略）。この政策領域について言及している候補者の具体的な主張内容をみると，住宅ローン減税や所得税減税の維持，推進などに関するもの，あるいは中小，零細企業への融資に関する措置などである。

　自民党はこの政策領域について，2001年参院選において予算増額を要求した候補者が1割弱にとどまっていたが，2003年衆院選になると1割を超え，2004年衆院選では3割にまで達した。しかし，2005年衆院選になると再び2003年衆院選時の水準にまで戻っている。

また，同じ与党の公明党の変化のパターンは自民党の傾向をさらに大きくした形をとっている。具体的には，2001年参院選においては特に目立った言及がなされていなかったものの，2003年衆院選を経て，2004年参院選になると全候補者のうちの3分の2が予算の増額要求をするようになった。しかし，2005年衆院選になると4割にまでその割合が下がり，代わって予算の現状維持を主張する候補者が増えている。

　民主党は2001年参院選において1ケタ台であった予算の増額要求の候補者の割合が，2003年衆院選を経て，2004年参院選時にはピークを迎える。しかし，2005年になると2割程度にまで低下している。

　共産党の場合，全体的に予算の増額を要求する候補者があまりおらず，4回の国政選挙を通しておおむね1割程度で推移している。あえていえば，2001年と2004年の2回参院選において，2003年と2005年の衆院選と比べて増額を要求する候補者の割合が若干増加している。

　社民党は，2001年の参院選において予算の増額を主張する候補者がほとんどみられなかったものの，2003年衆院選と2004年参院選において増加の傾向を示している。そして2004年の2割弱をピークに，その後はほぼ横ばいとなっている。

　住宅・中小企業の政策領域においては，いずれの政党の候補者も特に予算の減額を要求する候補者はみられず，現状維持ないし増額を主張する候補者で占められ，またいずれの政党の候補者も2004年参院選において最も増額要求がなされていることがわかる。

2－11　各候補者の選挙公約（国土環境）

　「国土環境」についてみると，自民党では，2001年参議院選挙で予算増額を要求した候補者が1割程度おり，2003年衆院選ではほぼ横ばいとなっている（図2－7）。ところが，2004年参院選になると予算の増額を主張する候補者が3分の1にまで達し，その後の2005年衆院選では2割程度に下がっている。これにほぼ呼応する形で予算の現状維持を主張する候補者の増減はほぼ横ばいで推移しており，予算の減額を主張する候補者は2003年衆院選においてわずかながらみられる程度である。

　一方，公明党については，国土環境に関する予算の増額要求が，国政選挙を経るごとに強くなっていることが特徴である。2001年参院選では，ほとん

図2-7 候補者の主張内容―国土環境

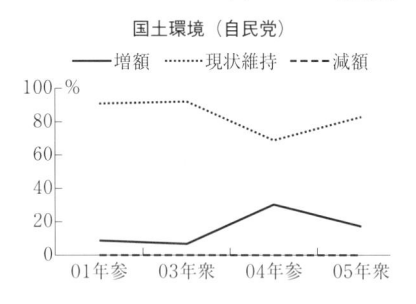

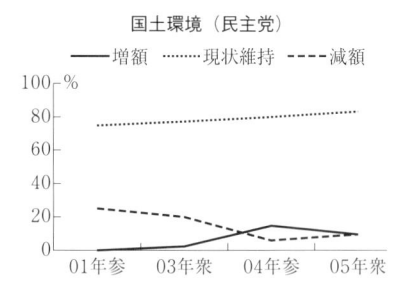

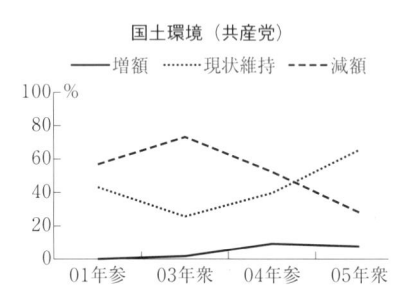

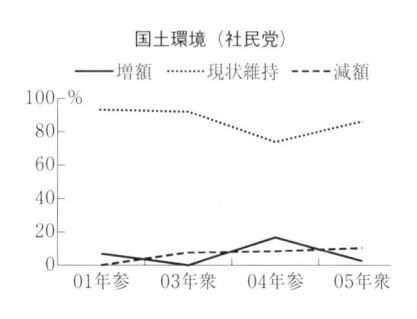

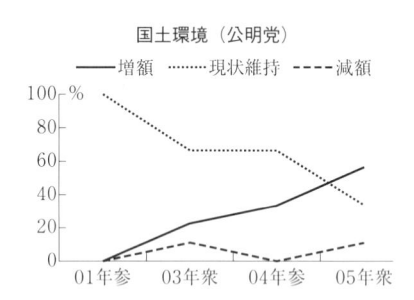

ど増額を公約とする者がいなかったのに対し，2003年衆院選では2割を超え，さらに2004年参院選では3分の1に達し，2005年衆院選では半数以上の候補者が国土環境の予算増額を選挙公約に掲げている。また，予算の減額を要求する候補者は，2001年と2004年の参院選ではほぼゼロであるのに対し，2003年と2005年の2回の総選挙では1割を占めている。

民主党の場合，自民党や公明党の変化のパターンと比べて，相対的に小規模の変化となっている。予算の増額を要求する候補者は，2001年参院選にお

いてはほぼゼロであったが、2003年衆院選になるとわずかながら増加し、2004年参院選では2割弱になり、2005年衆院選では逆に1割程度にまで戻している。また予算の減額を要求する候補者は2001年参院選では20%台半ばほどいたが、2003年衆院選を経て2004年参院選では10%を下回り、その後2005年衆院選にかけてほぼ横ばいで推移している。予算の現状維持を主張する候補者については、4回の国政選挙において、70%台から80%台を推移しており、特に目立った変化はみられない。

　共産党の候補者の中で、予算の増額を要求している候補者が2003年衆院選以降現れ、2004年には1割程度を占めている。一方、予算の減額を要求する候補者は2001年参院選では6割程度おり、その後2003年衆院選時の7割をピークに下がり始め、2005年衆院選では3割を下回っている。そして、2001年参院選時には4割いた現状維持を主張する候補者の数が2003年衆院選時に3割を下回ったものの、2004年以降増加に転じ、2005年衆院選時には6割に達している。

　社民党の場合、2001年参院選以降、4回の国政選挙を通して、予算の現状維持が軒並み8割から9割を占めている。そして国土環境関係の予算増額を要求する候補者が2001年参院選時の1割程度から2004年の2割にまで上ったが、2005年には1ケタ台に戻っており、とりわけ一貫した傾向はみられない。それに対して、予算の減額を要求する候補者は、2003年以降横ばい、もしくは逓増しており、2005年衆院選では1割程度となっている。

　総じてみると、社民党を除いて、自民、公明、民主、共産の4政党においては、4回の国政選挙のうち、2001年、2003年の前半2回の選挙よりも2004年、2005年の後半2回の選挙の方が予算の増額を要求する候補者が概ね多くなっている。また、自民、民主、共産の三党と比較すると、公明党で予算の増額を要求する候補者の割合がきわめて高く、特に2004年参院選から2005年衆院選にかけては社民党も含めた他の4政党の候補者が増額要求を控える中で、公明党だけが増額要求の割合を大きく伸ばしていることは特徴的といえるだろう。

2-12　各候補者の選挙公約（一般行政）

　「一般行政」についてみると、自民、公明、民主、共産、社民のいずれの政党においても、2005年衆院選で、予算の増額要求が共通してみられることが、

大きな特徴となっている（図2－8）。

まず自民党についてみると，2001年参院選から2004年参院選までの3回の国政選挙において予算の増額要求を主張する候補者がほとんどいないのに対し，減額の主張をする候補者が概ね2割程度いたことがわかる。しかし，2005年衆院選になると，予算の減額の公約がほとんど影を潜める一方で，増額の要求が4割近くにまで達している。

公明党はこうした自民党の特徴をさらに顕著にした傾向を示しており，

図2－8　候補者の主張内容——一般行政

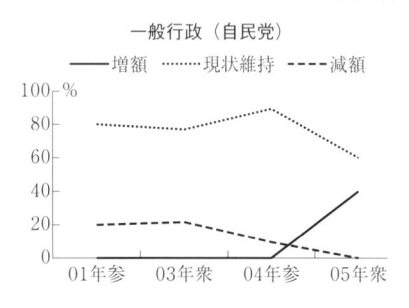

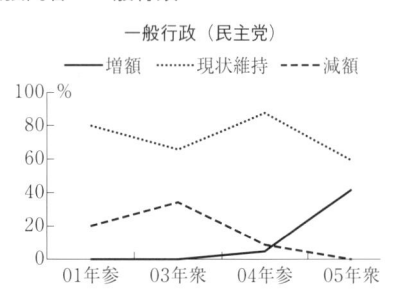

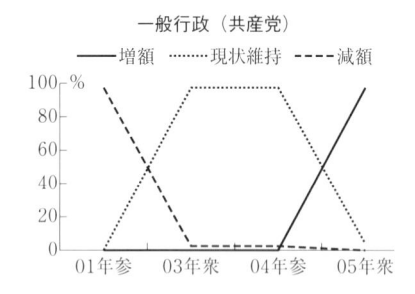

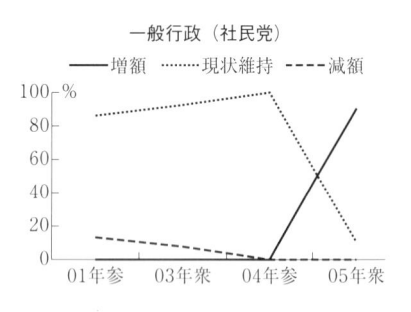

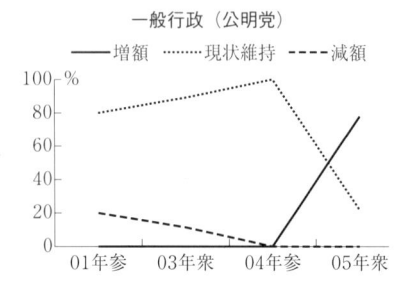

2005年衆院選において予算の増額要求をする候補者が7割程度にまで達している。

民主党については，変化のパターンが自民党とほぼ同じ傾向を示している。予算の増額要求が2004年参院選以降，増加し始めているのとは対照的に，減額要求は2001年参院選で2割，2003年衆院選で3割強であったが，2004年には1割弱とその数を減らし，2005年衆院選ではほとんどみられなくなっている。

共産党と社民党は公明党と似た形を示しているが，共産党は2001年参院選ではほぼ全ての候補者が一般行政の予算の減額を主張している。

2−13　各候補者の選挙公約（司法・警察）

「司法・警察」についてみると，いずれの政党においても予算の減額を主張する候補者はおらず，共産党を除いて，2003年衆院選以降増額を要求する候補者が増加していることが特徴である。一方，共産党は，2001年参院選以降4回の国政選挙において，特に目立った司法・警察関連予算の増額を要求していない（図は省略）。

まず自民党についてみると，警察予算の減額を主張する候補者は2003年衆院選から2005年にかけて，2割から1割を越える程度に逓減しており，特に目立った変化のパターンはみられない。

公明党は，増額を要求する候補者の割合の変化が大きいことが特徴である。2003年衆院選では2割超の候補者が予算の増額を要求し，2004年参院選には7割にまで達したが，2005年衆院選になると，再び2割にまで減少している。

民主党の場合，2003年衆院選において2割超の候補者が予算の増額を要求していたが，2004年参院選になるとごくわずかの候補者が要求するにとどまり，2005年衆院選には再び微増の傾向を示している。

社民党は4回の国政選挙を通してほとんどの候補者が予算の増額を要求しており，2003年衆院選においてもわずかながら増額を要求する候補者がいることが共産党との相違点として挙げられるだろう。

2−14　各候補者の選挙公約（国債）

最後に，「国債」についてみることにしたい（図は省略）。国債の発行を推進すべきだと主張する候補者がこの4回の国政選挙において特にみられなか

った一方，国債の発行を抑制すべきだと主張した候補者も2割以下にとどまっていることが，いずれの政党にも共通してみられる特徴である。自民党の場合，2003年と2005年の2回の衆院選において国債の増発を唱える候補者がごく少数ながらみられ，減額を主張した候補者は2001年参院選に1割弱，2003年衆院選ではその半分，そして2004年参院選で財政再建ないし国債発行の抑制を明言した候補者はほとんどいなかったが，2005年衆院選になると20％台まで増えている。

国債の減額，つまり発行の抑制を唱えた自民党候補者数の変化のパターンは，他の政党においてもみられている。社民党においては2001年参院選では1ケタ台であったが，2004年参院選でゼロになった後，2005年衆院選では1ケタ台ながら数を増やしている。民主党の場合は，2001年参院選において20％以上いた減額を主張する候補者が，2003年衆院選と2004年参院選ではみられず，2005年衆院選になって再び10％台半ばまで増えている。与党の公明党の候補者は，2001年参院選から2004年参院選まで特に減額要求をしていなかったようであるが，2005年衆院選になると10％強の候補者が減額を訴えるようになった。共産党は，2001年参院選においてわずかながら減額要求がみられたが，その後の国政選挙では特にみられていない（図は省略）。

このようにみると，自民党は党レベルにおいては各予算項目において歳出抑制を図る方針を提示していたものの，自民党候補者は選挙で人的サービスや物理的資産といった政策分野における予算の増額ないし現状維持を公約にしており，その財源については票の損失につながりにくい行政改革による歳出削減によって賄うという論理が本節での検討からみえてくる。

公明党については，党の重点項目における予算増額が候補者レベルにおいて顕著に現れる傾向があった。特に，社会福祉や住宅・中小企業などの政策領域について，いわば弱者救済措置を公約として掲げて選挙に臨む姿勢がみてとれる。また，自民党などと比べて選挙間の増減の振れ幅が大きい傾向がみられる。

民主党については，社会福祉や教育をはじめとする人的サービスの政策分野において予算の増額を主張し，また農林水産領域において民主党は自民党よりも積極的な農業対策を明確にしており，社会保障や農業保障に重点を置いていることが特徴である。また同党は，国土環境や一般行政における予算の削減を与党と比べて明確にしているものの，人的サービスや物理的資産に

おける広範かつ大規模な削減を公約としない点において，基本的に自民党との際立った相違は見受けられない。

共産党は公明党と同様に予算の増減について選挙間の変化が大きく，擁立する候補者の数が多いことに鑑みれば，党としての結束が強いことが特徴である。また，人的サービスの充実と防衛および運輸・通信，国土環境の領域における歳出抑制に重点を置いていることが推察される。

社民党も人的サービスにおいて増額を公約している候補者が多く，この点は他の野党と大きな違いがない。そして，防衛予算の減額を唱える候補者が他の政党と比較して多い点は共産党と共通している。

総じて，(1)人的サービスの分野において増額ないし現状維持を主張する候補者が大半であること。(2)一般行政における歳出の見直しを公約していることがいずれの政党においても共通してみられる傾向である。そして，それぞれの国政選挙において，社会問題として話題になっている事柄がある場合には，それに対する措置を講ずる旨の公約を提示する傾向がみられる。また，防衛と運輸・通信，国土環境の政策領域では減額を要求する候補者の割合の大小という点において政党間の相違が若干みられる程度であり，わが国において政党間で政策方針が真っ向から対立しているような政策領域は特に存在しないことになる。

3 地域特性別にみた候補者の選挙公約

前節では，候補者が提示する選挙公約の内容を政党ごとに分類し，どのような傾向がみられるのかを論じてきた。本節では，さらに各政党の候補者を地域特性によって5つに分類した上で，選挙公約の内容と地域特性との間にどのような関係があるのかをみることにしたい。具体的には，社会経済的変数を用いて主成分分析を行い，それによって析出された主成分得点を地域特性を表す変数とする。次に，その変数を基に各選挙区を5段階に分類し，分類ごとに各政党の候補者の選挙公約にみられる傾向について明らかにしていくことにしたい。

まず，社会経済的変数として，「人口伸び率」，「総就業者数」，「老年人口比」，「DID（人口集中地区）人口比」，「世帯人口」，「第1次産業人口比」，「第3次産業人口比」，「第2次産業人口伸び率」の8つの変数をとりあげ，2000年に行われた国勢調査に基づいてデータを収集した。なお，2003年と2005年に行

われた衆院選の選挙公約を分析する場合には，300小選挙区をケースとする主成分分析を行い，2001年と2004年に行われた参院選の選挙公約を分析する場合には，選挙区が都道府県単位であることから47都道府県をケースとする主成分分析を行った。

各主成分分析の結果は，表2-2（衆議院選挙小選挙区）と表2-3（参議院選挙選挙区）に示したとおりである。まず衆院選のための各主成分の寄与率をみると，第一主成分が47.9％，以下，第二主成分が23.0％，第三主成分が12.7％，第一主成分と第二主成分の累積寄与率で70％を越えていることから，この2つの主成分得点を地域特性の変数として用いることにした。次に，各主成分の軸についてみると，第一主成分は都市化の程度を表わすものととらえ，この軸を「都市－農村」軸と呼ぶことにした。同様に，第二主成分は活性の程度を表わすものと考え，この軸を「活性－停滞」軸とした。

同様に，参院選のための第一主成分の寄与率は65.1％，以下，第二主成分16.7％となっており，第一主成分と第二主成分の累積寄与率が81.8％になることから，ここでも第一主成分と第二主成分の2つを用いることにした。また，第一主成分を「都市－農村」軸とし，第二主成分を「活性－停滞」軸とした。

これらの主成分分析によって得られた第一，第二主成分値，すなわち地域特性を基に，300小選挙区を都市から農村にかけてほぼ同じ比率になるように，「都市」，「準都市」，「中間（都市・農村）」，「準農村」，「農村」の5段階に分類するとともに，現在成長している活性地域から停滞をしている地域まで「活性－停滞」の軸に沿って，「活

表2-2 衆議院小選挙区の地域特性（都市化・活性化）の主成分分析

	第1主成分	第2主成分	第3主成分
人口伸び率	0.561	−0.362	0.327
総就業者数	0.562	−0.115	−0.788
老年人口比	−0.868	0.205	−0.202
DID人口比	0.801	−0.385	0.003
世帯人口	0.749	0.531	−0.362
第1次産業人口比	−0.777	0.465	−0.106
第3次産業人口比	0.710	0.569	0.216
第2次産業人口伸び率	0.379	0.827	0.242
累積寄与率	47.9	23.0	12.7

表2-3 参議院選挙区の地域特性（都市化・活性化）の主成分分析

	農村－都市	停滞－活性
人口伸び率	0.686	0.657
総就業者数	0.914	−0.136
老年人口比	−0.841	−0.453
DID人口比	0.944	−0.076
世帯人口	0.913	−0.199
第1次産業人口比	−0.826	−0.159
第3次産業人口比	0.697	−0.262
第2次産業人口伸び率	−0.547	0.735
寄与率	65.1	16.7

性」,「準活性」,「中間(活性・停滞)」,「準停滞」,「停滞」の5分類にした。また参議院選挙においても,47都道府県について主成分分析によって得られた2種類の地域特性を基に同様に選挙区の分類を行った。

　ここで,自民党について,候補者の選挙公約と地域特性の関連をみると,「社会福祉」については,都市から農村までいずれの地域においても予算の増額を要求する候補者がみられ,その割合は1割から3割の間を変動している。しかし,増額要求について,都市化の程度と変化のパターンの間には目立った関連はみられない。しいていえば,都市と農村の2地域については,それ以外の3地域よりも増額要求をする候補者の割合が比較的高いものの,いずれの地域においても選挙を経るにつれて逓増する傾向がみられる。「社会福祉」の政策領域と活性の程度との関連についてみると,準活性,中間(活性・停滞),準停滞の3地域では2001年参院選から2004年参院選にかけて予算増額を要求する候補者の割合が逓増しており,中でも中間地域はその割合が他地域よりも高くなっている。しかし,3地域ともにその後は逓減ないし横ばいとなっている。活性と停滞の3地域については,参院選よりも衆院選の方が増額要求をする候補者の割合が高くなっているが,時間の経過と増減の変化の関連性は薄いようである。

　「保健衛生」については,都市化や活性化という地域特性に関係なく,予算の増額を要求する候補者は少ない。都市化との関係では,中間地域において予算の増額要求がもっとも少なく,準農村と準都市がそれに続いている。それに対して都市と農村では予算の増額要求が多いものの,特に変化はなく横ばいで推移している。活性化との関係では,時間の経過,つまり変化のパターンや地域間における関連性はみられない。

　「教育・労働」については,準農村や農村と比較すると,都市,準都市,中間(都市・農村)の3地域において予算の増額を要求する候補者の割合が高い傾向がみられる(図2-9)。また,変化のパターンについては,準農村地域を除けば,2003年衆院選と2004年参院選をピークに増額を要求する候補者の割合が低下する傾向がみられる。また,活性化している地域,すなわち人口が増えている地域ほど増額要求をする割合が高い傾向がみられる。これは人口が増えている地域での教育や労働環境に関する有権者の関心の高さに合った政策が主張されているものと思われる。

　「農林水産」については,2004年参院選を除けば,都市や準都市ではほとん

図2-9　候補者の主張内容：教育・労働（自民党・地域特性別）

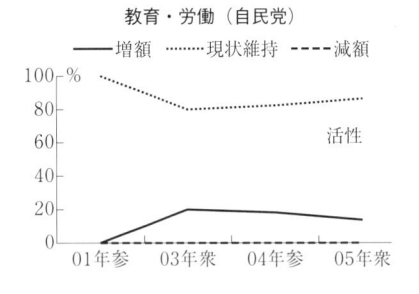

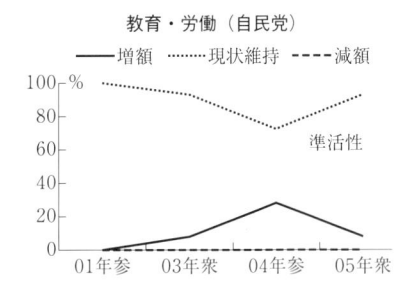

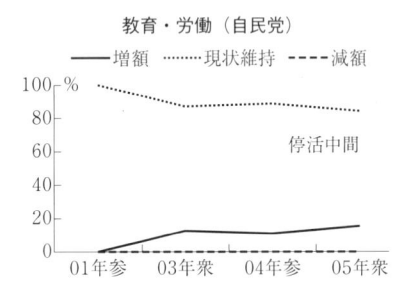

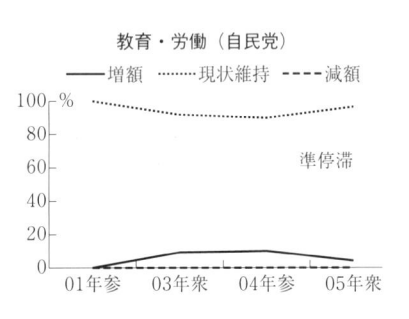

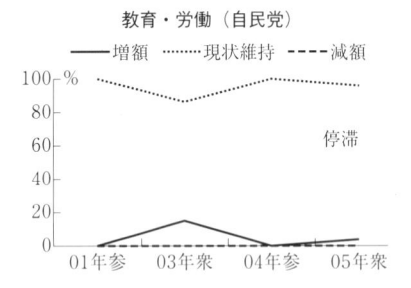

[図：教育・労働（自民党）活性、準活性、停活中間、準停滞、停滞の5つの折れ線グラフ。横軸は01年参、03年衆、04年参、05年衆。縦軸は0-100%。凡例：増額、現状維持、減額]

　ど予算増額の要求がみられず，準農村では4回の選挙ともに1割程度，農村地域においては2割程度の候補者が増額要求をしており，やはり農村地域の選挙区にいくほど，農林水産の予算増額を公約として掲げる者が多いことがわかる。
　「商工鉱業」については，都市や準都市よりも準農村，農村地域において予算の増額要求がみられる。活性－停滞でいえば，中間（活性・停滞）で増額を主張する候補者が多くみられる。近年の国政選挙におけるこの分野での言

及内容をみると，産業の活性化や創業育成の助成といった政策を実施すべきという主張があり，第3次産業が発達した地域を地盤にする候補者がいることの表われではないかと推察される。

「運輸・通信」については，あらゆる地域において予算の増額を要求する候補者の割合が他の項目に比べて多くなって，特に，準農村と農村において増額の要求が多く，また活性，準活性よりも停滞，準停滞，中間（活性・停滞）においてより多くみられる傾向があり，交通環境の整備などの主張がそれらの地域における有権者に主張されていることがわかる。

「地方自治」の予算の増額要求については，同じ自民党であっても，地域分類によって違いが現れている。都市化における準都市において全体的に他の地域より増額要求をしている候補者が多く，それに中間（都市・農村）と準農村，農村が続いている。その一方で，都市地域において増額要求がもっとも少なくなっている。全般的には，特に2004年参院選では増額要求が多くなっていることが特徴として挙げられる。

「住宅・中小企業」については，活性地域における2004年参院選時の予算増額要求がもっとも増えている。その一方で都市化や活性の程度と増額要求の間には顕著な関連がみられなかった。

「国土環境」については，2004年参院選において都市地域と農村地域で予算増額の要求がみられる。また，活性地域と停滞地域も同様であり，両極端の地域において増額の要求がみられることが特徴となっている。変化のパターンについては，都市と農村，活性と停滞の4地域を除いて，国政選挙を経るごとに増額要求が増える傾向がみられる。

「司法・警察」は，都市地域において予算の増額要求が多く，準都市がこれに続いており，治安の悪さが司法・警察予算の増額要求とリンクしているものと思われる。活性化との関連をみると，活性地域と農村地域において増額の要求が多くみられ，準活性や中間（活性・停滞）がこれに続いている。

次に，自民党以外の各政党の増額要求と地域特性の関係についてみていくことにしたい。まず民主党では，「社会福祉」について，2001年参院選から2004年参院選にかけて，いずれの地域においても増額を要求する候補者が増えており，さらに2005年衆院選にかけては地域によって増減が異なっているものの，主だった変化のパターンと地域特性との関連性はみられない。「教育・労働」については，2001年参院選から2005年衆院選にかけて概ね増額要

求が下がり続けており，都市化や活性が進んだ地域ほどその下がり具合は緩やかな傾向がみられる。

物理的資産の「農林水産」においては，地域特性の中でも都市化と予算の増額要求との関係が特徴として挙げられる（図2−10）。具体的には，都市と準都市においては，増額要求が20%にとどまっている一方，中間（都市・農村），準農村，農村地域においては，2001年参院選から2005年衆院選にかけて概ね増加傾向にあり，2005年衆院選ではこの三地域とも40%から60%に達し

図2−10　候補者の主張内容：農林水産（民主党・地域特性別）

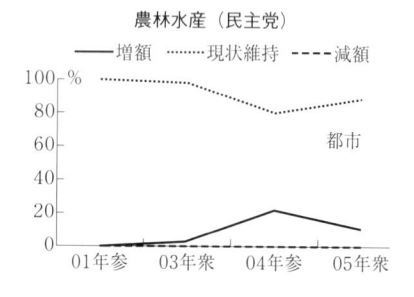

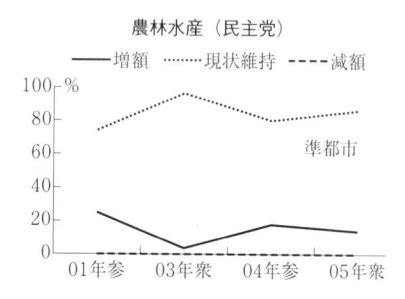

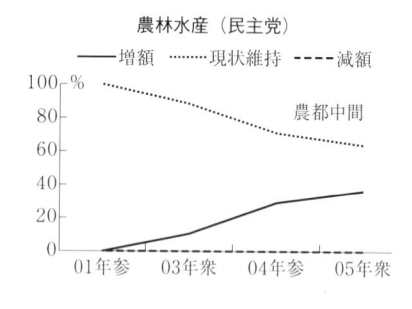

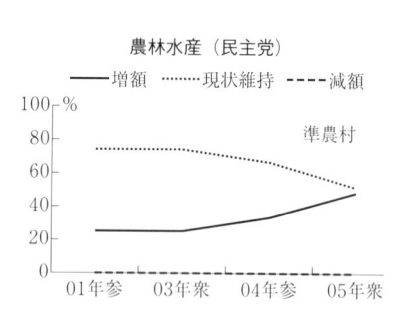

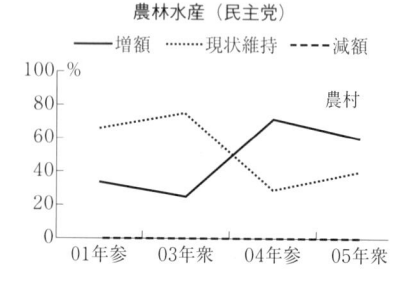

ている。

「運輸・通信」については，いずれの地域においても予算の増額要求の変化が比較的大きい。また都市は他の地域と比べてわずかに増額要求の割合が低く，また，停滞地域であるほど増額要求の増減の変化が緩やかになり，特に停滞地域においては増額要求が安定的になされていることがわかる。これは，候補者が停滞地域で恒常的に地域振興の必要を訴えているものと推察される。なお，「地方自治」については，自民党と同じように，準都市と中間（都市・

図2-11 候補者の主張内容：農林水産（共産党・地域特性別）

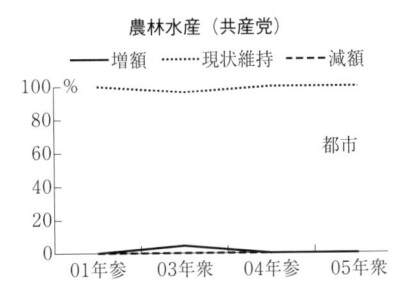

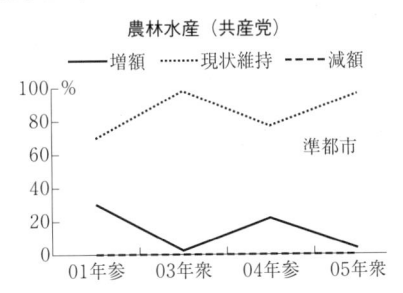

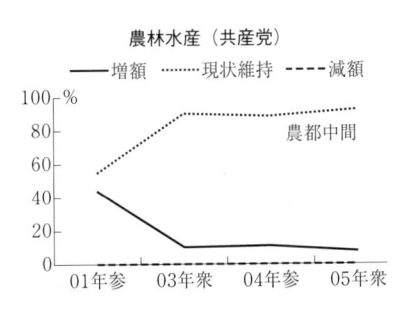

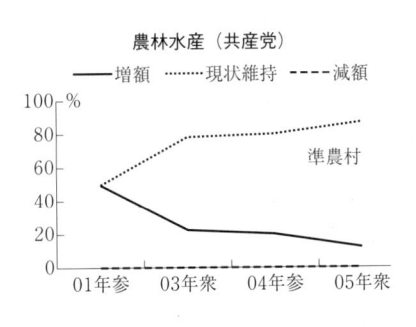

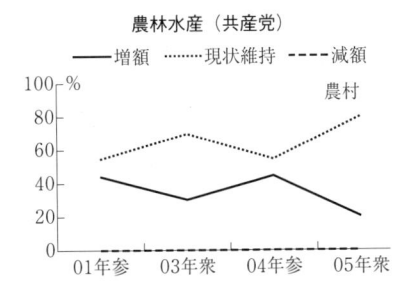

農村)の地域において比較的増額要求がなされているようである。

次に,共産党についてみると,「社会福祉」では,都市化と予算の増額要求の関係について,増減の変化が極端である。これは党を挙げて大多数の候補者が党の政策を有権者に対して訴えていることの現れとみることができる。具体的には,2001年参院選から2004年参院選まで6割から9割の候補者が増額を要求していたのに対し,2005年衆院選になると2割を割り込んでいる。次に,「教育・労働」については,都市化と増減の変化の間に関係があるようであり,都市と準都市においては,選挙によって増額要求が候補者の半数にまで達しており,他の地域では増減の変化は激しくないものの,高くて概ね3割程度にとどまっている点において,地域特性との特徴がみてとれる。

「農林水産」では,都市化が進むほど予算の増額要求が少ないという傾向がみられる(図2-11)。特に都市部においては増額要求は皆無に近く,反対に農村部においては3割から4割の候補者が増額要求をしている。また,「運輸・通信」については,地域特性との関連は特にみられず,2004年参院選までは過半数の候補者が減額を要求していたのが,2005年衆院選になると1割未満にまで減少している。

社民党についてみると,都市と農村よりも準都市や中間(都市・農村)の地域において「社会福祉」予算の増額要求が多くみられる。また「農林水産」については,準農村や農村において増額要求が多くみられたが,活性化との関係は特に確認できなかった。その他の政策領域については,際立った特徴がみられなかった。

4 候補者の選挙公約の構造

これまで各党の候補者の公約と地域特性の関連についてみてきた。ここで,候補者の公約がどのような構造になっているのかを明らかにするために,公約データを主成分分析にかけてみることにした。具体的には,2001年参院選,2003年衆院選,2004年参院選,2005年衆院選のそれぞれについて,前述の政策領域のうち,「社会福祉」,「保健衛生」,「教育・労働」,「防衛」,「外交・貿易」,「農林水産」,「商工鉱業」,「運輸・通信」,「地方自治」,「住宅・中小」,「国土環境」,「一般行政」,「司法・警察」の13項目について候補者が予算の増額,現状維持,減額を表した変数を基に主成分分析を行った(表2-4)。

その結果,まず2001年参院選では,第一主成分としてはプラスの軸にいく

ほど防衛や商工鉱業，運輸・通信，国土環境などの項目についての予算の増額主張があり，マイナスの極にいくほど社会福祉や保健衛生，教育・労働の予算増額が主張されていることから，「生活－社会」の軸であると考えられる（図2－12）。さらに，第二主成分においては，一部の例外を除いて，ほぼプ

表2－4　主成分分析－2001年参議院選挙候補者の選挙公約

	生活－社会	増額－減額
社会福祉	−0.705	0.144
保健衛生	−0.417	0.403
教育・労働	−0.473	0.329
防衛	0.196	0.235
外交・貿易	0.006	−0.069
農林水産	−0.362	0.258
商工鉱業	0.230	−0.237
運輸・通信	0.717	0.151
地方自治	0.013	0.551
住宅・中小	−0.149	−0.211
国土環境	0.677	0.167
一般行政	0.583	0.456
司法・警察	0.077	0.019
寄与率	18.9	8.3

図2－12　政党別候補者選挙公約の配置―2001年参議院選挙

2001年参院選選挙公約の配置（自民候補者）

2001年参院選選挙公約の配置（民主候補者）

2001年参院選選挙公約の配置（共産候補者）

2001年参院選選挙公約の配置（社民候補者）

2001年参院選選挙公約の配置（公明候補者）

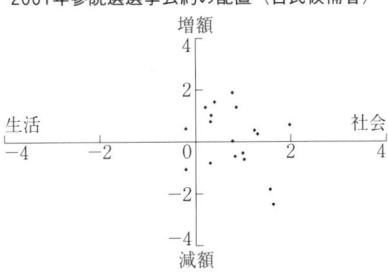

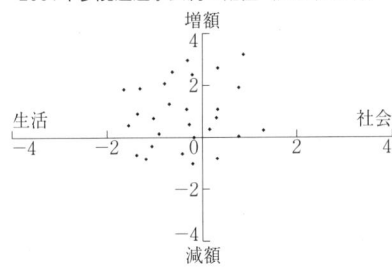

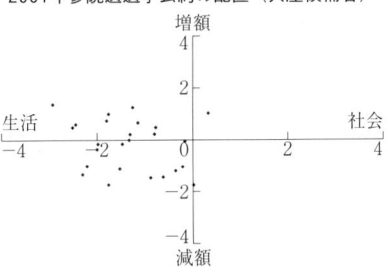

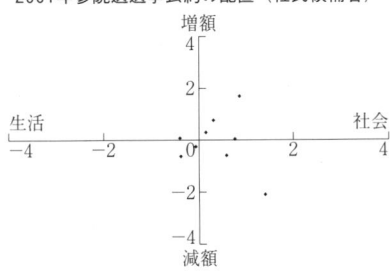

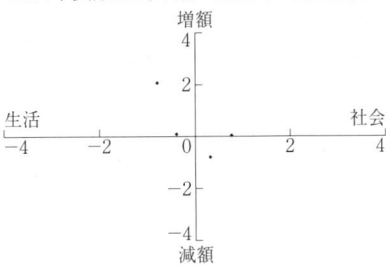

ラスの係数がみられることから，予算の「増額－減額」の軸で争われているとみることができる。

　まず，自民党は，全体として生活の側に位置する候補者はほとんどみられず，大半の候補者が社会の領域において主張をしていることがわかる。これを地域別にみると，都市から農村にいたるまで思った以上に大きな違いがみられない。また，予算の「増額－減額」についてみると，増額の領域と減額の領域にいる候補者が半数ずつの割合を示している。さらに，活性と停滞によって分類をした地域ごとにみると，ここにおいても，さほど大きな傾向に違いがみられない。

　こうした自民党に対して，民主党の候補者は全体として原点よりも予算増額の領域に位置する選挙公約を提示する候補者が多いことが特徴である。また，「生活－社会」の第一主成分において，やや生活の原点の左側に位置する候補者が自民党よりも多くなっている。つまり，原点からみると，左上の生活重視で予算の増額という領域に政策公約を持つ候補者が多いわけである。ただ，民主党の公約を地域別にみると，「都市－農村」の中間地域と準農村地域においては生活重視と社会重視に偏りがみられない。また，準活性地域と準停滞地域においても同様である。

　次に，共産党では原点の左側，生活重視のところに位置する候補者が多く，予算の増額と減額ではほぼ同じ割合となっている。また，原点の左側におけるばらつきの程度は違うものの，都市化と活性いずれの地域特性についても，地域ごとの相違はさほど大きくない。

　社民党の候補者は，全体としては原点の中心に位置する候補者が多いが，候補者の数が少ないために，地域別の特徴をつかむことは難しい。公明党も全体的にほぼ原点を中心として分布している。

　次に，2003年衆院選についてみると，ここでも生活重視－社会重視の第一主成分と，増額－減額の第二主成分が析出される。なお，2001年参院選と比較すると，政策領域の「防衛」が第一主成分に対して与える影響が大きいことが特徴である（表2－5）。

　ここで，「生活重視－社会重視」と「増額－減額」の軸上に各政党の候補者の政策公約を配置してみると，自民党は全体として原点の右側の社会重視に位置する候補者が多く，さらに減額よりも増額の方がやや多く，総じて社会重視で予算の増額というカテゴリーに位置する候補者が多くなっている。こ

れに，社会重視で予算の減額という原点の左下に属する候補者が続いている。なお，「都市－農村」あるいは「活性－停滞」における政策公約の違いはほとんどみられない（図2－13）。

次に，民主党の候補者も社会重視で予算の増額という原点の右上に位置する者が最も多く，これに増額で生活重視という原点の左上のカテゴリーに属するものが続いている。つまり，自民党に比べて，生活重視の候補者が多いことが特徴的である。さらに地域別にみると，民主党は都市部で生活重視に位置する候補者が多い一方で，農村部や準農村地域では生活重視を主張する候補者があまりみられず，社会重視の傾向がより一層顕著にみられる。活性地域では，予算の減額に位置する候補者はほとんどみられないが，中間あるいは準停滞，停滞地域においては減額に位置する候補者の比率がやや多くなっている。このように，全体として地域特性によって選挙公約に差異がみられるのが民主党候補者の特徴である。

同じ野党でも，共産党の候補者は生活重視で予算の増額の政策公約を持つ候補者が多く，これに生活重視で減額の主張をする候補者が続いている。全体的に共産党は，生活重視の候補者が多いことから，自民党が社会重視の傾向を持つ政党であるのに対して生活重視という特徴を持っている。なお，共産党の候補者は，地域における差異はさほどみられない。

社民党の候補者は全体的には原点を中心に，4つのカテゴリーに政策公約が散在しており，候補者が少ない割には政策公約にバラエティが多いようである。最後に，公明党の候補者は自民党や民主党と同様に，社会重視で予算の増額に位置する候補者がいるが，原点からの距離はあまり離れておらず，党としてのまとまりの強さを窺うことができる。

さらに，2004年参院選についてもみると，これまでと同様に「生活－社会」と「増額－減額」の2つの軸が析出された（表2－6）。これらの軸に基づいて各候補者の政策公約をみると，自民党は全体として社会重視の政策公約が多いものの，これまでよりも予算の減額を主張する候補者が増えている。やはり小泉政権ができて3年経ち，財政健全化路線が一層候補者の公約に浸透しているためと思われる。ここで地域別にみると，都市部において予算の減額の主張が大きく，以下，中間地域と準農村地域が続いている。また，停滞地域や準停滞地域においても，予算の減額を主張する選挙公約がみられる。これは公共事業といえども，地元自治体の負担が多くなっており，中央政府

表2－5　主成分分析－2003年衆議院選挙候補者の選挙公約

	生活－社会	増額－減額
社会福祉	−0.625	0.431
保健衛生	−0.528	0.343
教育・労働	−0.088	0.560
防衛	0.728	0.064
外交・貿易	−0.078	−0.176
農林水産	−0.059	0.407
商工鉱業	0.088	0.618
運輸・通信	0.782	0.166
地方自治	0.084	0.107
住宅・中小	0.140	0.703
国土環境	0.767	−0.044
一般行政	−0.305	−0.374
司法・警察	0.273	0.334
寄与率	20.1	15.3

図2－13　政党別候補者選挙公約の配置－2003年衆議院選挙

2003年衆院選挙公約の配置（自民候補者）

2003年衆院選挙公約の配置（民主候補者）

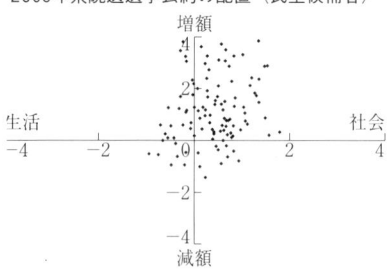

2003年衆院選挙公約の配置（共産候補者）

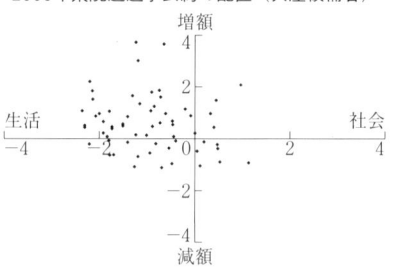

2003年衆院選挙公約の配置（社民候補者）

2003年衆院選挙公約の配置（公明候補者）

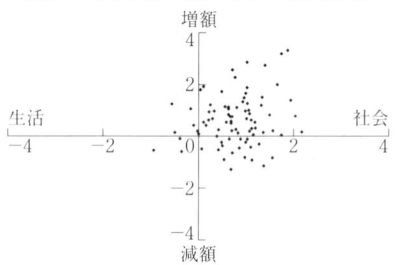

から大きな公共事業を持ってくることが地元負担による自治体債務を悪化させることが懸念されているためである。

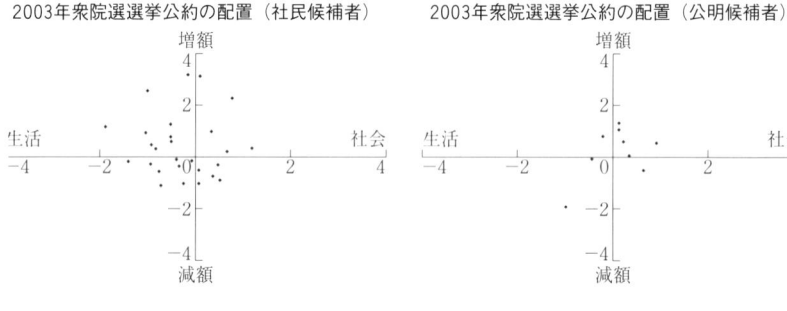

　民主党は，原点を中心に候補者の公約が分散しているが，都市部と準都市部においては社会重視で予算の増額，そして中間地域においては社会重視で

減額となっている（図2－14）。準農村地域においては社会重視で増額と減額がほぼ同程度となっており，農村地域においては社会重視で予算の増額の主張が多くなっている。同様に，活性地域においては社会重視の予算の増額がみられるが，中間地域においては全体にばらついており，停滞地域において

表2－6　主成分分析－2004年参議院選挙候補者の選挙公約

	生活－社会	増額－減額
社会福祉	−0.301	0.740
保健衛生	0.155	0.512
教育・労働	0.216	0.670
防衛	0.620	−0.230
外交・貿易	−0.166	0.012
農林水産	0.270	0.547
商工鉱業	0.671	−0.181
運輸・通信	0.730	−0.261
地方自治	0.335	0.227
住宅・中小	0.531	0.476
国土環境	0.685	−0.024
一般行政	0.082	−0.033
司法・警察	0.367	−0.005
寄与率	20.3	15.3

図2－14　政党別候補者選挙公約の配置
　　　　　－2004年参議院選挙

2004年参院選選挙公約の配置（自民候補者）

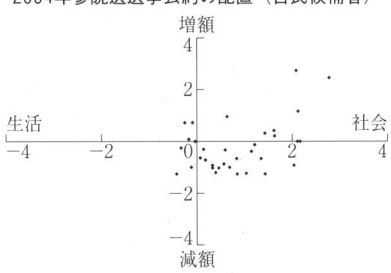

2004年参院選選挙公約の配置（民主候補者）

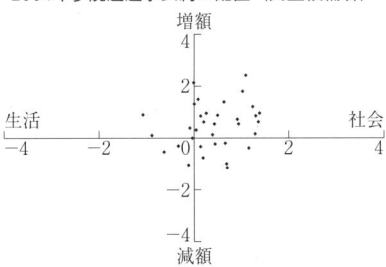

2004年参院選選挙公約の配置（共産候補者）

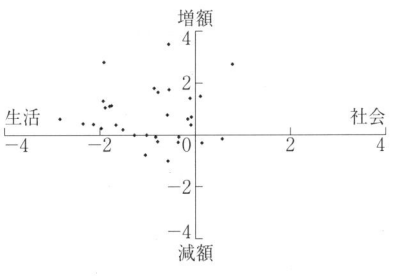

2004年参院選選挙公約の配置（社民候補者）

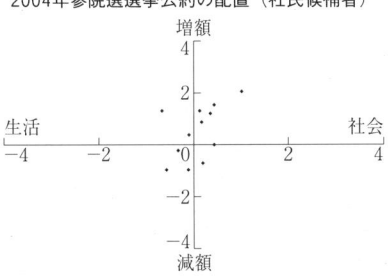

2004年参院選選挙公約の配置（公明候補者）

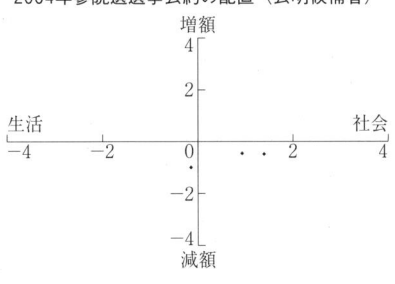

は減額の公約を主張する候補者が多くみられる。

共産党の候補者は，全体としてこれまで同様に，生活重視に位置する選挙公約を主張する者が多くみられる。特に，都市部においてその傾向がみられ，また準都市部は予算の増額の方に位置する者が多く，増額と減額がほぼ同じ割合でみられる都市部とは異なっている。さらに，農村地域でも予算の増額の主張が多くみられる。活性－停滞においては，準活性，中間，そして停滞において予算の増額の傾向が多くみられ，活性と準停滞は増額と減額がほぼ同じ割合となっている。

社民党は，全体的に「生活－社会」軸において比較的原点に集中しており，予算の「増額－減額」においては民主党と同程度のばらつきがみられる。公明党は，社会重視で増額を主張する者が多くみられる。

最後に，2005年衆院選における公約をみると，ここでもこれまでとほぼ同様の傾向がみられる。ただし，生活重視－社会重視の寄与率はこれまでの年度よりも小さい（表2－7）。

まず「生活－社会」と予算の「増額－減額」の軸に基づいて，各政党の候補者の政策公約をみると，自民党は全体に増額に位置する者が多くなっている（図2－15）。これは2005年における景気の持ち直しを反映してか，従来の予算の増額要求にややより戻しているのではないかと思われる。また，以前は社会重視一辺倒であったのが，やや生活重視の方にもシフトしてきていることがうかがえる。候補者の公約を地域別にみると，自民党は都市地域において社会重視の政策に位置する者が多く，防衛や外交といった主張は都市部において主張されているようである。これに対して，農村部においては生活重視の割合が相対的多く，従来に比べると，2005年衆院選においては地域特性と自民党候補者の選挙公約との関連がみられるようになっている。一方，活性－停滞の地域特性分類については，選挙公約との間に大きな関連はみられない。

民主党については，多くの候補者が予算の増額に位置し，自民党とは逆に生活重視に位置する者が多い。また，全体的に「生活－社会」軸上のばらつきが大きい。民主党の候補者の公約を地域特性別にみると，従来は地域特性との関連がみられたが，2005年衆院選においてはさほど関連がみられなくなっている。

共産党は，全体としてこれまでの選挙に比べて，予算の減額の選挙公約を

表2－7　主成分分析－2005年衆議院選挙候補者の選挙公約

	生活－社会	増額－減額
社会福祉	−0.441	0.524
保健衛生	−0.626	0.092
教育・労働	−0.593	−0.036
防衛	0.456	0.311
外交・貿易	0.058	0.064
農林水産	−0.237	0.467
商工鉱業	−0.029	0.330
運輸・通信	0.267	0.604
地方自治	−0.068	0.522
住宅・中小	−0.235	0.410
国土環境	0.287	0.468
一般行政	−0.192	−0.509
司法・警察	−0.054	0.365
寄与率	11.2	16.4

図2－15　政党別候補者選挙公約の配置
　　　　—2005年衆議院選挙

2005年衆院選選挙公約の配置（自民候補者）

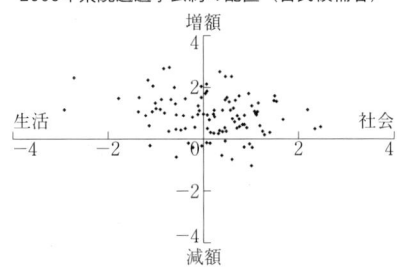

2005年衆院選選挙公約の配置（民主候補者）

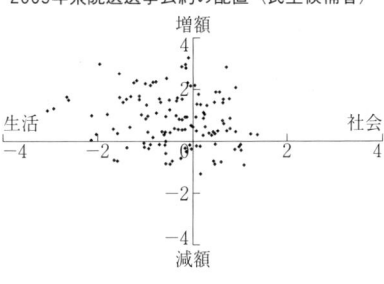

2005年衆院選選挙公約の配置（共産候補者）

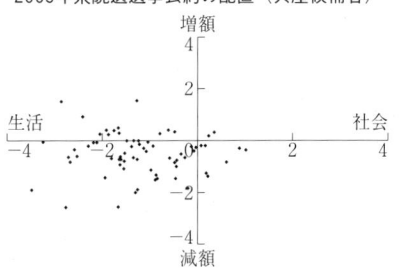

2005年衆院選選挙公約の配置（社民候補者）

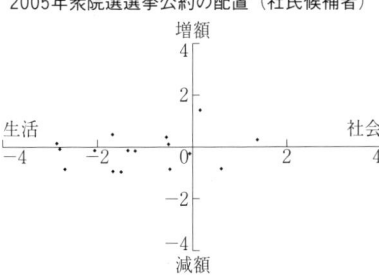

2005年衆院選選挙公約の配置（公明候補者）

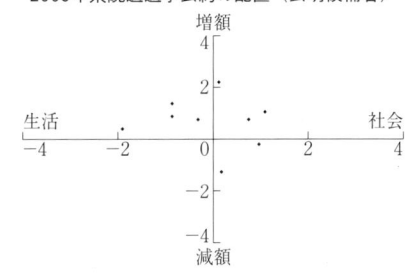

主張する候補者が多いことが特徴である。また，これまで同様に社会重視よりも生活重視に位置している。共産党の候補者については，すべての地域において生活重視で予算の減額を主張するものが多いことが特徴であり，地域による違いは顕著にはみられない。

社民党は，従来の選挙における共産党の選挙公約と同様に生活重視で，ばらつきが大きいことが特徴である。予算の「増額－減額」については，ほぼ同じ割合となっている。
　公明党の候補者は，全体として減額より増額に位置する候補者が多くみられる。また，「生活－社会」軸でみると，原点をはさんでほぼ同程度に分かれており，際立った特徴はここから読み取ることはできない。
　ここで，2001年参院選，2003年衆院選，2004年参院選，2005年衆院選の4回の国政選挙におけるすべての候補者の選挙公約を通して，どのようなパターンがみられるのかを明らかにするために，全4回の選挙における全候補者の公約をデータにした主成分分析を行ったところ，第一主成分としてプラスの極にいくほど運輸・通信や国土環境，防衛関連の歳出を増額する主張がみられ，マイナスの極にいくほど社会福祉や保健衛生の歳出を増額する傾向がみられたため，「生活－社会」の軸と名づけることにしたい（表2－8）（図2－16）。また，第二主成分においては一部の例外を除いてプラスの極にいくほど歳出の増額要求が，マイナスの極にいくほど減額要求がみられることから，歳出の増額－減額の軸と名づけることにしたい。
　ここで，各党の候補者の位置をみると，自民党は，全体として社会重視に位置する候補者が多く，やや歳出の増額に位置する候補者が多くなっている。そして，都市から農村までの5段階別，また活性から停滞までの5段階別に選挙公約の位置をみると，あまり大きな違いがみられないことが自民党の特徴となっている。通常，農村部や停滞地域において歳出の増額要求がみられ，都市部や活性地域においてより減額要求がみられるものと推測しがちであるが，選挙公約でみる限りではそうではないようである。
　これに対して，民主党は全体的に歳出の増額要求に位置する候補者が多く，都市部においては社会重視の増額が最も多く，これに生活重視の増額に位置する候補者が続いている。ただし，準停滞地域においては生活重視に位置する候補者の比率が他の地域よりも多くなっている。
　共産党は，都市－農村，活性－停滞の地域特性に拘わらず全体として生活重視に選挙公約をもつ候補者が多い。予算の増額と減額についてはいずれの地域においてもほぼ同じ割合となっている。社民党は，全体としては生活重視に位置する者が多く，やや予算の増額に位置する者が多い。公明党は，全体として原点を中心に分布をしていることがわかる。

表2-8 主成分分析—全選挙（2001-05年）の選挙公約

	生活-社会	増額-減額
社会福祉	-0.409	0.596
保健衛生	-0.406	0.455
教育・労働	-0.151	0.492
防衛	0.652	-0.032
外交・貿易	-0.022	-0.047
農林水産	0.069	0.481
商工鉱業	0.263	0.417
運輸・通信	0.757	0.075
地方自治	0.211	0.304
住宅・中小	0.244	0.590
国土環境	0.729	-0.026
一般行政	-0.247	-0.235
司法・警察	0.245	0.308
寄与率	16.8	13.9

図2-16 政党別候補者選挙公約の配置—全選挙（2001-05年）

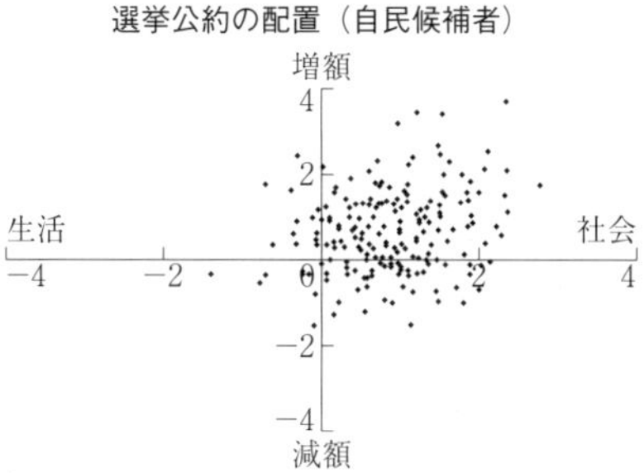

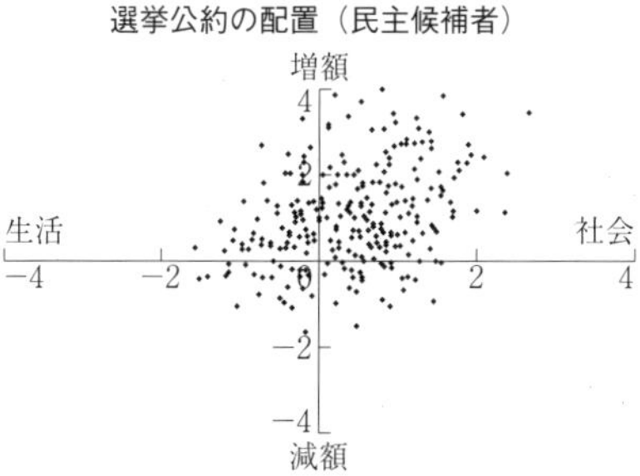

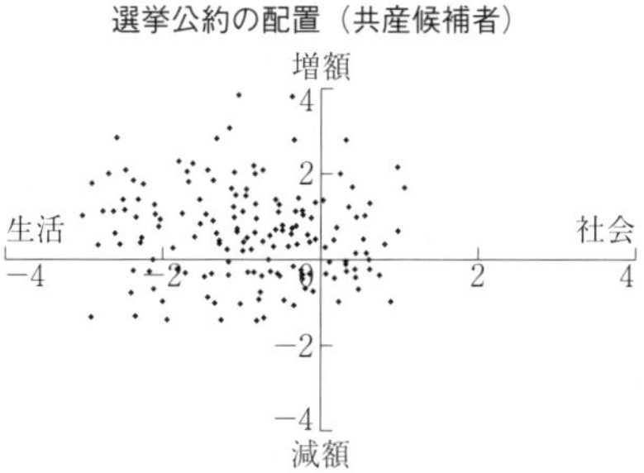

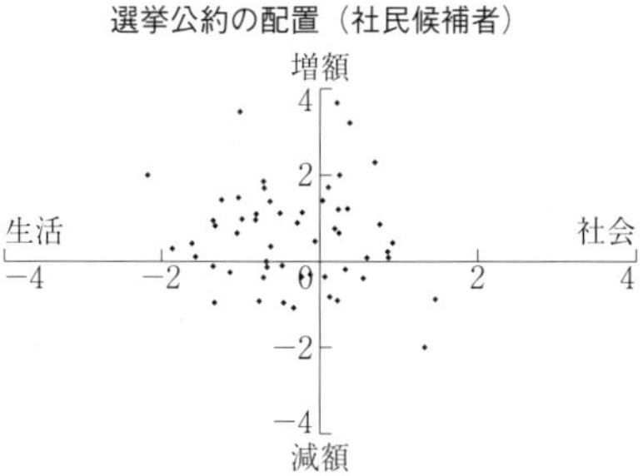

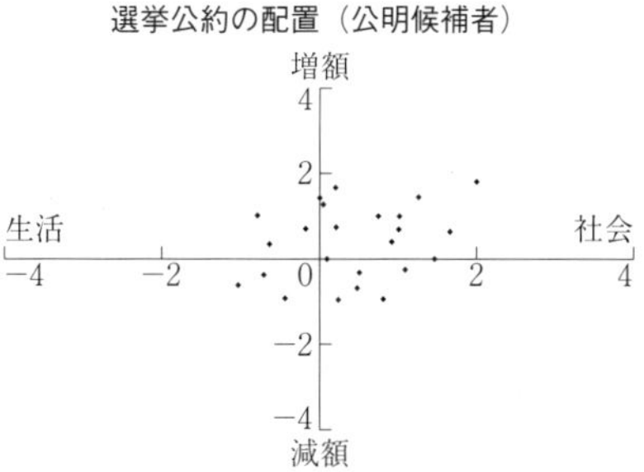

5 まとめ

これまでみてきたように，国政選挙に立候補する各候補者の選挙公約に記載されている個々の内容は様々である。しかし，それらを共通した枠組みで

分析してみると，まず「生活争点にウェイトを置くのか社会争点にウェイトを置くのか」という構図が浮かび上がってくる。また，「財政的リベラル vs 財政的コンサーヴァティヴ」という軸があることも明らかになった。そして，それらの軸に対して各候補者の選挙公約を配置してみると，政党別あるいは地域特性別の特徴をみてとることができた。重要なことは，本章で明らかになったように国政選挙に際して各候補者が有権者に提示した選挙公約が，有権者の投票行動に影響を与えているのかどうかである。もし，影響を与えているのであれば，有権者が選挙を通して民意を負託している可能性があるし，影響を与えていないのであれば少なくともプロスペクティヴな意味における民意の反映は期待が持てないことになる。そこで，次章でこの問題を検討することにしたい。

第3章

選挙公約の効果
―選挙公約は選挙結果に影響しているのか？―

1　はじめに

　前章では，国政選挙において，どのような選挙公約が候補者から有権者に対して提示されてきたのかを明らかにした。本章では，そうした選挙公約が有権者の投票行動に対してどのような影響を与えているのかをマクロに分析することにしたい。つまり，本章では，選挙公約と得票率や選挙における当落との間にどのような関連がみられるのかについて検証することにしたい。もし両者の間にまったく関連がみられないとしたら，候補者にとってどのような選挙公約を提示するのかはあまり意味のないことになってしまう。反対に，もし何らかの主張をすることが候補者にとって有利であったり，あるいは不利であったりすれば，そこに候補者と有権者の間に選挙公約を介在したある種の関連を見出せる可能性があるのかもしれない。無論，その関連というものは党によって異なるものであり，政党ごとにどのような選挙公約が選挙結果に影響をもたらすのかについてそれぞれ異なったパターンを見出すことができるのではないかと思う。

2　候補者の得票率と選挙公約の関連性

　まず，候補者の得票結果と選挙公約との関連をみることにしたい。具体的には，前章で示した政策領域の分類一覧を基に各候補者の選挙公約を表わす16の変数を作成し，それを「社会福祉」や「農林水産」といった各政策領域における候補者の立場，すなわち主張内容を表わすものとする。また，候補者の得票結果については，各候補者が所属する選挙区における得票率を求めて用いることとした。そして，得票率と各政策領域の相関を政党ごとにとり，両者の間に何らかの関連性がみられるかどうか確認した。もし，有意にプラ

スの関連をもつ政策領域があれば，ある政党においてその政策領域に関する予算の増額を要求することが得票率の増加と関係があることになる。また，有意がマイナスの関連をもつ場合には，予算の増額を要求することが得票率の減少に関係があることになる。

まず2001年参院選に関する分析結果をみることにしたい（表3－1）。ここで，社民党に注目すると，政策領域「農林水産」の相関係数が0.925と高い値となっており，有意確率も0.001未満であった。これは政策領域と得票率の間には正の相関がみられることを示しており，言い換えると農林水産領域の予算増額要求が社民党候補者の得票率にプラスに働いていることになる。さらに有意水準を満たしている政策領域についてみていくと，民主党において「国債」の相関係数が－0.378となっており，赤字国債発行縮小などを通した国債の減額要求が民主党候補者の得票率にプラスに働いているわけである。また公明党は「一般行政」における相関係数が－0.928となっていることから，行革などによる一般行政予算の減額要求が公明党候補者の得票率に対してプラスに働いていることがわかる。なお，この3つ以外の政策領域については，いずれの政党においても有意な関連をもつ領域がみられない。

次に，2003年衆議院選挙についてみると，自民党では「国債」の相関係数

表3－1　得票率と選挙公約（2001年参議院選挙）

	自民党	民主党	共産党	社民党	公明党
社会福祉	－0.037	－0.165	0.045	－0.152	－0.576
保健衛生	－0.136	－0.228	0.048	0.113	－0.297
生活保護	－	0.192	－	－	－
教育・労働	－	0.147	0.179	－0.178	－0.297
防衛	－	－	0.085	0.363	－
外交・貿易	－	－	－	－	－
農林水産	0.020	－0.093	－0.094	0.925***	－
商工鉱業	－0.130	－	－	－	－
運輸・通信	0.249	0.060	－0.180	－0.057	0.408
地方自治	－0.029	－0.061	－	－	－
住宅・中小	0.044	0.064	0.017	－	－
国土環境	0.059	－0.030	0.124	－0.127	－
一般行政	0.182	－0.027	－0.113	0.243	－0.928*
司法・警察	－	－	－	－	－
国債	－0.063	－0.378*	0.199	0.210	－
その他	－	－	－	－	－
N	55	36	47	15	5

数値は相関係数
***：$\rho<0.001$　**：$0.001\leq\rho<0.01$　*：$0.01\leq\rho<0.05$

が−0.180となっており，予算の増額要求と得票率が負の関係となっていることがわかる（表3−2）。社民党の場合，「商工鉱業」，「運輸・通信」，「一般行政」，「司法・警察」の4つの政策領域と候補者の得票率との間に統計的に有意な相関がみられ，それぞれの相関係数は，「商工鉱業」0.256，「運輸・通信」0.329，「司法・警察」0.369であり，これらの政策領域が候補者の得票率に対してプラスに働いていることがわかる。一方，「一般行政」の相関係数は−0.345となっており，一般行政においては予算減額の主張が得票率にプラスに作用している。なお，民主党，共産党，公明党においては，各政党の候補者の得票と選挙公約との間に有意な関連性が認められなかった。

そして，2004年参議院選挙の分析結果をみると，「司法・警察」の増額が民主党候補者の得票率にマイナスに働いている（表3−3）。また，「保健衛生」については，予算の増額を主張することが共産党の得票率にプラスに働いていることがわかった。

さらに，2005年衆議院選挙においては，「教育・労働」0.168，「運輸・通信」0.125，「司法・警察」0.128の政策領域において予算増額を主張することが自民党の候補者の得票率にプラスに働いていることがわかった（表3−4）。なお，予算の減額要求が得票率に対してプラスに働くような政策領域は，自

表3−2　得票率と選挙公約（2003年衆議院選挙）

	自民党	民主党	共産党	社民党	公明党
社会福祉	0.005	−0.021	−0.010	0.046	−0.127
保健衛生	−0.111	0.094	0.020	0.040	0.359
生活保護	−0.019	−	0.000	−	−
教育・労働	−0.059	0.051	0.015	0.202	0.188
防衛	−0.093	−0.035	0.098	0.138	−
外交・貿易	0.035	−	−	−	0.127
農林水産	0.077	−0.068	−0.079	0.087	−
商工鉱業	0.110	0.024	0.001	0.256*	0.092
運輸・通信	0.075	0.020	0.076	0.329**	0.557
地方自治	−0.086	−0.044	−0.014	−0.011	−
住宅・中小	−0.052	0.065	−0.077	0.169	−0.434
国土環境	−0.003	0.071	0.106	0.135	−0.044
一般行政	0.080	−0.006	0.057	−0.345**	−0.102
司法・警察	−0.016	0.006	−	0.369**	−0.634
国債	−0.180**	−0.025	−	−0.029	−
その他	0.004	−	−	−	−
N	293	260	299	64	9

数値は相関係数
***：$\rho<0.001$　**：$0.001\leq\rho<0.01$　*：$0.01\leq\rho<0.05$

表3－3　得票率と選挙公約（2004年参議院選挙）

	自民党	民主党	共産党	社民党	公明党
社会福祉	−0.123	0.078	−0.028	0.242	−
保健衛生	−0.048	0.016	0.302*	−0.250	−
生活保護	−	−	−	−	−
教育・労働	−0.083	−0.004	0.097	−0.481	−
防衛	−0.039	−	0.100	0.111	−
外交・貿易	−	−0.169	−	−	−
農林水産	−0.165	0.013	−0.059	0.270	−
商工鉱業	0.064	−0.035	0.093	−	−
運輸・通信	0.005	0.276	0.028	−	−
地方自治	0.047	0.077	−0.172	0.386	−
住宅・中小	−0.088	−0.038	0.095	−0.488	−0.044
国土環境	−0.167	0.065	0.053	0.368	−0.887
一般行政	−0.021	−0.099	0.129	−	−
司法・警察	−0.243	−0.349*	−	−	−0.044
国債	−	−	−	−	−
その他	−	−	−	−	−
N	50	48	46	12	3

数値は相関係数
***：$\rho<0.001$　**：$0.001\leq\rho<0.01$　*：$0.01\leq\rho<0.05$

表3－4　得票率と選挙公約（2005年衆議院選挙）

	自民党	民主党	共産党	社民党	公明党
社会福祉	0.015	0.062	−0.027	−0.246	−0.075
保健衛生	0.030	−0.059	0.114	−0.131	−0.136
生活保護	−	−	−	−	−
教育・労働	0.168**	0.019	0.170**	0.023	0.271
防衛	0.039	0.087	0.044	0.178	−
外交・貿易	0.003	−	0.043	−	−
農林水産	−0.027	−0.011	−0.127*	−0.032	−
商工鉱業	−0.043	−0.040	0.010	−	−0.006
運輸・通信	0.125*	0.020	0.015	−0.075	−0.344
地方自治	0.016	0.030	−	−0.005	−
住宅・中小	0.038	−0.012	0.052	−0.039	−0.072
国土環境	0.099	0.068	0.149*	0.149	−0.279
一般行政	0.064	0.017	−0.114	0.219	0.441
司法・警察	0.128*	0.049	−	−	−0.216
国債	−0.030	−0.051	−0.039	0.134	−0.213
その他	−0.063	−0.090	−0.016	0.536***	−
N	290	289	275	38	9

数値は相関係数
***：$\rho<0.001$　**：$0.001\leq\rho<0.01$　*：$0.01\leq\rho<0.05$

民党においては見当たらなかった。共産党についてみると，「教育・労働」の相関係数が0.170となっている。つまり，共産党の場合，少人数学級の実現などをはじめとする教育政策や失業，再就職についての支援・対策といった予

算の増額を伴う主張を訴えることが，より多くの票を得ることにつながっていることがここから読み取れる。また，「国土環境」についても，予算の増額要求と得票率が正の関係にある。このほかに共産党では「農林水産」予算の削減が得票率に対してプラスに働くことが明らかになっている。上記以外に，民主党や公明党については得票率に対して影響をもつ政策領域がみられず，社民党についても「その他」を除けば，得票と有意につながっている政策領域がみられなかった。

これまでの4回の分析では，得票率と候補者が選挙において掲げた政策公約の内容についての関連の強さを選挙ごとにみてきた。次に2001年参院選から2005年衆院選までの4回の国政選挙を全てまとめて政党ごとに一括りにし，各政党の得票率と各政党の候補者が有権者に対して提示した選挙公約の内容との関連をみていくことにしたい（表3-5）。

分析の結果，まず自民党についてみると，自民党の得票率に対して寄与しているのは，16ある政策公約の中でも唯一「運輸・通信」だけであった。このことから，自民党候補者の中で予算増額を要求した候補者が比較的より多くの票を得ていると解釈することができる。民主党についても，自民党と同様に，「運輸・通信」だけが民主党候補者の得票に対して影響力を持つ政策公

表3-5 政党別にみた得票率と選挙公約（2001年-2005年）

	自民党	民主党	共産党	社民党	公明党
社会福祉	0.014	0.053	0.063	−0.080	0.246
保健衛生	−0.039	0.037	0.071	0.053	0.146
生活保護	−0.014	−0.047	0.003	−	−
教育・労働	0.014	0.035	0.062	0.108	0.276
防衛	0.009	0.026	0.047	0.166	−
外交・貿易	0.022	−0.055	0.028	−	0.112
農林水産	−0.014	−0.049	−0.070	0.117	−
商工鉱業	0.013	0.040	−0.006	0.234**	0.187
運輸・通信	0.097*	0.125**	−0.037	0.184*	0.517**
地方自治	−0.041	−0.048	−0.022	−0.057	−
住宅・中小	−0.038	0.048	−0.014	0.082	−0.079
国土環境	0.019	0.056	0.058	0.064	0.094
一般行政	−0.014	−0.022	−0.020	−0.107	−0.094
司法・警察	0.013	0.066	−	0.323	−0.239
国債	−0.111	0.025	0.018	0.048	−0.196
その他	−0.013	−0.052	−0.016	0.233	−
N	688	633	667	129	26

数値は相関係数
***：$p<0.001$　**：$0.001 \leq p<0.01$　*：$0.01 \leq p<0.05$

約であることがわかった。つまり，民主党においても，予算増額を要求することが候補者の得票率にとってプラスに働いているということになる。共産党については，いずれの政策公約も得票に対して影響力をもたないことが明らかであった。さらに，社民党についてみると，「商工鉱業」と「運輸・通信」が得票率に対してプラスに寄与していることが確認された。そして，公明党における候補者得票率と選挙公約の関連をみると，自民党や民主党と同様に「運輸・通信」だけが統計的に有意となっている。

　ここで，これらの分析結果を概観すると，共産党では候補者得票率に影響する選挙公約，つまり政策項目はみられなかったものの，自民党や民主党，社民党，そして公明党においては，「運輸・通信」分野について予算増額に言及することが得票率を左右することが明らかになった。ここで，「運輸・通信」という政策項目について各政党の候補者がしている主張内容を具体的にみていくと，地域における土木関連の公共事業の推進をめぐる是非についての言及が多い。例えば，ある候補者は，自分が立候補している選挙区の中で慢性的な交通渋滞が起きている道路に並行して走るバイパスの建設を推進する主張をしている。また，地元に空港がなければ国に建設を働きかけることを公約として掲げる候補者もいれば，既に空港があれば，それを地域におけるハブ空港，あるいは国際空港化を目指して規模の拡大を図り，滑走路の延長などの必要性を有権者に訴える候補者もみられた。さらに，整備新幹線の延伸や高速道路の建設などを公約とする候補者もいる。それら候補者の多くは与党候補者であるが，それに同調する姿勢をみせる野党候補者もみられた。一方，民主党は近年の国政選挙において無駄な公共事業に否定的な姿勢を示しながらも，高速道路の通行料金を徴収しない，つまり無料化を唱えており，民主党の多くの候補者がこれに言及していた。いずれにせよ，やはり日本の選挙においては交通手段を建設することが選挙においてプラスに働いていることが改めて明らかになったわけである。

　さて，本節のまとめとして，全ての政党の候補者を一括して分析してみることにしたい。つまり，これまでと同様に，得票率と選挙公約の増減傾向との間に関連がみられるのか，またあるとすればどのような関連となっているのかを把握しようとするものである。なお，これまでの分析とは異なり，政党ごとに分析して政党内での得票率の大小と選挙公約の主張内容をみるのではなく，今回は政党の枠を取り払って300小選挙区（衆議院選挙）ないし47選

挙区（参議院選挙）に立候補した全ての候補者の得票率と選挙公約を国政選挙ごとにみている点である（表3－6）。

分析の結果，まず，2001年参院選についてみると，「社会福祉」，「保健衛生」，「防衛」，「運輸・通信」，「国土環境」，「一般行政」の6つの政策領域において統計的に有意な関連がみられた。そのうち，「防衛」0.334，「一般行政」0.314，「運輸・通信」0.297，「国土環境」0.195，「社会福祉」－0.198，「保健衛生」－0.168では，予算の増額が得票の拡大にはつながらないようである。また，その他の10項目の政策領域についてはどのように主張したとしても，その内容が候補者の得票率とは有意な関連をもっていない。

次に，2003年衆院選についてみることにしたい。この選挙において，候補者の得票率ともっとも関連が深い政策領域は「運輸・通信」であり，次に高い政策領域は「国土環境」であった。なお，これら上位2つの政策領域は，いずれも公共事業に絡む予算の政策領域である。すでに表3－5においても言及したように，社会基盤整備の必要を訴える姿勢と得票率の高さとの間には関連がみられる。そして，得票と3番目に高い関連をもつ政策領域は「防衛」で，ついで「司法・警察」，「住宅・中小企業」，「商工鉱業」となっている。中でも「司法・警察」については，主に警察官の増員，またその文脈において空き交番の解消といった主張が選挙公約として具体的になされている。ここで前章での検討を振り返ると，「司法・警察」についてはどの政党の候補者も予算の減額を主張しておらず，2003年衆院選以降，共産党を除いて増額を要求する候補者が増加している傾向がみられる。また治安の悪さを反映して都市化が進んでいる地域ほど，

表3－6　得票率と選挙公約（2001年－2005年）

	2001年参	2003年衆	2004年参	2005年衆
社会福祉	－0.198***	－0.323***	－0.163*	0.070*
保健衛生	－0.168**	－0.278***	－0.067	－0.166***
生活保護	0.062	－0.008	－	－
教育・労働	－0.028	－0.007	－0.076	－0.156***
防衛	0.334***	0.402***	0.193**	0.238***
外交・貿易	0.052	－0.020	0.064	0.069*
農林水産	0.064	－0.049	0.069	0.067*
商工鉱業	0.103	0.106***	0.274***	0.082**
運輸・通信	0.297***	0.561***	0.445***	0.344***
地方自治	0.058	0.041	0.226**	0.189***
住宅・中小	0.054	0.116***	0.177*	0.085**
国土環境	0.195***	0.443***	0.270***	0.287***
一般行政	0.314***	－0.222***	－0.143*	0.429***
司法・警察	－0.052	0.233***	0.017	0.201***
国債	－0.019	－0.092**	－	－0.207***
その他	－	－0.025	－	－0.013
N	291	1024	192	989

数値は相関係数
*** : $p<0.001$　** : $0.001 \leq p<0.01$　* : $0.01 \leq p<0.05$

予算の増額要求をする候補者の割合が高くなっていた。その一方で、得票率に対してプラスに作用していない政策領域として、「社会福祉」−0.323,「保健衛生」−0.278,「一般行政」−0.222,「国債」−0.092が挙げられる。

さらに、2004年参院選の分析結果をみると、得票率に対して最も強い関連をもつ政策領域は「運輸・通信」であり、続いて「商工鉱業」,「国土環境」,「地方自治」,「防衛」,「住宅・中小企業」となっている。ここでも、「運輸・通信」や「国土環境」といった公共事業関連の予算を増額すべきという主張が得票につながっていることがわかる。実際、無駄な公共事業は建設を中止したり、計画を取りやめたりすべきだと唱える候補者がみられる一方で、高速道路や整備新幹線の延伸、幹線道路の拡張、生活に必要な道路の施工や開かずの踏み切りの問題への着手といった公約が併せてなされていることが多い。つまり、これは無駄を削ってその分をほかの建設事業に回そうという論理であり、候補者によってそのような主張が有権者に対してなされている。なお、2004年参院選において、得票率に対してマイナスの関係にあるのは「社会福祉」,「一般行政」であった。

そして、2005年衆院選についてみると、最も得票率との関連がプラスに強かったのは「一般行政」であった。続いて、「運輸・通信」,「国土環境」,「防衛」,「司法・警察」などがある。逆にマイナスの関連をもつ政策領域は、「国債」,「保健衛生」,「教育・労働」となっている。2005年衆院選の分析では、「その他」と「生活保護」を除いて多くの政策領域で候補者得票率との関連がみることができた。また、「国債」と得票率との関係が、これまでの選挙よりも強くなっている。それは、財政の健全化を訴える候補者がこれまで以上に多くみられたためと思われる。

さて、2001年参院選から2005年衆院選にかけて、全体として「防衛」や「運輸・通信」,「国土環境」,「一般行政」（2003年衆院選、2004年参院選を除く）が候補者の得票率に対してプラスに働いており、「社会福祉」や「保健衛生」は得票率にプラスに寄与してはいないようである。また、「司法・警察」は2回の衆院選においてプラスに寄与していることが確認できた。つまり、衆院選の場合、小選挙区として一つの都道府県内に作られた選挙区であることから、地域の事情や特性、出来事などが候補者の掲げる選挙公約にも反映されやすい。一方、参院選の場合には選挙区が都道府県となるため、都道府県庁所在地を中心に人口が密集した都市部もあれば、山間地域や漁村、過疎地

などといった地域も一つの選挙区の中に抱え込まれている。このため，参院選よりも衆院選で治安に不安をもつ都市部において「司法・警察」予算の増額の主張が効果をもつものと思われる。

「商工鉱業」と「住宅・中小企業」については，候補者の中でいずれか一方というよりも，両方に言及するパターンが多くみられたため，得票率との関連でも類似した傾向を見せている。例えば，産業育成やベンチャー・創業支援に言及する候補者は，低迷する商店街の活性化を図る政策の推進を唱え，さらに貸し渋り等による倒産を防止するために中小企業への救済措置としての金融的な支援の拡充を公約として掲げることが多い。こうしたことが「商工鉱業」と「住宅・中小企業」が似たような変化のパターンを示す背景にあるのではないかと考えられる。

このようにみると，やはりわが国においては有権者の生活に近い社会保障の政策領域よりも，「防衛」や「一般行政」のようなより社会的な政策領域，あるいは公共事業に関する「運輸・通信」や「国土環境」といった政策領域において候補者の獲得できる票がある可能性をみてとることができる。特に社会保障関連については，言及する候補者は多くても，予算の減額を要求する候補者はほとんどみられない。このため，いわば社会保障政策領域については合意争点のように受けとめられて，違いが明確になりにくいためと思われる。それに対して，公共事業に関連する政策領域は，無駄を省いた効率的な公共事業を行うべきという訴えをする候補者や，大幅な予算の削減を示唆する候補者もいる一方で，地域における道路や鉄道，港湾の建設を主張する候補者もいる。「防衛」についても，自衛隊の積極的な活用やよりしっかりした防衛構想を唱える候補者が多くみられる一方で，自衛隊，防衛費の縮小を唱える候補者もみられる。このため，対立争点として受け止められるために，違いが有権者に伝わりやすいことが，投票率との関連をもつ結果に表れたものと考えられる。

3 候補者の得票率と選挙公約の関連

これまで候補者が国政選挙において有権者に提示する個々の選挙公約と得票率の関連をみてきたが，ここで選挙公約全体と得票率の関連をみることにしたい。この分析を通じて，前節で得票率との関係がみられたいくつもの政策領域のうち，本当に得票率との関係が因果関係となっているかどうかを確

認することと，両者が相対的にどの程度の強さの関連となっているのかを明らかにすることにしたい。なお，ここでは候補者の得票率を従属変数とする2つのモデルを作り，重回帰分析にかけてみることにした。まず，モデルIとして選挙公約だけを独立変数（ないし説明変数）とするモデルで，得票率の説明を明らかにする。つまり，16の政策領域が得票率を規定する全ての要因であることを前提としたモデルである（表3-7）。次に，自民党，民主党，共産党，社民党，公明党の政党別ダミーを加えたモデルIIで分析してみることにした。これは，政策領域にもさまざまな要因が得票率に影響していることを念頭において，政党別ダミーに集約した形でモデルに投入した上で，相対的に政策領域が得票率にどう影響しているのかを明らかにしようとするものである。

まず，モデルI，モデルIIの分析結果を国政選挙ごとにみると，2001年参

表3-7　得票率と選挙公約（16項目）

	2001年参				2003年衆			
	モデルI		モデルII		モデルI		モデルII	
	β	ρ	β	ρ	β	ρ	β	ρ
社会福祉	−0.087	0.172	−0.026	0.568	−0.099	0.001	0.004	0.869
保健衛生	−0.070	0.227	−0.034	0.393	−0.084	0.002	−0.007	0.730
生活保護	0.036	0.531	0.018	0.647	−0.001	0.959	−0.009	0.615
教育・労働	0.056	0.319	0.069	0.087	−0.009	0.744	0.009	0.656
防衛	0.264	0.000	0.082	0.071	0.081	0.007	0.000	0.994
外交・貿易	0.065	0.219	0.028	0.427	0.013	0.587	−0.008	0.679
農林水産	0.124	0.025	0.075	0.048	−0.048	0.061	−0.005	0.780
商工鉱業	0.021	0.692	−0.035	0.339	0.065	0.021	0.046	0.030
運輸・通信	0.224	0.001	0.128	0.008	0.350	0.000	0.070	.0110
地方自治	0.060	0.265	−0.009	0.806	0.014	0.566	−0.020	0.279
住宅・中小	0.050	0.351	0.001	0.976	0.036	0.230	−0.011	0.608
国土環境	0.049	0.451	−0.021	0.643	0.136	0.000	0.030	0.239
一般行政	0.125	0.048	0.071	0.135	−0.049	0.078	0.003	0.886
司法・警察	−0.069	0.187	−0.027	0.445	0.108	0.000	−0.007	0.709
国債	0.036	0.514	0.010	0.794	−0.050	0.042	−0.056	0.003
その他	−	−	−	−	−0.015	0.531	0.000	0.993
自民党			0.744	0.000			0.649	0.000
民主党			0.277	0.000			0.489	0.000
共産党			0.086	0.120			−0.136	0.001
社民党			0.032	0.398			0.003	0.901
公明党			0.092	0.011			0.106	0.000
調整済 R^2	0.215		0.642		0.390		0.662	
N	291		291		1024		1024	

数値は標準偏回帰係数

院選では,モデルⅠ,すなわち候補者の選挙公約だけを得票率の規定要因としてみた場合,「防衛」や「農林水産」,「運輸・通信」,「一般行政」がプラスに働いていることがわかる。政党ダミーを加えることで候補者の所属政党によるノイズを排除し,政策領域自体の持つ影響力をみるモデルⅡについては,得票率に対して統計的に有意な作用をもたらしているのは「農林水産」と「運輸・通信」の2つのみであることが明らかになった。つまり,モデルⅠにおいて得票率との関係がみられた「防衛」や「一般行政」は,実は見かけ上の関連である可能性があるわけである。それに対して,「農林水産」や「運輸・通信」という政策領域は,「自民党」0.744や「民主党」0.277という強い政党別ダミーの影響力を考慮してもなお影響力が残っていることから,得票率に対する規定要因として捉えることができるものと考える。

次に,2003年衆院選においても,モデルⅠでは得票率と有意な関係を持つ

	2004年参				2005年衆			
	モデルⅠ		モデルⅡ		モデルⅠ		モデルⅡ	
	β	ρ	β	ρ	β	ρ	β	ρ
	−0.042	0.601	0.069	0.275	−0.019	0.515	−0.001	0.937
	−0.018	0.797	0.002	0.966	−0.122	0.000	−0.006	0.722
	—		—		—		—	
	−0.090	0.232	−0.038	0.484	−0.072	0.008	0.059	0.000
	0.061	0.424	0.025	0.654	0.097	0.000	0.022	0.161
	0.070	0.330	−0.024	0.639	0.030	0.255	0.001	0.942
	0.039	0.591	0.018	0.736	−0.024	0.393	−0.008	0.641
	0.105	0.183	−0.010	0.867	−0.007	0.793	−0.009	0.571
	0.309	0.000	0.085	0.191	0.188	0.000	0.050	0.003
	0.107	0.124	0.026	0.617	0.056	0.048	−0.002	0.898
	0.085	0.278	0.061	0.284	0.034	0.233	−0.004	0.808
	0.017	0.835	−0.086	0.154	0.145	0.000	0.017	0.315
	−0.155	0.020	−0.039	0.422	−0.313	0.000	0.017	0.333
	−0.055	0.437	−0.146	0.008	0.110	0.000	0.030	0.052
	—		—		−0.105	0.000	−0.018	0.234
	—		—		0.001	0.983	0.010	0.495
			0.655	0.000			0.688	0.000
			0.523	0.000			0.418	0.000
			−0.122	0.128			−0.279	0.000
			−0.109	0.052			−0.066	0.000
			0.086	0.097			0.124	0.000
	0.211		0.598		0.341		0.781	
	192		192		989		989	

政策領域が8項目あり，それぞれの政策領域の標準化係数についてみると，「社会福祉」−0.099,「保健衛生」−0.084,「防衛」0.081,「商工鉱業」0.065,「運輸・通信」0.350,「国土環境」0.136,「司法・警察」0.108,「国債」−0.050となっている。しかし，得票率に対する影響力が強い政党ダミーを加えたモデルⅡをみると，「商工鉱業」，「運輸・通信」，「国債」のみが得票率と関連をもっていた。つまり，「商工鉱業」0.046と「運輸・通信」0.070については標準化係数がプラスになっていることから，それぞれの政策領域において予算の増額を要求することが得票率に対してプラスに働いており，「国債」は，減額要求が得票率に対してプラスに働いているということが明らかになった。

さらに，2004年参院選では，選挙公約だけのモデルⅠをみれば，「運輸・通信」0.309と「一般行政」−0.155が得票率に影響しているが，政党ダミーを加えると，「司法・警察」−0.146の政策領域のみが得票率と関連を持っている。

そして，2005年衆院選においても，モデルⅠとモデルⅡを比較してみると政党別ダミーの影響力が強いことがわかる。モデルⅠでは，「保健衛生」−0.122,「教育・労働」−0.072,「防衛」0.097,「運輸・通信」0.188,「地方自治」0.056,「国土環境」0.145,「一般行政」−0.313,「司法・警察」0.110,「国債」−0.105で，モデルの説明力は0.341であったが，モデルⅡをみると，政党別ダミーのほかに得票率に影響をもたらしているのは「教育・労働」0.059と「運輸・通信」0.050の2つの項目だけである。政党別ダミーについては，今回全ての政党が有意となっており，軒並み高い値となっている。

このように，4回の国政選挙を通してみると，全体として，わが国の国政選挙では「運輸・通信」が得票率に対して影響を持つ割合が高く，これに「国土環境」「商工鉱業」や「農林水産」などが続いていることが明らかになる。

なお，ここで選挙公約を主成分分析にかけ，政党ダミーを加えないモデルⅠと政党ダミーを加えたモデルⅡを作り，得票率との関係をみると，次のようなことが明らかになる。全体として2004年参院選を別にすれば，生活重視か社会重視かという政策の項目は得票率に大きな影響を与えており，全体として生活重視よりも社会重視型の政策を打ち出す候補者の方が，政党ダミーを加えてもなお得票率を増やす傾向がみられる。

4 候補者の当落と選挙公約の関連

本節では，前節で用いた候補者の得票率に代えて，候補者の当落と公約の関連をみることにしたい。これは選挙の候補者にとっては得票率が高いか低いかが重要ではなく，結局当選できるかできないかがより重要であると考えるからである（表3-8）。

まず，4回の国政選挙ごとに当落との関連をみると，選挙における当選にプラスに働いているのは，「防衛」，「運輸・通信」，「地方自治」，「国土環境」，「司法・警察」の各政策領域に対する予算の増額要求であり，中でも「運輸・通信」，「国土環境」の2つは当落に対して強い関連をもっていることがわかる。一方，「社会福祉」や「保健衛生」，「教育・労働」に対する予算の増額要求はマイナスの作用をもっている。また，2003年と2005年衆院選における「国債」については抑制を主張することが当選に対してプラスに作用している。

ここで，4回の国政選挙をまとめて政党別に候補者の当落と選挙公約の関係をみることにしたい（表3-9）。まず自民党は，「国債」−0.083に対する減額要求がプラスに作用しており，それ以外については特に影響力を持つ政策領域がみられなかった。次に，民主党についてみると，「教育・労働」0.138と「一般行政」0.078における予算の増額要求が当選につながっていることがわかる。そして共産党では，「住宅・中小企業」0.100の予算の増額要求と「一般行政」−0.078の減額要求が有意であった。つまり，中小企業対策と行政改革の主張が当選に寄与していることをみてとれるわけである。社民党では「商工鉱業」0.270，「運輸・通信」

表3-8 当落と選挙公約（2001年−2005年）

	2001年参	2003年衆	2004年参	2005年衆
社会福祉	−0.147*	−0.224***	−0.150*	−0.071*
保健衛生	−0.128*	−0.192***	−0.080	−0.117***
生活保護	0.144*	−0.028	−	−
教育・労働	0.049	−0.018	−0.062	−0.082**
防衛	0.254***	0.239***	0.166*	0.168***
外交・貿易	0.034	−0.049	0.105	0.034
農林水産	0.018	−0.037	0.001	−0.054
商工鉱業	0.068	0.034	0.230***	0.024
運輸・通信	0.190***	0.333***	0.360***	0.242***
地方自治	0.206***	0.030	0.169**	0.029
住宅・中小	0.085	0.054	0.266***	0.046
国土環境	0.186***	0.292***	0.259***	0.236***
一般行政	0.278***	−0.132**	−0.139	−0.260***
司法・警察	−0.034	0.121***	0.197**	0.146**
国債	−0.101	−0.091**	−	−0.130***
その他	−	0.020	−	0.014
N	291	1024	192	989

数値は相関係数
***：$p<0.001$ **：$0.001 \leq p<0.01$ *：$0.01 \leq p<0.05$

表 3-9　政党別にみた当落と選挙公約（2001年－2005年）

	自民党	民主党	共産党	社民党	公明党
社会福祉	−0.001	0.008	0.045	0.018	−0.309
保健衛生	−0.064	0.021	0.014	−0.026	−0.129
生活保護	−0.055	0.082*	−0.002	—	—
教育・労働	0.022	0.138***	−0.036	0.134	0.198
防衛	−0.011	0.040	0.032	0.089	—
外交・貿易	−0.033	0.058	0.004	—	0.072
農林水産	−0.011	−0.028	−0.021	0.029	—
商工鉱業	−0.016	−0.017	0.003	0.270**	0.104
運輸・通信	0.069	−0.035	−0.001	0.206*	−0.108
地方自治	0.005	0.016	−0.004	−0.067	—
住宅・中小	−0.006	0.066	0.100**	0.150	−0.020
国土環境	0.060	0.035	−0.002	0.031	−0.273
一般行政	−0.045	0.078*	−0.078*	−0.328***	−0.154
司法・警察	−0.005	−0.017	—	0.568***	−0.374
国債	−0.083*	−0.004	0.003	0.044	−0.072
その他	0.026	−0.027	−0.004	0.270**	—
N	688	633	667	129	26

数値は相関係数
***：$\rho<0.001$　**：$0.001\leq\rho<0.01$　*：$0.01\leq\rho<0.05$

0.206,「司法・警察」0.568の予算の増額要求と「一般行政」−0.328の減額が当落と有意な関連になっている。

　次に，選挙ごとに候補者の当落に与える各選挙公約の影響についてみることにしたい。まず2001年参院選においては，民主党の当選に「教育・労働」と「地方自治」の増額要求が寄与していることが明らかになった（表3−10）。また，共産党の当選に対しては，「住宅・中小企業」の予算の増額要求がプラスに強く作用していることがわかる。なお，社民党については当選者はおらず，公明党については全候補者が当選したために両党については分析ができない。

　次に，2003年の衆院選においては，「商工鉱業」の主張が自民党の当選にプラスに，反対に「保健衛生」の予算増額要求が当選にマイナスに影響していることがわかった（表3−11）。民主党と共産党については，当落と関係のある政策領域はみられなかった。そして，社民党候補者の当選に「商工鉱業」，「運輸・通信」，「司法・警察」予算の増額要求が，また「一般行政」の減額要求がプラスに作用していることがわかった。つまり，行政改革の推進や警察官の増員などによる治安の回復に関する公約を主張することが，当落に作用しているものと推察される。

表3-10　当落と選挙公約（2001年参議院選挙）

	自民党	民主党	共産党	社民党	公明党
社会福祉	−0.146	0.321	0.082	−	−
保健衛生	0.068	0.101	−0.106	−	−
生活保護	−	0.243	−	−	−
教育・労働	−	0.501**	−0.091	−	−
防衛	−	−	0.038	−	−
外交・貿易	−	−	−	−	−
農林水産	0.000	0.149	−0.106	−	−
商工鉱業	−0.146	−	−	−	−
運輸・通信	0.000	−0.092	0.238	−	−
地方自治	−0.080	0.449**	−	−	−
住宅・中小	−0.080	0.243	0.427**	−	−
国土環境	0.000	−0.064	0.171	−	−
一般行政	0.091	0.070	−0.022	−	−
司法・警察	−	−	−	−	−
国債	−0.158	−0.321	0.022	−	−
その他	−	−	−	−	−
N	55	36	47	15	5

数値は相関係数
***：$\rho<0.001$　**：$0.001\leq\rho<0.01$　*：$0.01\leq\rho<0.05$
※　社民党は当選者なし，公明党は全候補者が当選のため分析せず

表3-11　当落と選挙公約（2003年衆議院選挙）

	自民党	民主党	共産党	社民党	公明党
社会福祉	−0.009	−0.042	0.021	0.115	−0.189
保健衛生	−0.135*	0.072	0.057	−0.071	−0.189
生活保護	−0.069	−	−0.003	−	−
教育・労働	0.032	0.026	−0.036	0.193	0.189
防衛	−0.097	−0.077	0.050	0.110	−
外交・貿易	−0.071	−	−	−	0.189
農林水産	0.074	−0.055	−0.023	0.035	−
商工鉱業	0.133*	−0.096	−0.010	0.282*	0.189
運輸・通信	0.084	−0.066	−0.027	0.290*	−0.105
地方自治	−0.033	0.038	−0.005	−0.075	−
住宅・中小	−0.028	−0.024	−0.014	0.242	−0.189
国土環境	0.014	0.069	−0.035	0.085	−0.367
一般行政	0.049	−0.019	0.006	−0.566***	−0.189
司法・警察	−0.029	−0.041	−	0.617***	−1.000***
国債	−0.111	−0.109	−	0.052	−
その他	0.069	−	−	−	−
N	293	260	299	64	9

数値は相関係数
***：$\rho<0.001$　**：$0.001\leq\rho<0.01$　*：$0.01\leq\rho<0.05$

　2004年参院選では，候補者の当落と選挙公約の間に関連がみられないが，これは2004年参院選において共産党と社民党の選挙区選挙に当選がみられず，

その一方で公明党の選挙区選挙の候補者が全員当選したために，当落と公約の関係をみることが困難なこともその一因として挙げられる（表3－12）。

2005年衆院選では，自民党の「商工鉱業」と当落が負の関係になっている（表3－13）。また民主党の場合,「防衛」の主張が候補者の当選にプラスに作用しており，社民党については,「その他」の領域において有意な関連がみられた。公明党では当落に作用する政策領域はみられず，共産党は当選者なしのため分析できない。

ここで，得票率の場合と同様に，候補者の当落を従属変数とし，候補者の選挙公約だけを独立変数とするモデルⅠと，候補者の選挙公約だけでなく政党所属ダミーも加えたモデルⅡを作成し，国政選挙ごとにロジスティック回帰分析を行ってみた（表3－14）。

その結果，2001年参議院選挙において，モデルⅠでは「地方自治」,「国土環境」,「一般行政」が当落と有意な関連をもつことがわかった。また，政党ダミーを加えたモデルⅡをみると,「地方自治」,「教育・労働」の2項目が当選と強い関連をもっている。前節で行った得票率を従属変数とする重回帰分析の結果と比較すると，得票率の高低に対しては，モデルⅡにおいて「農林水産」と「運輸・通信」であったことから，やはり当落と得票率とでは規定

表3－12　当落と選挙公約（2004年参議院選挙）

	自民党	民主党	共産党	社民党	公明党
社会福祉	−0.051	0.146	−	−	−
保健衛生	−0.079	0.033	−	−	−
生活保護	−	−	−	−	−
教育・労働	−0.094	0.115	−	−	−
防衛	−0.098		−	−	−
外交・貿易		0.113	−	−	−
農林水産	−0.237	−0.035	−	−	−
商工鉱業	−0.114	0.162	−	−	−
運輸・通信	0.035	0.081	−	−	−
地方自治	0.042	0.031	−	−	−
住宅・中小	0.046	0.244	−	−	−
国土環境	−0.019	0.048	−	−	−
一般行政	−0.229	0.031	−	−	−
司法・警察	0.182	−0.188	−	−	−
国債	−	−	−	−	−
その他	−	−	−	−	−
N	50	48	46	12	3

数値は相関係数
***：$\rho<0.001$　**：$0.001 \leq \rho<0.01$　*：$0.01 \leq \rho<0.05$
※　共産党と社民党は当選者なし，公明党は全候補者が当選のため分析せず

表3-13　当落と選挙公約（2005年衆議院選挙）

	自民党	民主党	共産党	社民党	公明党
社会福祉	0.050	0.067	－	－0.183	－0.316
保健衛生	0.032	－0.068	－	－0.078	0.125
生活保護	－	－	－	－	－
教育・労働	0.089	0.036	－	－0.056	0.316
防衛	0.037	0.176**	－	0.064	－
外交・貿易	－0.035	－	－	－	－
農林水産	－0.053	0.071	－	－0.039	－
商工鉱業	－0.120*	0.044	－	－	0.125
運輸・通信	0.073	0.058	－	－0.015	－0.250
地方自治	0.008	0.042	－	－0.039	－
住宅・中小	0.035	0.021	－	－0.064	0.250
国土環境	0.073	0.106	－	0.037	－0.287
一般行政	－0.010	－0.062	－	0.056	－0.189
司法・警察	0.073	－0.036	－	－	0.189
国債	－0.011	－0.016	－	0.039	－0.125
その他	－0.021	－0.028	－	0.697***	－
N	290	289	275	38	9

数値は相関係数
***：$p<0.001$　**：$0.001≤p<0.01$　*：$0.01≤p<0.05$
※　共産党は当選者なしのため分析せず

要因は必ずしも一致しないということが確認できた。

次に，2003年衆院選では，モデルⅠで「社会福祉」，「保健衛生」，「防衛」，「運輸・通信」，「国土環境」，「国債」の6項目の政策領域が当落につながり，モデルⅡでは「国債」のみが有意な関連をもっている。得票率を従属変数とした場合には，モデルⅠについてはほぼ同じような政策領域が影響していることがわかり，モデルⅡについては「国債」のほかに「運輸・通信」と「商工鉱業」が影響していることが明らかになる。

そして，2004年参院選でも，モデルⅠでは「運輸・通信」，「住宅・中小企業」，「一般行政」が有意であるが，モデルⅡでは「住宅・中小企業」だけが残る。なお，これは前節の分析結果では有意がみられなかった政策領域である。

さらに，2005年衆院選についてみると，モデルⅠでは「防衛」と「運輸・通信」，「国土環境」，「司法・警察」の予算増額要求と「農林水産」，「一般行政」，「社会福祉」，「保健衛生」の減額が当選にプラスに作用している。しかし，モデルⅡでみると，「防衛」の予算増額要求と「運輸・通信」の増額の2項目のみが当落に関連をもつことがわかる。前節の分析結果では，モデルⅡでは「教育・労働」と「運輸・通信」が得票率を規定していたことから，こ

表3−14 当落と選挙公約 (16項目)

| | 2001年参 | | | | 2003年衆 | | | |
	モデルⅠ		モデルⅡ		モデルⅠ		モデルⅡ	
社会福祉	−0.709	0.146	0.160	0.835	−0.390	0.029	−0.110	0.588
保健衛生	−0.554	0.342	−0.553	0.529	−0.577	0.011	−0.174	0.501
生活保護	9.311	0.886	9.133	0.931	−6.054	0.640	−7.091	0.742
教育・労働	0.849	0.059	1.703	0.016	−0.001	0.997	0.197	0.368
防衛	7.949	0.564	7.096	0.748	1.628	0.012	−0.439	0.598
外交・貿易	1.063	0.503	0.801	0.812	−0.958	0.441	−2.075	0.120
農林水産	0.404	0.435	0.417	0.583	−0.269	0.336	0.038	0.902
商工鉱業	0.964	0.506	−1.012	0.503	0.180	0.627	0.127	0.745
運輸・通信	0.294	0.393	−0.043	0.933	0.691	0.000	0.108	0.501
地方自治	1.991	0.003	2.473	0.011	0.012	0.975	−0.240	0.534
住宅・中小	1.048	0.156	0.970	0.449	0.116	0.667	−0.158	0.577
国土環境	1.095	0.047	0.534	0.488	0.846	0.000	0.290	0.256
一般行政	0.740	0.049	0.776	0.181	−0.256	0.198	−0.074	0.724
司法・警察	−8.462	0.932	−6.987	0.966	0.339	0.115	−0.173	0.429
国債	−0.169	0.727	−0.628	0.395	−0.920	0.046	−1.027	0.049
その他	−	−	−	−	5.874	0.792	7.591	0.836
自民党			4.637	0.000			2.246	0.000
民主党			1.766	0.009			1.545	0.000
共産党			−0.649	0.646			−3.524	0.002
社民党			−7.330	0.849			−0.563	0.324
公明党			13.424	0.852			3.714	0.000
Cox&Snell R^2	0.235		0.491		0.177		0.302	
Nagelkerke R^2	0.348		0.726		0.252		0.430	
N	291		291		1024		1024	

各モデルの左行の数値はロジット回帰係数,右行の数値は有意水準

表3−15 主成分分析結果−選挙公約16項目

	第1成分	第2成分
社会福祉	−0.410	0.591
保健衛生	−0.411	0.452
生活保護	−0.001	0.002
教育・労働	−0.154	0.492
防衛	0.649	−0.002
外交・貿易	−0.001	−0.004
農林水産	0.006	0.479
商工鉱業	0.255	0.421
運輸・通信	0.752	0.008
地方自治	0.218	0.303
住宅・中小	0.226	0.595
国土環境	0.724	−0.001
一般行政	−0.264	−0.232
司法・警察	0.237	0.311
国債	−0.201	0.003
その他	0.004	0.001
寄与率	13.8%	11.3%

こでも規定要因に違いがあることが確認された。

最後に16ある政策領域を主成分分析にかけ,当落との関連を明らかにすることにしたい(表3−15)。主成分分析の結果をみると,第一主成分としてはプラスにいくほど「運輸・通信」,「国土環境」を主張し,マイナスにいくほど「社会福祉」や「保健衛生」が主張されていることから,「国土開発−生活福祉」の軸と考えることができる。第二主成分においては,社会保障系の政策領域や「住宅・中小企業」,「農林水産」が一方の極にあり,反対の極には「防衛」や「外交・貿易」,「一般行

	2004年参				2005年衆			
	モデルⅠ		モデルⅡ		モデルⅠ		モデルⅡ	
	−0.103	0.798	0.692	0.198	−0.654	0.001	0.075	0.763
	−0.140	0.844	0.311	0.736	−0.631	0.014	−0.290	0.385
	−	−	−	−	−	−	−	−
	−1.209	0.064	−0.832	0.265	−0.265	0.271	0.496	0.140
	1.358	0.281	−5.788	0.859	2.703	0.001	2.029	0.020
	7.948	0.599	11.048	0.947	0.358	0.695	−0.892	0.428
	−0.263	0.588	−0.688	0.220	−0.686	0.006	0.034	0.904
	1.109	0.150	−0.440	0.659	−0.588	0.140	−0.673	0.143
	0.934	0.030	0.328	0.523	0.974	0.000	0.458	0.031
	0.121	0.771	−0.287	0.542	−0.146	0.534	−0.082	0.755
	1.138	0.023	1.370	0.025	0.159	0.567	0.098	0.760
	0.181	0.666	−0.511	0.358	1.002	0.000	0.362	0.168
	−1.807	0.030	−1.203	0.195	−1.140	0.000	−0.211	0.301
	1.257	0.150	0.257	0.783	0.791	0.015	−0.013	0.972
	−	−	−	−	−0.468	0.050	−0.124	0.650
					0.471	0.482	0.700	0.474
			2.251	0.001			2.304	0.000
			1.696	0.004			−0.377	0.264
			−15.091	0.751			−8.672	0.370
			−11.980	0.863			−2.129	0.045
			12.183	0.936			2.998	0.007
	0.251		0.439		0.197		0.416	
	0.341		0.598		0.278		0.589	
	192		192		989		989	

政」が位置していることから,「大きな政府－小さな政府」の軸とみることができる。

　全体として, 政党ダミーを加えないモデルⅠでは, 国土開発か生活重視かが, 2001年から2005年までの4回の国政選挙いずれにおいても当選にプラスに作用していることがわかる (表3−16)。また, 政党ダミーを加えたモデルⅡをみると, 2005年衆院選においてのみ「生活福祉」重視の主張が当選に作用し, それ以外は関連がみられない。一方, 大きな政府か小さな政府かについては2001年参院選において当選にプラスに作用していることを除けば, それ以外の選挙ではモデルⅡは有意な関連をもっていない。

5　まとめ

　これまでみてきたように, 2001年以降の国政選挙を通して, 選挙公約の中で, 運輸・通信や国土環境, 商工鉱業, 農林水産などについて言及すること

表 3-16　重回帰分析-当落と選挙公約（主成分値）

	2001年参				2003年衆			
	モデルI		モデルII		モデルI		モデルII	
生活福祉-国土開発	1.447	0.000	0.496	0.187	1.143	0.000	0.177	0.265
大政府-小政府	0.405	0.059	0.867	0.015	-0.118	0.087	-0.043	0.591
自民党			4.655	0.000			2.091	0.000
民主党			2.950	0.000			1.421	0.000
共産党			-1.200	0.310			-3.501	0.001
社民党			-5.870	0.816			-0.568	0.306
公明党			12.554	0.776			3.147	0.000
Cox&Snell R^2	0.125		0.457		0.168		0.292	
Nagelkerke R^2	0.184		0.676		0.240		0.416	
N	291		291		1024		1024	

	2004年参				2005年衆			
	モデルI		モデルII		モデルI		モデルII	
生活福祉-国土開発	1.173	0.000	-0.003	0.993	1.521	0.000	0.421	0.016
大政府-小政府	0.065	0.655	0.200	0.272	-0.298	0.000	0.026	0.807
自民党			2.220	0.000			2.257	0.000
民主党			1.876	0.001			-0.329	0.289
共産党			-8.695	0.719			-8.661	0.380
社民党			-8.850	0.852			-2.149	0.041
公明党			11.655	0.902			3.157	0.004
Cox&Snell R^2	0.188		0.403		.1560		0.407	
Nagelkerke R^2	0.256		0.548		0.221		0.575	
N	192		192		989		989	

各モデルの左行の数値はロジット回帰係数，右行の数値は有意水準

が選挙で有利に作用するように思われる。また政党別にみると，自民党が財政的リベラルな立場を主張し，民主党が教育や労働分野への予算増額要求をすることが有利になるようにみえる。しかし，こうした選挙公約と選挙結果の関連も，政党ダミーを加えて分析すると一部の例外を除けば有意ではなくなることから，「見かけ上の関連」に過ぎない可能性が高いことがわかる。つまり，個々の選挙における各党の得票や議席の増減があり，同時に各党における選挙公約の特徴がみられるために，選挙公約と選挙結果の間にあたかも関連があるかのようにみえるわけである。したがって，政党ダミーを加えない分析と加えた分析の間に大きな差違が生じることになる。もし選挙公約と選挙結果の間に「見かけ上ではない関連」があるとしたら，政党ダミーを加えても両者の間に関連がみられるはずである。しかし，本章ではあくまでもマクロに両者の関連を分析したに過ぎないので，有権者の意識をミクロに分析することで，選挙公約と投票行動の間に本当に関連がみられるのかどうかを明らかにすることにしたい。そこで，次章でこの問題を検討する。

第4章

将来期待と争点態度投票
―有権者は選挙の争点を通じて民意を負託できているのか？―

1 はじめに

　独裁制下や寡頭制下の社会とは異なり，「自分達で自分達のことを決定する」のが民主制下の市民社会であるとするならば，選挙は市民社会にとって必要不可欠な存在となる。何故なら，全ての有権者が一堂に会して，決定を下すための議論をすることができるような国家は考えにくいからである。例えば，わが国には約一億人の有権者がおり，全ての有権者が一堂に会することは物理的に不可能である。そうなると，間接代議制を導入して，有権者が選挙で代理人を選出し，代理人が国会で有権者を代表して議論して決定を下すことになる。あるいは，重要な決定に際しては，代理人が議題を整理した上で，賛否の判断を国民投票に委ね，有権者が選挙によって最終的な決定を下す国もある。そのいずれにおいても，選挙が市民社会における決定のための重要な役割を担うことになる。

　したがって，選挙で重要なことは有権者の民意を正しく反映しているかどうかである。しかし，現実には同じ有権者が同じ選好を有していたとしても，「選挙の方法」（つまり，選挙制度）如何によって選挙の結果が異なる場合がある。言い換えると，どのような選挙制度で選挙を行うのかが，市民社会における有権者の民意を正しく決定に繋げることができるかどうかに関わることになる。また，どのような選挙制度を採用するのかが，政治の「質」や有権者の政治意識にまで影響を及ぼすと考える者もいる。わが国で，90年代に衆議院の選挙制度を変更したのもそのためであった。本章では，このように市民社会において重要な役割を果たす選挙制度に注目して，その制度が有権者にもたらす影響について検証することにしたい。

2　選挙制度改革への評価

　衆議院の選挙制度が中選挙区制から小選挙区比例代表並立制（以下，並立制と表記）に変更されてから，何度かの衆院選が行われた。その間，「以前に比べて，改善されていない」という並立制に対する批判と「まだ回数を経ていないのでわからない」という擁護論が共存している状態であった。しかし，並立制導入から10年以上を経たことにより，一応の結論を出す時期に来たのではないかと考える。そこで，本章では，並立制導入の際に意図したような変化，とりわけ小選挙区制がもたらす変化が，実際に生じたのかどうかを実証的に明らかにすることにしたい。

　本章の分析に先立ち，筆者は並立制導入時の議論に疑問を感じざるを得ない。それは，80年代末より政治資金を巡る問題が顕在化した際に，政治資金の規制強化は避け，選挙制度を当時の中選挙区制から別のものに変えるように方向転換を図ることにしたのではなかったかという疑問である。つまり，国民の目を政治資金から選挙制度へ移すようにしたのではないかということである。具体的には，「日本は中選挙区制である」→「だから，同じ政党から複数の候補者が出馬する」→「同じ政党だから，政策に違いがない」→「だから，サービス合戦（有権者に対する利益供与）をするしかない」→「だから，選挙にお金がかかる」→「だから，特定の企業や個人から巨額な政治資金を受けることになる」という論理が当時，支配的であった。言い換えると，「悪いのは政治家ではなく，選挙制度である」という主張であった。

　もちろん，この論理が誤っているのは言うまでもないことである。例えば，同じ政党から複数の候補者が立候補したとしても，政策は候補者によって異なっているのではないか。また，たとえ政策に違いがないからと言って，何故，サービス競争で選挙を戦わなくてはならないのかが理解できない。さらに，仮にそうするとしても，何故，だから違法な手段でお金を受け取っても良いということになるのかが理解できない。

　しかし，現実には，こうした論理がまかり通り，「小選挙区制にすれば，政策論争が起きる」とか「中選挙区制では20％の投票者の支持を得れば当選できるが，小選挙区制では50％の投票者の支持を得なければ当選できない。だから，より多くの民意を吸収できる」。だから「一部の有権者目当ての票と補助金の交換は減少する」という理屈が産み出され，結局，衆議院の選挙制度

は中選挙区制から小選挙区比例代表並立制へと移行することになった。

本章では，並立制下で行われた衆院選に焦点を当て，並立制導入時に議論されていた小選挙区制を巡る様々な理屈が，事実に照らして正しかったのかどうかを実証的に明らかにすることにしたい。具体的には，小選挙区比例代表並立制下において，政策論争が起きたのかどうかを明らかにすることにしたい。

ここで，並立制下における選挙に対する評価について，これまでどのような研究が行われてきたのかを概観してみると，まず三宅（2001）は，初めて並立制で行われた1996年衆院選を分析した結果，並立制における投票行動の特徴として，候補者イメージとして地元代表イメージが強まること，「勝ち馬投票」がみられることなどの点を挙げている。ただし，三宅は，一回の選挙だけで結論を得るには時期尚早としている[1]。次に，鈴木（2000）は，選挙制度が政党の政策位置に影響を与え，それがさらに有権者の投票行動に影響を与えるという総合的な分析を行った。具体的には，1996年衆院選において，小選挙区では各党の政策が中位に収斂するために政策論争にならず，各候補者が相手候補に対する区別化をはかるために個人的特性を強調し，特性志向投票が生じることになる。これに対し，比例区では，争点志向の投票が促進されることになるとしている[2]。

さらに名取（2002）は，中選挙区制から並立制への移行に伴い，補助金配分などの利益誘導政治が解消したのかどうかを実証的に分析し，並立制の導入が利益誘導の変化をもたらさなかったことを明らかにした[3]。これは，並立制の導入にあたって主張された論理が，現実には正しくなかったことを示したという意味で，重要な研究と言えよう。加えて堤（2002）は，候補者の選挙公約に注目し，中選挙区制下の1990年および1993年衆院選と並立制下の1996年および2000年衆院選における選挙公約を比較した。その結果，与党候補者による地元利益志向の公約は，並立制下においても相変わらず示されていることや公約の政党内分散は小さくなっていないこと，つまり政党本位の

---

1 三宅一郎『選挙制度変革と投票行動』木鐸社，2001年。
2 鈴木基史「並立制における投票行動研究の統合的分析アプローチ」『選挙研究』No. 15, pp. 30−41, 2000年。
3 名取良太「選挙制度改革と利益誘導政治」『選挙研究』No. 17, pp. 128−141, 2002年。

公約提示がみられないことなどを実証的に明らかにした[4]。

他にも，大山（2001）はほぼ同時期に選挙制度改革を行い，併用制を導入したニュージーランドと並立制を導入した日本における議会審議の変化を比較し，両国ともに，当初，期待していたような効果がみられないことを示している[5]。

3　仮説

本章では，並立制導入時に小選挙区制賛成論者が主張したことが，現実に妥当したのかどうかを検証することにしたい。そこで，彼らの主張を，①小選挙区制がもたらすと言われたプラス面と，②減少すると言われた中選挙区制下におけるマイナス面に分け，前者について本章で，後者については第9章で検証することにしたい。

まず，小選挙区制がもたらすと言われたプラス面は，「小選挙区制になれば政策論争になる」ということであった。それでは何をもって「政策論争になる」と考えることができるのであろうか。政策論争が成立するためには，幾つかの条件が整う必要がある。小選挙区に立候補する候補者の政策に違いがなければ政策論争が生じないことになる。これは並立制導入時に，小選挙区制賛成論者が主張したことである。つまり，彼らは「中選挙区制では，同一政党から複数の立候補者が出るので，政策が同じになって政策論争にならない。それで，サービス合戦を行うことになる」と主張した。したがって，「政策論争になる」ための必要条件として「候補者間の政策距離が大きくなる」ことが求められる。

次に，たとえ「候補者間の政策距離が大きくなった」としても，肝心の政策が有権者の最適点から離れたものであっては意味がないことになる。したがって，少なくとも，中選挙区制下の選挙に比べて，「各争点に対する有権者の最適点と各候補者の政策位置との間の距離が小さくなっていなければならない」ことになる。このことは，小選挙区制賛成論者が指摘した「中選挙区より小選挙区の方が，より多くの有権者の票を得なければ当選できないので，

4　堤英敬「選挙制度改革と候補者の政策公約－小選挙区比例代表並立制導入と候補者の選挙戦略－」『香川法学』第22巻第2号 pp. 90－120, 2002年。

5　大山礼子「ウェストミンスターモデルと選挙制度改革—ニュージーランドと日本—」『選挙研究』No. 16, pp. 28－38, 2001年。

第4章 将来期待と争点態度投票　111

より多くの民意を吸収することができる」という主張からも求められる要件である。

そして，何よりも有権者自身が，中選挙区制下の選挙よりも小選挙区制下の選挙において，争点に基づいて投票行動を行っている必要がある。言い換えると，小選挙区制下の衆院選においては，「争点投票が増えている」ことが求められる。ここで，上記の主張が現実には妥当していないのではないかという立場からまとめてみると，次のような仮説になる。

　　仮説1：中選挙区制下よりも小選挙区制下の方が有権者の実質的選択権
　　　　　が拡大しているとは言えない。
　　仮説2：中選挙区制下よりも小選挙区制下の方が有権者の最適点と候補
　　　　　者の政策の間の距離が小さくなっているとは言えない。
　　仮説3：中選挙区制下よりも小選挙区制下の方が争点投票が増加してい
　　　　　るとは言えない。

さらに，小選挙区制賛成論者の主張によれば，小選挙区制下では政策論争が起きてサービス合戦がなくなるはずであった。また，小選挙区制ではより多くの有権者の票を得る必要があるために，一部の有権者に対する補助金と交換に票を得るような「票と補助金の交換システム」は影を潜めるはずであった。本章では，上記の仮説が妥当するのかどうかを実証的に明らかにすることにしたい。

4　分析

4－1　仮説1の検証

まず中選挙区制から小選挙区制に移行したことで，当初，期待されていたような政策論争が生じたのかどうかを明らかにしたい。そこで，「仮説1：中選挙区制下よりも小選挙区制下の方が，有権者の実質的選択権が拡大しているとは言えない」ことを検証する。なお，サーベイデータによる分析の前に，ヒニチやオードシュック等の選挙に関する多次元空間競争モデルを利用して，小選挙区制における候補者の政策位置を考えてみることにしたい。

まず，候補者1の政策をθ，候補者2の政策をϕ，争点に対する有権者の

最適点を x, 有権者の棄権要因を ϕ, 得票数最大化を V, 得票差最大化を P, 有権者の効用関数を U, 投票する確率を R とすると,

① $x = \theta$ ならば $\phi(x - \theta) = 0$,
　$x \neq \theta$ ならば $\phi(x - \theta) > 0$, $(|+|)/2$
② $R = U(x, \theta) + \varepsilon$ とするならば,
　$\phi(x - \theta)$ が増加するほど $P_r[R > 0]$ は減少する。
③ $|x - \theta| < |x - \psi|$ ならば, 有権者は候補者1に投票する可能性がある。

ここで, 全有権者の最適点の密度関数を $f(x)$, 有権者の投票確率関数を $g(x)$ とすると, 候補者1が得票差最大化行動をとるならば,

$$P(\theta, \psi) = V(\theta, \psi) - V(\psi, \theta)$$

$$= \int_{-\infty}^{(\theta+\psi)} f(x)g(x-\theta)^{\infty} dx - \int_{(\theta+\psi)/2} f(x)g(x-\theta) dx$$

$$\therefore \partial P(\theta, \psi)/\partial \theta = \int_{-\infty}^{(\theta+\psi)} f'(x)g(x-\theta) dx$$

したがって, $f(x) = 0$ とすると,

　$x < 0$ ならば $f'(x) > 0$ 　$x > 0$ ならば $f'(x) < 0$
もし, $\theta < \psi = 0$ とすると, $\partial P(\theta, \psi)/\partial \theta > 0$
したがって, 候補者1は θ を ψ に近づける。
よって $f(x)$ がユニモーダルな場合には得票差最大化を目的として
行動する候補者の政策 θ, ψ は $f(x)$ の最頻値で均衡する[6]。

つまり, 選挙に関する多次元空間競争モデルによれば, 候補者が小選挙区制で当選しようとする限り（言うまでもなく多くの候補者が当選しようとして立候補している), 候補者の政策は有権者の最適点の最頻値に収斂する[7]。

6　Melvin J. Hinich and Peter C. Ordeshook, "Plurality Maximization vs Vote Maximization," *American Political Science Review*, Vol. 64, pp. 772-91, 1970.
　この問題についての詳細は, 小林良彰『公共選択』1988年を参照。
7　もし候補者が得票数最大化行動を採る場合には, 下記のように, 有権者の最適点の分布上で収斂するとは限らない。全有権者の最適点の密度関数を $f(x)$, 有権者の投票確率関数を $g(x)$ とすると, この場合,

$$V(\theta, \psi) = \int_{\theta-\delta}^{(\theta+\psi)} f(x)g(x-\theta) dx$$

言い換えると,小選挙区制においては,各選挙区における候補者の政策が近似することになり,有権者の実質的選択権は小さくなり,政策論争が生じないことを意味している。もちろん,選挙区に立候補する候補者が「純粋に」当選だけを考えて合理的に行動するわけではないが,少なくとも,中選挙区制よりも小選挙区制の方が政策論争が生じる可能性が低くなることだけは確かである。すると,そもそも並立制導入時に主張された小選挙区制のメリット自体が,「候補者が選挙に当選しようとする限り」は論理的に間違っていたことになる。

なお,小選挙区制においても,常に当選に関わる有力候補者が3名以上いる場合には,上記のモデルは妥当しないことになる。しかし,リード(2003)らによれば,日本の小選挙区制においても「M+1ルール」が妥当する傾向が生じており,その意味では,有力候補者が2名に限定されることになり,上記のモデルの妥当性が高まっていることになる。

ここで,有権者が主観的に各党の政策をどのように認知しているのかを調べ,与党と野党第一党の政策間の「主観的認知距離」を計算することで,上記の合理的モデルが示すような傾向が見られるのかどうかを明らかにしてみることにしたい[8]。なお,分析の対象とするのは,最後の中選挙区制による

$$\therefore \partial V(\theta, \psi)/\partial \theta$$
$$= \int_{\theta-\delta}^{(\theta+\psi)} f(x)g(x-\theta)dx - 1/2 f \cdot (\theta+\psi)/2 \cdot g \cdot (\psi-\theta)/2$$
$$= f(\theta+\psi)/2 \ [1-1/2 \cdot g \cdot (\psi-\theta)/2] - f(\theta-\delta)$$

ここで候補者2が$f(x)$の最頻値にψをおくとする。 $\therefore \psi = 0$
また,$x < \theta-\delta$,$x > \psi+\delta$に最適点をもつ有権者は棄権しそれ以外の有権者は投票するものとすると,
$$\partial V(\theta, \psi)/\partial \theta = 1/2 f(\theta-\delta)$$

(i) $f(\theta/2) > 2f(\theta-\partial)$ ならば $\partial V(\theta, \psi)/\partial V > 0$
(ii) $f(\theta/2) < 2f(\theta-\partial)$ ならば $\partial V(\theta, \psi)/\partial V < 0$
(iii) $f(\theta/2) = 2f(\theta-\partial)$ ならば $\partial V(\theta, \psi)/\partial V = 0$

したがって得票数最大化を目的として行動する候補者1は,
(i) の場合,θをψに近づけ,
(ii) の場合にはθをψから遠ざける。
(iii) の場合にはθを動かさない。

8　1993年衆院選に関してはJESⅡ第1波調査(事前)データおよび第2波調査(事後)データ,1996年衆院選に関しては,JESⅡ第6波調査(事前)デ

衆議院選挙となった1993年衆院選とそれ以降に行われた国政選挙（1993年衆院選，1996年衆院選，2000年衆院選，2001年参院選，2003年衆院選，2004年参院選，2005年衆院選）である。

まず二大政党制が機能しているかどうかをみるために，「自民党の政策と野党第一党の政策に関する主観的認知距離」をみると，有権者全体では2中選挙区制下で行われた1993年で1.568であるのに対して，第1回並立制で行われた1996年衆院選では1.225まで下がっている。つまり，自民党と野党第一党の政策に関する主観的認知距離が小さくなっており，有権者の選択の幅が狭くなったことがわかる（表4－1）。その後，2000年衆院選で1.180，2001年参院選で0.986とさらに小さくなった後，2003年衆院選で1.248，2004年参院選で1.509，2005年衆院選で1.736と次第に大きくなっている。しかし，「郵政民営化について是か非か」で争われた2005年参院選を別にすると，1996年衆院選から2004年参院選までに行われた5回の国政選挙のいずれにおいても，中選挙区制による1993年衆院選における与野党の政策に関する主観的認知距離を下回る結果となっている。もちろん，選挙は常に同じ候補者や同じ政策の下で行われるものではなく，その意味では一概に異なる選挙における政策距離

表4－1　自民党と野党第一党の政策に関する主観的認知距離（各争点の平均）

	1993年	1996年	2000年	2001年	2003年	2004年	2005年
全サンプル	1.568	1.225	1.180	0.986	1.248	1.509	1.736
自民支持者	1.596	1.266	1.286	1.014	1.289	1.555	1.812
民主支持者	—	1.327	1.791	1.350	1.631	1.817	1.970
公明支持者	1.571	—	1.157	1.096	1.190	1.691	1.706
社民支持者	—	1.360	1.538	1.251	1.265	1.732	1.694
共産支持者	1.789	0.719	1.315	0.861	1.105	1.220	1.210
保守支持者	—	—	0.500	3.333	0.944	—	—
自由支持者	—	—	1.829	1.159	—	—	—
社会支持者	1.873	—	—	—	—	—	—
民社支持者	1.410	—	—	—	—	—	—
社民連支持者	1.789	—	—	—	—	—	—
新生支持者	1.923	—	—	—	—	—	—
さきがけ支持者	1.750	—	—	—	—	—	—
日本新党支持者	1.735	—	—	—	—	—	—
新進支持者	—	1.873	—	—	—	—	—
支持なし	1.270	0.951	0.909	0.723	1.060	1.280	1.465

ータおよび第7波調査（事後）データ，2000年衆院選に関しては小林良彰調査（事前）データ，2003年衆院選，2004年参院選，2005年衆院選に関してはJES Ⅲ第4波調査（事前）データおよび第5波調査（事後）データを用いて分析を行った。

を比較することが難しいのは言うまでもないことである[9]。しかし，少なくとも，並立制導入時に意図したような「有権者の実質的選択権が拡大する」という効果を見出すことができないのは事実である。また，サーベイデータによる分析の結果，前述の合理モデルのような最適点の最頻値における収斂がみられないのは，依然有力候補者数が2名に絞られていないことや，各党の綱領に基づき政策提示の範囲が限られていることなどのためであると考えられる。これらのことから，仮説1は証明されたものと考える。

4－2　仮説2の検証

次に，「仮説2：中選挙区制下よりも小選挙区制下の方が，有権者の最適点と候補者の政策の間の距離が小さくなっているとは言えない」という仮説が妥当するのかどうかを検証することにしたい。これは，たとえ各候補者の政策の相違が大きくて，有権者の期待効用差が大きくなって実質的選択権が拡大したとしても，有権者の最適点から離れた位置における選択であっては意味がないことになる。何故なら，そのような場合には，どちらの候補者が勝っても有権者の最適点から離れている以上，効用が小さくなるからである（たとえ，期待効用差が相対的には大きいとしても）。なお，分析の対象とするのは，前項と同じ7回の国政選挙である。

ここで，有権者にとって自分の最適点に政策を持つと主観的に認知する政党が存在する割合をみるために，7回の国政選挙に際して共通して尋ねた「政府の役割」に関して分析を行った。その結果，中選挙区制下で行われた1993年衆院選の47.8％に対し，並立制下で行われた1996年衆院選と2000年衆

---

[9] JESⅡ調査では，1993年衆院選時における争点として「農産物輸入自由化」「政府の役割」「国際関係」「政治改革」「政局」の5つを，1996年衆院選における争点として「消費税」「政府の役割」「国際関係」「憲法改正」の4つを取り上げている。また，小林良彰調査では，2000年衆院選時における争点として「政府の役割」「経済政策」「憲法改正」の3つを取り上げ，JESⅢ調査では，2003年衆院選における争点として「政府の役割」「経済政策」「憲法改正」「中央地方関係」「国際関係」「靖国参拝」の6つを取り上げている。なお，各調査における政策位置のスケーリングは統一して計算し直した。また，1993年衆院選時における野党第一党は社会党，1996年衆院選時における野党第一党は新進党，2000年衆院選時と2003年衆院選時における野党第一党は民主党である。

院選では，各々，55.0％と54.2％と一旦は増加したものの，その後，2001年参院選で49.4％，2003年衆院選で50.4％と下がり，さらに2004年参院選と2005年衆院選で上がるという変動を繰り返している（図4－1）。つまり，中選挙区制から並立制に移行したことによる効果を認めることができないようである。ここで，並立制移行以降の5回の国政選挙で共通して尋ねた他の争点態度について同様の分析を行ってみると，有権者全体では2005年衆院選における憲法を除くと，いずれの争点においても50％に達していないことがわかる（図4－2）。つまり，半分以上の有権者が自分の最適点に見合う政策を持つと主観的に思える政党を見つけることができないわけである。ここで，自民支持者に限ってみると，郵政選挙の2005年衆院選を除

図4－1 自分の最適点に政策を持つと主観的に認知する政党が存在する割合（政府役割）

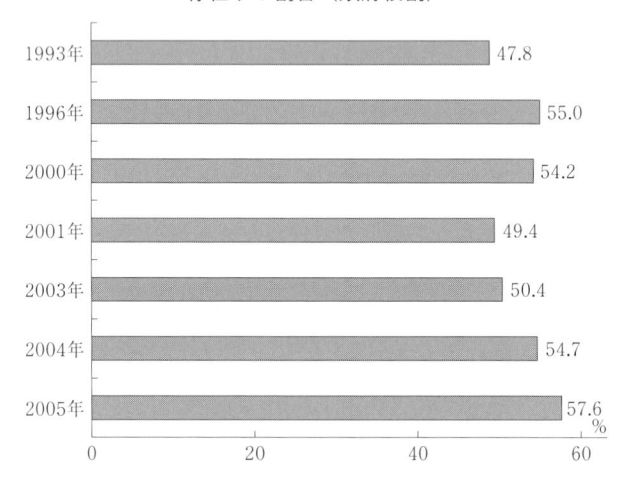

年	％
1993年	47.8
1996年	55.0
2000年	54.2
2001年	49.4
2003年	50.4
2004年	54.7
2005年	57.6

図4－2 自分の最適点に政策を持つと主観的に認知する政党が存在する割合（財政再建と憲法改正）

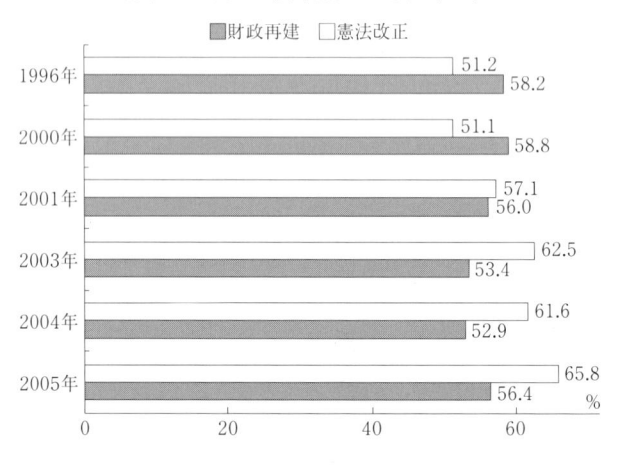

年	財政再建	憲法改正
1996年	58.2	51.2
2000年	58.8	51.1
2001年	56.0	57.1
2003年	53.4	62.5
2004年	52.9	61.6
2005年	56.4	65.8

くと，概ね，40％前後の数値を示している（表4－2）。また，民主党支持者も同様の傾向を示している（表4－3）。ただ，憲法については，改正論議が表面化してきた2003年衆院選以降，大きな数値を示すようになっている。

表4－2　自分の最適点に政策を持つと主観的に認知する政党が存在する割合（自民支持者）（％）

	1993年	1996年	2000年	2001年	2003年	2004年	2005年
財政再建	－	55.4	63.5	58.1	53.7	54.6	58.6
政府役割	49.9	53.5	55.4	46.8	51.1	53.8	59.6
憲法改正	－	52.3	54.8	58.1	64.6	60.9	67.5
郵政	－	－	－	－	－	－	73.5
N	843	710	493	566	807	767	664

表4－3　自分の最適点に政策を持つと主観的に認知する政党が存在する割合（民主支持者）（％）

	1993年	1996年	2000年	2001年	2003年	2004年	2005年
財政再建	－	61.3	61.9	64.2	61.4	56.8	60.3
政府役割	49.0	53.2	55.1	59.1	55.8	56.8	58.6
憲法改正	－	51.4	46.9	60.6	65.9	68.2	65.0
郵政	－	－	－	－	－	－	68.0
N	245	111	147	137	249	324	297

次に，各政党と有権者の争点態度の最適点の間の主観的距離をみることにしたい。まず1993年衆院選から2005年衆院選にかけて共通して同じ設問で尋ねた「政府の役割」についてみると，自民党と民主党，公明党に関しては1993年衆院選から2000年衆院選にかけて距離が拡がり，その後，次第に元に戻る傾向をみせている（表4－4）。つまり，中選挙区制から並立制に移行した当初は，各党の政策と有権者の最適点の間の乖離が大きくなり，その後，再び元に戻っているわけである。これに対して，社民党については1.500前後，共産党については1.600前後を変動している。な

表4－4　各政党の主観的政策位置と有権者の最適点の距離（政府役割）

	1993年	1996年	2000年	2001年	2003年	2004年	2005年
自民党	1.404	1.654	1.816	1.443	1.431	1.361	1.270
民主党	－	1.430	1.555	1.441	1.372	1.337	1.397
公明党	1.351	－	1.636	1.426	1.424	1.334	1.308
社民党	－	1.474	1.554	1.531	1.514	1.449	1.607
共産党	1.472	1.809	1.647	1.603	1.539	1.484	1.670
保守党	－	－	1.557	1.481	1.445	－	－
自由党	－	－	1.569	1.480	－	－	－
社会党	1.450	－	－	－	－	－	－
民社党	1.387	－	－	－	－	－	－
社民連	1.404	－	－	－	－	－	－
新生党	1.348	－	－	－	－	－	－
さきがけ	1.340	－	－	－	－	－	－
日本新党	1.337	－	－	－	－	－	－
新進党	－	1.577	－	－	－	－	－

表4-5 各政党の主観的政策位置と有権者の最適点の距離（財政）

	1993年	1996年	2000年	2001年	2003年	2004年	2005年
自民党	−	2.713	1.938	1.421	1.576	1.401	1.499
民主党	−	1.835	1.450	1.413	1.444	1.351	1.441
公明党	−	−	1.622	1.471	1.496	1.373	1.454
社民党	−	1.780	1.471	1.501	1.493	1.439	1.546
共産党	−	1.719	1.539	1.549	1.523	1.440	1.560
保守党	−	−	1.565	1.459	1.529	−	−
自由党	−	−	−	1.517	1.455	−	−
新進党	−	1.789	−	−	−	−	−

表4-6 各政党の主観的政策位置と有権者の最適点の距離（憲法改正）

	1993年	1996年	2000年	2001年	2003年	2004年	2005年
自民党	−	1.730	1.826	1.320	1.320	1.391	1.485
民主党	−	1.490	1.658	1.357	1.267	1.291	1.394
公明党	−	−	1.759	1.401	1.313	1.312	1.429
社民党	−	1.605	2.017	1.566	1.620	1.592	1.618
共産党	−	1.702	2.059	1.575	1.669	1.629	1.622
保守党	−	−	1.786	1.429	1.347	−	−
自由党	−	−	1.753	1.396	−	−	−
新進党	−	1.626	−	−	−	−	−

お，1996年衆院選以降，共通して同じ設問で尋ねた「政府の役割」についてみると，自民党と民主党，公明党の3党に関しては，1996年衆院選から2004年参院選にかけて，各政党の主観的政策位置と最適点の間の距離が小さくなるものの，その後，2005年衆院選ではわずかながらも再び拡大する傾向がみられる（表4-5）。同様に，「憲法改正」についてみると，1996年衆院選から2000年衆院選にかけて，一旦，距離が拡がった後，2003年衆院選ないしは2004年参院選にかけて距離が縮まり，その後，2005年衆院選で再び，距離が拡がっている（表4-6）。

このようにみてくると，政党の主観的政策位置と有権者の最適点との間の距離は，各々の国政選挙における個々の状況に影響を受けており，中選挙区制から並立制への選挙制度改革の前後で明確な違いをみてとることができないようである。したがって，仮説2は証明されたものと考える。

4-3 仮説3の検証

さて，ここで「仮説3：中選挙区制下よりも小選挙区制下の方が，争点投票が増加しているとは言えない」という仮説を検証してみることにしたい。まず，はじめに有権者が自分の最適点に最も近い政策を持つと主観的に認知する候補者に投票した割合をみると，自民党支持者の場合，中選挙区制下の1993年衆院選時の29.6％から並立制下に移行しても1996年衆院選の29.6％，

2000年衆院選の30.4％，2001年参院選の31.1％というように，郵政選挙となった2005年衆院選を別にすれば，ほとんど変わらない数値を示している（図4－3）。また野党第一党の支持者についてみると，1993年衆院選以降，一旦，1996年衆院選で下がり，2001年参院選で上昇した後は35％前後になっている（図4－4）。

図4－3 最適点に最も近い政策をもつ候補者に投票した割合（自民支持者）

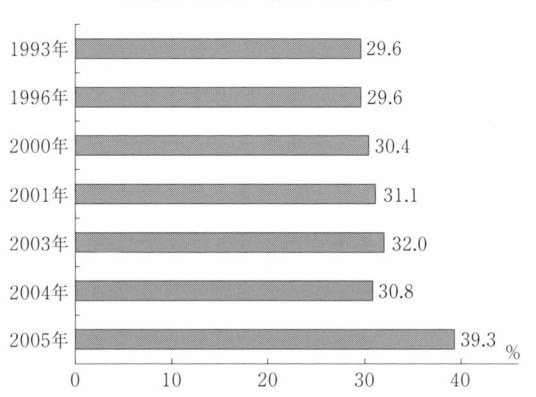

年	％
1993年	29.6
1996年	29.6
2000年	30.4
2001年	31.1
2003年	32.0
2004年	30.8
2005年	39.3

図4－4 最適点に最も近い政策をもつ候補者に投票した割合（野党第一党支持者）

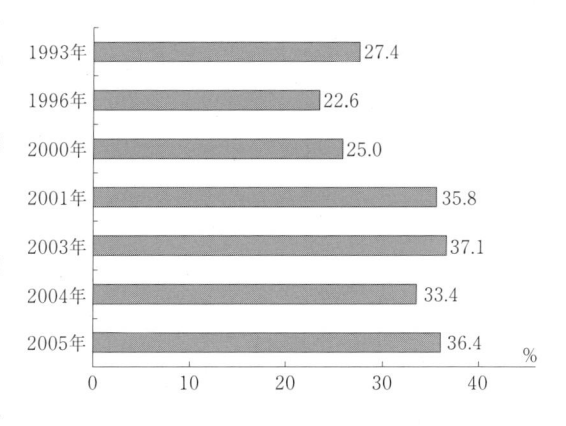

年	％
1993年	27.4
1996年	22.6
2000年	25.0
2001年	35.8
2003年	37.1
2004年	33.4
2005年	36.4

次に，自民党に投票したのか他党に投票したのかという「投票方向」を被説明変数とし，争点態度などを説明変数とする２項ロジット回帰分析を行うことにより，争点態度がどの程度，投票方向に影響しているのかをみることにしたい。なお，争点態度として取り上げるのは，分析期間中に継続した同一の設問で尋ねている「財政再建」「政府役割」「集団的自衛権」である。分析の結果，まず争点態度だけを説明変数とするモデルⅠでは，「集団的自衛権」の賛否をめぐる争点態度が2001年参院選から2005年衆院選にかけて，いずれの国政選挙でも投票方向に影響しており，特に2003年参院選以降に影響力が大きくなっている（表4－7）。この他の争点態度では，2003年衆院選における「財政再建」を除くと，いずれでも投票方向に影響を示していない。

しかし，これらの傾向は争点態度と投票方向の間に実態として関連がある

表4－7　投票方向と争点態度

		2001参 モデルⅠ	2001参 モデルⅡ	2003衆 モデルⅠ	2003衆 モデルⅡ
争点態度	財政再建	−0.074	−0.096	−0.088**	−0.089*
	政府役割	0.038	−0.001	−0.025	−0.016
	集団的自衛権	−0.123**	−0.038	−0.199***	0.000
社会的属性	性別		0.495**		0.240
	年齢		−0.025		−0.088
	居住年数		0.261***		0.230**
	学歴		−0.078		−0.091
価値観	アノミー度		0.019		−0.079
	権威主義度		0.035		−0.066
	疎外度		0.038		0.071
	ソーシャル・キャピタル		−0.025		0.022
	脱物質主義		−0.208*		−0.212*
	社会志向 vs 個人志向		−0.031		−0.014
	受益志向 vs 貢献志向		−0.099		−0.033
	未来志向 vs 現在志向		−0.070		0.030
	全体志向 vs 個人志向		0.096		−0.061
	脱産業化 vs 産業化		−0.068		0.085
	社会将来楽観 vs 社会将来悲観		0.075		−0.087
	愛国心必要感 vs 愛国心不要感		0.015		−0.012
	脱物質主義 vs 物質主義		0.103		0.043
	国外志向 vs 国内志向		−0.123*		−0.038
生活状態感	生活満足度		0.009		−0.005
	生活向上感		−0.152		0.209
	生活将来感		0.307*		−0.102
景気状態感	景気状態感		0.012		0.150
	景気向上感		0.075		−0.114
	景気将来感		−0.074		−0.094
政治意識	政治関心		−0.090		0.054
	政治的満足感		0.042		0.106
	政治的有効性感覚		0.072		−0.119*
	保革自己イメージ		0.186*		0.392***
内閣・政党支持	内閣支持		0.789***		0.649***
	政党支持		1.449***		1.127***
	Cox&Snell R^2	0.013	0.272	0.027	0.285
	Nagelkerke R^2	0.017	0.362	0.036	0.380
	N	904	904	1470	1470

数値はロジット回帰係数
***：$p<0.001$　**：$0.001\leq p<0.01$　*：$0.01\leq p<0.05$

のかもしれないし，あるいは「見かけ上」の関連に過ぎないのかも知れない。そこで，争点態度以外に社会的属性などの他の要因も加えたモデルⅡの結果をみると，モデルⅠでは投票方向に影響していた「集団的自衛権」の影響が消えてしまうことがわかる（表4－7）。例えば，2001年参院選では，いずれ

	2004参		2005衆	
	モデルⅠ	モデルⅡ	モデルⅠ	モデルⅡ
	−0.045	0.015	−0.034	−0.046
	0.067	0.103*	0.011	0.077
	−0.309***	−0.096	−0.273***	0.040
		0.053		0.106
		−0.062		0.041
		0.312***		0.123
		−0.146		−0.078
		—		0.017
		—		0.023
		—		−0.152*
		0.000		−0.032
		−0.150		−0.099
		−0.060		−0.035
		−0.050		−0.044
		0.059		−0.013
		0.111*		0.038
		−0.084		0.041
		−0.201***		−0.087
		−0.038		−0.038
		0.180**		0.013
		−0.010		−0.082
		0.053		0.111
		−0.002		−0.070
		−0.231		−0.046
		−0.048		−0.120
		−0.196		0.200
		−0.010		0.058
		0.006		−0.129
		−0.032		0.125
		0.042		−0.006
		0.188*		0.233**
		0.806***		1.069***
		1.894***		1.334***
	0.052	0.355	0.044	0.363
	0.070	0.479	0.058	0.484
	1447	1447	1270	1270

の争点態度も投票方向に対して有意な影響力をもたず，政党支持や内閣支持の他に性別や居住年数といった社会的属性が投票方向を規定していることがわかる。2003年衆院選では「財政再建」，2004年参院選では「政府役割」が投票方向との関連を示しているものの，その関連の度合いは政党支持や内閣支持，保革自己イメージ，居住年数などと比べると小さくなっている。そして，2005年衆院選では争点態度が影響せず，政党支持と内閣支持などが投票方向に強い影響を与えていることがわかる。

これらをまとめてみると，個々の選挙によって争点が異なるために一概には言えないものの，総じて，中選挙区制から小選挙区制に選挙制度が変わっても，有権者の投票方向に対して争点態度が強い影響を与えるようになったとは言い難い。やはり，相変わらず，政党支持を中心に政治不信や生活満足度などが投票方向や投票参加に影響を与えていると言っても誇張ではないであろう。つまり，中選挙区制よりも並立制において争点投票が増えていないことになる。ただし，投票参加に関しては争点態度がもつ影響力が徐々に増えていることがわかる。したがって，投票方向に限っては，仮説3は証明されたものと考えることにしたい。

5 マニフェスト選挙の検証

 これまで並立制下における国政選挙の変化を時系列的にみてきた。ここで、これまでみてきたことが、クロスセクショナルな分析においても指摘することができるのかどうかを明らかにしてみたい。言うまでもなく、代議制民主主義において、有権者は選挙に際して候補者が提示する公約の中で自分の最適点に最も近いものを選び、それを提示する候補者に投票することが期待されている。特に、マニフェストが登場した2003年衆院選以降、選挙の際に政党・候補者の公約を介した民意の吸収が求められている。そこで、最近の国政選挙の中でも「マニフェスト選挙」と位置づけられた2004年参院選に際して、候補者がどのような公約を提示したのかを内容分析してみたい。

 まず同参院選に立候補した候補者が選挙公報に掲載した公約を全員分、収集し、①社会福祉、保健衛生、生活保護、教育・労働、防衛、外交・貿易、農林水産、商工鉱業、運輸・通信、地方自治、住宅・中小企業、国土・環境、一般行政、司法・警察、国債、その他の計16項目について、各予算を増額する主張をしているのか、それとも現状維持なのか、あるいは減額を主張しているのかをコーディングした。また②憲法改正への態度、地方分権への態度、海外への自衛隊派遣への態度についてもコーディングを行った。

 次に、上記①の公約データを基に、各候補者が「大きい政府を志向しているのか、それとも小さな政府を志向しているのか」を16項目×3段階の計48段階にまとめたところ、候補者全体として、やや小さな政府を志向する公約を最頻値とするユニモーダルな分布が描けることが明らかになった（図4－5）。また民主党候補者の公約は候補者全体の分布とほぼ同様であり、自民党候補者は小さな政府を志向する公約を掲げる候補者の比率が少ないことを除けば、概ね他党の候補者と分布における大きな違いは見られない。

 さらに、上記②の公約

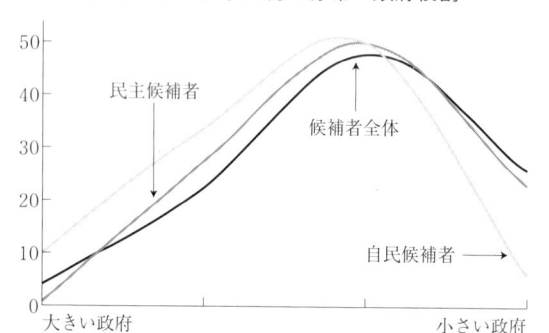

図4－5 選挙公約の分布－政府役割

データの内、「憲法改正」について全候補者の分布をみると、「どちらでもない」を中心としてやや「護憲」寄りの公約を提示する候補者が多い緩やかなユニモーダルな分布を示している。また憲法改正については、自民党と民主党の候補者の分布の形状は、驚くほど近似している（図4-6）。また「地方分権」では、民主党候補者が「地方分権推進」の右肩上がりの分布を示しているのに対し、自民党候補者は「どちらでもない」と「分権推進」が同程度となっている（図4-7）。そして「自衛隊の海外派遣」については、自民党候補者が「どちらでもない」を最頻値とする左右対称な形状を示しているのに対し、民主党候補者では「派遣反対」が「派遣賛成」よりも幾分多くなっていることを除けば、両党の間には大きな差違はみられない（図4-8）。総じて、「地方分権」を除けば、自

図4-6　選挙公約の分布－憲法改正

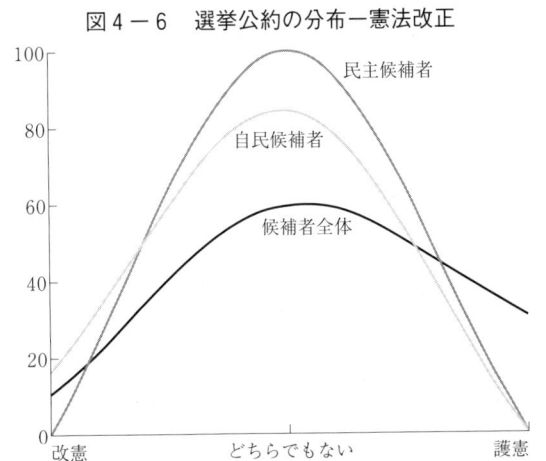

図4-7　選挙公約の分布－地方分権

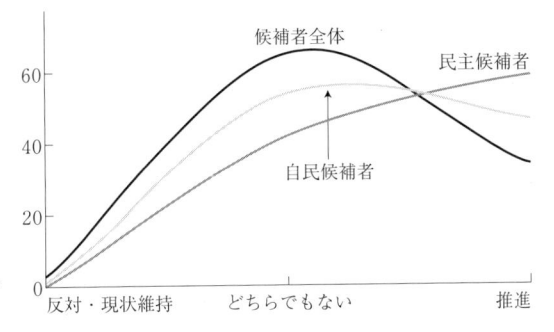

図4-8　選挙公約の分布－集団的自衛権

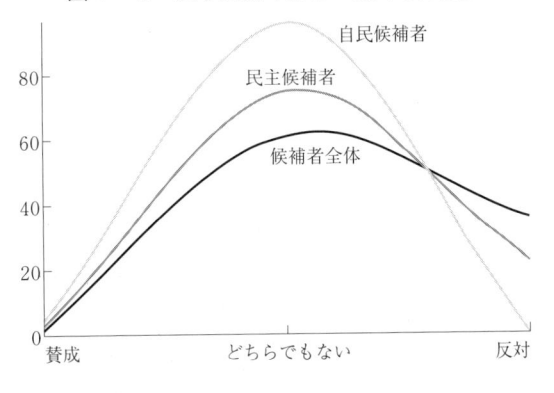

民党候補者の公約と民主党候補者の公約の分布には大きな相違はなく，むしろ各党内の候補者同士における相違の方が大きいのではないかと思われる。

ここで，①のデータを用いて主成分分析を行ったところ，第一主成分として「財政的リベラル－財政的コンサーヴァティヴ」，第二主成分として「社会的リベラル－社会的コンサーヴァティヴ」，第三主成分として「中央集権－地方分権」の軸が各々，析出された。ここで各選挙区の地域特性を示す58変数を用いて主成分分析を行って析出された第一主成分の「都市－農村」の軸と各候補者の公約の関連をみると，都市部において社会福祉，教育・労働，農林水産，地方自治などに関する予算を減額する「財政的コンサーヴァティヴ」な公約を示す傾向がみられることが明らかになった（表4－8）。また，自衛隊派遣や憲法改正，郵政事業改革に関する公約については，地域特性との間に有意な関連がみられなかった。これに対し，市区町村合併については都市部の候補者ほど積極的な姿勢を公約で示している（表4－9）。

次に，所属政党別に各候補者の公約の分布を描いてみると，自民党候補者が概ね社会的コンサーヴァティヴに位置する一方で，財政的にはリベラルな領域に公約を持つ者が多いことがわかる。これに対し，民主党候補者は，社会的にはおおよそ2／3が社会的コンサーヴァティヴに，残りの1／3が社会的リベラルに位置している。また財政的にはリベラルからコンサーヴァティヴにまで広く分布している。さらに共産党候補者は，社会的リベラルであるとともに，財政的には中道な公約を提示している。なお，新政治文化論（New Political Culture）で論じられるNFP（New Fiscal Populist）に位置する公約を持つ候補者は全体の約1／4であり，さほど多くないことがわかる（図4－9）。

このようにみてくると，二大政党制と言っても各選挙区における自民党と民主党の候補者の政策が類似し

表4－8 候補者公約と地域特性（相関係数）

	都市化度
社会福祉	−0.252***
保健衛生	−0.135
教育・労働	−0.169*
防衛	−0.015
外交・貿易	0.020
農林水産	−0.321***
商工鉱業	−0.138
運輸・通信	−0.091
地方自治	−0.190**
住宅・中小企業	−0.091
国土環境	−0.129
一般行政	−0.089
司法・警察	0.072
国債	0.098

数値は相関係数
***：$\rho<0.001$
**：$0.001\leq\rho<0.01$
*：$0.01\leq\rho<0.05$

表4－9 候補者公約と地域特性

	都市化度
自衛隊派遣	−0.054
憲法改正	−0.140
地方分権	−0.152*
郵政改革	−0.059

数値は相関係数
***：$\rho<0.001$
**：$0.001\leq\rho<0.01$
*：$0.01\leq\rho<0.05$

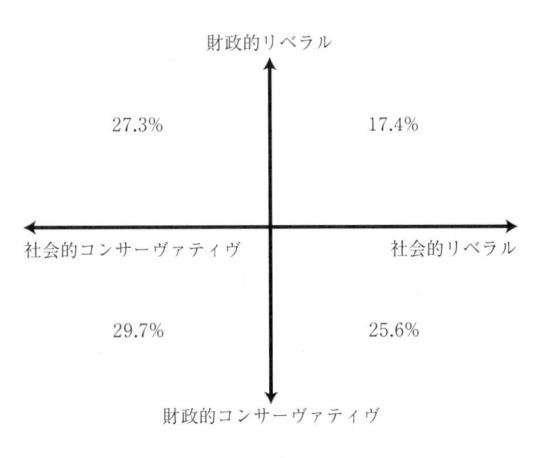

ていれば，有権者には形式的選択権が与えられていても実質的選択権が与えられていないことになり，代議制民主主義の根幹に関わる状況と思われる。なお，たとえ二大政党の公約が類似して有権者の実質的選択権が損なわれたとしても，そもそも二大政党の公約自体が有権者の争点態度に即したものであるならば，や

図4－9　財政的・社会的コンサーヴァティヴ vs リベラルの割合

```
                財政的リベラル
                    ↑
        27.3%       │       17.4%
                    │
社会的コンサーヴァティヴ─┼─社会的リベラル
                    │
        29.7%       │       25.6%
                    ↓
                財政的コンサーヴァティヴ
```

むを得ないことであるかもしれない。しかし，もし二大政党の公約が，有権者の争点態度と離れたところで類似しているとしたら，代議制民主主義にとって由々しき問題と言わざるを得ない。

そこで各争点に対する有権者全体の最適点の分布と候補者の公約の分布を比較してみることにしたい。まず「景気対策優先 vs 財政再建優先」についてみると，有権者全体の最適点の分布がバイモーダルな形状になっているのに対し，候補者の公約の分布はユニモーダルな形状であり，両者の間に大きな開きがみられることがわかる（図4－10）。さらに自民党と民主党の候補者の公約が各々の政党支持者の争点態度に即したものであるかどうかをみることにしたい。すると，まず「景気対策優先 vs 財政再建優先」という争点につい

図4－10　選挙公約の分布
　　　　　―財政再建（全体）

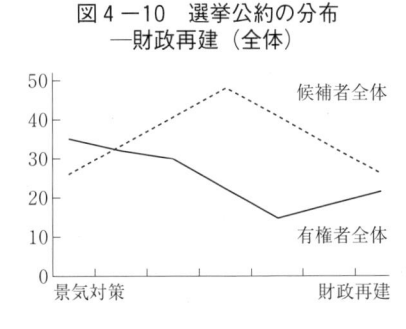

図4－11　選挙公約の分布
　　　　　―財政再建（自民党候補者）

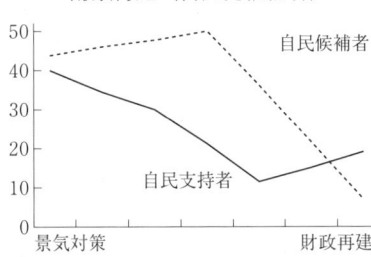

ての自民党支持者の争点態度をみると両端に最適点を置く者が多く，中庸な態度を持つ者が少ないことがわかる。しかし，それにも拘わらず，自民党の候補者には両端，特に，財政再建を重視する内容を公約で示す者が少なく，支持者の最適点との間に乖離がみられるようである（図4－11）。また民主党についても同様に，支持者の最適点と候補者の公約の間には食い違いが見られる（図4－12）。

同様に，「集団的自衛権行使」「憲法改正」「地方分権推進」のいずれの争点についてみても，候補者全体の公約と有権者全体の争点態度の分布には乖離がみられる（図4－13，図4－14，図4－15）。さらに自民党候補者の公約と自民党支持者の争点態度，民主党候補者の公約と民主党支持者の争点態度の間にも，大きな相違がみられることがわかる（図4－16，図4－17，図4－18，図4－19，図4－20，図4－21）。つまり，自民党と民主党という二大政党の候補者が2004年参院選に際して有権者の提示した公約が類似しているばかりか，それが有権者の争点態度に即した内容となっているわけではないことになる。換言すれば，2004年参院選をみる限り，有権者全体，また二大政

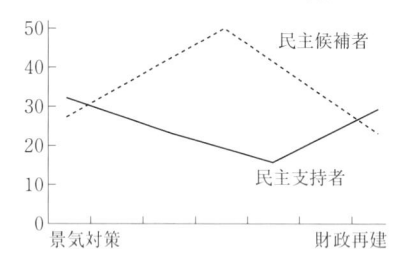

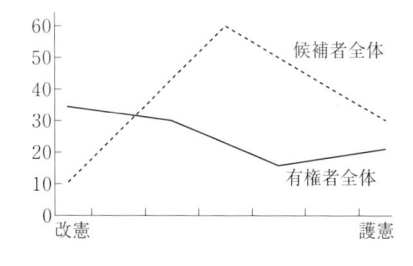

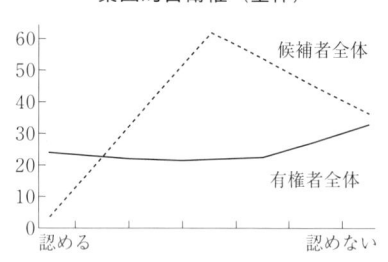

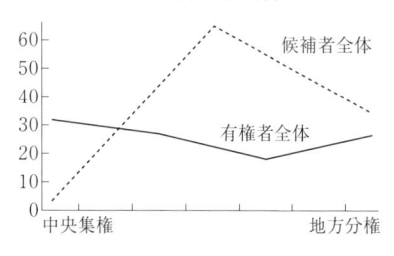

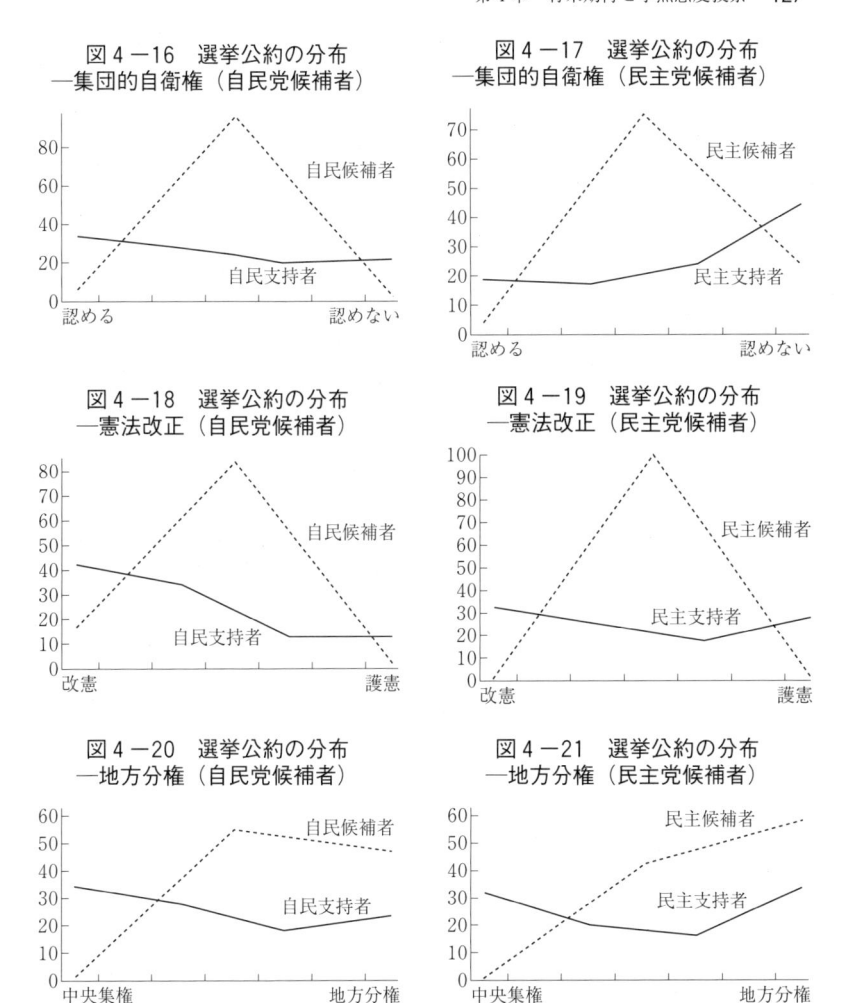

図4-16 選挙公約の分布
―集団的自衛権（自民党候補者）

図4-17 選挙公約の分布
―集団的自衛権（民主党候補者）

図4-18 選挙公約の分布
―憲法改正（自民党候補者）

図4-19 選挙公約の分布
―憲法改正（民主党候補者）

図4-20 選挙公約の分布
―地方分権（自民党候補者）

図4-21 選挙公約の分布
―地方分権（民主党候補者）

党の各支持者の民意が十分に汲み取られているとは言い難い状況にあり，わが国の代議制民主主義がうまく機能しているとは言えないのではないだろうか。このようにクロスセクショナルにみても明らかなように，選挙における争点に基づいた投票行動が増えているとは言い難い状況である。

6　まとめ

これまでみてきたように，2003年衆院選においてマニフェストが導入され，

「マニフェスト選挙」の時代が到来するといわれた。言い換えると, 有権者が政党・候補者が提示する政策公約をみて, 最も自分の争点態度に近い政策公約を示す政党・候補者に投票するという争点態度投票が生じることが期待された。このことは, 1990年代の政治改革において選挙制度や公的助成制度を変えることに賛成した論者達の「政党本位, 政策本意の政治」という主張が, ここに来て実現することを意味した。しかし, 選挙運動等や候補者の擁立等において政党中央が持つ影響力が強くなったものの, 本章の分析でみる限り, 政党・候補者の政策公約が有権者の投票行動に与える影響力は必ずしも満足のいくレベルには達していないことが明らかになった。その理由としては, 冒頭にも述べたように, 二大政党制と言いながらも自民党と民主党の各候補者が提示する公約の間にさほどの大きな相違がみられず, しかもそれらが有権者の争点に対して持つ態度と乖離していることを指摘せざるを得ない。言い換えれば, わが国の有権者は形式的には選択権を持っていても, 肝心の選択肢が有権者の最適点と離れたところで類似しているのであれば, 実質的には選択権がないと言わざるを得ない。つまり, 2006年IPSAの大会のメインテーマであった「Is Democracy Working?（民主主義は機能しているのだろうか？）」という問いかけこそ, 現在の日本の有権者にあてはまる言葉であることになる。

　こうした現象に鑑みるならば, いずれの政党においてもまず自分たちの政策, つまり選挙において有権者に対して提示する政策というものを有権者や支持者から離れたところで決定し, それをトップダウンで支持者に対して下ろして選挙における一票を依頼するのではなく, その政策自体を支持者や有権者の側からボトムアップで吸収する役割を果たすことこそが日本における民主主義を機能させる重要な条件となるのではないだろうか。元来, 「政党」は有権者の民意を吸収して政策を決定する立法の場である国会に伝達することが本来の役割のはずである。しかしながら, 現実に自分たちの政策を有権者から吸収している政党がどれほどあるのだろうか。また仮にあったとしても特定の政治家の個人後援会を通してその政治家の周辺にいる有権者の意向のみを取り入れているのではないか。あるいは労働組合やさまざまな利益団体のような特定の組織を通して, その組織の利害を政治家に託しているのではないか。しかし, そういうやり方が既に限界に達しており, 自民党の支持者にしても民主党の支持者にしても, 中間団体を媒介とせずに直接, 候補者

と話し合ったり，候補者と共に政策を考えて形成していくことを求め始めているのではないだろうか。そうしたことが，無党派層を投票所に駆り立て，しかもその無党派層が政策的な次元における自分と各政党の距離関係に従って選挙ごとに異なる政党に投票する傾向がみられる一因かも知れない。例えば，2000年の衆院選では民主党の鳩山代表が基準課税対象所得額を引き下げることで財政再建を行うという主張をしたところ，無党派層の6割が民主党に投票したのに対して自民党に入れた者は2割しかおらず，3倍の開きを持った投票行動を示すこととなった。しかし，2001年参院選においては自民党の総裁選を争った4名のうち，麻生氏と亀井氏は財政拡大派，橋本氏は以前，財政健全派であったが党内若手の反発により予備選の立候補にあたって財政再建を明言しなかった。このため，唯一財政再建を主張する立場に立った小泉氏に無党派層の支持が集まったことは記憶に新しい。その後，2003年衆院選，2004年参院選において，2001年参院選で期待したほどの成果が小泉改革にもたらされなかったことにより，無党派層が再び民主党に傾斜し始め，そして2005年衆院選においては改革の是か非かを問うことによって財政的に健全な小さな政府を志向した小泉自民党に無党派層の票が集まることになったとみることができるのではないか。

　いずれにせよ，民主主義は，元々，有権者が「自分たちで自分たちのことを決める」政治の仕組みであり，その本質から政党が逸脱すれば，いずれはその政党が有権者自体から見限られることになる。いずれの政党についても自分たちの支持者あるいは有権者全体の民意をなるべく汲み取り，それを集約する形で公約として提示し，その中で有権者が最も自分の最適点に近いものを選び，そこに投票することによって自分たちの民意を負託し，その結果として生じる公共政策や税負担などを受け入れるという本来の民主主義が，近い将来，日本に訪れる日が来ることを願って，分析を行ったものである。

第5章

ダイアメトロスモデル
―有権者の争点態度投票に関する数理モデル―

1 はじめに

　これまで，わが国の有権者が選挙における争点を通じて民意を政治に負託できているかどうかを計量的に分析してきたが，ここで数理的なモデルを構築してみることにしたい。なぜならば，計量分析においては，あくまでもその時の選挙における個別的な事情を説明しているに過ぎず，そこから個別的な選挙を超えた一般的な傾向については推定をする以外にない。しかし，数理モデルにおいてはまず一般的な傾向を示す仮説モデルがあり，そこに個別的な現象を当てはめることでそのモデルが個々の選挙において説明できる決定力を示すことになる。言い換えると，帰納的な方法による計量分析と演繹的な方法による数理モデルの双方があいまって，相互補完的に有権者の投票行動を説明できるわけである。

　ところで，従来の合理的投票行動の理論を概括してみると，幾つかの問題点を指摘することができる。まず，第一に従来の合理的モデルの研究の大半が米国においてなされたものであるために，基本的には二大政党制を念頭に置いたモデルが作られてきたことである。その結果，わが国のような多党制の国に合理的モデルをそのままの形で適用することには大きな問題がある。つまり，合理的モデルの一般化がなされていないわけである。たとえば，有権者と政党の間の政策的な距離関係，いわゆる期待効用を計るにしても，二党制モデルであれば距離関係はたった一つに限定されるが，多党制でN党存在するとすれば，$(N-1)^2$ だけの関係が生じることになる。つまり，二党制に関する合理的モデルと多政党に関する合理的モデルでは，根本的に大きな違いが生じることになる。

　投票行動に関する合理的モデルの第二の問題点は，これまでの研究におい

て，必ずしも実証的なデータによる検証が十分にはなされておらず，時に独りよがりな長い数式のモデルができることがある。つまり，従来の合理的モデルと計量的実証の接点が余り見られないということである。無論，シェファーのシミュレーションモデルにみられるような，ICPSRのANESデータを用いた検証もないわけではないが，合理的モデル全体に対してそのような実証的データによる検証が十分に行われているとは言い難い状況である。

したがって，本章では，こうした問題点を解決するためにも，わが国の国政選挙に際して行われた意識調査のデータを基に，日本型投票行動モデルの構築を検討することにしたい。なお，2001年参院選から2005年衆院選にかけて行われた4回の国政選挙において，ほぼ同様の結果が得られたので，紙数の都合上，本章では，2001年参院選における分析結果について述べることにしたい。

2　期待効用モデルの検証

まず，はじめに有権者の投票参加が従来の合理的モデルでどの程度，説明できるのかを明らかにしたい。ここで，投票行動の合理的モデルで前提としていることを説明すると，政党・政治家は選挙に勝つことを目的として行動し，有権者は期待効用の最大化を目指して行動すると仮定する。具体的には，争点が2つある場合を想定すると，有権者は自分の最適点に候補者の政策が来れば効用最大となり，最適点から離れるに従って効用が低下することになる（図5－1）。そしてダウンズは，幾つかの前提の上に立ち，政党・政治家が得票数最大化行動をとる際に各党の政策が有権者の分布の中央で収斂すると考えた。その後，オードシュックらによって，ダウンズが想定した仮説は正しくなく中央で収斂しないことがあることが証明され，現在では得票差最大化行動をとるものと仮定されている。

しかし，本稿では，こうした政党・政治家をアクターとする合理的モデルではなく，有権者をアクターとする合理的モデルについてみていくことにしたい。まず，ダウンズは有権者が投票に参加するかどうかを決定するものとして，（a）自分の投票の重要性，（b）政党間の期待効用差，（c）投票コスト，（d）長期的利益という4つの要因をあげている。そして，こうしたダウンズの考えを発展させたライカーとオードシュックやグッドとメイヤーらは，有権者が投票によって得る利益，すなわち投票に参加する可能性（R）は，接

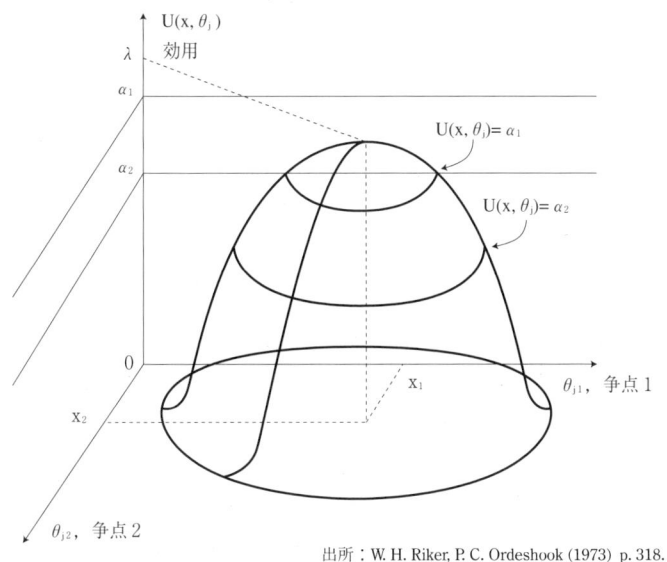

図5－1 争点が二次元の場合の効用

$U(x, \theta_j)$
効用
λ
α_1
$U(x, \theta_j) = \alpha_1$
α_2
$U(x, \theta_j) = \alpha_2$
x_1
θ_{j1}, 争点1
x_2
θ_{j2}, 争点2

出所：W. H. Riker, P. C. Ordeshook (1973) p. 318.

戦の主観的可能性（P）に政党間期待効用差（B）を乗じたものから投票コスト（C）を引き，さらに長期的利益（D）を加えたものになるという立場に立って，「R＝PB－C＋D」という有名な式を考え出した。またライカーとオードシュックは，アメリカ大統領選挙の際に行われたSRCの調査データを用いて，この式が現実に適合することを検証している。

　ここで，こうした期待効用モデルがわが国にも適合するかどうかを検証するために，「R＝PB－C＋D」というモデルを検証することにしたい。その際，問題になるのが，わが国が多党制の国であるということである。したがって，二党制を前提とする国に比べて，モデルの上では様々な困難を伴うことになる。まず，従来の投票行動に関する合理的モデルを二大政党制で政策が一次元に集約できる社会における特殊モデルから，より一般化したモデルに近づけるためには，改善をしなければならない2つの問題がある。第一の問題は，政党の数である。共和党か民主党かという二党制から，N党制に拡大する必要がある。具体的には，2001年参院選については自民，民主，公明，社民，共産，自由の各党を考慮に入れることにしたい。なお，保守党については，同党に投票したサンプル数が少なかったために，分析において被説明

変数としては除外した。また無所属で政党から推薦を得ている候補者については，推薦を出した政党の候補者とみなすことにした。さらに複数の政党から推薦を得ている候補者については，当該候補者と最も関連が深いと思われる政党の候補者とみなすことにした。

さらに，第二の問題として，政策の次元の数がある。これもダウンズの研究などにおいては，〈リベラル─コンサーヴァティヴ〉という一次元の争点で議論が行われていた。しかし日本の選挙においては，一次元の〈リベラル─コンサーヴァティヴ〉というような軸に選挙の争点を集約することは不可能なように思える。そこで，具体的には，2001年参院選については「公共サービス」「中央地方関係」「憲法問題」「集団的自衛権」「靖国神社公式参拝」の5つの政策[1]を取り上げて，合理的モデルの分析に用いることにした。

---

1 具体的には，5つの争点について，各々，下記の2つの考えを提示し，調査被対象者に対し，「あなたの意見はどちらに近いですか」と尋ねたものである。なお，回答は，「1. Aに近い 2. どちらかといえばAに近い 3. どちらかといえばBに近い 4. Bに近い」の中から1つを選択してもらうことにした。
「公共サービス」
A：増税してでも，福祉などの公共サービスを充実させるべきである。
B：福祉などの公共サービスが低下してでも，税負担を軽減すべきである。
「中央地方関係」
A：競争力の弱い地域を助けるためには，国が補助金などを配分するのは当然である。
B：国の補助金などを減らして，地方の自由な競争による活力のある社会を目指すべきである。
「憲法問題」
A：今の憲法は時代に合わなくなっているので，早い時期に改憲した方がよい。
B：今の憲法は大筋として立派な憲法であるから，現在は改憲しない方がよい。
「集団的自衛権」
A：日米安保体制を強化するためには，集団的自衛権の行使を認めるべきである。
B：国際紛争に巻き込まれることになるので，集団的自衛権の行使を認めるべきではない。

第5章 ダイアメトロスモデル 135

そして，各政党に対する投票行動を分析する場合，(「当該政党の政策位置 2」と「自分の争点態度」との間の距離）と，(「当該政党以外で自分の最適点に最も近いと主観的に思う政党の政策」と「自分の争点態度」の間の距離）の差を各争点における期待効用差とし，さらに各争点に対するセーリエンシー（つまり，主観的重要性）3 を用いて重み付けをして合計し，各サンプルの期待効用差とした。こうして，二党一次元モデルから，N党M次元モデルへの拡大を行うことにしたわけである。なお，分析においては，2001年参院選の前後に行ったパネル調査の全てに回答したサンプル（計1,253サンプル）のデータを用いることにした 4。なお，期待効用モデルについては，「自分の投票の重要性」，すなわち「接戦度」を説明変数として用いることから，比例区は分析から除外した。つまり，比例区の場合，接戦度が発生しないからである。言い換えると，比例区で1議席も取れないような少数政党を別にすれば，自分の投じる1票が何らかの形で議席に繋がると有権者は想定することができるからである。

選挙区選挙に期待効用モデルを当てはめてみた 5 ところ，投票参加に関し

「靖国神社公式参拝」
　A：戦争でなくなった人の霊を弔うためには，首相が公式参拝をすべきである。
　B：政治と宗教を分ける政教分離の原則から，首相が公式参拝をすべきでない。
2　上記(1)と同じ争点の各々について，調査被対象者に対し，自民，民主，公明，社民，共産，保守，自由の各党について，各々，「どのような主張をしていると思いますか」を尋ねたものである。
3　上記(1)と同じ争点の各々について，調査被対象者に対し，「〇〇という問題は，あなたにとってどれくらい重要ですか」を尋ね，「1. かなり重要である　2. やや重要である　3. あまり重要ではない　4. ほとんど重要ではない」の中から一つを選択してもらうことにした。
4　2001年参院選前に行った調査（事前調査）では，2段階層化無作為によって選ばれた3,000サンプルに対する面接調査を行い，2,064サンプルを回収した。さらに，同選挙後に，このサンプルの中から電話番号が判明した1,588サンプルに対する電話調査（事後調査）を行い，1,253サンプルの回収を得た。
5　分析に用いた変数のうち，「接戦度」については，調査被対象者が居住する選挙区の接戦度について，ミニマックスリグレットモデルで想定したＳ1〜Ｓ5のうちのどの状況にあるのかを回答してもらった。その上で，「接戦

てはモデルの精度が必ずしも十分に満足すべき水準とは言えない。ここでさらに，投票参加以外に，投票方向に期待効用モデルを当てはめてみるために，各党への投票（「自民党投票＝自民党に投票するか否か」，「民主党投票」，「公明党投票」，「社民党投票」，「共産党投票」，「自由党投票」）を，期待効用モデルでどの程度，説明できるのかを検証してみることにした。しかし，分析の結果，投票方向についても，期待効用モデルで満足の行く精度を得ることはできなかった。

そこで，次に，期待効用モデルにおける「期待効用」を（「自分の争点態度－支持政党の政策位置」の差の絶対値）－（「自分の争点態度－支持政党以外で最も近い政策を持つ政党の政策位置」の差の絶対値）に置き換えた修正期待効用モデルを作り，2001年参院選における有権者の投票行動に適合するかどうかを検証してみることにした（したがって，この分析の対象となったサンプルは，「政党支持を持つ者」に限られる）。しかし，投票参加についても投票方向についても，修正期待効用モデルの精度は，期待効用モデルとさほど大きな差はみられなかった。さらに，「支持政党」に「政党支持を持たないものの，あえて言うと最も好ましいと思っている政党」を加えて修正期待効用モデルを検証し直してみた（したがって，この分析の対象となったサンプ

度高」＝S3,「接戦度中」＝S2＋S4,「接戦度低」＝S1＋S5の3段階にまとめて分析に用いることにした。また，「投票コスト」，ならびに「投票義務感」については，各々，調査被対象者に「投票コスト高」「投票コスト中」「投票コスト低」，ならびに「投票義務感高」「投票義務感中」「投票義務感低」を示す3段階の選択肢の中から選択してもらった回答をそのまま分析に用いることにした。具体的には，「投票コスト」については，「1：投票コスト高」「2：投票コスト中」「3：投票コスト低」であり，「投票参加」＝「1：投票」「0：棄権」との間に「正の関連」がみられること（投票コストが低い程，投票する）が期待されている。また「投票方向」（「1：当該政党に投票」「0：当該政党に投票しない」）については，「0：当該政党に投票しない」とカテゴリーされるサンプルのかなりの部分が「棄権」であるために，他の条件を別にすれば，「正の関連」がみられることが期待されている。

一方，「投票義務感」については，「1：投票義務感高」「2：投票義務感中」「3：投票義務感低」であり，「投票参加」との間には「負の関連」がみられること（投票義務感が低い程，棄権する）が期待されている。「投票方向」については，「投票コスト」と同じ理由により，「負の関連」がみられることが期待されている。

ルは、「政党支持を持つ者」＋「政党支持を持たないものの、あえて言うと最も好ましい政党を持つ者」になる)。しかし、対象となるサンプルを拡大してみても、分析結果に大差はみられなかった。

3　ミニマックスリグレットモデルの検証

次に、ミニマックスリグレットモデルについて検討してみることにしたい。言うまでもなく、ライカーとオードシュックの研究とは異なるアプローチによって有権者の投票参加を分析しようとする研究が、フェアジョンとフィオリーナによって行われている。彼らの研究の特徴は、(1)ゲーム理論を応用し、(2)二政党システムだけでなく多政党システムも分析したことである。

まず二政党システムにおいて、自分の得る利益の最大値を狙う有権者Yの行動を分析する。ここで、有権者Yが候補者1の政策から受ける効用を1、候補者2の政策から受ける効用を0とし、自分以外の有権者がどのように投票するかについて5つの状況を考えてみたいと思う。したがって、この5つの状況はその有権者にとって主観的なものになる。

　　　S1が、自分が候補者2に投票しても候補者1が得票で上回る場合。
　　　S2が、自分が候補者2に投票すれば候補者1と同じ得票になる場合。
　　　S3が、自分以外の有権者で候補者1に投票するものと候補者2に投票するものが同じだけいる場合。
　　　S4が、自分が候補者1に投票すれば候補者2と同じ得票になる場合。
　　　S5が、自分が候補者1に投票しても候補者2が得票で上回る場合。

である。

そして、これら5つの状況において有権者Yがどのような利益を得るかを考えてみると、有権者Yは投票コストが期待効用差の半分を下回る場合には候補者1に投票し、投票コストが期待効用差の半分を上回る場合には棄権することになる。

さらに、フェアジョンとフィオリーナは、この有権者Yの行動を全ての有権者にあてはめることはできないと考えた。つまり、中には、「自分が最悪の事態に陥ることを避ける」ような考えの下に行動する、つまりミニマックスリグレット戦略をとる有権者Zもいるかも知れないと考えたわけである。そ

こで，こうした有権者Zのリグレットを想定してみると，投票コストが期待効用の4分の1を下回る場合に投票することになる。したがって有権者Yに比べて最悪の事態を恐れる有権者Zの方が棄権する可能性が高くなると，彼らは考えた[6]。

なお，フェアジョンとフィオリーナは，期待効用モデルとミニマックスリグレットモデル（MR）における仮説を次のように要約できると考えた。

　　仮説（EU）：期待効用モデルでは，接戦の主観的確率と期待効用差の積
　　　　　　　　が増加するほど有権者は投票に参加する。
　　仮説（MR）：ミニマックスリグレットモデルでは，期待効用差が増加
　　　　　　　　するほど有権者は投票に参加する。

したがって，両者の相違は接戦の主観的確率が投票参加に影響を及ぼすか否かに集約でき，上記の2つの仮説は1つのモデルに表すことができると考えた。

ここで，わが国の投票行動にミニマックスリグレットモデルを適用してみると，投票コストがわずかでもあると棄権することが予測されるものの，現実のデータとの間には誤差が生じることになる。つまり，ミニマックスリグレットモデルでは棄権を多く予測し過ぎることになるため，比例区選挙でも選挙区選挙でも，ミニマックスリグレットモデルの精度は期待効用モデルと大差がなかった。

そこで，フェアジョンとフィオリーナのミニマックスリグレットモデルを修正し，（「争点態度－支持政党の政策位置」）の差の絶対値－（「争点態度－支持政党以外で最も近い政策を持つ政党の政策位置」）の差の絶対値を期待効用差とし，投票コストや長期的利益とともに修正ミニマックスリグレットモデルを作って検証してみた。その結果，ミニマックスリグレットモデルより

---

[6] なお，ここで，これまでみてきた問題を同様に3政党システムにおける有権者の投票参加にあてはめて考えてみることもできる。3政党では19の状況を想定することができ，各状況における利得最大化行動をとる有権者，そしてミニマックスリグレット行動をとる有権者の投票参加を説明することができると考えられる。詳細は，小林良彰『公共選択』東京大学出版会，1988年，129－139頁参照。

も修正モデルの方が適合度が上がるが，これも予測精度という点では，比例区選挙区選挙ともに，投票参加においても投票方向においても満足できるレベルには達していない。前述の修正期待効用モデルの場合と同様に，対象となるサンプル数を拡大しても，結果に大きな相違はみられない。

4　ダイアメトロスモデルの検証

　これまでみてきたようなモデルを，2001年参院選に当てはめてみると，期待効用モデル，ならびにミニマックスリグレットモデルの精度は高いとは言えない。ここで，その理由を考えてみることにしたい。まず，期待効用モデルについては，投票コスト，投票の長期的利益といった変数が有権者の投票行動に影響を与えている点については異論はないと思われる。しかし，期待効用差や接戦の程度についてはどうだろうか。例えば，期待効用差が成立するためには，有権者が当該選挙における争点を認知・理解し，「自分に最大のメリットをもたらす政策は何か」という自己の最適点を持つとともに，当該争点に関し各党がどのような政策を示しているのかを正しく認知するとともに，それらが自分にとってどのようなメリット・デメリットをもたらすのかを計算・理解することが要件として求められることになる。しかし，現実には，そうした争点や各党の政策を理解するよりも，「政党支持」に従って投票する有権者が少なくない。そこで，修正モデルを作成してみたが，精度は十分であるとは言えなかった。

　また，接戦の程度についても，投票の時点で，有権者がどの程度，自分の居住する選挙区で立候補している候補者の強弱を認知しているのだろうか。仮に，マスメディアの選挙予測報道などを通じて，接戦の程度に関する情報を入手していたとしても，その情報にどの程度の信頼を置いているのか。さらに，仮に予測に関する情報に信頼を置いていたとしても，そのことによってどの程度の有権者が投票行動を変えるのか。たとえ，自分が望む政策を提示する候補者が当選する確率が高くても，だから投票に行くのをやめようという有権者はあまり多くないかもしれない。また，合理的な有権者であれば，投票態度の決定に際してそれほどの情報コストを払わないかもしれない。その結果，期待効用モデルの妥当性がいずれの政党に対する投票行動についても低くみられることになっているのではないかと思われる。

　一方，ミニマックスリグレットモデルについても問題点がないわけではな

い。何よりも,そもそもミニマックスリグレットという考え方がどの程度,選挙に当てはまるのかを考える必要がある。自動車事故のように,発生する確率がどんなに低くても大きな事故を起こしたときの補償額を考えれば,最悪の事態を恐れて保険を購入する人は多いと思う。しかし,投票の際に発生する最悪の事態とは一体,何だろうか。せいぜい自分が投票に行っても無駄だったということである。すると,合理的な有権者がわざわざリグレット行列を作成して投票行動を決定するとは考えにくいのではないだろうか。

そこで,次に投票行動に関する新しいモデルとして,ダイアメトロスモデルを紹介することにしたい。まず,ミニマックスリグレットモデルにおける「最悪の事態への恐れ」が有権者の投票行動に与える影響が大きくはないと考える。それでは,有権者の投票行動は単なる期待効用差や投票コスト,投票の長期的利益だけで決定されているのだろうか。そうではないと思う。事実,米国大統領選挙に際して行われている意識調査のデータを分析してみても,有権者はむしろ自分の最適点から離れた政策を持つ候補者に投票している場合がある。また,わが国においても,たとえ自分の最適点により近い政策を持つ候補者が他にあったとしても,日頃,自分が支持する政党の候補者の方に投票する有権者は多いのではないかと思う。しかし,同時にどんなに自分が支持する政党の候補者であってもあまりに自分の最適点から離れた政策を提示された場合には,他の政党の候補者に投票するのも事実である。

そこで,有権者が単なる期待効用差ではなく,期待効用差と各政党に対する心理的な距離の複合的な変数によって投票行動を決定しているのではないかと仮定することにした。具体的には,まず選挙における争点の軸上における自分の最適点とある政党の提示する政策の距離の間の差の2乗と,その政党に対する心理的な距離の2乗の和からなるダイアメトロス(対角線)を測定し,モデルを作成した。つまり,ダイアメトロスの差を求めるために,(式5-1)で示される変数を作成した。

式5-1 修正ダイアメトロス

$$\sqrt{(b-ij)^2+(t-ij)^2}$$

ただし, $i \neq j$,
$b-ij$は, i党とj党の期待効用差
$t-ij$は, i党とj党の感情温度差

この式の平方根の中の前項は期待効用差であり，後項は各党に対する感情温度の差を意味する7。

ここで，このモデルが適合するかどうかを確かめてみるために，各政党に対して持つダイアメトロスの差が投票コストや投票の長期的利益と共に有権者の投票行動の決定に与える影響を検証してみることにした。なお，本研究においては，定数項を排除するために，あえて原点を通る回帰を用いることにした。まず比例区についてみると，投票参加では0.96という高い決定係数を得ることができた。投票参加に寄与する要因として最も大きいのが投票コストであり，予想通り，投票コストが高いと考えている者ほど，棄権したことが明らかになった。また，ダイアメトロスでは「共産党と社民党の差」，あるいは「自由党と民主党の差」，「公明党と保守党の差」などが影響をもたらしていることがわかった。

さらに，投票方向についてもダイアメトロスモデルを当てはめてみると，

---

7 筆者は，これまでにも様々なダイアメトロスモデルを作成してきた（小林良彰編『日本人の投票行動と政治意識』pp.158－160参照）が，いずれも精度は極めて高いものの煩雑なモデルであった。特に，これまでのダイアメトロスモデルでは，ダイアメトロスの測定にあたり，政策距離と心理的距離の単位をどのようにして設定するかが鍵となっていた。例えば，支持者の忠誠心が非常に高い政党の場合には，多少，その政党の候補者が提示する政策が支持者の最適点から離れても投票をつなぎ止めることができるかも知れない。しかし，ほとんど忠誠心を得られない政党の場合には，わずかな政策上の距離の差が有権者の投票行動に影響を与えることになる。そこで，政策距離と心理的距離の単位の比率をD係数とし，各政党に対する投票行動を最もよく説明できるD係数を求めることにした。具体的には，まず，有権者が当該政党と，当該政党を除いて最も自分の最適点に近い政策を持つ政党とを比較した場合のD係数をみると，新生党の値が高く，これに自民党と社会党，共産党が続いている。一方，最もD係数の値が低いのが日本新党である。このD係数を用いて，ダイアメトロスモデル（基本型）を構築した。他にも，N党を1対1の関係でみる応用型モデルも作成した。しかし，こうしたD係数に基づくダイアメトロスモデルは精度は高くても「装飾過剰なモデル」ではないかという自問自答がこれまであった。そこで，本章では，モデルの精度が多少下がっても，簡潔なモデルを作成することを優先した。これは説明変数を増やすほど精度は高くなるものの，煩雑になり過ぎて，現実の有権者の投票行動や政治意識からかけ離れてしまうことを避けるためである。

自民党投票では，投票コストが低い者ほど，また投票義務感が高い者ほど自民党に投票している。ダイアメトロスの差の中では，特に自民党と自由党，ならびに公明党との差が自民党投票にプラスの影響をもたらしている（表5－1）。つまり，自民党と自由・公明両党との間に期待効用や心理的好感度の大きな差違を感じる有権者ほど，自民党に投票する傾向が強いことが明らかになったわけである。この点，自民党とは政策的に大きな違いがある共産党や野党第一党の民主党との間の差よりも，同じ与党内の公明党やかつては連立を組んでいた自由党との間の差の方が自民党投票に影響をもたらしていることに注目したい。次に，民主党投票でも投票義務感が期待通りに負の影響をもたらしており，ダイアメトロスでは民主党と自民党ならびに自由党，公明党との間の差が大きな影響を与えている。したがって，自民党投票では野党との差はあまり大きな影響をもっていなかったのに対し，民主党投票では与党（自民党，公明党）との差が大きな影響をもつという好対照な結果が出たことになる。この他，公明党投票では公明党と共産党，ならびに自民党との間のダイアメトロスの差がプラスに作用していることが明らかになった。共産党投票でも，公明党とのダイアメトロスの差がプラスの影響を与えており，投票行動に関して公明・共産両党の間にある種の対立構図がみられることが窺える。ただし，投票方向については，ダイアメトロスモデルの精度は期待効用モデルやミニマックスリグレットモデルに比べて遥かに高いものの，

表5－1　ダイアメトロスモデルの検証（比例区選挙・ステップワイズ法）

		投票参加		自民投票		民主投票
決定係数	（調整済み）	0.964		0.396		0.210
投票コスト		0.338***		0.473***		
投票義務		0.056**		−0.114*		−0.170**
ダイアメトロス	共産−社民	0.142***	自民−公明	0.255***	民主−自民	0.222**
	社民−共産	0.071***	自民−自由	0.316***	民主−公明	0.165*
	保守−自由	0.142***	自民−保守	−.0269***	民主−自由	0.224**
	社民−自民	−0.058***				
	民主−自由	0.098***				
	自由−民主	0.144***				
	社民−民主	0.060***				
	保守−民主	−0.190***				
	保守−公明	0.122***				
	自民−保守	0.027***				
	公明−民主	0.067***				

原点を通る線形回帰　　***　$p < 0.005$　**　$p < 0.01$　*　$p < 0.05$

絶対的には自民党投票モデル以外は十分な値を示していない。これは自民党以外の党に投票した各サンプルの数が小さいために，自民党を除く当該政党に投票しなかった多数のサンプル間の相違を弁別していないためであると思われる。例えば，社民党投票モデルは「社民党に投票したか否か」が被説明変数となっており，その内の「社民党に投票しなかった」サンプルが大多数である。そして，その中には，棄権した者も自民党に投票した者も他の党に投票した者も含まれるために彼らの間にもダイアメトロスの差が生じているのにも拘わらず，説明すべき被説明変数は，「社民党には投票しなかった」という同一のものであることによる。このため，被説明変数と説明変数であるダイアメトロスの差の間の関連が薄れ，モデルの精度が上がらないものと思われる。

次に，選挙区選挙における投票行動について，ダイアメトロスモデルがどの程度，適合するのかを検証してみることにしたい。なお，選挙区選挙については，各調査被対象者が居住する選挙区に候補者を擁立していない政党については各サンプルの分析対象から除外した。つまり，実際の選挙の際に，各サンプルに与えられた選択肢を一つ一つのサンプル毎に選別してダイアメトロスモデルを構築することにした。その結果，まず投票参加では，モデルの精度は高いもののダイアメトロスの差では民主党と自由・公明両党との差が効いている程度であり，投票コストの影響が大きく，投票義務感がこれに

	投票方向						
	公明投票		社民投票		共産投票		自由投票
	0.129		0.051		0.131		0.079
	−0.164**						
					−0.222***		−0.184**
公明−自民	0.238***	社民−民主	0.226***	共産−民主	−0.292**	保守−自由	0.232**
公明−共産	0.441***			共産−公明	0.733***		0.197*
公明−社民	−0.558***			共産−自由	0.419***		
公明−民主	0.357***			共産−保守	−0.387**		

表5－2　ダイアメトロスモデルの検証（選挙区選挙・ステップワイズ法）

			投票参加		自民投票		民主投票
決定係数	（調整済み）		0.900		0.377		0.184
投票コスト			0.969***		0.479***		0.133**
投票義務			−0.113***				
ダイアメトロス	共産－社民			自民－民主	0.353***	民主－保守	0.323***
	社民－共産			自民－保守	−0.172**		
	保守－自由						
	社民－自民						
	民主－自由		0.064***				
	自由－民主						
	社民－民主						
	保守－民主						
	保守－公明						
	自民－保守						
	公明－民主		0.039*				

原点を通る線形回帰　　***$p<0.005$　**$p<0.01$　*$p<0.05$

続いている（表5－2）。また投票方向では，自民党投票で投票コスト，ならびに自民党と民主党とのダイアメトロスの差，民主党投票で投票コスト，ならびに民主党と保守党のダイアメトロスの差が影響を与えている。しかし，全体として比例代表よりも，モデルの精度が下がっており，各サンプル毎に与えられた選択肢（つまり，各選挙区における立候補者の所属政党の組み合わせ）が異なっているためと思われる。

5　修正ダイアメトロスモデルの検証

これまでみてきたようにダイアメトロスモデルは，他の合理的投票モデルよりは説明力が高くなっていることがわかる。ただし，このモデルの問題点は，モデルが煩雑になり過ぎることである。そこで，モデルを整理して一本化するために，（式5－2）で表される変数を作成した。つまり，当該政党と「当該政党以外の複数政党」間の期待効用差の平均と，当該政党と「当該政党以外の複数政党」間の感情温度の差の平均から成るダイアメトロスを用いて修正ダイアメトロスモデルを作成したわけである。

ここで，このモデルを比例区選挙における投票行動に当てはめてみると，まず投票参加については，投票コストが低く，自由党と他党，公明党と他党など，各党間のダイアメトロスの差違が大きい有権者ほど，投票していることが明らかになった（表5－3）。また投票方向については，いずれの政党に

	投票方向			
	公明投票	社民投票	共産投票	自由投票
	0.045	0.022	0.080	0.041
公明－保守	0.214***			
社民－民主		0.151***		
共産－公明			0.177**	
共産－自由			0.120*	
自由－社民				0.205***

式5－2　修正ダイアメトロス

$$\sqrt{\left[(b-i)-\left[\frac{\sum_{m=1}^{n-1}(b-jm)}{n-1}\right]\right]^2+\left[(t-i)-\left[\frac{\sum_{m=1}^{n-1}(b-jm)}{n-1}\right]\right]^2}$$

ただし，$i \neq j$，$n-1$ は，当該政党を除く他党の数
$b-i$ は，i 党の期待効用，$b-j$ は，j 党の期待効用
$t-i$ は，i 党の感情温度，$t-j$ は，j 党の感情温度

5－3　修正ダイアメトロスモデルの検証（比例区選挙・ステップワイズ法）

	投票参加	投票方向					
		自民投票	民主投票	公明投票	社民投票	共産投票	自由投票
決定係数（調整済み）		0.421	0.184	0.168	0.086	0.062	0.071
投票コスト	0.100**	1.133***	1.061***	1.036***	0.813***	0.556***	0.816***
投票義務				0.312***			
ダイアメトロス							
自民－他党	0.080***	−0.577***					
民主－他党	0.134***		−0.723***				
公明－他党	0.162***			−1.090***			
社民－他党	0.127***				−0.620***		
共産－他党	0.106***					−0.388***	
保守－他党	0.136***						
自由－他党	0.173***						−0.633***

原点を通る線形回帰　*** $p<0.005$　** $p<0.01$　* $p<0.05$

対する投票においても，投票コスト，ならびに当該政党と他党との間のダイアメトロスの差が影響をもたらしていることがわかった。しかし，モデルの精度については，自民党投票以外は，満足すべき水準には達していない。これはダイアメトロスモデルの検証の際に述べたように，自民党以外の政党に投票すると回答したサンプルが各々，少なかったことに起因すると思われる。

次に，選挙区選挙に修正ダイアメトロスモデルを適合させてみると，投票参加では比例代表選挙の場合と同様に，投票コストが低く投票義務感が高い有権者ほど，そして共産党と他党の間のダイアメトロスの差違を感じている有権者ほど投票する傾向がみられる（表5－4）。そして投票方向では，いずれの政党に対する投票においても，投票コストが有意な関連を持つのに対して投票義務感は有意な関連を持たない。また，当該政党と他党との間のダイアメトロスの差については，自民党投票，共産党投票，社民党投票において特に，影響を持っていることがわかった。

ここで，比例区選挙，ならびに選挙区選挙の投票参加，および投票方向に関して，ダイアメトロスモデルと修正ダイアメトロスモデルの精度を比べてみると，修正ダイアメトロスモデルの方が説明変数の数を大幅に減らしたのにもかかわらず，全体としてはあまり精度が落ちていないことがわかる。したがって，モデルの簡潔さという意味では，修正ダイアメトロスモデルの方が優っていると考えても良いのではないだろうか[8]。

表5－4　修正ダイアメトロスモデルの検証（選挙区選挙・ステップワイズ法）

	投票参加	投票方向					
		自民投票	民主投票	公明投票	社民投票	共産投票	自由投
決定係数（調整済み）	0.900	0.373	0.144	0.090	0.039	0.058	0.057
投票コスト	0.962***	0.730***	0.480***	0.304***	0.320***	0.357***	0.241*
投票義務	−0.129**						
ダイアメトロス							
自民－他党		−0.169***					
民主－他党			−0.122*				
公明－他党							
社民－他党					−0.153*	−0.159**	
共産－他党	0.114**						
保守－他党							
自由－他党							

原点を通る線形回帰　　***$p<0.005$　**$p<0.01$　*$p<0.05$

　8　現実にモデルの構築と検証を行ってみると，モデルの精度と簡潔さのどち

6 連立モデルの検証

さて，多政党システムにおいては，競合する複数のいずれの政党も過半数の得票を上げることができない場合がある。この場合，複数の政党のうち，幾つかの政党が集まっていわゆる連立政権を構成することがある。このような状況において，従来の合理的モデルでは有権者の合理性をどのようにとらえていたのであろうか。ここで，ダウンズの考えを振り返ってみると，まず一次元の軸上の各々，20，40，80に位置するA，B，Cという3つの政党が存在する状況を考えてみる（図5－2）。この場合，連立する可能性があるのはAとB，またはBとCである（もし，AとCが連立するならば，当然Bも加わることになり，ABCという大連立になり，選挙は必要でなくなるからである）。

ここで35の地点に最適点を持つ有権者Yは，連立が存在しなければBに投票する。問題となるのは，BとCが連立する場合である。Yは，BとCの平均ZとAのいずれかの政策を選択することになる。YにとってAに投票する方が合理的であるが，Aは最も好きな政党というわけではない。Aの勝つ可能性が全くない場合には，YはBC連立の主導権を自分の最も好むBにとらせるために，Bに投票することになる。したがって，YはBとCが連立した場合には，他の投票者の投票意志が問題になる。すなわち，他の市民の意志が分からない場合には，Yは棄権したりBに投票するというような行動を選択する場合があると，合理的モデルでは考えている。

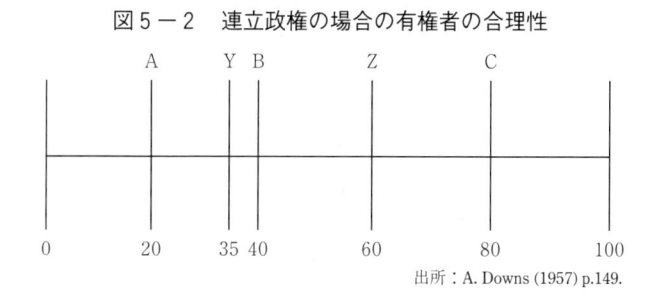

図5－2　連立政権の場合の有権者の合理性

```
        A    Y B        Z        C
    |---|----||--|------|--------|
    0   20   35 40      60       80      100
```

出所：A. Downs (1957) p.149.

らを優先させるべきかは研究者個人の価値観の問題であり，簡単には結論が出ない課題であることがわかる。

こうした連立政権における合理的投票行動がわが国に適合するかどうかを検証するために，（「連立与党の政策位置の平均値−連立野党の政策位置の平均値」）を修正ダイアメトロスとする修正ダイアメトロスモデルを作成し，2001年参院選比例における投票行動について当てはめてみた。その結果，比例区選挙では，与党投票，ならびに野党投票のいずれにおいても，投票コストとともに，修正ダイアメトロスの差が大きな影響をもたらしていることが明らかになった（表5−5）。選挙区選挙においても，ほぼ同様の傾向を指摘することができる（表5−6）。

7 ダイアメトロスモデルⅡの構築と検証（2005年）

ここでは，有権者が単なる期待効用差ではなく，期待効用差と各政党に対する心理的な距離の複合的変数によって投票行動を決定しているのではないかと仮定することにした。具体的には，まず選挙における争点の軸上における自分の最適点とある政党の提示する政策の距離とその政党に対する心理的な距離からなるダイアメトロス（対角線）（図5−3）を測定してモデルを作成した（式5−3）。次に各政党に対して持つダイアメトロスの差が，投票コストや投票の長期的利益とともに有権者の投票行動の決定に与える影響を検証してみることにした。さて，ここで問題となるのが，ダイアメトロスの測定にあたり，政策距離と心理的距離の単位をどのように設定するかである。例えば支持者の忠誠心がきわめて高い政党の場合には，その政党の候補者が提示する政策が支持者の最適点から多少，離れても投票行動をつなぎとめることができるかもしれない。しかし，ほとんど忠誠心を得られない政党の場

表5−5 連立ダイアメトロスモデルの検証（比例区選挙・強制投入法）

	投票方向	
	与党投票	野党投票
決定係数		
（調整済み）	0.493	0.323
投票コスト	0.352***	0.358***
投票義務	−0.132**	−0.136*
ダイアメトロス		
与党	0.485***	
野党		0.354***

原点を通る線形回帰
*** $p<0.005$ 　** $p<0.01$ 　* $p<0.05$

表5−6 連立ダイアメトロスモデルの検証（選挙区選挙・強制投入法）

	投票方向	
	与党投票	野党投票
決定係数		
（調整済み）	0.426	0.296
投票コスト	0.327***	0.338***
投票義務	−0.110*	−0.089
ダイアメトロス		
与党−野党	0.440***	
野党−与党		0.309***

原点を通る線形回帰
*** $p<0.005$ 　** $p<0.01$ 　* $p<0.05$

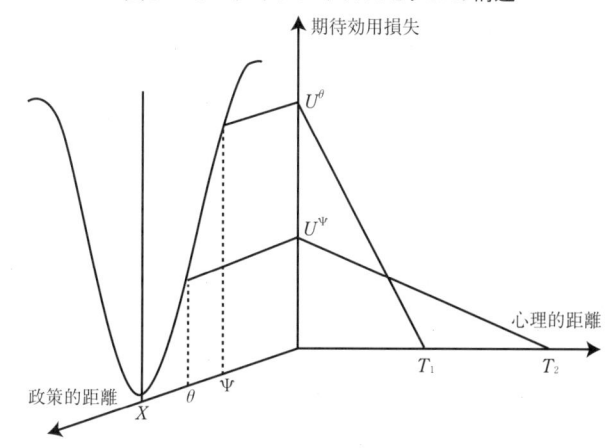

第5章 ダイアメトロスモデル　149

図5-3　ダイアメトロスモデルの構造

式5-3　ダイアメトロスモデルⅡ

$$R = \sqrt{(T_i - \frac{\sum_{j=1}^{n-1} T_j}{n-1})^2} + D_i \sqrt{\left[|X - \theta_i| - \left|\frac{\sum_{j=1}^{n-1}(X - \theta_j)}{n-1}\right|\right]^2} - C + D$$

R：投票確率　　　　　T：感情温度
X：最適点　　　　　　C：投票コスト
D_i：D係数　　　　　　D：投票の長期的利益
θ_i：当該政党iの政策
θ_j：当該政党を除く他の政党jの政策
ただし，$n-1$は，当該政党を除く他党の数

合には，わずかな政策上の距離の差が有権者の投票行動に影響をもたらすことになる。そこで，政策距離と心理的距離の単位の比率をD係数とし，各政党に対する投票行動を最もよく説明できるD係数を求めることにした。

そこで，こうしたダイアメトロスモデルⅡを有権者の意識調査に当てはめて各党のD係数を求めてみることにしたい。なお，2000年衆院選から2005年衆院選にかけて，同様の分析結果が明らかになったことから，本章では紙数の関係上，2005年衆院選における分析結果について述べることにしたい。何故なら，2005年衆院選は「郵政選挙」と呼ばれたように，郵政民営化の是非

を争点に争われた選挙であり，2000年以降の国政選挙において，2005年衆院選がもっとも争点態度投票が生じた可能性が高かったからである。

まず2005年衆院選において有権者がどのような政策次元を認知していたのかを明らかにするために，景気対策か財政再建か，集団的自衛権，政府規模，多国籍軍参加，地方分権，憲法改正，年金一元化，イラクでの自衛隊活動，郵政民営化の9つの争点に対する主成分分析を行ったところ，第一主成分に「安全保障積極－消極」，第二主成分に「財政的リベラル－コンサーバティヴ」が析出された（表5－7）。つまり，国際的リベラル－コンサーヴァティヴと国内的リベラル－コンサーヴァティヴという政策次元が有権者に認知されていることになる。

ここで，2005年衆院選の投票行動に関するダイアメトロスモデルⅡを構築するために，全有権者のD係数を求めてみると，共産党を除く，民主党，公明党，社民党，自民党のD係数が各々，0.62，0.73，0.86，0.31であることから，これら4党に対する投票行動については，「自分の最適点と主観的に認知する政党の政策との間の距離」よりも「政党に対する心理的距離」の影響の方が大きいことがわかる（表5－8）。さらに，各党支持者のD係数を求めてみると，社民党支持者と共産支持者のどちらも支持する政党に対するD係数が，有権者全体のD係数の値よりも小さいことがわかる（表5－9）。つまり，有権者全体よりも当該政党の支持者が同党に投票する方が，より一層，「政党に対する心理的距離」の影響が大きくなっていることがわかる。特に，共産党に対する投票行

表5－7　各争点の主成分得点

	第1成分	第2成分	第3成分
景気か財政か	0.006	0.542	0.149
集団的自衛権	0.757	0.059	0.024
政府規模	0.238	0.216	−0.722
多国籍軍参加	0.803	0.069	0.076
地方分権	−0.049	0.724	−0.239
憲法改正	0.595	0.103	−0.001
年金一元化	−0.070	0.353	0.648
イラク活動	0.691	0.104	0.174
郵政民営化	0.562	−0.405	0.011

表5－8　全有権者のD係数（ダイアメトロスモデルⅡ）

	有権者全体
自民投票	0.31
民主投票	0.62
公明投票	0.73
社民投票	0.86
共産投票	1.93

表5－9　支持政党別のD係数（ダイアメトロスモデルⅡ）

	自民投票	民主投票	公明投票	社民投票	共産投票
自民支持	0.50				
民主支持		0.64			
公明支持			1.23		
社民支持				0.26	
共産支持					0.82

動をみると，有権者全体ではD係数が1.93と「自分の最適点と主観的に認知する政党の政策との間の距離」の影響が大きいが，共産党支持者に限ってみるとD係数が0.82にまで下がり，「政党に対する心理的距離」の影響が大きくなることが明らかである。つまり共産党に投票する有権者の中には，同党に心理的な親近感をもって投票する支持者と政策上の距離感から投票する支持者以外の有権者がいることがわかる。

さらに，ダイアメトロスモデルIIをさらに単純化するために，有権者が当該政党と当該政党を除いて最も自分の最適点に近い政策を持つ政党とを比較する修正ダイアメトロスモデルIIを構築してみることにした（式5－4）。その結果，修正ニューダイアメトロスモデルIIにおけるD係数をみると，まず有権者の投票行動（選挙区）に関するD係数の値は共産党が最も低く0.85であり，これに公明党の0.86，自民党の0.96，民主党の1.06が続き，社民党だけが突出して高い値を示している（表5－10）。ここでサンプル数が少ない社民党投票者を除くと，民主，共産，公明の3党に投票した有権者は各々の政党との心理的距離が重要であることが明らかになった。また2005年衆院選に限っては，郵政民営化の影響もあり自民投票者では政策上の距離も重要になっているが，前年の2004年参院選における自民投票者のD係数が0.47であるように2005年衆院選以外の国政選挙では心理的な親近性の方が大きくなっている。

8　まとめ

本章をまとめると，次のことが明らかになった。まず，一次元2党制モデルであった投票行動に関する従来の合理的モデルを多次元多党制モデルにすることができた。次に，この多次元多党制期待効用モデルと多次元多党制ミニマックスリグレットモデルを2001年参院選に当ては

式5－4　修正ニューダイアメトロスモデルII

$$R = \sqrt{(T_i - T_j)^2} + D_i\sqrt{(|X - \theta_i| - |X - \theta_j|)^2} - C + D$$

R：投票確率　　　　　T：感情温度
X：最適点　　　　　　C：投票コスト
Di：D係数　　　　　　D：投票の長期的利益
θ_i：当該政党iの政策
θ_j：当該政党以外の政党jの政策

表5－10　全有権者のD係数（修正ダイアメトロスモデルII）

	有権者全体
自民投票	0.96
民主投票	1.06
公明投票	0.86
社民投票	2.67
共産投票	0.85

めてみると，全体としてあまり説明力が高くないことが明らかになった。そこで，支持政党を加えた修正モデルを作って検証したところ，多少，説明力が上がったものの満足できるレベルにはならなかった。そこでさらに，新しく多次元多党制ダイアメトロスモデル，ならびに修正ダイアメトロスモデルを構築して検証してみると，先の2つのモデルよりも妥当性が高いことが明らかになった。最後に，連立モデルを作成して検証したところ，同様に，妥当性が高いことが示された。

言い換えると，米国で考案された合理的投票モデルをそのまま日本の投票行動に適用した場合，表面的には，合理的な投票行動をしているとは見えない場合もある。しかし，その原因は，米国の有権者と日本の有権者の差異にあるばかりではなく，米国の合理的投票モデルが「米国における選挙」という限定の下で作成されたものであることにも一因があるのではないかと思われる。したがって，「より一般化した」合理的投票モデルを作成して当てはめてみると，かなりの程度まで，日本人の投票行動を「合理的に」説明することが可能である。無論，本章で作成したモデルも，また「日本における選挙」という制約に拘束されている部分がないとは言えない。しかし，こうした試みを各国で積み重ねることで，「日本の投票行動」が特殊であるのと同じ意味で「米国の投票行動」も特殊であることを認識し，それらを総合するような「メタモデル」を構築することを目指すことを考えるべきではないだろうか。そうしたことが，わが国の選挙研究が米国の選挙研究に対して貢献することにつながるものと考える。

なお，本章の研究に残された課題も少なくない。例えば，合理的モデルにおいて期待効用差として測っているものが，実はプロジェクションであったり，パースエーションである可能性も否定できない。これら問題点については，今後，解明していくべき課題としたい。

第三部

リトロスペクティヴ・ヴォーティング
（業績評価投票）

第6章

業績評価の形成と変化
―有権者は政府の業績をどのように評価しているのか？―

1　はじめに

　わが国が採用している間接民主制の下では，有権者は政策公約を介在して自分たちの意思を候補者に負託し，その民意は政治家を通して議会に届けられる。そして，議会での話し合いと決定を経て，具体的な政策に形を変えてやがて有権者に還元されるという政治過程を通じて，民意が実現されることが想定される。したがって，有権者自らが議会の採択時に個々の法案に対する賛成や反対の意思表明を行っていないにも拘わらず，議会の決定が有権者を拘束することが正当性をもつのは，負託された民意が一連の政治過程で政策に反映されていることが前提とされているからである。

　このような政治システムであることを考慮すると，いわゆる投票コストを払っても投票所に足を運んで自分が選好する政党や候補者に投票する有権者の姿は，民意の負託という民主主義が期待する投票行動において本来自然のはずである。しかし，第二部で行った分析を通じて明らかになったことは，各政党の候補者が掲げた政策公約の中から，有権者一人一人が自分の争点態度に最も近い政策公約を掲げた候補者に投票するという行為を通じて民意を負託する間接代議制の擬制が，残念ながらわが国では行われていなかったという現実である。それは候補者が有権者に提示する選挙公約に対して有権者が反応しておらず，言い換えると一連の政治過程の入口部分で既に民意は断たれていたことになる。

　このように選挙公約を介在した民意の負託が，政策形成といういわばブラックボックスを通してインプットされるのに対して，業績評価を通じた民意の負託は，政策形成の結果として出てくる政策，サービスや税，社会保険料の負担などのアウトプットに対する有権者の評価であり，その意味では業績

評価は間接代議制の下で反映されるべきリトロスペクティヴなもう一つの民意の表出と言える。もしこのリトロスペクティヴな視点からも投票行動に対するリンクがみられないとしたら、これはわが国の民主主義にとって大きな問題と言わざるをえない。なぜなら、政策形成に対するインプットのチャンネルにおけるプロスペクティヴな民意の負託においても、アウトプットとして出てきた公共サービスや負担に対する評価を次の選挙で1票にこめるリトロスペクティヴな民意の負託においても、わが国において間接代議制が機能していないことになるからである。

そこで、第三部では、業績評価という点からわが国の有権者の投票行動を解明していくことにしたい。前章まででみてきたように、争点に対するわが国の有権者の争点態度は有権者の投票行動に必ずしもつながっていないことが明らかになったが、もしその代わりにこの業績評価が有権者の投票行動につながっているとしたら、前述のとおり、片肺飛行ながらもわが国において間接代議制が機能していることになる。事実、海外に目を転じてみると、米国などにおいてはもはや政治家がこれから将来にわたって何をするのかという政治家の語る言葉に対する信頼は失われ、プロスペクティヴな期待というものに動かされて投票行動を決定する有権者は多くない。むしろ政治家がこれまでの4年間に自分たちに何をしてくれたのか、とりわけ自分の経済状態を良くしてくれたのかどうかという業績評価、つまり、リトロスペクティヴな視点に立って自分の投票行動を決めている有権者が少なくない状況である。その意味において、わが国でも有権者がリトロスペクティヴな視点から投票行動を決めていたとしてもおかしくはない。そして、いわゆる業績評価投票が有権者の間で行われているとしたら、民主主義が目指す完全な状態ではないにせよ、何らかの形で有権者の民意が政策形成に伝わっていることになり、自分たちで自分たちのことを決定するという間接代議制の擬制が一部ながらも機能していることを意味する。

こうした問題意識に従い、第三部では、わが国の業績評価の態様と業績評価の形成要因や投票行動と業績評価の関係について検証することにしたい。具体的には、分析を通じて次の3点を検証する。まず、2001年参院選から2005年衆院選にいたる4回の国政選挙(衆院選2回、参院選2回)において行われた有権者の意識調査をもとに、彼らが当時の小泉内閣の業績に対してどのような評価をしているのかを本章で把握する。7章で、そうした業績評

価がどのような要因によって形成されているのかを，有権者の社会的属性や価値観，政治意識といったさまざまな意識を通じて明らかにする。さらに，こうした業績評価が最終的に有権者の投票行動に対してどのように作用しているのかを8章で検証することにしたい。

2　業績評価の変化

はじめに，有権者の業績評価について，どのような評価のパターンがみられるのかを概観することにしたい。なお，有権者の業績評価は「全体」としての政治の業績に対する評価と，特に2001年参院選から2005年衆院選にかけて政権を担った小泉内閣の重要課題である「財政構造改革」，「景気対策」，「外交政策」といった個別項目に対する業績評価に分けてみることにする（図6－1）。全体に対する評価を財政構造改革や景気対策，外交政策とは別に聞いている理由は，そうした3つの重要問題に対するもののほかに小泉内閣が行った他の政策についての評価を含んだ全体の評価を有権者に聞くことが重要であるとともに，政策以外の側面についても，例えば国民に対する説明であるとか，あるいは国民の意向をどれだけ聞こうとしているのかという姿勢なども含めた業績に対して評価を測定しようとしたためである。なお，近年行われた4回の国政選挙においては，内閣総理大臣が同一人物（つまり，小

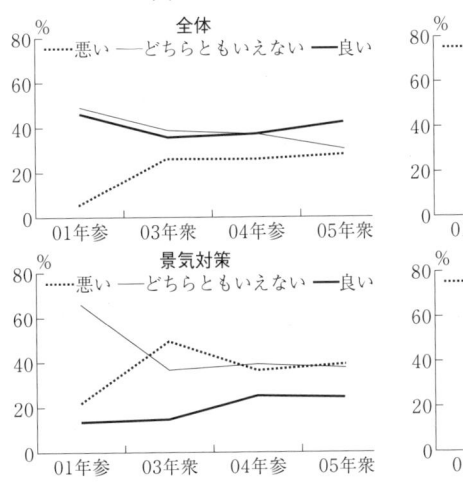

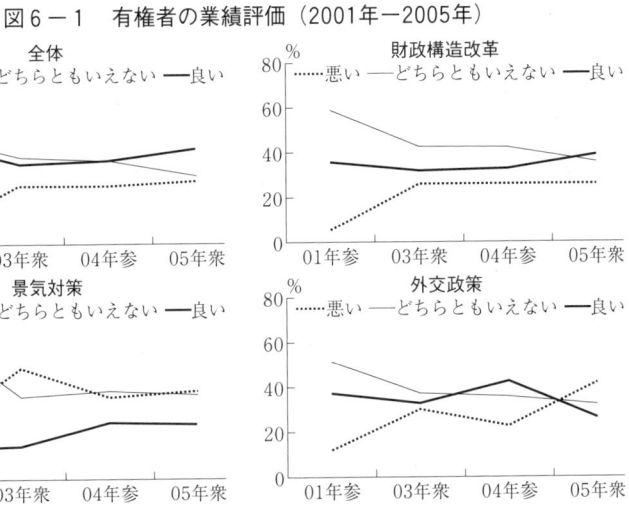

図6－1　有権者の業績評価（2001年－2005年）

泉純一郎)であるために，個人的なキャラクターや個人的な印象の違いに伴うバイアスを排除できたのは幸いである。

まず全体の業績についてみると，「良い」という回答が2001年参院選のときに最も多く，半数近くに上っており，「悪い」という回答はこの選挙ではほとんどみられない。ここからいわゆる小泉ブームの真っ只中に参院選が行われたことを窺い知ることができる。その後，「良い」という業績評価は2003年衆院選になって1割程度低下したものの，その後2004年参院選を経て2005年衆院選にかけては，再び漸増している。つまり，内閣に対する支持や業績に対する評価は，時間の経過とともに次第に下がっていくことが通常みられるパターンであることから，小泉内閣の5年間というのは特別な期間であったということができるかもしれない。小泉内閣の業績に対して否定的な「悪い」という回答についてみると，2001年参院選ではほとんどみられなかったが，2003年衆院選以降，有権者全体の3割前後で推移しており，一時の熱狂的なブームを脱してやや悪い評価が出ていることが明らかになっている。しかし，それでも政権の最後にいたるまで終始「良い」という評価が「悪い」という評価を常に上回り，その差が2003年衆院選以降は縮まらずにいたことは，やはり小泉内閣の特徴と言わざるをえない。しかし，この期間中には，国内外を問わずさまざまな事件や紛争が起こり，政治問題化し，また経済や行政の分野において改革を行うなど，業績評価に大きな変化をもたらすような出来事がいくつも存在したはずである。それにも拘わらず，全体的な有権者の評価をみると，乱高下しているような様子はみられず，いずれの評価も前述のとおり2003年衆院選以降一定している。これは有権者の低い評価項目と高い評価項目が混じって評価が相殺されている可能性が考えられるため，やはり個別的な評価項目に目を向け，小泉内閣の業績に対して有権者がどのような反応をしてきたのかをみていくことにしたい。

個別的な業績評価として，まず小泉内閣が最も重視した「財政構造改革」についてみると，全体的な業績評価とは異なり，2001年参院選から2004年参院選に至る3回の国政選挙の間，「良い」という評価はほぼ安定しており，横ばいの推移となっている。その意味でも，個別項目は総理大臣のキャラクターやイメージとは独立に，有権者の変化は具体的な個別的な争点に対する評価として位置づけることができるものと思われる。そして，2005年衆院選においては，財政構造改革における「良い」という評価がやや上昇傾向にある

ことが窺える。これは郵政民営化問題が大きな争点として争われたこともあり，この問題を財政構造改革問題の一環として評価した有権者がいたことの現れではないかと思われる。一方，財政構造改革に対して否定的な評価を下す有権者は，全体の業績評価と同じ傾向を示しており，2001年参院選ではほとんどいなかったものの，2003年衆院選以降は3割程度に達し，その後は横ばいの推移をたどっている。このように，「悪い」という評価の推移や変化のパターンについては全体的な評価に似ているが，「良い」という評価をしている有権者の割合とその変化の推移については異なる傾向がみてとれる。

　次に景気対策に対する業績評価をみると，ほかの項目とは異なり，「良い」という評価をする有権者よりも「悪い」という評価をする有権者の方が終始多かったことが特徴であり，全体的な評価とは大きく異なる点である。特に，2001年参院選ではあまり多くなかった「悪い」という評価が，2003年衆院選では2倍に増えており，「どちらともいえない」という評価が減ったことに呼応するように「悪い」という評価が増えていたことがわかる。また，2003年衆院選から2005年衆院選に至るまで，景気対策に対する「悪い」という評価が「良い」という評価をある程度の幅を持って終始上回っている。これは地方に対する公共事業などを減らしてその分を財政健全化に向けた小泉内閣の政策が，財政構造改革という面では一定の評価を受けながらも，景気対策という面では否定的にみられていたことを窺い知ることができる。しかし，「良い」という評価は「悪い」という評価を下回っている一方で，絶対的な意味では2001年参院選以降，少しずつ増えており，特に2003年衆院選から2004年参院選にかけては，その増え方が他の時期と比べて急速になっている。これは，やはり当時の景気状況の改善を反映しているものと思われる。

　最後に，外交政策についてみると，「良い」という評価は2001年参院選から2003年衆院選にかけてやや減っており，その後2004年参院選にかけて10%弱上昇したものの，2005年衆院選になると再び低下している。これに対して，否定的な回答については，2001年参院選から2003年衆院選にかけてと2004年参院選から2005年衆院選にかけて急速な増え方をしている。このように外交政策に対する業績評価については，「良い」という評価と「悪い」という評価の変化が他の政策に対する業績評価ではみられないほど，プラスとマイナスが相互に入れ替わっている。これはイラク戦争への関与のあり方や自衛隊の派遣に対して否定的にみる有権者からすれば，いささかアメリカに引きずら

れていると感じられ批判的になったためではないかと思われる。また，北朝鮮による拉致被害者の家族を２回目の訪朝で取り戻してきたことが評価されていることも一つの理由と思われる。そして，小泉政権の終わりになると，靖国参拝問題に端を発してアジア諸国から厳しい批判を受けたことや国連の常任理事国入りを目指したＧ４の共同提案に対して，世界各国から多くの支持を得ることができずに途中で頓挫したことがマイナス点としてみられたのではないかと思われる。

このように，政策領域ごとに小泉内閣の業績評価をみていくと，それぞれに特徴的な傾向を示しており，全体的な業績評価とは必ずしも一致しない変化のパターンをみせている。これは有権者がそれぞれの政策を明確に理解し，小泉内閣の業績を区別して自分たちの回答をしているからではないだろうか。このように一口に業績評価と言っても，有権者一人一人，住んでいる地域や置かれている経済，社会的な状況によっても，この内閣の業績に対する受け止め方は異なってくることが予想される。例えば，財政構造改革や景気対策については，都市部に住む有権者と農村部に住む有権者とでは反応は異なるはずであり，郵政公社の民営化問題の際にも合理化という観点から賛成する声と，過疎化が進んで不採算となる地域でのサービス中止を危惧する声の両方が聞かれたわけである。こうした検討を踏まえて，次節では有権者を地域特性に基づいて複数のカテゴリーに分類し，特性ごとに業績評価の様子をみることにしたい。

3　地域特性別にみた業績評価

本節では，有権者を地域特性に基づいて分類し，その地域ごとに有権者の業績評価をみていくことにしたい。その目的は既に述べたとおり，前節の検証でみられた有権者の反応を地域別に分けることによってより詳しく把握し，前節ではみえてこなかった実態を解明するためである。さらに，有権者の反応の変化を地域特性から説明することも目的の一つである。

具体的には，第３章において作成した主成分分析の結果を利用して地域特性を分類した。つまり，「都市－農村」を表わす第一主成分によって，都市，準都市，中間（都市・農村），準農村，農村の５つに分類し，全体と個別をあわせた４つの業績評価の変化をみることにしたい。次に，「活性－停滞」を表わす第二主成分によって，活性，準活性，中間（活性・停滞），準停滞，停滞

の5つの地域に分けた上で業績評価の変化を分析することとしたい（図6－2）。

　まず全体的な業績についてみると,「良い」という評価では,準農村地域を除けば,2003年衆院選と2004年参院選のときにその割合が比較的小さくなっている。一方,準農村地域においては,「良い」という評価は2003年衆院選のときは他の地域と同様に4回の国政選挙のうちで割合が最も低くなってはいるものの,2004年参院選になると2005年衆院選とほぼ同じ水準にまで戻している。また,「悪い」と評価した人の割合をみると,2001年参院選から2003年衆院選にかけて急激に増加し,それ以降,準農村地域は逓減傾向を示し,それ以外の地域においては増加か逓増傾向を示している。

　なお,全体の業績評価においては,全国よりも都市部で比較的低い評価となっていることが特徴である。つまり,都市部では,2001年参院選のときこそ「良い」という評価が「悪い」という評価を大きく上回ったものの,2003年衆院選では「良い」という評価が減る一方で,「悪い」という評価が急増してその差がかなり縮まり,2004年参院選においては「良い」という評価に「悪い」という評価が追いついてほぼ同数となっている。そして,2005年衆院選には,「良い」と「悪い」がともに2004年参院選よりも増えたために,その差はほぼ同じ比率で並ぶことになっている。こうした特徴は他の地域ではあまりみられず,最初から最後まで「良い」という評価が「悪い」という評価をある程度の幅をもって上回っていることと比べてみると,都市部においては,最初の政権発足当初を除いて「良い」という評価と「悪い」という評価がほぼ半々で拮抗していたことを特徴として指摘できる。そして,他の地域と比べると,「悪い」という評価をする有権者が多い。2005年衆院選において,自民党は首都圏など都市部においても当選者を出して議席を増やしたが,有権者の業績評価の面から説明することは困難なようである。

次に,活性化と業績評価（全体）の関連でみると,地域特性による大きな違いはほとんどみられない。また,予算増額要求の増減と活性化の程度の関連についても,直接的な関係はないようである。具体的には,活性地域と停滞地域において予算増額要求の割合が概ね40％超と高めになっている一方で,準活性地域と準停滞地域においては40％をまたぐような変化をみせ,中間地域（停滞・中間）においては2001年参院選時の40％強を除けば3割を若干上回る程度にとどまっている。つまり,下に凸の放物線の関係をみてとること

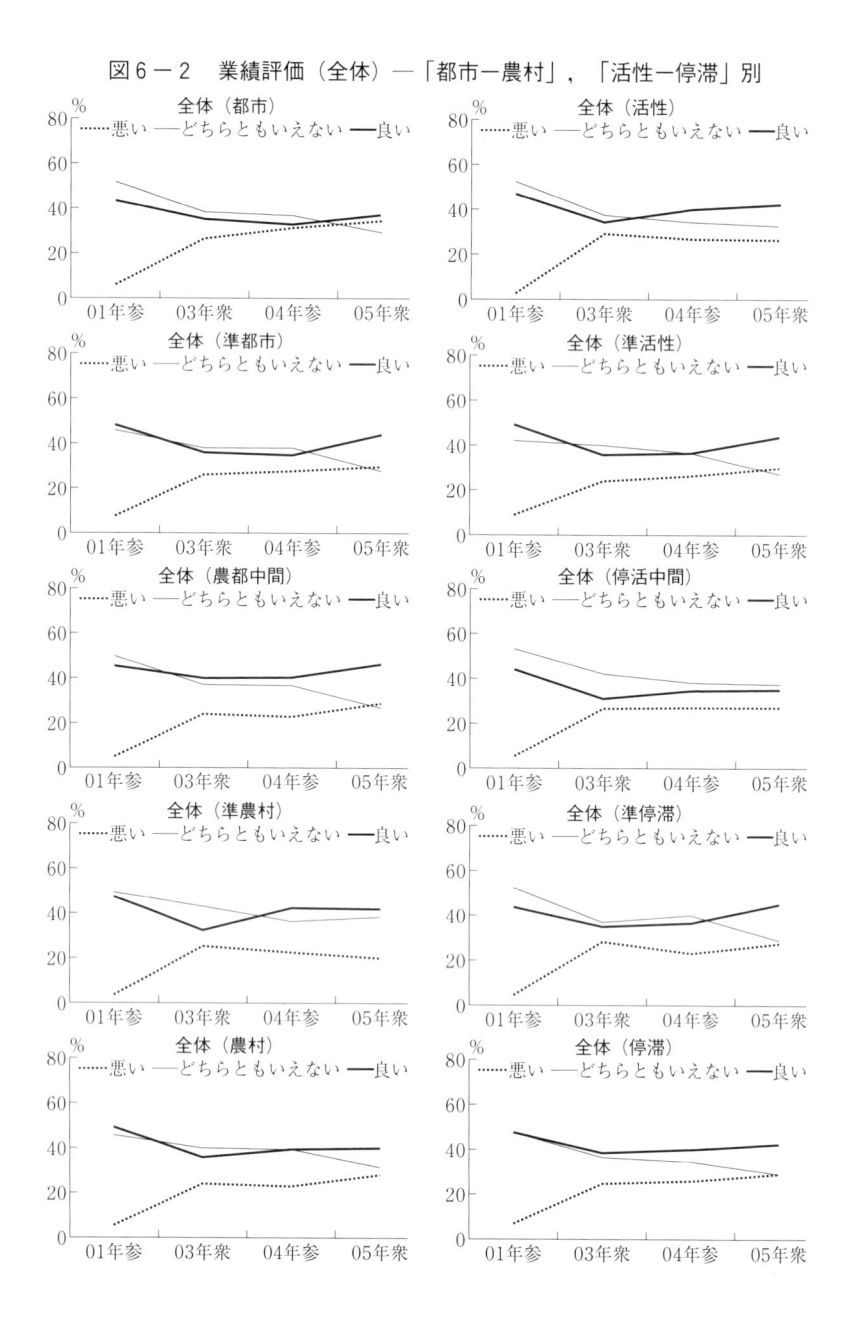

図6－2 業績評価（全体）－「都市－農村」，「活性－停滞」別

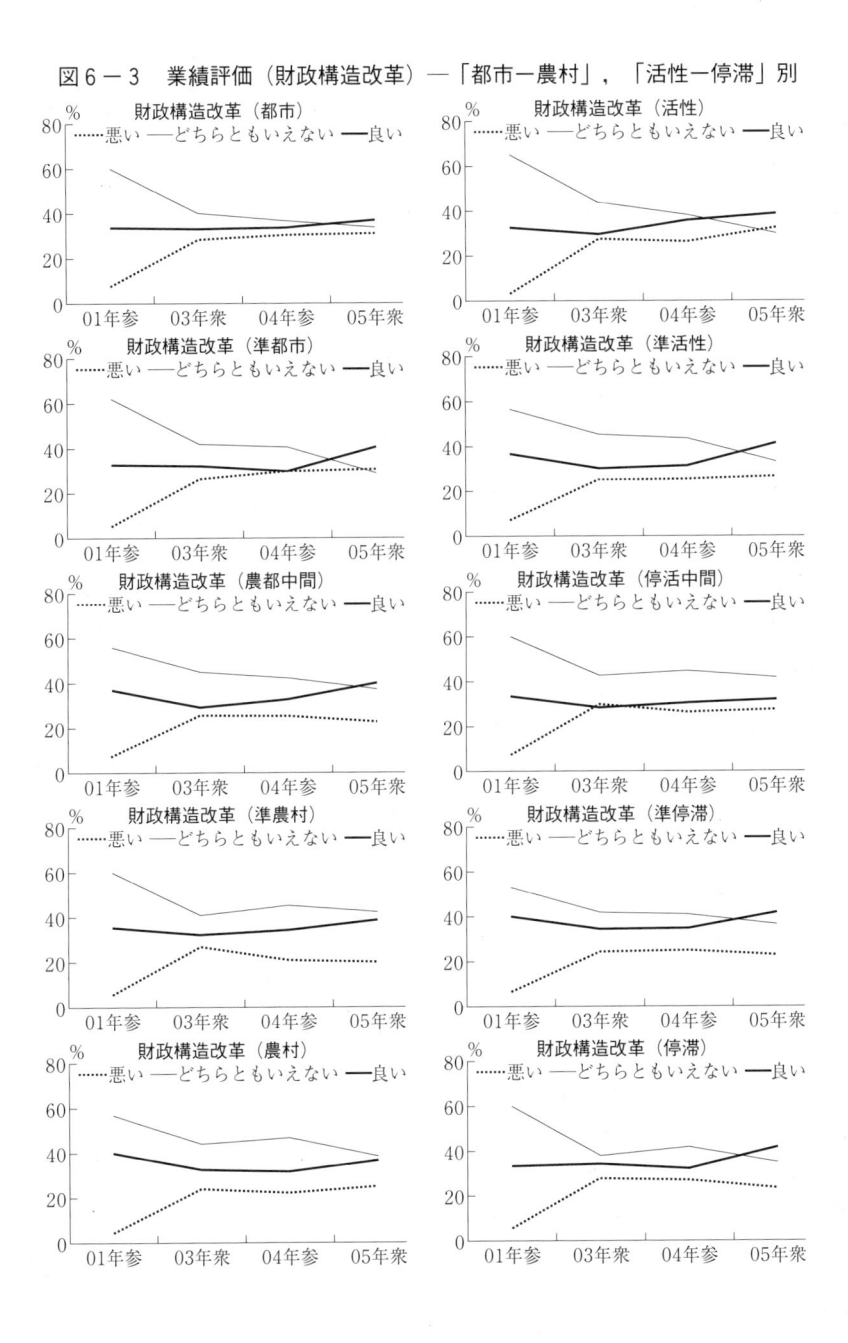

第 6 章 業績評価の形成と変化 163

図 6-3 業績評価（財政構造改革）—「都市—農村」,「活性—停滞」別

ができる。

　次に，財政構造改革に関する業績評価と地域特性についてみていくことにしたい（図6－3）。まず「悪い」という評価と「都市－農村」の関連をみると，準農村を除く4つの地域においては，全体的な業績評価（全地域）や全地域における財政構造改革についての業績評価でみられたような傾向，すなわち2001年参院選から2003年衆院選にかけては急増し，それ以降はほぼ横ばいないし逓増で推移するという変化のパターンを示している。準農村地域では，2003年衆院選以降の推移が他の地域と異なってやや逓減傾向にあることから，変化の傾向としては2003年衆院選がピークとなっているわけである。また，「良い」という評価についてみると，2001年参院選から2005年衆院選までの間，都市部では30％台半ばで推移している。次に準都市では2001年参院選から2004年参院選までは都市と同様に30％台半ばで推移していたが，2005年衆院選にかけては10％ほど上昇している点で都市と異なる傾向を示している。中間（都市・農村）地域では，2001年参院選から2003年衆院選にかけては逓減傾向にあるが，その後は反対に逓増傾向にあり，ゆるやかなカーブを描いている。準農村地域においてはほぼ横ばいの推移ともみることができ，2001年参院選から2003年衆院選までの間は中間（都市・農村）地域のような逓減傾向ではなく横ばいであるが，その後は漸増傾向となっている。そして，農村地域では終始30％台後半の中を緩やかに推移している。これらのことから，「悪い」という評価の変化のパターンと都市化とはまったく関連が認められず，「良い」という評価の場合には農村部にいくほど増減の変化がみられるものの，その変化については一貫した傾向を指摘することができない。

　財政構造改革に対する評価と「活性－停滞」の関連についてみると，まず「悪い」という評価と活性化には概ね関係性をみてとることはできないが，2004年参院選から2005年衆院選にかけては，停滞地域にいくほど変化の傾きがプラスからマイナスへと変化している。また「良い」という評価については，2004年参院選から2005年衆院選にかけてはいずれの地域においてもある程度はっきりとした増加傾向をみてとれる。2003年衆院選から2004年参院選にかけては，活性地域において増加傾向が，停滞地域において低下傾向がみられるが，それ以外の地域においては横ばいとなっていることから，明らかな正の関連をみてとることは難しい。概して地域間での一貫性は特にみられない。

一方,「景気対策」については,農村部において「悪い」という評価が「良い」という評価をかなり上回っており,概観すると農村部での「悪い」という評価が他の地域よりも多くなっている傾向がみてとれる(図6-4)。2005年の衆院選に注目すると,準都市や中間地域で「良い」と「悪い」の差があまりみられなかったのに対して,農村部ではかなり大きな開きをもって「悪い」という評価が「良い」という評価を上回っていることがわかる。また,2004年参院選から2005年衆院選にかけての「悪い」という評価の変化の傾きをみると,都市や準都市,中間(都市・農村)といった地域ではほぼ横ばいかわずかに低下傾向となっているのに対して,準農村や農村地域においてははっきりとした増加を示している。これは,小泉改革で進められた財政構造改革路線の結果,地方に対する補助が削られたために,地方の景気の悪化と都市部における相対的な格差についての不満が農村部に募っている結果として表われているのではないかと思われる。なお,「良い」あるいは「悪い」という評価の変化のパターンについては,準農村地域においてやや急激なものとなっているものの,いずれの地域でも2003年衆院選をピークにその後は横ばいないし若干減少に向かっており,景気対策に対する業績評価(全地域)の傾向と矛盾するものではない。

次に,景気対策に対する業績評価と「活性-停滞」の関連についてみると,都市と農村の間の評価の違いよりもはるかに変化の仕方の違いが小さく,「良い」,「悪い」いずれの評価についても全地域の場合と類似した傾向となっている(図6-4)。しいていえば,2003年衆院選における「悪い」という評価の割合が高く,「どちらともいえない」とトレード・オフの関係になっていることが指摘できる。

最後に「外交政策」についてみると,全体の評価と同様に,都市部は他の地域よりもより厳しい評価を示していることがわかる(図6-5)。都市部では,小泉内閣がスタートしたばかりの2001年参院選において,「良い」という評価が「悪い」という評価を上回っていたものの,2003年衆院選において既に「悪い」という評価が「良い」という評価と逆転して上になっていることが特徴である。その後,一時2004年参院選で「良い」という評価が「悪い」という評価を上回ったものの,2005年衆院選においては「悪い」という評価が「良い」という評価を20ポイント近く上回っており,全体として厳しい反応がみられる。その他の地域では,概ね2003年衆院選時に「悪い」という評

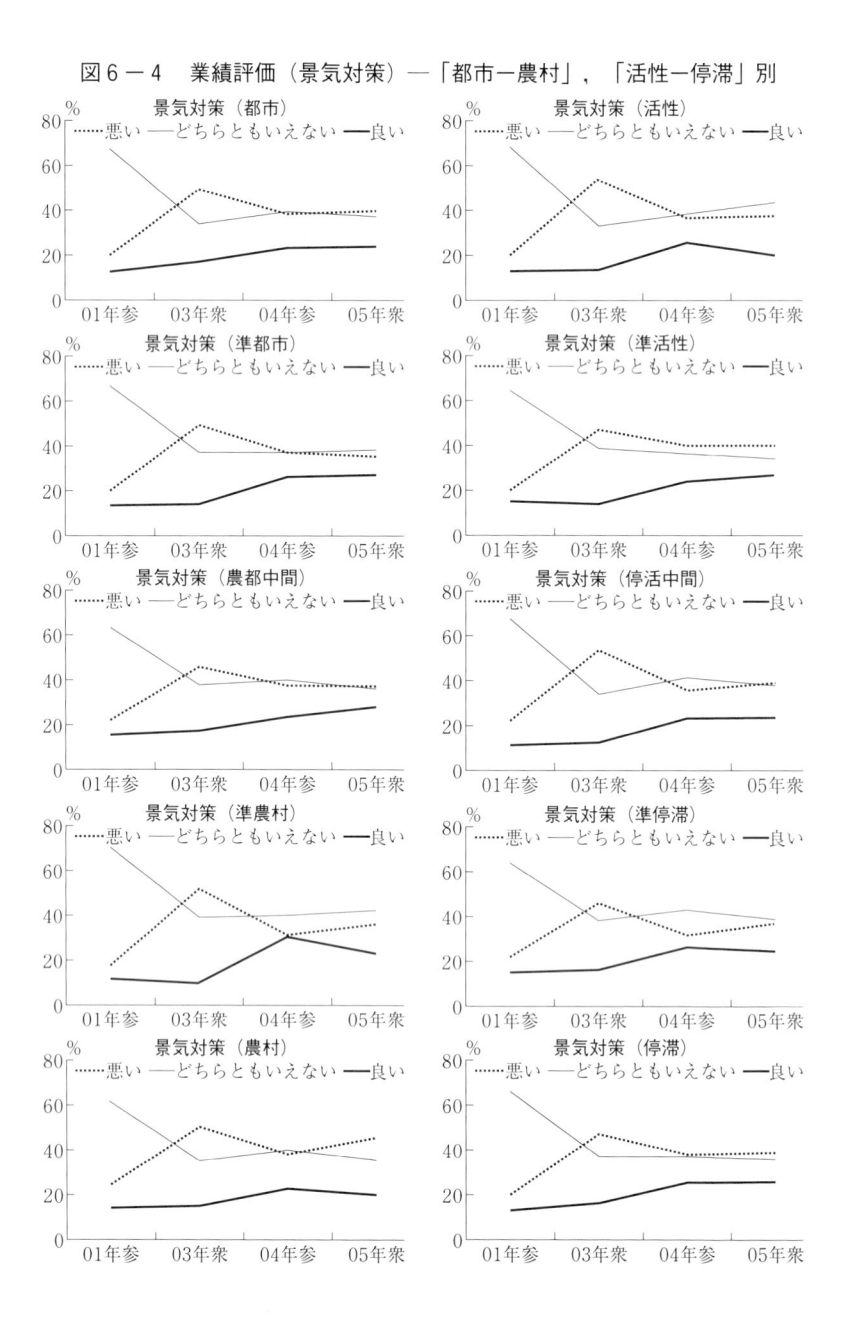

図6－4　業績評価（景気対策）－「都市－農村」，「活性－停滞」別

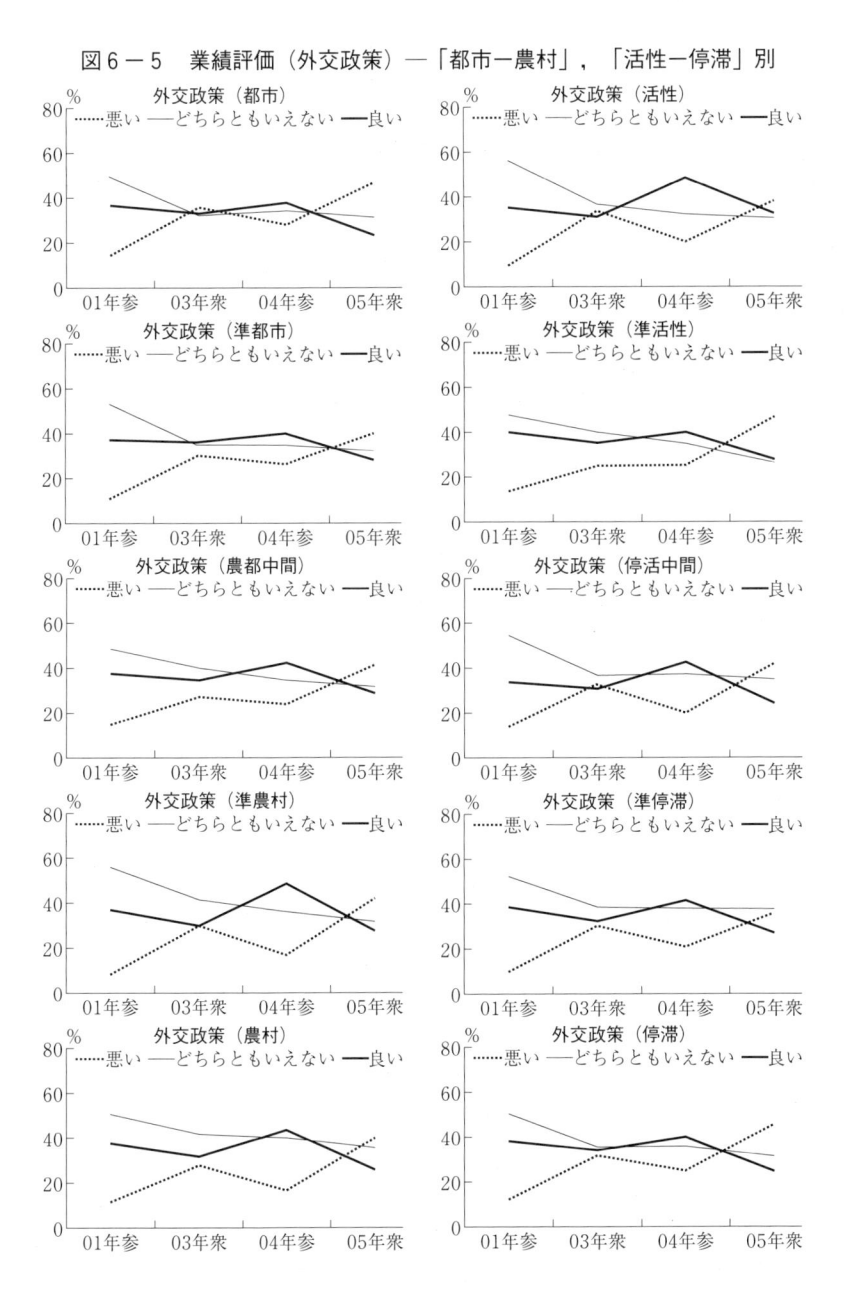

第6章　業績評価の形成と変化　167

図6-5　業績評価（外交政策）—「都市－農村」，「活性－停滞」別

価が「良い」という評価に迫っているものの，2004年参院選には「良い」という評価が「悪い」という評価を大きく引き離している。そして，2005年衆院選になると，いずれの地域においても「良い」という評価が「悪い」という評価を軒並み1割程度下回っている。またこの差異の程度は都市化と負の関係にあり，農村地域にいくほど差が大きく開いていることから，やはり都市部の方が厳しい評価を下す有権者が多い傾向がみられることになる。

そして，「活性－停滞」による地域分類では，いずれの地域においても「良い」，「悪い」ともに変化のパターンが外交政策に対する業績評価（全地域）と似た傾向を示している。また，活性地域においては，その他の4地域や外交政策に対する全地域での業績評価の場合と比べると，「良い」，「悪い」，いずれの評価についても選挙間の変化が大きく，特に「良い」という評価の方が目立っている。

本節では「都市－農村」ないし「活性－停滞」という地域特性ごとに，小泉内閣に対する有権者の業績評価の比較を試みてきた。ここで，その結果を振り返ってみると，地域特性や業績評価の分野によって，異なっていることを指摘できる。つまり，「良い」あるいは「悪い」という評価の割合や増減の変化のパターンは全地域でみた業績評価と地域特性別にみた業績評価が一致するとは限らず，地域ごとの増減が相殺された結果として全体レベルでの傾向が示されていることもありうるわけである。例えば，小泉内閣に対する全体的な業績評価と外交政策に対する業績評価について都市部では厳しい評価を下す有権者が多い。また，この内閣が推進する景気対策や財政構造改革に対しては，こうした政策の影響を受けている農村部が好ましく思っていないことが確認されるなど，同じ政策についても有権者は地域によってさまざまな反応をしているという実態がみてとれる。

4　まとめ

本章でみてきたことをまとめてみると，内閣の業績について，複数の項目に対する有権者の評価を観察した。特に前半では各評価を全地域で概観し，後半では地域特性と評価内容の関連性を検証した。その結果明らかになったことは，有権者は小泉内閣の業績に対して概ね評価しており，自衛隊の派遣や中韓との関係悪化など評価を押し下げる要因が多かった外交政策についても，軒並み評価が二分するという状況にあった。しかし，都市部に限ってみ

ると，厳しい評価をする有権者が多かった。また，景気対策については，全般的に評価しない有権者の方が多く，特に農村部においてその傾向が強くみられた。さらに，この内閣に特徴的な傾向として，政権運営が長期化するのに伴って評価が下がるとは限らないことも指摘することができる。こうしてみると，一口に民意とは言っても必ずしも一括りにしてまとめられるものではなく，地域別にマクロで分類しただけでも有権者の反応の違いが浮かび上がり，また個別的な業績評価の項目によっても小泉内閣の業績評価が異なっており，有権者はこの内閣のさまざまな事柄に目を向けている様子がみえてくる。

　こうして本章では有権者の反応の違いを地域特性という観点からいわばマクロ的に検討してきたが，業績評価という有権者の意識には有権者がどのようなタイプの人間であるのか，またどのような意識や価値観をもっているのか，あるいはどのような状況に置かれているのかといったことも重要な要素として作用してくる。さらに，有権者一人一人がこうした自身の評価を1票に託して，投票行動として具体化することによって，選挙公約ではなく業績評価が政治家に拘束をかける形で民主主義を成り立たせている可能性も見出すことができる。次章では，本章でみた有権者の業績評価の形成要因の分析を行うとともに，業績評価が投票行動を規定しているのかどうかについても明らかにしていくことにしたい。

第7章

回顧評価と業績評価投票
―有権者は業績評価を通じて民意を反映できているのか―

1　はじめに

　前章では，小泉内閣に対する有権者の業績評価にみられる特徴について明らかにしてきた。本章では，そうした有権者の業績評価がどのような要因によって形成されているのかを解明することにしたい。具体的には，「全体」，「財政再建」，「景気対策」，「外交政策」の4項目の業績評価を従属変数とする。それに対する独立変数として社会的属性である「性別」，「年齢」，「居住年数」，「学歴」，価値観である「アノミー度」，「権威主義度」，「疎外度」，「ソーシャル・キャピタル」，「脱物質主義」，「社会志向 vs 個人志向」，「受益志向 vs 貢献志向」，「未来志向 vs 現在志向」，「全体志向 vs 個人志向」，「脱産業化 vs 産業化」，「社会将来楽観感 vs 社会将来悲観感」，「愛国心必要感 vs 愛国心不要感」，「脱物質 vs 物質主義」，「国外志向 vs 国内志向」，そして生活状態感である「生活満足度」，「生活向上感」，「将来生活感」，景気状態感である「景気状態感」，「景気向上感」，「将来景気感」，政治意識として「政治関心」，「政治的満足感」，「政治的有効性感覚」，「保革自己イメージ」を用いることにしたい（表7－1）。

2　業績評価の形成要因

2－1　業績評価（全体）の形成要因

　まず業績評価（全体）を形成する要因についてみると，2001年参院選の場合，価値観として脱物質主義－0.066と愛国心必要感 vs 愛国心不要感－0.059という2つの要因が業績評価（全体）に対してわずかながらマイナスに影響を及ぼしていることがわかる。つまり，愛国心を肯定的に捉えている有権者

表7-1　業績評価（全体）の形成要因

		2001参	2003衆	2004参	2005衆
社会的属性	性別	0.003	0.032	0.022	0.009
	年齢	−0.011	−0.024	−0.039	−0.025
	居住年数	0.014	0.015	0.022	0.033
	学歴	−0.031	−0.057*	−0.048*	−0.041
心理的属性	アノミー度	−0.012	−0.032	―	−0.049
	権威主義度	−0.004	0.026	―	0.008
	疎外度	−0.007	−0.003	―	−0.032
	ソーシャル・キャピタル	0.040	−0.005	−0.001	−0.037
価値観	脱物質主義	−0.066*	−0.036	−0.064***	−0.066**
	社会志向 vs 個人志向	−0.008	0.016	0.020	−0.020
	受益志向 vs 貢献志向	−0.025	0.024	0.013	0.022
	未来志向 vs 現在志向	−0.051	0.017	0.002	−0.009
	全体志向 vs 個人志向	0.046	−0.016	0.027	0.024
	脱産業化 vs 産業化	0.050	0.001	0.006	0.050*
	社会将来楽観感 vs 悲観感	−0.031	−0.106***	−0.120***	−0.079**
	愛国心必要感 vs 不要感	−0.059*	−0.040	−0.085***	−0.110***
	脱物質主義 vs 物質主義	−0.037	−0.052*	−0.011	−0.004
	国外志向 vs 国内志向	−0.020	−0.012	0.017	−0.026
生活状態感	生活満足度	0.052	0.029	0.001	0.038
	生活向上感	−0.048	0.006	0.035	−0.015
	将来生活感	0.004	0.003	0.025	0.021
景気状態感	景気状態感	0.018	0.061*	0.063*	0.104***
	景気向上感	0.037	0.065*	0.054*	0.083**
	将来景気感	0.100***	0.105***	0.065**	0.082**
政治意識	政治関心	0.097**	−0.008	−0.005	−0.026
	政治的満足感	0.211***	0.296***	0.311***	0.338***
	政治的有効性感覚	−0.001	−0.006	−0.015	−0.019
	保革自己イメージ	0.064*	0.120***	0.166***	0.083***
	決定係数	0.137	0.318	0.351	0.390
	N	1253	1638	1810	1428

数値は標準偏回帰係数

***：$p<0.001$　**：$0.001\leq p<0.01$　*：$0.01\leq p<0.05$

ないし脱物質主義的ではない考えをもつ有権者ほど，小泉内閣の全体的な業績に対して高い評価をしていることがみてとれる。また景気状態感の中の将来景気感0.100や政治意識における政治関心0.097，政治的満足感0.211，保革自己イメージ0.064の4項目についても，ある程度の強さをもって全体的な業績に対してプラスに影響している。それ以外の諸項目については，業績評価（全体）に作用するものはみられなかった。

次に，2003年衆院選の分析結果をみていくことにしたい。まず社会的属性の中で学歴−0.057との関連がみられ，学歴が高い有権者ほど小泉内閣の業

績に対して厳しい評価をしていることがわかった。価値観の中では，社会将来楽観感 vs 社会将来悲観感−0.106と，脱物質主義 vs 物質主義−0.052が業績評価（全体）に影響していることが確認された。景気状態感については，景気状態感0.061，景気向上感0.065，将来景気感0.105と，すべての項目について業績評価（全体）との関連がみられ，いずれもプラスに作用していることが明らかになった。政治意識については，政治的満足感0.296と保革自己イメージ0.120が業績評価に対してプラスの関連性をもっていることがわかった。

さらに，2004年参院選になると，社会的属性の分野では，2003年衆院選と同様に学歴−0.048がわずかながら業績評価（全体）に対してマイナスの影響力をもっている。そして，価値観においては，脱物質主義−0.064と社会将来楽観感 vs 社会将来悲観感−0.120，愛国心必要感 vs 愛国心不要感−0.085が業績評価に影響しており，脱物質主義的な考えをもつ有権者，社会の将来に悲観的である有権者，あるいは愛国心を不要と思う有権者であるほど小泉内閣の業績に厳しい評価を下している。また，景気状態感についてみると，景気状態感0.063，景気向上感0.054，将来景気感0.065と2003年衆院選と同様にすべての項目についてプラスの関連性がみられた。政治意識についても，2003年と同様に，政治的満足感0.311と保革自己イメージ0.166が業績評価に対してプラスに作用していることがわかった。

そして，2005年衆院選の分析結果についてみると，これまでとは異なり，学歴の影響力が消えていることが特徴である。また価値観については，脱物質主義−0.066が業績評価に対してマイナスに働き，脱産業化 vs 産業化0.050がわずかながらプラスの影響力をもつようになっている。社会将来楽観感 vs 社会将来悲観感−0.079，愛国心必要感 vs 愛国心不要感−0.110も引き続き影響していることが確認された。さらに，景気状態感では，景気状態感0.104，景気向上感0.083，将来景気感0.082が，政治意識については政治的満足感0.338と保革自己イメージ0.083が，2003年参院選や2004年の衆院選と同様に業績評価（全体）に対してプラスに作用していることがわかった。

こうして2001年参院選から2005年衆院選にいたる4回の国政選挙の全てにおいて影響をもっているのは，政治的満足感や将来景気感，そして保革自己イメージであり，これに次ぐ影響をもっているのが社会将来楽観感 vs 社会将来悲観感，愛国心必要感 vs 愛国心不要感，脱物質主義，景気状態感，景気向

上感などである。また，モデルの決定係数をみると，国政選挙を経るごとに値が上がっており，モデルのあてはまりが次第に良くなってきていることがわかる。

　全体として言えることは，保守的で政治に対して満足している有権者ほど業績評価が高く，しかも景気の状態が「これからも良くなる」，「良くなってきた」，「現在が良い」というように，景気状態を肯定的にみる有権者ほど業績評価が高いことが明らかになった。社会的属性については，2003年衆院選と2004年参院選の2回の国政選挙においてのみ，学歴の低い有権者ほど業績評価が高くなるという傾向がみられることを除けば，ほとんど影響はみられないようである。

2−2　業績評価（財政再建）の形成要因

　次に，業績評価（全体）の場合と同様に，個別の政策に対する業績評価についての形成要因をみることにしたい。まず2001年参院選において，業績評価（財政再建）に対して影響している要因をみると，社会的属性では，学歴−0.079が挙げられる（表7−2）。また，価値観では社会将来楽観感 vs 社会将来悲観感−0.091と愛国心必要感 vs 愛国心不要感−0.059が財政再建の業績評価に対してプラスに影響することがわかった。景気状態感については，将来景気感0.109，政治意識については政治関心0.067，政治的満足感0.169，保革自己イメージ0.066がこの業績評価に対する形成要因としてプラスの関連をもつことが明らかになった。

　2003年衆院選についてみると，社会的属性では年齢が0.077となっていることから，高齢者であるほど小泉内閣の業績に対して肯定的に評価していることになる。また価値観についてみると，受益志向 vs 貢献志向0.048がこの業績評価に対してプラスに，社会将来楽観感 vs 社会将来悲観感−0.108がマイナスに効いている。言い換えると，受益志向よりも貢献志向の有権者，あるいは社会の今後に対して楽観的な有権者であるほど，肯定的な業績評価をしていることがわかる。景気状態感では，景気状態感0.087，景気向上感0.051，将来景気感0.108が，政治意識については政治的満足感0.268と保革自己イメージ0.093が，業績評価（財政再建）に対してプラスに作用していることが明らかになった。

　2004年参院選についてみると，社会的属性では，年齢の影響力が再び消え，

表7-2 業績評価(財政再建)の形成要因

		2001参	2003衆	2004参	2005衆
社会的属性	性別	0.030	0.032	0.015	−0.021
	年齢	0.018	0.077**	−0.010	0.021
	居住年数	−0.002	0.010	0.020	0.015
	学歴	−0.079*	−0.044	−0.046*	−0.063*
心理的属性	アノミー度	−0.017	−0.041	−	−0.007
	権威主義度	−0.024	0.005	−	0.019
	疎外度	0.025	0.004	−	−0.052*
	ソーシャル・キャピタル	0.016	0.022	−0.035	−0.029
価値観	脱物質主義	0.008	−0.025	−0.036	−0.071***
	社会志向 vs 個人志向	0.026	0.029	0.034	−0.003
	受益志向 vs 貢献志向	−0.001	0.048*	0.022	0.007
	未来志向 vs 現在志向	0.029	−0.007	0.004	−0.009
	全体志向 vs 個人志向	0.011	−0.025	0.023	0.018
	脱産業化 vs 産業化	0.010	0.012	0.011	0.067**
	社会将来楽観感 vs 悲観感	−0.091**	−0.108***	−0.106***	−0.095***
	愛国心必要感 vs 不要感	−0.059*	−0.032	−0.069***	−0.123
	脱物質主義 vs 物質主義	0.053	−0.036	−0.009	0.017
	国外志向 vs 国内志向	−0.049	−0.022	0.001	−0.010
生活状態感	生活満足度	0.021	0.028	0.001	0.044
	生活向上感	−0.025	−0.001	−0.008	0.000
	将来生活感	−0.015	0.033	0.020	0.019
景気状態感	景気状態感	0.004	0.087***	0.109***	0.076**
	景気向上感	0.015	0.051*	−0.002	0.070*
	将来景気感	0.109***	0.108***	0.075**	0.074
政治意識	政治関心	0.067*	0.011	0.000	−0.009
	政治的満足感	0.169***	0.268***	0.326***	0.327***
	政治的有効性感覚	0.028	−0.010	−0.046*	0.030
	保革自己イメージ	0.066*	0.093***	0.143***	0.067**
	決定係数	0.115	0.324	0.325	0.365
	N	1253	1638	1810	1428

数値は標準偏回帰係数
***：$p<0.001$　**：$0.001 \leq p<0.01$　*：$0.01 \leq p<0.05$

学歴−0.046が業績評価に対して影響するようになった。価値観については2001年参院選の時のように社会将来楽観感 vs 社会将来悲観感−0.106と愛国心必要感 vs 愛国心不要感−0.069がこの業績評価とネガティヴに関係性をもっている。景気状態感では,景気状態感0.109と将来景気感0.075が2003年衆院選から引き続き影響している。政治意識では,政治的満足感0.326,政治的有効性感覚−0.046,保革自己イメージ0.143が影響していることから,保守的で政治に満足しているものの政治的な有効性感覚が高くない有権者ほど,業績評価(財政再建)が高くなる傾向があることがわかった。

2005年衆院選については，学歴−0.063が業績評価に対して影響している。このことから2003年衆院選を除いた3回の国政選挙において，強い影響力ではないものの，学歴の高い有権者ほど財政再建に対する小泉内閣の取り組みに厳しい評価を下していることが明らかになった。価値観についてみると，はじめて今回の選挙において疎外度−0.052が業績評価にマイナスに作用していることが確認された。また，この業績評価についての分析で初めて脱物質主義−0.071の影響がみられ，同様に脱産業化 vs 産業化も0.067であった。その他には，社会将来楽観感 vs 社会将来悲観感−0.095がある程度の強さの影響力をもっていることがわかった。景気状態感については，景気状態感が0.076，景気向上感が0.070といずれも業績評価にプラスに作用している。政治意識については，政治的満足感0.327と保革自己イメージ0.067が影響力を有している。

このように，保革自己イメージや政治的満足感，将来景気感，景気状態感，社会将来楽観感などがプラスに作用している。これに対して，景気向上感は2001年参院選や2004年参院選では影響をもたらしていない。また，業績評価（全体）と同様に，業績評価（財政再建）についても，国政選挙を経るにつれてモデルの決定係数が着実に上がってきており，小泉内閣の成立以降，時間が経つにつれて業績評価に対する傾向が徐々に固定化していたことが窺える。

2−3　業績評価（景気対策）の形成要因

ここで，景気対策に対する業績評価についてみることにしたい。まず2001年参院選について，社会的属性と業績評価（景気対策）の間の因果関係をみると，性別0.062として女性よりも男性の方が小泉内閣の景気対策をより高く評価していることがわかる（表7−3）。価値観については，ソーシャル・キャピタル0.055が業績評価にプラスに作用している。また脱物質主義−0.064と社会将来楽観感 vs 社会将来悲観感−0.078がマイナスに働いており，全体志向 vs 個人志向0.055と脱物質 vs 物質主義0.082がプラスに働いている。つまり，物質主義的な考えをもち，しかも社会に対して楽観的に捉えている有権者ほど高い業績評価をしていることになる。また景気状態感については，景気向上感，過去から今までの間景気が良くなってきていると思うかどうかについての有権者の認識をみると0.118，将来景気感，別言するとこれから先の景気予測に関する有権者の認識については0.073となっており，現在から

表7−3 業績評価（景気対策）の形成要因

		2001参	2003衆	2004参	2005衆
社会的属性	性別	0.062*	0.024	0.005	0.038
	年齢	0.038	0.047	−0.001	0.018
	居住年数	−0.022	−0.009	0.030	0.020
	学歴	−0.032	−0.077**	−0.039	−0.005
心理的属性	アノミー度	−0.045	−0.109***	−	−0.081**
	権威主義度	−0.027	0.021	−	0.021
	疎外度	0.031	−0.026	−	−0.001
	ソーシャル・キャピタル	0.055*	−0.030	−0.009	−0.046*
価値観	脱物質主義	−0.064*	0.028	0.002	−0.044*
	社会志向 vs 個人志向	0.019	0.012	0.009	−0.017
	受益志向 vs 貢献志向	−0.001	0.015	0.029	0.009
	未来志向 vs 現在志向	−0.007	0.020	−0.005	−0.021
	全体志向 vs 個人志向	0.055*	−0.054*	0.050*	0.017
	脱産業化 vs 産業化	−0.012	−0.003	−0.002	0.040
	社会将来楽観感 vs 悲観感	−0.078*	−0.086***	−0.093***	−0.055*
	愛国心必要感 vs 不要感	−0.001	−0.009	−0.036	−0.088***
	脱物質主義 vs 物質主義	0.082**	−0.014	0.011	0.007
	国外志向 vs 国内志向	−0.023	−0.015	−0.003	−0.030
生活状態感	生活満足度	0.024	0.003	0.037	0.009
	生活向上感	−0.035	0.039	0.038	0.041
	将来生活感	−0.004	−0.018	−0.018	−0.006
景気状態感	景気状態感	0.033	0.132***	0.186***	0.240***
	景気向上感	0.118***	0.127***	0.079**	0.052
	将来景気感	0.073*	0.050*	0.067**	0.073**
政治意識	政治関心	0.000	−0.041	−0.004	−0.045
	政治的満足感	0.176***	0.258***	0.261***	0.286***
	政治的有効性感覚	0.036	−0.021	−0.018	0.057*
	保革自己イメージ	0.049	0.020	0.106***	0.049*
	決定係数	0.148	0.321	0.333	0.369
	N	1253	1638	1810	1428

数値は標準偏回帰係数
***：$p<0.001$　**：$0.001\leq p<0.01$　*：$0.01\leq p<0.05$

将来よりも過去から現在までの景気変化意識の方が影響力が強い結果になっている。

　政治意識についてみると，業績評価（全体）や業績評価（財政再建）についての分析，特に両評価に関する2001年の場合とは異なり，業績評価（景気対策）に対して影響を及ぼす項目が政治的満足感に限られている。しかも0.176という値は，業績評価（全体）の分析結果において景気状態感に関する値と比較しても低く，4回の分析での業績評価（全体および財政再建）に対する政治的満足感の影響力の伸びと比較しても鈍いものとなっている。

次に，2003年衆院選の分析結果についてみると，社会的属性の中では学歴-0.077が影響している。また価値観では，アノミー度が-0.109と比較的高めの値を示している。さらに，全体志向 vs 個人志向-0.054と社会将来楽観感 vs 社会将来悲観感-0.086がそれぞれ業績評価に作用していることがわかった。景気状態感については，景気状態感0.132，景気向上感0.127，将来景気感0.050のいずれもがこの業績評価にプラスに働いていることが確認された。将来景気感については，前回の2001年参院選と同様に業績評価にわずかながら作用しているという程度にとどまっているものの，残りの2つの景気状態感については前回と比べてそれぞれ影響力を伸ばしている。政治意識については，政治的満足感が0.258と，諸要因の中で最も大きくなっており，景気状態感の諸項目と比較しても，政治的満足感の存在感が次第に増しているといえる。つまり，業績評価が全体的なものであろうと，景気対策についてのものであろうと，業績評価そのものが政治に満足しているかどうかによって大きく左右されていることが窺える。

2004年参院選の分析結果についてみると，価値観では全体志向 vs 個人志向0.050と社会将来楽観感 vs 社会将来悲観感-0.093が影響していることがわかった。言い換えると，これまでの分析と同様に，自分たちが暮らしている社会の将来を案じている有権者ほど，小泉内閣の業績を低く評価していることをみてとれる。景気状態感についてみると，景気状態感0.186，景気向上感0.079，将来景気感0.067が影響しており，景気状態感の影響力が明確に増している一方で，景気向上感が影を潜めつつあることがわかる。政治意識については，やはり政治的満足感0.261が強く作用しており，政治意識の中で保革自己イメージ0.106もプラスに影響していることが明らかになった。

そして，2005年衆院選では，価値観ではアノミー度-0.081，ソーシャル・キャピタル-0.046，社会将来楽観感 vs 社会将来悲観感-0.055，愛国心必要感 vs 愛国心不要感-0.088が業績評価に対していずれもマイナスに作用している。景気状態感については，将来景気感が2004年と比べて若干ながら影響力を増し，景気向上感は有意ではなくなっている。それに対して，景気状態感0.240と過去4回の国政選挙の分析の中で最も高い値になり，2005年衆院選の諸項目の中でも2番目に高い。これに対して最も高い値となった項目は政治意識の政治的満足感0.286であり，景気状態感と同様に選挙を経るごとに業績評価に対する影響力が増す傾向がみられる。

景気対策に対する業績評価について概観すると，保革自己イメージの影響は2004年参院選と2005年衆院選に限定され，2001年参院選や2003年衆院選では業績評価につながっていないことが特徴となっている。また，愛国心必要感 vs 愛国心不要感についても，全体に対する業績評価では2001年参院選や2004年参院選で関連をみることができたが，景気対策についてはみることができなかった。一方，アノミー度が2003年衆院選と2005年衆院選において景気対策に対する業績評価につながっており，アノミー度が低い人ほど景気対策に対する業績評価が高いということが明らかになった。また，この業績評価についての分析結果をみても，モデルの説明力が選挙を経るごとに上昇していることを確認できた。

2－4　業績評価（外交政策）の形成要因

さらに，外交政策に対する業績評価の形成要因についてみることにしたい。2001年参院選では，社会的属性の性別0.113が業績評価に大きく影響していることが特徴として挙げられる（表7－4）。具体的には，女性よりも男性の有権者の方が小泉内閣の外交政策を評価している。また，居住年数0.059も業績評価に対してわずかながら影響していることがわかった。価値観の中では，未来志向 vs 現在志向－0.071，社会将来楽観感 vs 社会将来悲観感－0.063，愛国心必要感 vs 愛国心不要感－0.061が有意な関連をもつことから，未来志向で社会の今後を楽観的にみており，愛国心を必要と考えている有権者ほど小泉外交をプラスに評価していることになる。この他，将来景気感0.094と政治的満足感0.162がこの業績評価に対してプラスに影響している。

2003年衆院選では，価値観の中でアノミー度が－0.064で有意となっており，また，脱物質主義－0.044と社会将来楽観感 vs 社会将来悲観感－0.060が業績評価（外交政策）に対してマイナスに働いていることがわかった。景気状態感では，景気向上感がわずかに影響している。それに対して，将来景気感0.102の影響力は比較的大きな値を示している。政治意識についてみると，政治的満足感0.239が2003年の分析結果の中でもっとも大きい値となっており，その後に保革自己イメージ0.125と政治関心－0.059が続いている。

2004年参院選では，社会的属性の中の年齢が－0.062となっており，若年であるほど外交に対する有権者の評価は良くなっている。価値観においては脱物質主義－0.072がプラスに，社会将来楽観感 vs 社会将来悲観感か－0.104，

表7－4　業績評価（外交政策）の形成要因

		2001参	2003衆	2004参	2005衆
社会的属性	性別	0.113***	0.039	0.019	0.065**
	年齢	−0.046	−0.033	−0.062*	−0.066*
	居住年数	0.059*	0.013	0.027	0.015
	学歴	−0.030	−0.039	−0.024	−0.047
心理的属性	アノミー度	0.001	−0.064*	−	−0.041
	権威主義度	0.029	0.029	−	0.065**
	疎外度	−0.009	0.015	−	−0.021
	ソーシャル・キャピタル	0.017	0.031	0.000	−0.047*
価値観	脱物質主義	−0.050	−0.044*	−0.072***	−0.056*
	社会志向 vs 個人志向	−0.018	0.017	−0.013	−0.033
	受益志向 vs 貢献志向	−0.010	0.022	0.002	0.016
	未来志向 vs 現在志向	−0.071*	−0.016	0.009	0.001
	全体志向 vs 個人志向	0.003	0.003	0.020	0.034
	脱産業化 vs 産業化	0.020	0.036	0.036	0.057*
	社会将来楽観感 vs 悲観感	−0.063*	−0.060*	−0.104***	−0.147***
	愛国心必要感 vs 不要感	−0.061*	−0.030	−0.091***	−0.070*
	脱物質主義 vs 物質主義	−0.002	0.004	−0.006	−0.010
	国外志向 vs 国内志向	0.027	−0.007	0.018	−0.015
生活状態感	生活満足度	−0.018	−0.004	0.029	0.017
	生活向上感	−0.005	0.016	−0.002	0.013
	将来生活感	0.018	0.034	0.037	0.015
景気状態感	景気状態感	0.007	0.025	0.050	0.081**
	景気向上感	0.046	0.052*	0.005	0.014
	将来景気感	0.094**	0.102***	0.067*	0.055*
政治意識	政治関心	−0.002	−0.059*	−0.017	−0.068*
	政治的満足感	0.162***	0.239***	0.242***	0.241***
	政治的有効性感覚	0.016	0.019	−0.016	−0.025
	保革自己イメージ	0.022	0.125***	0.180***	0.093***
	決定係数	0.112	0.219	0.257	0.262
	N	1253	1638	1810	1428

数値は標準偏回帰係数
***：$p<0.001$　**：$0.001≦p<0.01$　*：$0.01≦p<0.05$

愛国心必要感 vs 愛国心不要感か−0.091が業績評価にマイナスに影響している。景気状態感では将来景気感0.067，政治意識では政治的満足感0.242，保革自己イメージ0.180が有意に関連をもっている。

そして，2005年衆院選になると，性別0.065が再び影響力をもつようになり，年齢も−0.066であったことから，比較的若い男性有権者の間で外交政策への評価が高いことが窺える。心理的属性では，業績評価（外交政策）と権威主義度0.065との間でプラスの関係が，ソーシャル・キャピタル−0.047との間でマイナスの関係がみられた。さらに，脱物質主義が−0.056，脱産業化 vs 産

業化が0.057，社会将来楽観感 vs 社会将来悲観感が－0.147，愛国心必要感 vs 愛国心不要感が－0.070という結果となり，引き続き社会の今後を楽観視しているかどうかが外交政策に対する業績評価にプラスに働いていることが確認された。景気状態感については，景気状態感が0.081，将来景気感が0.055といずれも業績評価にプラスに作用している。政治意識についてみると，政治的満足感0.241の関連が大きく，保革自己イメージ0.093と政治関心－0.068が続いている。なお，政治的満足感については，2003年衆院選以降，業績評価（外交政策）に対する影響力はほぼ横ばいとなっている。

全体を概観すると，政治的満足感，将来景気感，保革自己イメージ，社会将来楽観感 vs 社会将来悲観感，愛国心必要感 vs 愛国心不要感などがほとんどの選挙においてプラスに働いており，脱物質主義も外交に対する業績評価とつながっていることがわかる。このようにみてくると，財政再建や景気対策のような経済的側面における業績評価については愛国心が関連をもたれないのに対して，外交については政治意識と並んで愛国心が相対的により大きな影響をもっていることがわかる。このことは小泉内閣において，靖国神社に対する公式参拝やアジアの国からの批判に対して反論をするなど，これまでの内閣における外交政策とはやや趣を異にする外交路線がとられていたためと思われる。つまり，愛国心を必要と感じる有権者ほど，小泉内閣の外交に対する業績評価が他の有権者よりも高くなる傾向がみられたわけである。

3　地域別にみた業績評価の形成要因

これまでは業績評価の形成要因について，全国規模で分析してきた。しかし，業績評価の様態を検討したところ，都市化や活性化などの地域特性によって「良い」，「悪い」といった評価の内容が異なる場合がみられたことは前に述べたとおりである。

そこで，上記の検討を踏まえて，本節では小泉内閣の全体的な業績評価について，有権者を地域特性別に分類した上でそれぞれの形成要因が何であるのかをみていくことにしたい。具体的には，第3章において社会・経済的な変数を用いて主成分分析を行ったが，それによって得られた2つの地域特性の変数（主成分得点）である「都市－農村」と「活性－停滞」に基づき，それぞれの特性ごとに有権者を5つに分類する。そして，それぞれのグループごとに本章でこれまで用いたのと同じモデルをあてはめて分析し，その結果

を地域間で比較する。

まず1つ目の地域特性である「都市-農村」で有権者を5つに分類し，地域（分類）ごとに業績評価（全体）の形成要因をみていくことにしたい。

まず，都市部においては，選挙によって，価値観のアノミー度（2001年参院選），全体志向 vs 個人志向（2001年参院選），脱産業化 vs 産業化（2005年衆院選），生活状態観の生活満足感（2005年衆院選），生活向上感（2005年衆院選），景気状態感の景気状態感（2005年衆院選）が形成要因として業績評価に対して影響を及ぼしているものの，その大きさはさほどではない（表7-

表7-5 業績評価（全体）の形成要因（都市地域）

		2001参	2003衆	2004参	2005衆
社会的属性	性別	0.037	0.025	-0.068	-0.006
	年齢	0.117	-0.047	-0.042	0.000
	居住年数	-0.019	0.011	-0.031	0.017
	学歴	0.102	-0.061	0.005	0.006
心理的属性	アノミー度	-0.151*	0.015	-	-0.085
	権威主義度	0.097	0.017	-	-0.012
	疎外度	0.044	-0.008	-	0.024
	ソーシャル・キャピタル	0.112	0.063	0.033	-0.034
価値観	脱物質主義	-0.055	-0.019	-0.120*	-0.107*
	社会志向 vs 個人志向	-0.022	0.070	0.041	-0.039
	受益志向 vs 貢献志向	-0.052	0.004	0.030	0.019
	未来志向 vs 現在志向	-0.083	0.045	0.041	0.075
	全体志向 vs 個人志向	0.126*	-0.037	0.004	0.068
	脱産業化 vs 産業化	0.050	-0.063	-0.016	0.114*
	社会将来楽観感 vs 悲観感	0.026	-0.074	-0.103*	-0.083
	愛国心必要感 vs 不要感	-0.105	-0.121*	-0.103*	-0.154**
	脱物質主義 vs 物質主義	-0.077	-0.059	-0.024	-0.027
	国外志向 vs 国内志向	0.014	-0.033	0.094	-0.046
生活状態感	生活満足度	0.002	-0.048	-0.009	0.157**
	生活向上感	0.017	0.037	-0.011	-0.128*
	将来生活感	0.050	-0.015	0.085	0.128
景気状態感	景気状態感	-0.094	0.071	-0.028	0.185**
	景気向上感	0.036	0.063	0.050	0.102
	将来景気感	0.134*	0.201***	0.076	0.037
政治意識	政治関心	0.040	-0.057	-0.061	-0.068
	政治的満足感	0.094	0.220***	0.327***	0.295***
	政治的有効性感覚	0.003	0.052	0.020	-0.035
	保革自己イメージ	0.135*	0.140**	0.190***	-0.005
	決定係数	0.182	0.337	0.334	0.456
	N	287	371	376	293

数値は標準偏回帰係数

***: $\rho<0.001$ **: $0.001\leq\rho<0.01$ *: $0.01\leq\rho<0.05$

5）。将来景気感や脱物質主義は影響の継続性が若干ながらみられるが，特筆するほどの傾向をみてとることはむずかしい。それに対して，愛国心必要感vs愛国心不要感，政治的満足感，保革自己イメージはほぼ毎回の選挙において業績評価に影響し，しかもある程度大きな影響力を示している。決定係数についても，選挙を経るごとに着実に上昇しており，政権担当の期間が長くなるにつれて有権者による内閣の業績評価が安定していることが窺える。

次に，準都市部における形成要因についてみると，継続して業績評価に作用しているのは政治的満足感であり，しかも2001年参院選の0.309から2005

表7-6　業績評価（全体）の形成要因（準都市地域）

		2001参	2003衆	2004参	2005衆
社会的属性	性別	−0.133*	0.023	−0.030	0.107*
	年齢	−0.096	0.014	−0.099	0.004
	居住年数	−0.004	−0.017	0.039	0.104*
	学歴	−0.119	−0.050	−0.042	−0.072
心理的属性	アノミー度	−0.029	−0.123*	−	−0.138*
	権威主義度	0.007	0.073	−	0.132*
	疎外度	−0.066	0.042	−	−0.152*
	ソーシャル・キャピタル	0.003	−0.029	0.036	0.011
価値観	脱物質主義	−0.060	−0.077	−0.112*	−0.035
	社会志向 vs 個人志向	0.001	0.021	0.063	−0.053
	受益志向 vs 貢献志向	−0.040	0.011	0.076	−0.035
	未来志向 vs 現在志向	0.002	0.057	−0.037	0.000
	全体志向 vs 個人志向	0.125*	0.034	0.033	0.099*
	脱産業化 vs 産業化	−0.011	−0.043	−0.017	−0.015
	社会将来楽観感 vs 悲観感	−0.059	−0.050	−0.252***	−0.071
	愛国心必要感 vs 不要感	−0.017	−0.068	−0.110*	−0.067
	脱物質主義 vs 物質主義	0.048	−0.043	0.009	−0.018
	国外志向 vs 国内志向	−0.075	−0.004	0.082	−0.002
生活状態感	生活満足度	0.160*	−0.011	0.027	0.012
	生活向上感	−0.224**	0.007	0.009	0.000
	将来生活感	0.010	0.024	0.035	−0.073
景気状態感	景気状態感	−0.026	0.044	0.093	0.061
	景気向上感	0.097	0.069	−0.027	0.123
	将来景気感	0.073	0.090	0.048	0.020
政治意識	政治関心	0.000	−0.045	0.026	0.006
	政治的満足感	0.309***	0.329***	0.317***	0.442***
	政治的有効性感覚	−0.022	0.006	−0.020	−0.111*
	保革自己イメージ	−0.022	0.152**	0.112*	0.021
	決定係数	0.238	0.407	0.448	0.498
	N	241	344	354	282

数値は標準偏回帰係数
***：$p<0.001$　**：$0.001 \leq p<0.01$　*：$0.01 \leq p<0.05$

年衆院選の0.442と高い値を示している(表7-6)。この他に継続して影響している要因は見当たらず,保革自己イメージ(2003年衆院選および2004年参院選)や生活向上感(2001年参院選),社会将来楽観感 vs 社会将来悲観感(2004年参院選)などが単発で影響を及ぼしている程度である。

さらに,中間(都市・農村)の地域でも,継続して影響力がみられるのは政治的満足感と保革自己イメージの2つであり,ここでも政治的満足感の影響は大きくなっている(表7-7)。その他の項目は単発的に影響がみられる程度にとどまっており,主だった傾向はみられない。

表7-7 業績評価(全体)の形成要因(中間地域:都市-農村)

		2001参	2003衆	2004参	2005衆
社会的属性	性別	0.052	0.022	0.074	0.021
	年齢	0.048	−0.065	0.017	0.062
	居住年数	0.065	0.000	0.026	0.056
	学歴	−0.002	−0.088	−0.100*	−0.042
心理的属性	アノミー度	0.090	−0.011	—	0.002
	権威主義度	−0.024	0.031	—	−0.062
	疎外度	−0.024	−0.046	—	−0.109*
	ソーシャル・キャピタル	0.034	−0.077	−0.062	−0.105*
価値観	脱物質主義	−0.099	−0.074	0.003	−0.019
	社会志向 vs 個人志向	0.017	0.011	0.036	−0.002
	受益志向 vs 貢献志向	0.068	0.064	0.044	0.065
	未来志向 vs 現在志向	−0.126	−0.012	−0.076	−0.086
	全体志向 vs 個人志向	0.022	−0.028	0.037	−0.003
	脱産業化 vs 産業化	0.042	0.015	0.053	0.015
	社会将来楽観感 vs 悲観感	−0.032	−0.130*	−0.099*	−0.047
	愛国心必要感 vs 不要感	0.021	−0.035	−0.019	−0.051
	脱物質主義 vs 物質主義	0.037	−0.009	−0.037	0.025
	国外志向 vs 国内志向	−0.106	−0.018	−0.018	−0.063
生活状態感	生活満足度	−0.002	0.109*	−0.013	−0.026
	生活向上感	−0.017	−0.009	0.098*	0.061
	将来生活感	0.087	−0.025	−0.026	−0.034
景気状態感	景気状態感	0.054	0.044	0.113*	0.094
	景気向上感	0.094	0.121*	0.101	0.129*
	将来景気感	−0.040	0.026	0.008	0.119*
政治意識	政治関心	0.063	−0.007	−0.013	−0.036
	政治的満足感	0.267***	0.350***	0.346***	0.314***
	政治的有効性感覚	−0.015	−0.082	−0.051	0.016
	保革自己イメージ	−0.036	0.140**	0.181***	0.126*
	決定係数	0.150	0.369	0.419	0.414
	N	257	364	393	317

数値は標準偏回帰係数
***:$\rho<0.001$ **:$0.001\leq\rho<0.01$ *:$0.01\leq\rho<0.05$

そして準農村においては，2001年参院選を除いて，政治的満足感が最も影響力のある項目となっている(表7-8)。このほかに保革自己イメージと社会将来楽観感vs社会将来悲観感が挙げられ，後者は政治的満足感について業績評価に対して関連をもっている。

また，農村において形成要因として作用している項目としては，政治的満足感，保革自己イメージが挙げられる(表7-9)。政治的満足感は2003年衆院選時を除いて標準化係数が高く，またいずれの選挙においても単発的に影響する項目がいくつかみられる。その一方で，2003年衆院選において決定的

表7-8　業績評価(全体)の形成要因(準農村地域)

		2001参	2003衆	2004参	2005衆
社会的属性	性別	−0.042	0.100	0.129**	0.035
	年齢	0.003	−0.002	0.018	0.011
	居住年数	0.012	0.010	0.014	−0.058
	学歴	0.040	−0.043	−0.020	−0.031
心理的属性	アノミー度	−0.001	−0.010	−	−0.036
	権威主義度	−0.133*	−0.007	−	0.021
	疎外度	−0.022	−0.023	−	−0.064
	ソーシャル・キャピタル	0.082	−0.014	0.018	−0.073
価値観	脱物質主義	−0.122*	0.124*	−0.066	−0.076
	社会志向vs個人志向	−0.027	0.074	0.099	0.044
	受益志向vs貢献志向	−0.117	0.103	−0.035	0.001
	未来志向vs現在志向	0.019	0.026	−0.018	0.013
	全体志向vs個人志向	0.006	−0.013	0.070	0.006
	脱産業化vs産業化	0.075	0.008	−0.015	0.079
	社会将来楽観感vs悲観感	−0.082	−0.190**	−0.152**	−0.149*
	愛国心必要感vs不要感	−0.092	0.078	−0.045	−0.096
	脱物質主義vs物質主義	−0.086	−0.060	−0.055	−0.005
	国外志向vs国内志向	0.057	−0.007	−0.078	−0.049
生活状態感	生活満足度	0.054	−0.012	0.056	−0.015
	生活向上感	−0.074	0.014	0.094	−0.037
	将来生活感	0.039	0.048	−0.048	0.136*
景気状態感	景気状態感	0.157*	0.057	0.155**	0.089
	景気向上感	0.002	−0.014	−0.070	0.063
	将来景気感	0.147*	0.134*	0.128*	0.066
政治意識	政治関心	0.150	0.042	0.064	0.090
	政治的満足感	0.046	0.307***	0.215***	0.359***
	政治的有効性感覚	0.008	−0.035	−0.013	−0.032
	保革自己イメージ	0.124	0.141*	0.194***	0.126*
	決定係数	0.218	0.317	0.388	0.455
	N	259	311	346	271

数値は標準偏回帰係数
*** : $p<0.001$　** : $0.001\leq p<0.01$　* : $0.01\leq p<0.05$

表7-9 業績評価（全体）の形成要因（農村地域）

		2001参	2003衆	2004参	2005衆
社会的属性	性別	0.044	0.035	0.041	−0.040
	年齢	−0.100	0.077	−0.057	−0.119
	居住年数	0.055	0.087	0.001	−0.019
	学歴	−0.169*	−0.015	−0.025	−0.076
心理的属性	アノミー度	−0.017	−0.157*	—	−0.007
	権威主義度	−0.015	0.045	—	0.051
	疎外度	0.072	0.019	—	0.076
	ソーシャル・キャピタル	−0.040	0.018	−0.005	−0.036
価値観	脱物質主義	−0.043	−0.043	−0.029	−0.041
	社会志向 vs 個人志向	−0.020	−0.088	−0.145**	−0.063
	受益志向 vs 貢献志向	0.064	−0.016	−0.013	0.037
	未来志向 vs 現在志向	−0.053	0.035	0.122*	0.046
	全体志向 vs 個人志向	−0.024	−0.092	−0.043	−0.038
	脱産業化 vs 産業化	0.110	0.076	0.046	0.040
	社会将来楽観感 vs 悲観感	−0.137	−0.027	−0.046	−0.053
	愛国心必要感 vs 不要感	−0.025	−0.047	−0.164***	−0.105
	脱物質主義 vs 物質主義	−0.078	−0.097	0.064	0.015
	国外志向 vs 国内志向	−0.025	−0.130*	−0.016	−0.063
生活状態感	生活満足度	0.051	0.028	0.010	0.084
	生活向上感	0.012	−0.012	−0.008	−0.011
	将来生活感	−0.064	0.018	−0.005	−0.059
景気状態感	景気状態感	−0.014	0.114	0.003	0.227**
	景気向上感	−0.018	0.056	0.123*	−0.011
	将来景気感	0.106	0.117	0.129*	0.173*
政治意識	政治関心	0.187*	−0.010	−0.004	−0.048
	政治的満足感	0.363***	0.163*	0.348***	0.254***
	政治的有効性感覚	0.058	0.064	0.016	0.057
	保革自己イメージ	0.175**	0.094	0.120*	0.146*
	決定係数	0.327	0.368	0.399	0.375
	N	209	248	340	265

数値は標準偏回帰係数
***：$p<0.001$　**：$0.001≦p<0.01$　*：$0.01≦p<0.05$

な影響力をもつ要因は特にみられない。

　これらをまとめると，都市部において特徴的なことは，愛国心必要感や脱物質主義という意識が形成要因に含まれていることである。これに対して準都市地域や中間地域，準農村地域においては，そうした要因が全体の業績評価と際立って関連をもっているとはいえない。農村地域においては，2004年参院選においてのみ愛国心必要感との関連を指摘することができる。そして，それらの問題を除けば，全体としてはどの地域においても保革自己イメージや政治的満足感，将来景気感，景気向上感などがプラスに働いていることが

わかる。ただし，都市部と準都市部においては，景気状態感は有意な関連をもっていない。

続いて，「活性－停滞」の地域特性別に全体の業績評価の形成要因をみていくことにしたい。まず活性地域（表7－10）における形成要因をみると，「都市－活性」でみられたような明瞭に継続性のある影響力をもつ項目は見当たらなかったが，2003年衆院選と2005年衆院選においては政治的満足感の値が高かった。また2001年参院選においては政治関心が，2004年参院選においては保革自己イメージが形成要因としてある程度の影響力をもって機能してい

表7－10　業績評価（全体）の形成要因（活性地域）

		2001参	2003衆	2004参	2005衆
社会的属性	性別	0.107	−0.026	0.038	0.016
	年齢	0.056	−0.035	−0.116	−0.065
	居住年数	0.091	0.108	0.100	0.080
	学歴	0.049	−0.032	−0.121	0.035
心理的属性	アノミー度	0.119	−0.071	−	0.056
	権威主義度	0.019	−0.063	−	−0.067
	疎外度	−0.180	0.047	−	−0.082
	ソーシャル・キャピタル	0.127	−0.102	0.046	0.114
価値観	脱物質主義	−0.095	−0.055	−0.110	−0.084
	社会志向 vs 個人志向	−0.026	0.106	0.128*	0.054
	受益志向 vs 貢献志向	0.024	0.023	0.071	0.108
	未来志向 vs 現在志向	−0.077	0.021	−0.042	−0.005
	全体志向 vs 個人志向	0.147	−0.082	−0.020	−0.015
	脱産業化 vs 産業化	−0.092	−0.121	−0.009	−0.040
	社会将来楽観感 vs 悲観感	−0.040	−0.142*	−0.149*	−0.113
	愛国心必要感 vs 不要感	0.027	−0.030	−0.146*	−0.119
	脱物質主義 vs 物質主義	−0.126	−0.137*	0.051	−0.042
	国外志向 vs 国内志向	0.068	−0.058	−0.104	−0.048
生活状態感	生活満足度	0.066	0.050	0.078	−0.047
	生活向上感	−0.108	−0.072	−0.039	0.009
	将来生活感	−0.112	−0.010	0.034	0.031
景気状態感	景気状態感	0.097	0.079	0.063	0.120
	景気向上感	0.011	0.101	0.061	0.084
	将来景気感	0.122	0.035	0.072	−0.007
政治意識	政治関心	0.271**	0.089	0.081	−0.106
	政治的満足感	0.110	0.230**	0.129	0.360***
	政治的有効性感覚	0.014	−0.150*	−0.080	0.016
	保革自己イメージ	0.063	0.115	0.209***	−0.042
	決定係数	0.236	0.363	0.343	0.366
	N	177	219	245	170

数値は標準偏回帰係数
***：$p<0.001$　**：$0.001\leq p<0.01$　*：$0.01\leq p<0.05$

ることがみてとれる。都市化の地域特性において時折，形成要因としてみられた社会将来楽観感 vs 社会将来悲観感は，2003年衆院選と2004年参院選においてマイナスに作用していることがわかった。

次に，準活性地域（表7－11）をみると，政治的満足感が業績評価（全体）の形成要因として最も影響しており，これに次いで保革自己イメージが影響力をもっていることがわかる。上記2つの項目のほかに単発的に作用している項目をみると，ソーシャル・キャピタル（2005年衆院選），受益志向 vs 貢献志向（2003年衆院選），社会将来楽観感 vs 社会将来悲観感（2003年衆院選

表7－11　業績評価（全体）の形成要因（準活性地域）

		2001参	2003衆	2004参	2005衆
社会的属性	性別	0.014	0.020	0.030	−0.065
	年齢	0.034	−0.061	−0.016	−0.004
	居住年数	0.052	−0.003	−0.036	0.073
	学歴	−0.019	−0.045	0.002	−0.120*
心理的属性	アノミー度	0.069	0.047	−	0.028
	権威主義度	−0.048	0.035	−	−0.042
	疎外度	−0.008	−0.046	−	−0.092
	ソーシャル・キャピタル	−0.101	−0.027	−0.046	−0.126**
価値観	脱物質主義	−0.089	−0.053	−0.032	−0.018
	社会志向 vs 個人志向	−0.030	0.021	0.010	0.023
	受益志向 vs 貢献志向	−0.016	0.138**	0.060	0.068
	未来志向 vs 現在志向	−0.083	−0.029	−0.046	−0.086
	全体志向 vs 個人志向	0.000	−0.005	0.020	0.076
	脱産業化 vs 産業化	0.075	0.057	0.024	0.095*
	社会将来楽観感 vs 悲観感	−0.053	−0.121*	−0.127**	−0.021
	愛国心必要感 vs 不要感	−0.079	0.003	−0.073	−0.086
	脱物質主義 vs 物質主義	0.043	−0.081	−0.012	−0.024
	国外志向 vs 国内志向	−0.006	0.041	0.059	−0.098*
生活状態感	生活満足度	0.013	0.028	0.014	−0.027
	生活向上感	−0.078	−0.050	−0.019	−0.008
	将来生活感	0.046	−0.031	−0.009	0.099
景気状態感	景気状態感	0.060	0.043	0.091	0.134*
	景気向上感	0.153*	0.057	0.094	0.199***
	将来景気感	0.110	0.070	0.108*	0.071
政治意識	政治関心	0.125	−0.002	−0.045	0.016
	政治的満足感	0.203**	0.366***	0.352***	0.307***
	政治的有効性感覚	0.004	−0.007	0.075	−0.024
	保革自己イメージ	0.129*	0.213***	0.126**	0.104*
	決定係数	0.212	0.380	0.411	0.470
	N	281	365	398	312

数値は標準偏回帰係数
***：$p<0.001$　**：$0.001 \leq p<0.01$　*：$0.01 \leq p<0.05$

および2004年参院選)，景気向上感(2005年衆院選)などが挙げられる。

さらに中間(活性・停滞)地域(表7-12)をみると，活性地域と同様に一貫して業績評価に影響するような項目はみられない。準活性地域において明確に作用していた政治的満足感は，この中間地域では2004年参院選を除いて影響力をもっていることを確認でき，特に2003年衆院選と2005年衆院選ではそれぞれ0.361，0.400と値が大きくなっている。これ以外の項目については単発的に影響するものとして将来景気感(2003年衆院選)や生活満足感(2001年参院選および2005年衆院選)などが挙げられる。

表7-12 業績評価(全体)の形成要因(中間地域:活性一停滞)

		2001参	2003衆	2004参	2005衆
社会的属性	性別	−0.066	−0.010	0.015	0.070
	年齢	−0.003	−0.101	−0.080	−0.003
	居住年数	−0.072	0.028	0.045	−0.015
	学歴	−0.077	−0.085	−0.083	−0.015
心理的属性	アノミー度	−0.144	0.022	−	−0.099
	権威主義度	0.001	0.004	−	0.041
	疎外度	0.085	0.039	−	−0.043
	ソーシャル・キャピタル	0.028	−0.012	−0.019	−0.049
価値観	脱物質主義	−0.102	−0.021	−0.035	−0.098*
	社会志向 vs 個人志向	0.059	−0.006	0.063	−0.026
	受益志向 vs 貢献志向	−0.002	0.022	0.025	0.006
	未来志向 vs 現在志向	−0.009	0.049	0.035	0.022
	全体志向 vs 個人志向	−0.044	0.049	0.010	0.018
	脱産業化 vs 産業化	0.098	−0.094	−0.061	0.010
	社会将来楽観感 vs 悲観感	0.008	−0.036	−0.169	−0.141*
	愛国心必要感 vs 不要感	0.023	−0.070	−0.107	−0.115*
	脱物質主義 vs 物質主義	−0.100	−0.097	−0.033	0.067
	国外志向 vs 国内志向	−0.095	−0.033	0.057	0.006
生活状態感	生活満足度	0.152*	−0.081	−0.096	0.167**
	生活向上感	−0.117	0.108	0.118	−0.078
	将来生活感	−0.045	0.010	0.052	−0.031
景気状態感	景気状態感	0.038	0.056	0.143	0.043
	景気向上感	0.063	0.018	−0.128	0.099
	将来景気感	0.058	0.204**	0.072	0.096
政治意識	政治関心	0.141	−0.057	0.060	−0.026
	政治的満足感	0.200*	0.361***	0.333	0.400***
	政治的有効性感覚	−0.047	0.082	−0.003	−0.100
	保革自己イメージ	0.008	0.071	0.127	0.019
	決定係数	0.197	0.323	0.415	0.488
	N	238	295	356	284

数値は標準偏回帰係数
 ***: $p<0.001$ **: $0.001 \leq p<0.01$ *: $0.01 \leq p<0.05$

表7-13 業績評価（全体）の形成要因（準停滞地域）

		2001参	2003衆	2004参	2005衆
社会的属性	性別	−0.008	0.027	−0.062	−0.036
	年齢	−0.050	−0.015	−0.001	−0.011
	居住年数	−0.003	0.003	0.054	0.015
	学歴	−0.014	−0.120*	−0.041	−0.003
心理的属性	アノミー度	−0.034	0.056	−	−0.057
	権威主義度	−0.009	0.025	−	0.025
	疎外度	0.034	−0.073	−	0.046
	ソーシャル・キャピタル	0.049	0.099*	0.064	−0.028
価値観	脱物質主義	−0.034	−0.070	−0.038	−0.072
	社会志向 vs 個人志向	0.078	−0.053	−0.087	−0.097
	受益志向 vs 貢献志向	−0.019	−0.015	0.035	−0.030
	未来志向 vs 現在志向	−0.027	−0.009	0.029	0.069
	全体志向 vs 個人志向	0.151*	0.035	0.095*	−0.033
	脱産業化 vs 産業化	−0.021	0.046	0.016	0.019
	社会将来楽観感 vs 悲観感	0.017	−0.081	−0.032	−0.100
	愛国心必要感 vs 不要感	−0.119	−0.080	−0.052	−0.071
	脱物質主義 vs 物質主義	−0.052	−0.023	0.022	−0.043
	国外志向 vs 国内志向	0.025	−0.058	−0.015	0.025
生活状態感	生活満足度	0.052	0.076	0.091	0.040
	生活向上感	0.016	−0.003	0.065	−0.045
	将来生活感	0.026	0.006	−0.012	0.054
景気状態感	景気状態感	−0.067	0.073	−0.026	0.105
	景気向上感	−0.005	0.107*	0.088	0.066
	将来景気感	0.101	0.056	0.008	0.042
政治意識	政治関心	0.015	−0.050	−0.016	−0.011
	政治的満足感	0.326***	0.329***	0.284***	0.325***
	政治的有効性感覚	0.187**	0.039	−0.048	−0.012
	保革自己イメージ	0.061	0.096*	0.216***	0.091
	決定係数	0.228	0.377	0.287	0.361
	N	266	365	399	329

数値は標準偏回帰係数
***：$p<0.001$　**：$0.001\leq p<0.01$　*：$0.01\leq p<0.05$

　これに対して，準停滞地域（表7-13）では政治的満足感が2001年参院選から2005年衆院選までの間，業績評価に対して終始強い影響力をもっていることがみてとれる。また，保革自己イメージが2003年衆院選と2004年参院選において作用していることが確認された。その他の項目は単発的，かつ，わずかながら業績評価に影響している程度にとどまっている。

　そして停滞地域（表7-14）についてみると，やはり政治意識の政治的満足感と保革自己イメージが比較的強い形成要因となっていることが明らかになった。政治的満足感については，最も低い2003年衆院選の場合でも0.235,

表7−14 業績評価（全体）の形成要因（停滞地域）

		2001参	2003衆	2004参	2005衆
社会的属性	性別	0.036	0.109*	0.067	0.062
	年齢	−0.071	0.051	−0.011	−0.056
	居住年数	−0.026	−0.032	0.015	0.042
	学歴	−0.074	−0.020	−0.065	−0.046
心理的属性	アノミー度	0.031	−0.179***	—	−0.086
	権威主義度	0.005	0.043	—	0.040
	疎外度	−0.092	0.064	—	−0.014
	ソーシャル・キャピタル	0.133*	−0.040	0.001	−0.020
価値観	脱物質主義	0.008	0.024	−0.105*	−0.029
	社会志向vs個人志向	−0.070	0.018	0.049	−0.005
	受益志向vs貢献志向	−0.026	−0.059	−0.053	−0.002
	未来志向vs現在志向	−0.051	0.099*	−0.010	0.042
	全体志向vs個人志向	0.030	−0.052	0.008	0.040
	脱産業化vs産業化	0.107	0.036	0.020	0.088*
	社会将来楽観感vs悲観感	−0.081	−0.141**	−0.153***	−0.089
	愛国心必要感vs不要感	−0.112	−0.019	−0.087*	−0.162***
	脱物質主義vs物質主義	0.048	0.039	−0.023	−0.011
	国外志向vs国内志向	−0.043	−0.032	0.020	−0.013
生活状態感	生活満足度	−0.037	0.062	−0.060	−0.012
	生活向上感	−0.009	0.061	0.034	0.033
	将来生活感	0.020	0.017	0.022	−0.038
景気状態感	景気状態感	0.004	0.058	0.024	0.155*
	景気向上感	−0.146*	0.050	0.140**	−0.051
	将来景気感	0.198**	0.117*	0.081	0.155**
政治意識	政治関心	−0.020	0.031	0.000	−0.056
	政治的満足感	0.256***	0.235***	0.351***	0.330***
	政治的有効性感覚	−0.051	−0.029	−0.035	0.001
	保革自己イメージ	0.010	0.074	0.144***	0.120*
	決定係数	0.220	0.396	0.471	0.457
	N	288	387	408	330

数値は標準偏回帰係数
***：$p<0.001$　**：$0.001≦p<0.01$　*：$0.01≦p<0.05$

最も高い2004年参院選では0.351となっている。保革自己イメージについては2004年参院選に0.144，2005年衆院選に0.120となっており，将来景気感，景気向上感，社会将来楽観感vs社会将来悲観感，愛国心必要感vs愛国心不要感もまた複数回にわたって形成要因として作用していることが確認された。またアノミー度が2003年衆院選において−0.179と業績評価に対してマイナスに作用していることが明らかになった。

業績評価（全体）と活性化の関係についてまとめると，活性地域においては政治的満足感と社会将来楽観感が全体に対する業績評価につながっている

ものの，保革自己イメージについては2004年参院選を別にすれば，有意な関係を明確にもっているとは言い難い。これに対して準活性地域においては，いずれの選挙においても保革自己イメージが業績評価とつながっている。一方，停滞地域においては，2001年参院選，2003年衆院選，2005年衆院選の3回の国政選挙において将来景気向上感が全体の業績評価の向上とつながっている。これは，やはりこの地域において景気の落ち込みが大きい分だけ将来の景気の見込みに対する意識が全体の評価と強いかかわりをもっているものと思われる。これに対して，準活性地域においては景気が良くなってきているだけに，景気向上感が2001年参院選と2005年衆院選において業績評価と有意な関係にあり，こうした各地域における経済状況の違いがその地域に居住する有権者の業績評価意識の違いとなって表われているわけである。またモデルの決定係数をみると，準活性，中間（活性・停滞）の両地域においては国政選挙を経るごとに値が上昇している。これに対して，活性，停滞の3地域では決定係数が上下するという変化のパターンと比較的決定係数が高いという点で共通しているといえる。一方，準停滞地域では，決定係数は他地域と比べてやや低目となっているようである。いずれにせよ，2001年参院選よりもそれ以降の国政選挙の方が決定係数ははるかに高くなっており，有権者による業績評価が次第に固定化しつつあることが，活性化と業績評価の分析においてもみられるわけである。

4　業績評価と投票行動

　これまで有権者の業績評価がどのような要因によって形成されているのかをみてきた。業績評価というリトロスペクティヴな民意が部分的ではあっても選挙を通じて反映されているのかを分析することは，間接民主制がまがりなりにも機能しているのか否かを確認するという点で重要な作業と位置づけることができる。そこで，さまざまな要因によって形成された業績評価が有権者の投票方向とどのようにつながっているのかを明らかにしたい。ここでは，与党自民党に投票するかどうかを被説明変数とし，説明変数として小泉内閣に対する業績評価自体と，その形成要因の分析で説明変数に用いた社会的属性，価値観，生活状態観，景気状態感，政治意識，政党支持，内閣支持を用いて2項ロジスティック回帰分析を行うことにした。なお，業績評価だけを説明変数としたモデルⅠと業績評価を含む上記のすべての変数を説明要

因としたモデルⅡの分析の両方を行うことにする（表7-15, 194頁）。

まず，2001年参院選の分析では，モデルⅠでもモデルⅡでも業績評価が投票方向につながってはいないことがわかった。これは小泉内閣に対する業績をネガティヴに評価する者が少なかったことも一因と考えられる。なお，モデルⅡでは政党支持と内閣支持が投票方向を大きく規定し，これに居住年数や性別が続いている。

一方，2003年衆院選においては，モデルⅠで全体の業績評価だけでなく，財政再建や外交政策の業績評価も有権者の投票方向と強い関連をもっている。しかし，モデルⅡでみると，政党支持と内閣支持，居住年数，脱物質主義といった他の要因が投票方向を規定しており，業績評価との関連がみられなくなっている。

2004年参院選でも同様の傾向をみることができ，モデルⅠでは景気対策以外の業績評価が有意であるが，モデルⅡでみると，政党支持や内閣支持，居住年数，脱物質主義，社会将来楽観感 vs 社会将来悲観感といった要因が投票方向に大きく影響し，業績評価は影響していない。

2005年衆院選でも，モデルⅠでは業績評価の全体，財政再建，外交政策が有意な関係をもつが，モデルⅡでは政党支持や内閣支持，疎外度が投票方向を規定し，業績評価は投票方向に対して有意な関連を示してはいない。

総じて言えることは，2001年参院選の時点では，まだ小泉内閣がスタートしたばかりであったために，業績評価については小泉内閣が行った3カ月間の実績に対する評価というよりも，むしろこれからの期待が含まれたものであったと考えられる。そのために，本来の業績評価とはやや異なる側面が含まれていたものと思われる。実際，業績評価の形成要因に関する分析において，モデルの決定係数が選挙を経るごとに大きくなっているのはその表れとして捉えることができる。これに対して，政権発足から2年以上経った2003年衆院選以降におけるモデルⅠに限ってみると，業績評価の中では財政再建がもっとも投票方向に強い影響をもち，これに全体と外交が続く傾向がみられる。しかし，他の説明要因を加えたモデルⅡをみると，投票方向に対する業績評価の影響がなくなることが明らかである。

5　地域別にみた業績評価と投票行動の関連

前節では，全国を対象とする分析を行ったが，地域特性毎に業績評価と投

表7−15 投票方向と業績評価

		2001参		2003衆	
		モデルⅠ	モデルⅡ	モデルⅠ	モデルⅡ
業績評価	財政構造改革	0.145	−0.050	0.294***	0.106
	経済運営	0.087	0.022	0.124	0.090
	外交政策	0.163	0.041	0.242***	0.106
	全体	0.173	−0.028	0.265**	−0.051
社会的属性	性別		0.461**		0.222
	年齢		−0.025		−0.107
	居住年数		0.257***		0.240***
	学歴		−0.081		−0.089
価値観	アノミー度		0.033		−0.064
	権威主義度		0.040		−0.059
	疎外度		0.031		0.070
	ソーシャル・キャピタル		−0.024		0.023
	脱物質主義		−0.209*		−0.215**
	社会志向 vs 個人志向		−0.022		−0.016
	受益志向 vs 貢献志向		−0.096		−0.046
	未来志向 vs 現在志向		−0.062		0.031
	全体志向 vs 個人志向		0.102		−0.053
	脱産業化 vs 産業化		−0.062		0.085
	社会将来楽観感 vs 悲観感		0.071		−0.083
	愛国心必要感 vs 不要感		0.013		−0.014
	脱物質主義 vs 物質主義		0.100		0.031
	国外志向 vs 国内志向		−0.120*		−0.030
生活状態感	生活満足度		0.003		−0.014
	生活向上感		−0.169		0.199
	将来生活感		0.320*		−0.104
景気状態感	景気状態感		0.015		0.117
	景気向上感		0.064		−0.135
	将来景気感		−0.072		−0.108
政治意識	政治関心		−0.094		0.062
	政治的満足感		0.058		0.081
	政治的有効性感覚		0.068		−0.118*
	保革自己イメージ		0.182*		0.397***
内閣・政党支持	内閣支持		0.796***		0.557***
	政党支持		1.453***		1.111***
	Cox&Snell R^2	0.027	0.269	0.113	0.286
	Nagelkerke R^2	0.037	0.358	0.151	0.381
	N	904	904	1470	1470

数値はロジット回帰係数
***：$p<0.001$　**：$0.001\leq p<0.01$　*：$0.01\leq p<0.05$

票方向の間にどのような関連がみられるのかを明らかにしてみることにしたい。

まず，都市部におけるモデルⅠをみると，2003年などで業績評価の影響を

	2004参		2005衆	
	モデルⅠ	モデルⅡ	モデルⅠ	モデルⅡ
	0.348***	0.217	0.422***	0.191
	0.026	−0.049	0.169	0.094
	0.220**	0.020	0.245***	0.168
	0.468***	0.017	0.354**	−0.213
		0.019		0.138
		−0.064		0.037
		0.325***		0.128
		−0.151		−0.075
		−		0.015
		−		0.014
		−		−0.143*
		0.008		−0.027
		−0.167		−0.113
		−0.060		−0.025
		−0.043		−0.056
		0.055		−0.008
		0.105*		0.027
		−0.079		0.028
		−0.200***		−0.052
		−0.043		−0.029
		0.188**		0.010
		−0.017		−0.081
		0.030		0.087
		−0.002		−0.090
		−0.218		−0.034
		−0.052		−0.150
		−0.195		0.202
		−0.028		0.040
		−0.002		−0.126
		−0.062		0.087
		0.046		−0.014
		0.185*		0.229**
		0.725***		0.990***
		1.897***		1.317***
	0.146	0.353	0.201	0.365
	0.197	0.478	0.268	0.487
	1447	1447	1270	1270

みることができるが、モデルⅡになるといずれの国政選挙においても投票方向に対して業績評価が有意には影響していないことがわかる(表7−16, 196頁)。全体として、政党支持と内閣支持が投票方向を規定しているが、選挙によっては社会的属性や価値観も影響している。

次に、準都市地域のモデルⅠをみても、有意となっている業績評価は2003年衆院選の全体と2005年衆院選の財政再建だけである(表7−17, 198頁)。しかし、モデルⅡをみると政党支持と内閣支持が全ての国政選挙で投票方向に対して有意な影響をもっている。その他の変数では、2003年衆院選における将来生活感や居住年数などが投票方向を規定しており、2005年衆院選でも業績評価が投票方向と有意な関係をもたない反面、疎外度や景気向上感、景気状態感などが投票方向に影響をもたらしている。

さらに、中間地域をみると、モデルⅠでは国政選挙によっていずれかの業績評価が有意となってはいるものの、モデルⅡではいずれの国政選挙においても業績評価が投票方向と有意な関係をもっていないことが明らかになった(表7−18, 200頁)。一方で、政党支持と内閣支持が一貫して規定要因として投票方向に影

表7-16 投票方向と業績評価（都市地域）

		2001参		2003衆	
		モデルI	モデルII	モデルI	モデルII
業績評価	財政構造改革	−0.086	0.260	0.626**	0.275
	経済運営	0.221	0.456	0.139	0.412
	外交政策	0.235	−0.317	0.498***	0.270
	全体	0.227	−0.440	0.269	−0.163
社会的属性	性別		−0.155		0.061
	年齢		−0.010		−0.079
	居住年数		0.247		−0.057
	学歴		−0.332		−0.273
価値観	アノミー度		−0.077		−0.277
	権威主義度		−0.001		−0.076
	疎外度		−0.071		0.146
	ソーシャル・キャピタル		−0.021		0.215
	脱物質主義		−0.186		0.139
	社会志向 vs 個人志向		−0.309		0.142
	受益志向 vs 貢献志向		−0.406*		−0.209
	未来志向 vs 現在志向		−0.178		0.173
	全体志向 vs 個人志向		−0.071		−0.258
	脱産業化 vs 産業化		0.137		0.202
	社会将来楽観感 vs 悲観感		0.215		0.183
	愛国心必要感 vs 不要感		−0.142		0.097
	脱物質主義 vs 物質主義		0.023		−0.077
	国外志向 vs 国内志向		−0.357*		0.080
生活状態感	生活満足度		−0.128		−0.068
	生活向上感		−0.853*		0.260
	将来生活感		0.577		0.208
景気状態感	景気状態感		−0.184		−0.101
	景気向上感		0.895*		0.026
	将来景気感		−0.309		0.076
政治意識	政治関心		0.389		0.269
	政治的満足感		−0.132		−0.112
	政治的有効性感覚		−0.475*		0.039
	保革自己イメージ		−0.084		0.661***
内閣・政党支持	内閣支持		1.546***		0.856**
	政党支持		2.600***		1.736***
	Cox&Snell R^2	0.025	0.424	0.254	0.450
	Nagelkerke R^2	0.034	0.572	0.339	0.602
	N	202	202	311	311

数値はロジット回帰係数
***：$p<0.001$　**：$0.001≦p<0.01$　*：$0.01≦p<0.05$

響をもたらしていることがわかった。その他の要因についてみると，2003年衆院選では社会将来楽観感vs社会将来悲観感，2004年参院選では愛国心必要感vs愛国心不要感や景気向上感，政治的有効性感覚，2005年衆院選では権威

	2004参		2005衆	
	モデルⅠ	モデルⅡ	モデルⅠ	モデルⅡ
	0.300	−0.001	0.616**	0.271
	0.187	0.079	0.273	0.087
	0.213	−0.182	0.199	0.123
	0.729**	0.576	0.313	−0.237
		−0.278		−0.296
		−0.010		−0.291
		0.659**		−0.218
		−0.225		−0.160
		−		−0.164
		−		−0.017
		−		−0.091
		0.082		0.006
		−0.777**		−0.130
		−0.095		−0.006
		0.127		−0.090
		−0.053		0.048
		0.339*		−0.054
		0.108		−0.058
		−0.213		−0.031
		0.205		−0.166
		0.050		0.132
		−0.116		−0.094
		−0.060		−0.130
		0.725		0.566
		−0.346		−0.032
		0.430		0.026
		−0.288		−0.104
		−0.280		−0.286
		0.258		0.339
		−0.174		0.219
		−0.143		−0.148
		0.320		0.463*
		0.976*		1.662***
		2.657***		2.032***
	0.203	0.468	0.255	0.493
	0.285	0.656	0.340	0.657
	304	304	258	258

主義度，全体志向 vs 個人志向，国外志向 vs 国内志向などがある程度の影響力をもって投票方向と関連していることがわかる。

また，準農村地域におけるモデルⅠをみると，まず2001年参院選では投票方向に対して業績評価が影響しておらず，2003年衆院選では財政構造改革，2004年参院選では財政構造改革と全体，2005年衆院選では外交政策に対する業績評価が投票方向と関連をみせている（表7-19，202頁）。ここで，モデルⅡをみると，政党支持と内閣支持が一貫して投票方向と有意な関連をみせ，その他の変数をみると，2001年参院選では経済運営の業績評価と国外志向 vs 国内志向，2003年衆院選では財政構造改革の業績評価，脱物質主義や国外志向 vs 国内志向，保革自己イメージなどが投票方向に影響をもたらしている。さらに2004年参院選では，居住年数や生活満足感などが規定要因となっており，2005年衆院選では，学歴と社会志向 vs 個人志向が投票方向に対して影響を及ぼしている。準農村地域では，モデルⅡにおいても2回の国政選挙で業績評価が有意な関連をもつことが特徴である。

そして，農村地域についてみるとモデルⅠでは2001年参院選の財政構造改

表7-17 投票方向と業績評価（準都市地域）

		2001参		2003衆	
		モデルⅠ	モデルⅡ	モデルⅠ	モデルⅡ
業績評価	財政構造改革	0.144	−0.296	0.053	−0.324
	経済運営	0.008	0.028	0.078	−0.047
	外交政策	−0.028	0.264	0.123	0.016
	全体	0.017	−0.220	0.628**	0.468
社会的属性	性別		0.376		0.638
	年齢		0.349		0.116
	居住年数		0.387		0.386*
	学歴		−0.014		0.268
価値観	アノミー度		0.229		0.002
	権威主義度		−0.049		0.072
	疎外度		−0.223		−0.001
	ソーシャル・キャピタル		−0.286		−0.033
	脱物質主義		0.127		−0.112
	社会志向 vs 個人志向		−0.177		0.044
	受益志向 vs 貢献志向		−0.158		0.041
	未来志向 vs 現在志向		−0.036		−0.085
	全体志向 vs 個人志向		0.328*		0.011
	脱産業化 vs 産業化		−0.086		0.141
	社会将来楽観感 vs 悲観感		0.148		0.009
	愛国心必要感 vs 不要感		0.277		−0.174
	脱物質主義 vs 物質主義		0.346		0.078
	国外志向 vs 国内志向		0.101		0.048
生活状態感	生活満足度		0.160		−0.169
	生活向上感		−0.257		−0.063
	将来生活感		0.666		−0.681*
景気状態感	景気状態感		0.146		0.418
	景気向上感		−0.327		−0.503*
	将来景気感		0.135		0.214
政治意識	政治関心		0.107		−0.161
	政治的満足感		−0.299		0.330
	政治的有効性感覚		−0.210		0.046
	保革自己イメージ		0.211		0.121
内閣・政党支持	内閣支持		1.038**		0.720*
	政党支持		1.427**		1.330***
	Cox&Snell R^2	0.003	0.298	0.113	0.314
	Nagelkerke R^2	0.004	0.408	0.153	0.425
	N	175	175	296	296

数値はロジット回帰係数
 *** : $\rho<0.001$　** : $0.001\leq\rho<0.01$　* : $0.01\leq\rho<0.05$

革，2003年衆院選と2004年参院選の外交政策が投票方向と関連をみせている（表7-20, 204頁）。ここでモデルⅡをみると，2001年参院選と2003年衆院選の財政構造改革以外は投票方向に有意な関連をもたなくなり，その一方で投

	2004参		2005衆	
	モデルI	モデルII	モデルI	モデルII
	0.422	0.391	0.452*	0.221
	−0.100	−0.293	0.069	−0.036
	0.166	0.199	0.243	0.221
	0.408	0.066	0.374	−0.517
		−0.335		−0.038
		0.138		0.219
		0.312		0.210
		−0.004		0.341
		—		−0.075
		—		−0.095
		—		−0.321
		−0.009		−0.191
		−0.084		−0.200
		−0.089		−0.050
		0.063		−0.116
		0.125		−0.138
		−0.019		−0.043
		−0.166		−0.050
		−0.337*		0.014
		−0.100		−0.068
		0.149		−0.241
		−0.105		0.225
		−0.245		−0.145
		0.670		−0.270
		−0.237		−0.306
		−0.276		−0.587*
		−0.213		0.942**
		−0.276		0.150
		−0.189		−0.213
		0.051		0.328
		−0.059		−0.139
		−0.049		0.105
		0.225		1.286***
		2.370***		1.874***
	0.109	0.353	0.207	0.449
	0.156	0.507	0.276	0.598
	291	291	257	257

票方向に対する政党支持と内閣支持の影響力をみてとることができる。その他の変数では，2001年参院選における脱物質主義や受益志向vs貢献志向といった価値観の他に生活向上感や景気状態感が影響し，2003年衆院選では生活向上感の影響力が目立っている。そして，2004年参院選では脱物質主義が大きく影響し，2005年衆院選では政党支持と内閣支持だけが投票方向に有意な関連をもっている。

全体としていえることは，準農村・農村地域を別にすれば，小泉内閣に対する業績評価は有権者の投票方向とはさほど大きな関連をもっていないようである。

次に，「活性－停滞」という地域特性の側面から全国の地域を5つに分類して，その地域特性ごとに有権者の業績評価と投票方向の関係をみていくことにしたい。

まず活性地域みると，モデルIIにおいて業績評価が影響をもつのは2003年衆院選における外交と全体の業績評価と2005年衆院選における外交政策に対する業績評価に限られており，それ以外の選挙では業績評価と投票方向の関連をみることができない（表7−21, 206頁）。その一方で，政党支持がいずれの国政選挙においても投票方向と有意な関連を

表7-18 投票方向と業績評価（中間地域：都市-農村）

		2001参		2003衆	
		モデルⅠ	モデルⅡ	モデルⅠ	モデルⅡ
業績評価	財政構造改革	−0.197	−0.601	0.372*	0.214
	経済運営	0.724**	0.746	0.270	0.182
	外交政策	−0.085	−0.161	0.120	0.050
	全体	0.222	0.010	0.164	−0.175
社会的属性	性別		0.137		0.152
	年齢		0.150		−0.074
	居住年数		−0.195		0.287
	学歴		0.229		−0.088
価値観	アノミー度		0.221		−0.082
	権威主義度		0.032		−0.115
	疎外度		0.299		0.203
	ソーシャル・キャピタル		0.010		−0.104
	脱物質主義		−0.061		−0.209
	社会志向 vs 個人志向		0.056		0.061
	受益志向 vs 貢献志向		0.001		−0.192
	未来志向 vs 現在志向		−0.074		−0.006
	全体志向 vs 個人志向		0.242		−0.111
	脱産業化 vs 産業化		−0.184		−0.034
	社会将来楽観感 vs 悲観感		0.246		−0.357**
	愛国心必要感 vs 不要感		0.056		0.027
	脱物質主義 vs 物質主義		0.032		0.072
	国外志向 vs 国内志向		−0.292		−0.016
生活状態感	生活満足度		0.050		0.192
	生活向上感		0.449		0.347
	将来生活感		0.215		−0.108
景気状態感	景気状態感		0.382		0.045
	景気向上感		−0.453		−0.209
	将来景気感		0.398		−0.357
政治意識	政治関心		−0.247		0.088
	政治的満足感		0.154		0.222
	政治的有効性感覚		0.499**		−0.090
	保革自己イメージ		0.144		0.448**
内閣・政党支持	内閣支持		0.613*		0.283
	政党支持		2.241***		0.941**
	Cox&Snell R^2	0.059	0.344	0.107	0.290
	Nagelkerke R^2	0.079	0.459	0.143	0.386
	N	190	190	339	339

数値はロジット回帰係数
***：$\rho<0.001$　**：$0.001\leq\rho<0.01$　*：$0.01\leq\rho<0.05$

もっている。この他，2001年参院選では愛国心必要感 vs 愛国心不要感と内閣支持，2003年衆院選では将来生活感，2004年参院選では脱物質主義，2005年衆院選においては国外志向 vs 国内志向や景気向上感，景気状態感，政治的有

	2004参		2005衆	
	モデルI	モデルII	モデルI	モデルII
	0.153	0.079	0.260	0.162
	0.155	−0.252	0.407*	0.495
	0.266	0.142	0.206	0.052
	0.561*	−0.015	0.372	−0.352
		−0.066		0.341
		0.236		0.167
		0.055		0.025
		−0.207		−0.075
		−		−0.222
		−		0.285*
		−		−0.116
		0.036		−0.308*
		−0.016		−0.516
		0.059		−0.171
		−0.233		−0.121
		−0.078		−0.137
		0.226		0.343*
		−0.060		0.046
		−0.043		0.032
		−0.414**		−0.089
		0.055		0.014
		−0.133		−0.315*
		−0.271		0.360
		−0.218		−0.491
		−0.294		0.175
		−0.391		0.261
		0.727*		−0.074
		0.390		0.388
		−0.186		−0.383
		0.178		−0.293
		0.447**		0.188
		0.522**		0.500*
		0.772*		0.775**
		1.917***		1.881***
	0.168	0.422	0.206	0.433
	0.226	0.566	0.275	0.578
	308	308	275	275

効性感覚が投票方向との関連をみせている。

次に，準活性地域では，いずれの国政選挙においてもモデルIIで業績評価と投票方向の関係をみることができない（表7−22，208頁）。その一方で，政党支持と内閣支持が一貫して投票方向と有意な関連を示している。また，2001年参院選では景気状態感，2003年衆院選では居住年数や脱物質主義，社会将来楽観vs社会将来悲観，2004年参院選においては脱産業化vs産業化や保革自己イメージ，脱物質主義，受益志向vs貢献志向，生活満足感など，2005年衆院選では脱産業化vs産業化や国外志向vs国内志向，保革自己イメージなどが有権者の投票方向と関連をもっている。

さらに，中間地域においては，モデルIIで投票方向の有意な関連をもつ業績評価はなく，モデルIでも2004年参院選における財政再建だけである（表7−23，210頁）。この中間地域において有権者の投票方向を規定しているのは，全体として政党支持と内閣支持が最も大きく，その他には居住年数や社会将来楽観感vs悲観感などの価値観，景気状態感が選挙によって投票方向の要因となっている。

一方，準停滞地域については，モデルIIにおいて2001年参院選と2003年衆

表7-19 投票方向と業績評価（準農村地域）

		2001参		2003衆	
		モデルⅠ	モデルⅡ	モデルⅠ	モデルⅡ
業績評価	財政構造改革	0.244	0.119	0.468*	0.659*
	経済運営	−0.151	−1.034**	0.108	0.147
	外交政策	0.328	0.085	0.228	0.313
	全体	0.165	0.334	0.131	−0.191
社会的属性	性別		0.843		−0.053
	年齢		0.276		−0.307
	居住年数		0.251		0.460*
	学歴		0.208		−0.384
価値観	アノミー度		−0.027		−0.414*
	権威主義度		0.043		0.002
	疎外度		0.078		−0.055
	ソーシャル・キャピタル		0.165		0.019
	脱物質主義		−0.116		−0.753**
	社会志向 vs 個人志向		−0.077		−0.204
	受益志向 vs 貢献志向		−0.034		−0.065
	未来志向 vs 現在志向		−0.219		0.079
	全体志向 vs 個人志向		−0.139		0.088
	脱産業化 vs 産業化		0.032		0.263*
	社会将来楽観感 vs 悲観感		0.026		0.039
	愛国心必要感 vs 不要感		−0.101		−0.039
	脱物質主義 vs 物質主義		0.337		0.021
	国外志向 vs 国内志向		−0.327*		−0.380**
生活状態感	生活満足度		−0.071		−0.167
	生活向上感		0.063		0.301
	将来生活感		0.220		−0.157
景気状態感	景気状態感		0.226		−0.107
	景気向上感		0.589		0.136
	将来景気感		−0.208		−0.743*
政治意識	政治関心		−0.507		0.355
	政治的満足感		0.331		−0.253
	政治的有効性感覚		0.141		−0.649***
	保革自己イメージ		0.502*		0.842***
内閣・政党支持	内閣支持		1.189***		0.937**
	政党支持		2.067***		1.993***
	Cox&Snell R²	0.046	0.416	0.108	0.443
	Nagelkerke R²	0.062	0.557	0.147	0.599
	N	178	178	281	281

数値はロジット回帰係数
***：$p<0.001$　**：$0.001≦p<0.01$　*：$0.01≦p<0.05$

院選における外交政策，2004年参院選における全体の評価が投票方向と有意な関係をもっている（表7-24，212頁）。その他では，政党支持と内閣支持が関連をもち，受益志向vs貢献志向や脱物質主義などが投票方向と関連をみ

第7章 回顧評価と業績評価投票

	2004参		2005衆	
	モデルI	モデルII	モデルI	モデルII
	0.585**	0.372	0.445	0.699
	−0.080	−0.326	0.253	0.330
	0.032	−0.326	0.390*	0.327
	0.501*	0.315	0.383	−0.463
		0.694		0.271
		−0.189		−0.212
		0.524**		0.468
		−0.107		−0.554*
		−		0.109
		−		0.085
		−		−0.216
		−0.028		0.056
		0.055		−0.099
		−0.210		−0.345*
		−0.210		−0.271
		0.289*		0.081
		0.060		−0.031
		0.062		0.098
		−0.133		0.179
		−0.028		0.164
		0.394*		−0.214
		0.016		−0.144
		0.762***		−0.160
		−0.754		−0.306
		0.090		−0.006
		0.034		−0.334
		−0.574		0.174
		0.016		−0.154
		−0.001		−0.304
		−0.209		0.140
		−0.186		−0.097
		−0.064		0.094
		1.246***		1.091***
		2.014***		1.951***
	0.140	0.395	0.237	0.439
	0.187	0.527	0.316	0.586
	264	264	244	244

せることがある。

そして，停滞地域においては，2005年衆院選における全体以外，業績評価が投票方向と有意な関係をもっていない（表7－25，214頁））。つまり，2001年参院選や2003年衆院選，2004年参院選においては業績評価と投票方向との関連がみられず，政党支持や内閣支持，脱産業化vs産業化，政治的満足感などが関連を示している。

全体として，準農村地域や活性地域，準停滞・停滞地域において，限定的に有権者の投票方向と業績評価の間の関連がみられることを除けば，総じて有権者の投票方向と業績評価の明確な関連をみることはできないようである。

これまで行ってきたさまざまな分析から明らかになったことは，有権者の業績評価が，一部の地域においては有権者の投票方向につながっているものの，全体としてはさほど関連が強くなく，しかも継続的に影響しているわけでもなく，むしろ他の諸要因が個々の選挙における投票方向と有意な関連をもっていることが明らかになった。

こうしたことから，間接代議制における政策形成のアウトプットとして生じる公共政策，あるいは税や保険料といった負担に対する有権者の評価が次

表7-20　投票方向と業績評価（農村地域）

		2001参		2003衆	
		モデルI	モデルII	モデルI	モデルII
業績評価	財政構造改革	0.724*	1.066*	-0.230	-0.691*
	経済運営	-0.114	-0.897	0.053	-0.233
	外交政策	0.320	0.109	0.338*	-0.016
	全体	0.110	0.317	0.250	0.248
社会的属性	性別		1.093		0.171
	年齢		-0.293		-0.229
	居住年数		0.288		-0.374
	学歴		0.045		-0.344
価値観	アノミー度		0.030		0.213
	権威主義度		0.020		0.025
	疎外度		0.073		0.039
	ソーシャル・キャピタル		0.184		0.337*
	脱物質主義		-1.023*		-0.287
	社会志向 vs 個人志向		0.231		0.062
	受益志向 vs 貢献志向		-0.514*		0.152
	未来志向 vs 現在志向		-0.118		-0.122
	全体志向 vs 個人志向		0.409		0.062
	脱産業化 vs 産業化		-0.345		0.190
	社会将来楽観感 vs 悲観感		0.316		-0.253
	愛国心必要感 vs 不要感		-0.214		0.037
	脱物質主義 vs 物質主義		0.011		0.123
	国外志向 vs 国内志向		-0.038		-0.174
生活状態感	生活満足度		-0.044		0.624*
	生活向上感		-1.151*		-0.978*
	将来生活感		1.075*		0.443
景気状態感	景気状態感		-0.708*		0.201
	景気向上感		0.621		0.334
	将来景気感		-0.399		-0.020
政治意識	政治関心		-0.415		0.098
	政治的満足感		0.414		0.503*
	政治的有効性感覚		0.218		-0.194
	保革自己イメージ		0.446		0.486*
内閣・政党支持	内閣支持		0.839*		0.482
	政党支持		1.573**		0.822
	Cox&Snell R²	0.094	0.388	0.035	0.285
	Nagelkerke R²	0.131	0.538	0.048	0.394
	N	159	159	243	243

数値はロジット回帰係数
***：$\rho<0.001$　**：$0.001\leq\rho<0.01$　*：$0.01\leq\rho<0.05$

の投票方向に反映することで，インプットとして政策形成過程に戻り，全体としてフィードバックが起き，有権者が自分たちで自分たちのことを決めているという擬制を，現代の日本においてはみることはできないと言わざるを

	2004参		2005衆	
	モデルI	モデルII	モデルI	モデルII
	0.269	0.396	0.309	0.009
	0.107	0.065	−0.009	−0.066
	0.385*	0.280	0.146	−0.018
	0.136	−0.282	0.369	0.177
		0.171		0.416
		−0.289		0.116
		0.291		0.003
		−0.169		0.039
		−		0.147
		−		−0.228
		−		−0.223
		0.103		0.166
		−0.532**		0.200
		−0.043		0.251
		−0.096		−0.050
		−0.171		0.146
		0.016		−0.185
		−0.294*		0.239
		−0.179		−0.244
		0.244		0.027
		−0.004		0.142
		0.306		−0.118
		−0.194		0.119
		−0.059		0.501
		−0.416		−0.226
		−0.107		−0.414
		−0.451		0.234
		−0.012		0.022
		0.024		−0.051
		0.086		−0.127
		−0.010		−0.072
		0.073		−0.029
		0.921**		1.231***
		2.343***		1.439***
	0.105	0.394	0.121	0.334
	0.140	0.526	0.162	0.447
	280	280	236	236

えない。

6　まとめ

　これまでみてきたように，国によって各々の市民が政府に対する業績評価を形成する構造は異なっていることが確認された。その中で，わが国においては社会的属性が政治関心や政治的有効性感覚を通して政府からどのような対応を受けているのかという意識につながり，それが政府評価に影響していることがわかる。

　このようにみてくると，個々の選挙における争点という短期的な要因よりも，むしろより長期的に，自分が政府からどのような対応を受けているのかという意識が有権者の業績評価につながっていることになる。一方，わが国の有権者について，政府に対する評価としての業績評価がその後の有権者の投票方向につながっていないということは，政府から自分がサービス等を受けていることに対する評価の意識として業績評価が受動的に形成されはしても，それを次の政策につなげるようなチャンネルを有権者自身が見出せていないことになる。こうしたところに，実はわが国の民主主義の問題が隠されているのではないかと思われる。

表7-21 投票方向と業績評価（活性地域）

		2001参		2003衆	
		モデルⅠ	モデルⅡ	モデルⅠ	モデルⅡ
業績評価	財政構造改革	0.093	−0.276	0.440*	0.155
	経済運営	0.228	0.373	−0.034	−0.521
	外交政策	0.291	0.175	−0.104	−0.638*
	全体	0.038	−0.089	0.427	0.699*
社会的属性	性別		−0.547		0.025
	年齢		0.089		−0.254
	居住年数		0.539		0.207
	学歴		−0.318		−0.293
価値観	アノミー度		−0.241		−0.110
	権威主義度		0.109		0.055
	疎外度		−0.147		−0.018
	ソーシャル・キャピタル		0.022		0.020
	脱物質主義		−0.466		−0.147
	社会志向 vs 個人志向		0.318		−0.151
	受益志向 vs 貢献志向		0.100		−0.061
	未来志向 vs 現在志向		−0.400*		−0.003
	全体志向 vs 個人志向		−0.006		0.007
	脱産業化 vs 産業化		0.126		0.186
	社会将来楽観感 vs 悲観感		0.088		−0.089
	愛国心必要感 vs 不要感		0.446*		−0.130
	脱物質主義 vs 物質主義		0.034		−0.055
	国外志向 vs 国内志向		−0.288		0.007
生活状態感	生活満足度		−0.268		0.411
	生活向上感		0.796		−0.131
	将来生活感		−0.007		−1.179**
景気状態感	景気状態感		−0.422		0.236
	景気向上感		0.411		−0.620
	将来景気感		−0.305		0.785*
政治意識	政治関心		−0.679		0.056
	政治的満足感		0.257		0.369
	政治的有効性感覚		0.495		−0.140
	保革自己イメージ		0.254		−0.005
内閣・政党支持	内閣支持		0.860*		−0.131
	政党支持		1.814**		1.742***
	Cox&Snell R²	0.028	0.363	0.093	0.323
	Nagelkerke R²	0.037	0.484	0.124	0.431
	N	127	127	183	183

数値はロジット回帰係数
***: $\rho<0.001$　**: $0.001\leq \rho<0.01$　*: $0.01\leq \rho<0.05$

補遺　政府評価とその規定要因（国際比較）

　ここで，有権者の業績評価，つまり政府に対する評価がどのような構造に

	2004参		2005衆	
	モデルI	モデルII	モデルI	モデルII
	0.183	0.264	0.581*	1.005
	-0.200	-0.295	0.130	-0.271
	0.192	-0.073	0.475*	2.767**
	0.942**	0.512	0.210	-0.867
		0.526		0.128
		-0.017		0.937
		0.285		0.639
		0.130		-0.020
		—		-0.867
		—		-0.441
		—		1.148
		0.003		-0.986
		-0.367		0.023
		0.031		-0.481
		-0.361		-0.086
		0.285		-0.678
		0.047		0.546
		0.018		0.784
		-0.314		-1.055
		-0.036		-0.242
		0.515*		-0.147
		-0.091		-0.999*
		0.127		-1.334
		0.008		-1.639
		0.290		0.932
		-0.071		-2.388*
		0.067		3.518*
		-0.345		-0.286
		0.172		-1.424
		0.282		-1.227
		0.352		1.344*
		0.387		1.096
		0.481		1.783
		1.624**		8.645***
	0.166	0.385	0.236	0.635
	0.226	0.524	0.316	0.850
	177	177	136	136

よって形成されているのかをみるために，わが国とほかの国を比較しながら分析を行うことにしたい。具体的には，慶應義塾大学21COEプログラム『多文化多世代交差世界の政治社会秩序形成－多文化世界における市民意識の動態』が，日本，シンガポール，インドネシア，タイ，バングラデシュ，オーストラリア，トルコの7カ国で行った市民意識調査のデータを用いて共分散構造分析を行った（図7－1，216－219頁）。独立変数として，「性別」，「年齢」「教育程度」，「家庭内有効性感覚」，「政治関心」，「地域参加義務感」，「政治的有効性感覚」，「政府の平等対応」（政府から平等な扱いを受けているという意識），「選挙運動肯定イメージ」，「政府評価」を用いることにした。

まず，わが国の分析結果をみると，性別，年齢，学歴といった有権者の社会的属性が政治関心を形成していることがわかる。具体的には，高齢や高学歴などの有権者の社会的属性が政治関心を高め，政治関心が高い有権者ほど政治的有効性感覚も高くなる傾向がみられる。また，政治的有効性感覚の高さが政府から自分が平等な扱いを受けているという意識につながり，年齢が高い有権者ほどこの意識が強くなる傾向も確認された。そして，政府

表7−22 投票方向と業績評価（準活性地域）

		2001参		2003衆	
		モデルⅠ	モデルⅡ	モデルⅠ	モデルⅡ
業績評価	財政構造改革	0.129	−0.013	0.232	−0.306
	経済運営	0.095	−0.203	0.299	0.214
	外交政策	−0.082	0.026	0.151	0.321
	全体	0.427	0.409	0.392	−0.106
社会的属性	性別		1.056*		−0.348
	年齢		−0.169		−0.017
	居住年数		−0.026		0.415*
	学歴		0.038		−0.282
価値観	アノミー度		0.032		−0.100
	権威主義度		0.006		−0.070
	疎外度		0.148		−0.034
	ソーシャル・キャピタル		−0.092		−0.081
	脱物質主義		−0.202		−0.481*
	社会志向 vs 個人志向		0.170		0.050
	受益志向 vs 貢献志向		0.001		0.013
	未来志向 vs 現在志向		0.122		0.069
	全体志向 vs 個人志向		0.118		−0.156
	脱産業化 vs 産業化		−0.002		−0.018
	社会将来楽観感 vs 悲観感		0.206		−0.342*
	愛国心必要感 vs 不要感		−0.034		−0.196
	脱物質主義 vs 物質主義		0.044		0.032
	国外志向 vs 国内志向		−0.200		−0.012
生活状態感	生活満足度		0.369		0.136
	生活向上感		−0.504		0.450
	将来生活感		0.125		−0.101
景気状態感	景気状態感		0.529*		0.315
	景気向上感		0.080		−0.170
	将来景気感		−0.068		−0.280
政治意識	政治関心		0.038		−0.023
	政治的満足感		−0.084		−0.150
	政治的有効性感覚		0.125		−0.224
	保革自己イメージ		0.375		0.390*
内閣・政党支持	内閣支持		0.981**		1.064***
	政党支持		1.818***		0.972**
	Cox&Snell R^2	0.040	0.329	0.143	0.380
	Nagelkerke R^2	0.053	0.440	0.191	0.507
	N	205	205	317	317

数値はロジット回帰係数
***：$\rho<0.001$　**：$0.001\leq\rho<0.01$　*：$0.01\leq\rho<0.05$

から平等な扱いを受けているという意識が高い有権者ほど，政府を肯定的に評価していることがわかった。また，政府の平等な対応についての意識は，政府評価について直接的に効果をもつだけでなく，選挙運動に対する肯定

	2004参		2005衆	
	モデルI	モデルII	モデルI	モデルII
	0.381	0.728	0.412	0.095
	0.138	−0.114	0.475*	0.327
	0.266	−0.138	−0.058	−0.300
	0.332	−0.531	0.489*	−0.048
		0.288		0.392
		−0.193		0.012
		0.350		0.308
		−0.427		−0.460*
		−		−0.082
		−		0.260
		−		0.125
		−0.262		−0.148
		−0.332		−0.075
		0.193		0.002
		−0.392**		−0.193
		−0.028		0.107
		−0.081		0.138
		−0.566***		0.320*
		0.125		0.021
		−0.346*		0.012
		0.235		−0.325
		−0.124		−0.364**
		−0.527*		0.248
		−0.517		−0.209
		0.021		0.034
		0.169		0.330
		0.227		−0.046
		−0.112		−0.052
		−0.251		−0.314
		0.126		0.103
		0.399*		0.345*
		0.417*		0.467*
		1.155**		1.285***
		2.825***		1.282***
	0.176	0.501	0.251	0.451
	0.235	0.670	0.335	0.602
	305	305	284	284

なイメージを通した間接的な効果をももつことが明らかになった。

こうしたわが国の状況に対して，シンガポールでは，性別は影響を及ぼしておらず，年齢が高い有権者ほど選挙運動を肯定的にみており，選挙運動を肯定的にみている有権者ほど政府評価も高くなっていることがわかった。これは男女共同参画が進んでいるというシンガポール特有の事情がこうした結果につながったものと考えることができる。また，タイやバングラデシュなどでは学歴が政治的有効性感覚を規定する要因となる一方で，シンガポールや日本，オーストラリアなどではそうした因果関係はみられない。このほか，政治関心が強い有権者ほど政治的有効性感覚も高く，政府から平等な対応を受けているという意識も政府評価に強く影響している。しかしながら，政治的有効性感覚から政府の平等対応へのパスについて影響力はさほど高くなく，さらに政府の平等対応の規定要因については確認できなかった。

インドネシアにおいては，学歴が直接的に政府評価に効果をもっていることが特徴である。また，学歴が高いほど政治関心が高く，政治関心が高い有

表7－23 投票方向と業績評価（中間地域：活性－停滞）

		2001参		2003衆	
		モデルⅠ	モデルⅡ	モデルⅠ	モデルⅡ
業績評価	財政構造改革	0.002	−0.423	0.066	−0.194
	経済運営	0.204	0.549	0.215	0.254
	外交政策	0.012	0.054	0.082	−0.071
	全体	0.325	0.073	0.280	−0.211
社会的属性	性別		0.399		0.197
	年齢		0.095		−0.170
	居住年数		0.623*		0.373*
	学歴		−0.086		−0.290
価値観	アノミー度		0.018		0.295
	権威主義度		0.076		−0.172
	疎外度		0.066		0.172
	ソーシャル・キャピタル		0.076		0.023
	脱物質主義		−0.079		−0.154
	社会志向 vs 個人志向		0.266		−0.117
	受益志向 vs 貢献志向		0.006		−0.202
	未来志向 vs 現在志向		0.013		0.072
	全体志向 vs 個人志向		0.349		−0.001
	脱産業化 vs 産業化		−0.389*		−0.189
	社会将来楽観感 vs 悲観感		−0.189		−0.133
	愛国心必要感 vs 不要感		−0.140		−0.050
	脱物質主義 vs 物質主義		0.156		−0.270
	国外志向 vs 国内志向		−0.155		−0.126
生活状態感	生活満足度		0.288		−0.296
	生活向上感		0.254		0.192
	将来生活感		0.628		0.106
景気状態感	景気状態感		−0.021		0.153
	景気向上感		−0.351		0.088
	将来景気感		−0.493		0.019
政治意識	政治関心		−0.227		−0.090
	政治的満足感		−0.001		0.396
	政治的有効性感覚		−0.186		−0.212
	保革自己イメージ		0.139		0.793***
内閣・政党支持	内閣支持		1.217***		0.686*
	政党支持		2.117***		1.389***
	Cox&Snell R²	0.028	0.423	0.057	0.361
	Nagelkerke R²	0.038	0.564	0.076	0.483
	N	168	168	287	287

数値はロジット回帰係数
***：$p<0.001$　**：$0.001\leq p<0.01$　*：$0.01\leq p<0.05$

権者は政治的有効性感覚も高く，そして政治的有効性感覚が高いほど肯定的な政府評価に直接的につながる経路がみられるとともに，政府の平等対等を通して間接的にも政府評価につながる経路をみることができる。なお，家庭

	2004参		2005衆	
	モデルI	モデルII	モデルI	モデルII
	0.546*	0.665	0.296	−0.187
	0.128	−0.009	0.060	0.266
	0.130	−0.229	0.296	0.077
	0.141	−0.402	0.436	−0.004
		−0.415		0.537
		−0.172		−0.008
		0.403*		0.443*
		−0.126		−0.442
		−		0.103
		−		0.201
		−		−0.399*
		0.199		−0.121
		−0.249		−0.357
		−0.273		−0.151
		0.058		−0.121
		−0.022		0.036
		0.292		−0.155
		0.064		0.133
		−0.439**		−0.182
		−0.067		0.171
		0.526**		−0.287
		−0.089		−0.168
		0.522*		0.030
		−0.852*		0.330
		−0.422		−0.492
		−0.186		−0.883**
		0.021		0.736*
		−0.262		0.267
		−0.400		−0.365
		−0.198		−0.090
		−0.308*		−0.109
		0.250		0.305
		1.200**		1.279***
		2.102***		1.261**
	0.127	0.425	0.178	0.407
	0.170	0.568	0.237	0.542
	287	287	248	248

内有効性感覚は性別や年齢とも関係しているようであり，日本やタイ，トルコにも共通してみられる傾向である。

タイでは，性別や年齢が家庭の中における有効性感覚を形成し，そうした有効性感覚が地域への参加に関する義務感につながっている。そして，それが政治的有効性感覚を経由して政府の平等対応から政府評価に至る経路をみることができる。つまり，家庭や地域に対するコミットメントないし意識が有権者の政治的有効性感覚を形成し，それが政府評価に至る特徴をみることができる。こうした経路のほかにも，政府評価の直接的な規定要因として学歴を挙げることができ，学歴の高い有権者ほど政府評価が高いことがみてとれる。また政治的有効性感覚は，地域参加義務感のみならず，学歴にもまた大きく影響していることを指摘することができる。

バングラデシュにおいては，性別と学歴の高さが政治関心の高さにつながっていることがわかる。年齢の場合は，家庭内有効性感覚を通して政治関心に対して間接的ながらも強く影響している。そして，政治関心が高いほど政治的有効性感覚も高く，そこからさらに政府から平等な対応を受けているという意識を通して政府評価に作用している。また，

表7-24 投票方向と業績評価（準停滞地域）

		2001参		2003衆	
		モデルⅠ	モデルⅡ	モデルⅠ	モデルⅡ
業績評価	財政構造改革	0.282	0.166	0.299	0.060
	経済運営	0.069	0.314	0.161	0.223
	外交政策	0.726**	0.849*	0.592***	0.580**
	全体	−0.319	−0.625	0.140	−0.216
社会的属性	性別		0.238		0.498
	年齢		−0.279		0.011
	居住年数		0.101		−0.135
	学歴		−0.590*		0.066
価値観	アノミー度		0.197		−0.165
	権威主義度		0.078		−0.047
	疎外度		0.033		0.013
	ソーシャル・キャピタル		−0.210		0.157
	脱物質主義		−0.291		0.000
	社会志向 vs 個人志向		−0.303		0.161
	受益志向 vs 貢献志向		−0.567***		−0.242*
	未来志向 vs 現在志向		−0.289		0.042
	全体志向 vs 個人志向		0.032		−0.098
	脱産業化 vs 産業化		−0.120		0.031
	社会将来楽観感 vs 悲観感		0.262		0.110
	愛国心必要感 vs 不要感		−0.111		0.053
	脱物質主義 vs 物質主義		0.015		−0.025
	国外志向 vs 国内志向		−0.109		0.178
生活状態感	生活満足度		−0.454		−0.145
	生活向上感		−0.328		0.192
	将来生活感		0.876*		0.267
景気状態感	景気状態感		−0.360		0.139
	景気向上感		0.105		−0.480
	将来景気感		−0.059		0.054
政治意識	政治関心		0.455		0.021
	政治的満足感		−0.135		−0.059
	政治的有効性感覚		−0.079		−0.127
	保革自己イメージ		0.124		0.271
内閣・政党支持	内閣支持		1.030**		0.787**
	政党支持		1.930***		1.497***
	Cox&Snell R²	0.063	0.405	0.168	0.366
	Nagelkerke R²	0.084	0.541	0.225	0.488
	N	183	183	334	334

数値はロジット回帰係数
***：$\rho<0.001$　**：$0.001\leq\rho<0.01$　*：$0.01\leq\rho<0.05$

バングラデシュにおいて最も特徴的なことは，性別から政府の平等対応や政府に対する評価へ向けて直接の経路がつながっていることである。タイにおいても，性別から政府評価に直接つながる経路はみられるものの，バングラ

	2004参		2005衆	
	モデルI	モデルII	モデルI	モデルII
	0.142	−0.076	0.644**	0.431
	0.125	−0.007	0.053	−0.509
	0.158	−0.054	0.337*	0.157
	0.501*	0.583*	0.220	−0.112
		0.439		0.473
		−0.101		0.131
		0.313		−0.365
		−0.148		0.289
		−		0.130
		−		0.059
		−		−0.188
		−0.139		−0.033
		−0.211		−0.185
		0.110		0.180
		0.078		−0.018
		0.169		−0.057
		0.046		−0.143
		0.131		−0.143
		−0.357*		−0.257
		0.120		−0.071
		−0.401**		0.163
		0.149		0.066
		−0.109		−0.008
		0.114		−0.137
		−0.179		0.026
		−0.116		−0.005
		−0.477		0.169
		0.048		0.031
		0.052		0.244
		−0.067		0.212
		0.121		−0.201
		−0.025		0.264
		0.566*		1.394***
		2.276***		1.086**
	0.106	0.374	0.194	0.400
	0.143	0.506	0.259	0.535
	327	327	294	294

デシュの場合ほどの影響力はみられない。その一方で、家庭の中における有効性感覚については、日本やオーストラリア、トルコなどと同様の傾向をみてとることができる。政治的有効性感覚については学歴との間にプラスの関連がみられ、前述のとおり日本やシンガポールなどとは対照的に、学歴が高いほど政治的有効性を感じる傾向が、トルコやタイにおいてもみられる。

オーストラリアにおいては、性別、年齢、学歴と政治関心の関連性が強いことがわかる。そして、政治関心が高いほど政治的有効性感覚をもち、それが直接的に政府評価を高めるとともに、政府から平等な対応を受けているという意識を通して間接的にも作用していることがわかる。また選挙運動に対する肯定的なイメージも政府評価に強い影響を与えている。年齢と政治的有効性感覚との間の関連については、年齢が高い有権者ほど政治的有効性感覚が高いという直接的な経路に加え、政治関心を辿った間接的な経路もみられる。

最後に、トルコの分析結果についてみると、学歴が高いことが政府評価の否定的な意識とつながっていることから、学歴が低い有権者ほど政府を肯定

表7−25 投票方向と業績評価（停滞地域）

		2001参		2003衆	
		モデルⅠ	モデルⅡ	モデルⅠ	モデルⅡ
業績評価	財政構造改革	0.203	0.112	0.384*	0.393
	経済運営	0.035	−0.148	−0.038	0.008
	外交政策	0.135	−0.205	0.359*	0.214
	全体	0.155	−0.377	0.243	−0.140
社会的属性	性別		1.034*		0.348
	年齢		0.048		−0.254
	居住年数		0.407		0.381*
	学歴		−0.089		−0.073
価値観	アノミー度		0.228		−0.128
	権威主義度		0.134		−0.067
	疎外度		−0.022		0.241
	ソーシャル・キャピタル		0.124		−0.008
	脱物質主義		0.094		−0.311
	社会志向 vs 個人志向		−0.253		−0.161
	受益志向 vs 貢献志向		−0.086		0.058
	未来志向 vs 現在志向		−0.033		−0.023
	全体志向 vs 個人志向		0.111		0.000
	脱産業化 vs 産業化		−0.068		0.367***
	社会将来楽観感 vs 悲観感		0.079		−0.071
	愛国心必要感 vs 不要感		0.060		0.017
	脱物質主義 vs 物質主義		−0.098		0.117
	国外志向 vs 国内志向		0.022		−0.203*
生活状態感	生活満足度		−0.203		−0.205
	生活向上感		−0.334		0.764*
	将来生活感		0.574		−0.333
景気状態感	景気状態感		0.075		−0.108
	景気向上感		0.072		0.070
	将来景気感		0.038		−0.395
政治意識	政治関心		−0.083		0.404
	政治的満足感		0.278		0.253
	政治的有効性感覚		0.135		−0.186
	保革自己イメージ		0.304		0.426**
内閣・政党支持	内閣支持		1.119***		0.632*
	政党支持		1.392***		1.151***
	Cox&Snell R²	0.024	0.353	0.133	0.362
	Nagelkerke R²	0.032	0.471	0.177	0.483
	N	219	219	346	346

数値はロジット回帰係数
***：$\rho<0.001$　**：$0.001\leq \rho<0.01$　*：$0.01\leq \rho<0.05$

的にみていることがわかる。また，政治関心に対する性別の影響をみると，符号がほかの国とは反対になっていることが大きな特徴である。また年齢の高さは政治関心に直接的につながるだけでなく，家庭に対する有効性感覚を

	2004参		2005衆	
	モデルⅠ	モデルⅡ	モデルⅠ	モデルⅡ
	0.581**	0.604	0.268	0.195
	−0.115	−0.110	0.187	0.256
	0.331	0.289	0.232	0.195
	0.599*	−0.051	0.382	−0.781*
		−0.337		−0.234
		0.080		0.056
		0.265		0.075
		−0.180		−0.179
		−		−0.038
		−		−0.207
		−		−0.360*
		0.137		−0.049
		0.166		0.068
		−0.277*		−0.129
		0.266*		−0.211
		−0.003		−0.047
		0.232		0.230
		−0.130		−0.039
		−0.157		0.097
		0.040		0.028
		0.335*		−0.043
		0.002		−0.054
		0.239		0.055
		−0.116		0.137
		−0.251		0.118
		−0.128		−0.369
		−0.100		0.357
		0.113		0.202
		−0.141		−0.038
		−0.617**		0.616**
		−0.048		−0.246
		0.324		0.244
		1.096***		1.225***
		2.107***		1.797***
	0.199	0.413	0.188	0.437
	0.276	0.573	0.250	0.583
	348	348	305	305

通しても政治関心につながり，こうして作られる高い政治関心が地域参加への義務感を形成し，その義務感が政府から平等な対応を受けているという意識を通して政府評価につながっていることがわかる。上述のほか，政治関心や地域参加義務感から政治的有効性感覚に伸びる経路についてはある程度の影響力が認められるものの，この有効性感覚が政府評価に作用しないということは，諸外国と異なっているという点においてトルコの特徴といえよう。

216

図7-1 共分散構造分析―政府評価の規定要因

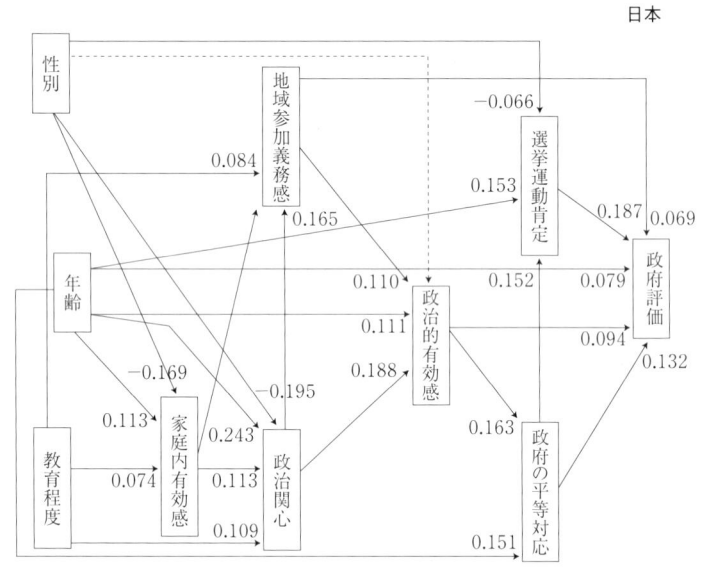

日本

N=921 GFI=0.987 AGFI=0.900

シンガポール

N=231 GFI=0.982 AGFI=0.856

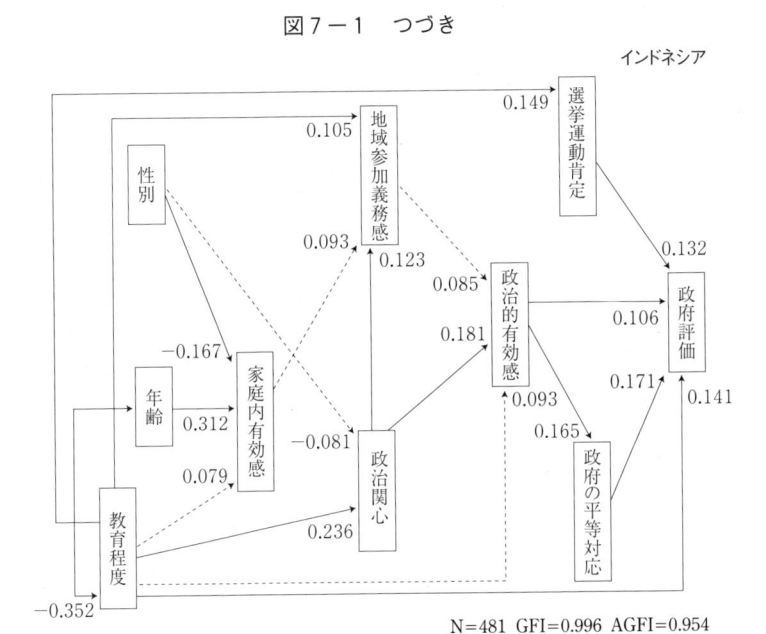

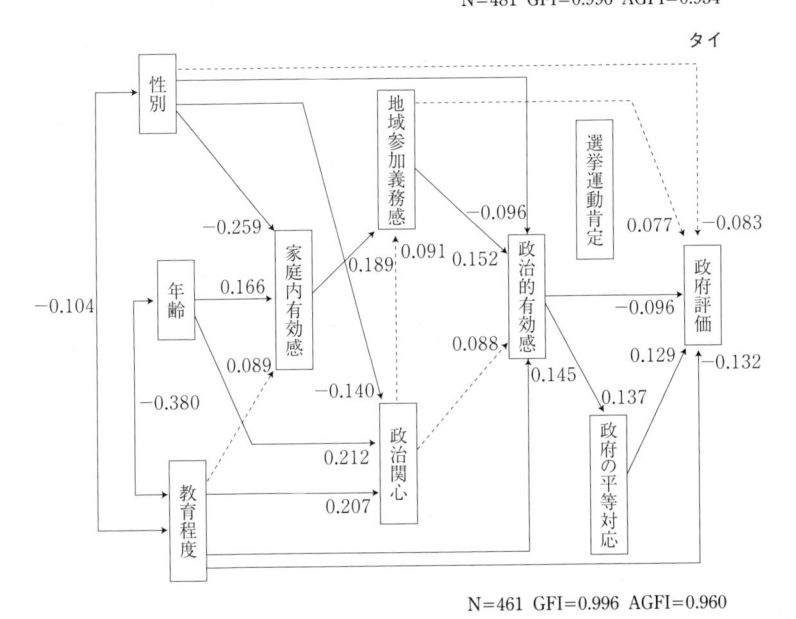

第 7 章　回顧評価と業績評価投票　217

図 7 − 1　つづき

インドネシア

N=481　GFI=0.996　AGFI=0.954

タイ

N=461　GFI=0.996　AGFI=0.960

図7-1 つづき

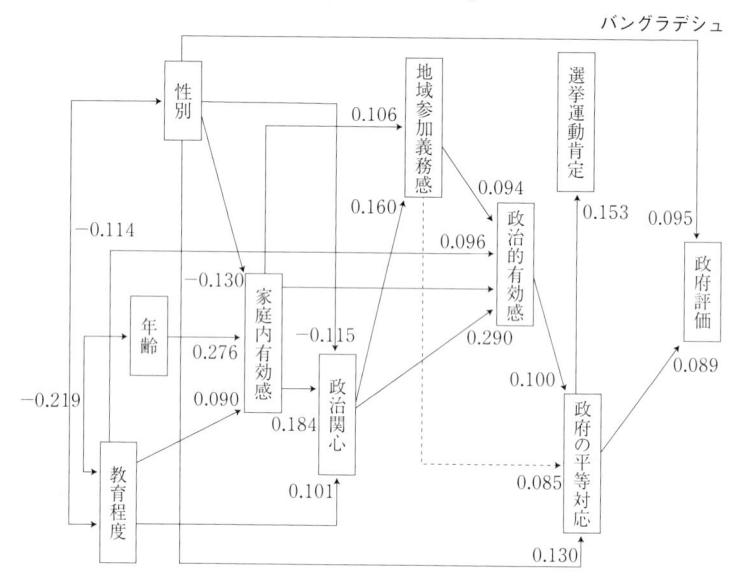

バングラデシュ

N=519 GFI=0.997 AGFI=0.965

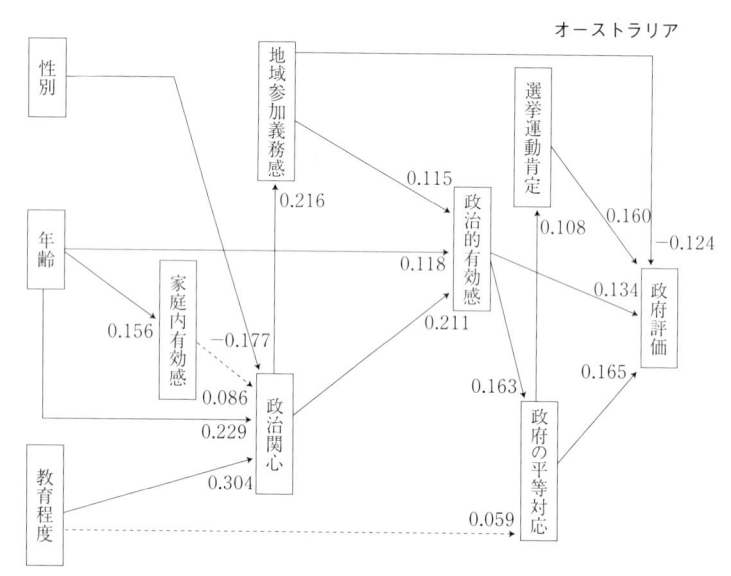

オーストラリア

N=345 GFI=0.991 AGFI=0.933

図7-1 つづき

トルコ

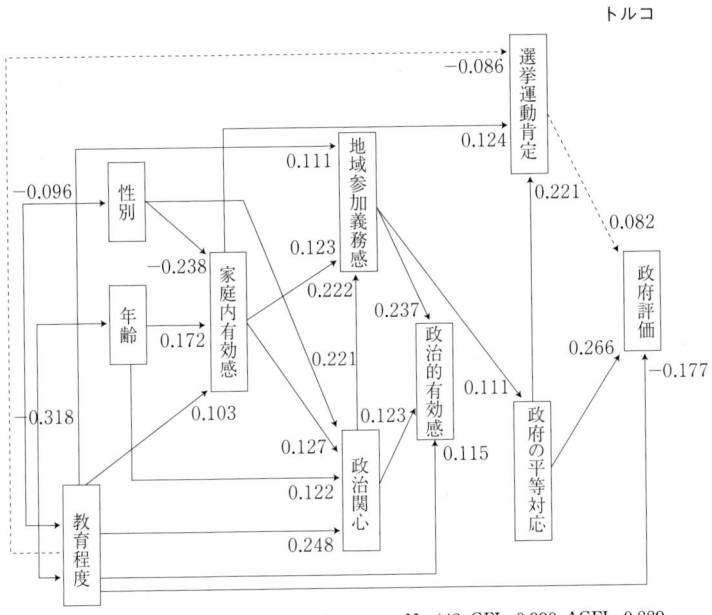

N=442 GFI=0.990 AGFI=0.889

第四部

制度改革と日本型民主主義

第8章

投票行動の決定要因
―選挙を通して民主主義が機能しているのか？―

1　はじめに

　これまでみてきたように，政治改革以降，有権者の争点態度や業績評価と投票行動との間に緊密な関係がみられるようになったとは言い難い。ここで，さらにこの問題を詳細に分析することで，「自分の最適点に最も近い政策公約を提示する政党や候補者に投票する」争点態度投票がみられているか，あるいは「政府に対する業績評価に基づいて投票する」業績評価投票がみられるのかを明らかにしたい。また，そうした争点態度投票や業績評価投票がみられないとしたら，どのような要因によって有権者の投票行動が決定されているのかを解明したい。なお，有権者の投票行動には，有権者が選挙に際して，投票所に来て1票を行使するか，それとも棄権するかという「投票参加」の問題と，投票参加した場合どの政党あるいはどの候補者に投票するのかという「投票方向」の2つの問題がある。したがって，はじめに投票参加の問題から考えてみることにしたい。

　ロバート・ダールが『ポリアーキー』で示したように，市民が自分の選好（preference）を形成，表現する機会をいくら制度的に保障しても，それを市民自身が行使しなければそもそも民主主義が機能していることにはならない。そこで，市民が選好を形成，表現する機会を行使することをどのような要因が促進しているのか，あるいは逆にどのような要因がそのような機会を行使することを妨げているのかを考えることは，民主主義を機能させる上で重要なことになる。そこで本章では，1998年参院選から2000年衆院選，2001年参院選，2003年衆院選を経て，2004年参院選に至る最近の国政選挙を通して，こうした問題を解明する。

　本章では，90年代の政治改革における選挙制度変更の結果，どのような変

化がみられたのかを明らかにするために，2001年参院選，2003年衆院選，2004年参院選，2005年衆院選の4回の国政選挙の他に，中選挙区制で行われた最後の総選挙である1993年衆院選，並立制で行われた最初の総選挙である1996年衆院選，2000年衆院選も加えて分析を行うことにしたい。

2 投票参加の決定要因

2−1 投票参加の決定要因（数量化理論Ⅱ類）

ここで，有権者の投票行動について，数量化理論Ⅱ類を用いた分析を行うことにしたい。共分散構造分析の場合，被説明変数に対する説明変数間同士の因果関係についても明らかにすることで，有権者意識の構造全体を知ることができる点で長所がある。しかしその一方で，被説明変数については，投票に参加するか棄権をするかというような二者択一の場合は問題がないが，自民党に投票するか野党に投票するか棄権をするかというような3つ以上のカテゴリーを持つ場合，いずれかをベースとして定める必要があり，その点で限界がある。それに対して数量化理論Ⅱ類の場合，外的基準（被説明変数）の持つカテゴリーが3以上であっても問題が生じないことにある。つまり，有権者の投票行動における外的基準自体の構造を知ることもできるという点で長所がある。また説明要因（説明変数）が質的な変数であることを前提としているので，その意味でも数量化理論Ⅱ類を用いるメリットは大きいと思われる。その一方で，1つのアイテムカテゴリー当たりの反応サンプル数が30を下回る場合，偏微分を用いて解くだけに逸脱サンプルの影響を受けることも考えられる。したがってここでは，数量化理論Ⅱ類の分析結果をみる際に，各説明要因のレンジとともに数量化理論Ⅱ類の結果，析出されたアイテムカテゴリーのウエイトに基づく偏相関係数をみることで，レンジの確認をすることにしたい。

まず，1993年衆院選以降の国政選挙における有権者の投票行動を分析し，有権者の投票行動を決定する要因がどのように変わってきたのかを明らかにしたい。なお，投票行動という外的基準に対する説明要因としては，社会的属性として性別，年齢，学歴，職業，価値観としてアノミー度，権威主義度，疎外度，ソーシャル・キャピタル，社会志向 vs 個人志向，受益志向 vs 貢献志向，未来志向 vs 現在志向，全体志向 vs 個人志向，脱物質主義 vs 物質主義，

社会将来楽観 vs 社会将来悲観，愛国心必要感 vs 愛国心不要感，精神的豊かさ vs 物質的豊かさ，国外志向 vs 国内志向，そして生活状態感として生活満足感，景気状態感，業績評価，将来期待，さらに争点態度として景気対策 vs 財政再建（消費税），大きな政府 vs 小さな政府，中央地方関係，憲法改正，集団的自衛権（国際貢献），靖国参拝・多国籍軍参加賛成，政治意識として政治関心，政治的満足感，政治的有効性感覚，および内閣支持と政党支持を分析の説明要因として用いることにした。なお，1996年衆院選では価値観の諸項目が，2004年の参院選ではアノミー度と権威主義度，疎外度については調査項目から外れている。また，業績評価については，これまでの分析では財政構造改革，経済運営，外交，全体の4領域で行ってきたが，数量化理論Ⅱ類の分析において総カテゴリー数の制限があることから，本章では業績評価のうち，全体を用いて分析を行う。また，内閣支持と政党支持については，被説明変数である数量化理論Ⅱ類における外的基準に対する影響力が大きいと思われるので，この2つの要因を加えたモデルによる分析と，この2つの要因を外したモデルによる分析の2つを行うことにした。この2つの要因を外した分析をモデルⅠ，この2つの要因を加えた分析をモデルⅡと呼ぶことにしたい。

　ここで数量化理論Ⅱ類を行ったところ，各年の選挙においていずれも「投票に参加するか棄権をするか」という軸と，「保守政党に投票するか革新政党に投票するか」という2つの軸が析出された。したがって，それぞれ析出された2つの軸をどのような要因が説明力をもっているのかをみることにしたい。

　まず，はじめに投票参加の軸に対する数量化理論Ⅱ類の分析結果をみると，モデルⅠでは，1993年衆院選で投票参加か棄権かに対して影響力が高いレンジ（説明要因別範囲）は年齢，政治関心，未来志向 vs 現在志向の3変数で，これに政治的有効性感覚や学歴，職業などが続いている（表8-1）。これに対して，争点態度や業績評価の影響力は余り高くはない。次に，1996年衆院選では「価値観」を尋ねていないので一概には比較することができないかも知れないが，1993年衆院選と同様，年齢や職業，政治関心が影響力をもっており，争点態度や業績評価は大きな影響力をもっていない。そして，2000年衆院選で年齢と職業の影響力は大きいままであり，これに愛国心要不要や社会将来楽観 vs 悲観などの価値観が加わっている。

表8-1　投票参加の決定要因（モデルⅠ・数量化Ⅱ類・レンジ）

		1993衆	1996衆	2000衆	2001参	2003衆	2004参	2005衆
社会的属性	性別	0.542	0.056	0.118	0.164	0.050	0.233	0.051
	年齢	1.454	1.704	0.724	1.661	1.439	0.809	1.076
	学歴	0.758	0.182	0.388	0.208	0.280	0.101	0.186
	職業	0.650	0.904	1.286	1.055	0.592	0.600	0.359
心理的属性	アノミー度	0.305	−	0.567	0.486	0.218	−	0.083
	権威主義度	0.243	−	0.652	0.429	0.456	−	0.230
	疎外度	−	−	0.426	0.417	0.306	−	0.038
	ソーシャル・キャピタル	−	−	−	0.344	0.142	0.22	0.159
価値観	脱物質主義	0.280	−	−	0.375	0.578	0.702	0.232
	社会志向 vs 個人志向	0.513	−	0.095	0.208	0.214	0.362	0.469
	受益志向 vs 貢献志向	0.211	−	0.624	0.218	0.395	0.254	0.432
	未来志向 vs 現在志向	1.362	−	0.670	0.682	1.032	0.140	0.121
	全体志向 vs 個人志向	−	−	−	0.384	0.153	0.244	0.376
	脱物質主義 vs 物質主義	−	−	−	0.077	0.610	0.089	0.328
	社会将来楽観感 vs 悲観感	−	−	0.711	0.229	0.271	0.551	0.710
	愛国心必要感 vs 不要感	−	−	0.928	0.250	0.200	0.429	0.935
	精神的豊かさ vs 物質的豊かさ	−	−	0.456	0.759	0.517	0.113	1.463
	国外志向 vs 国内志向	−	−	−	0.354	0.796	0.156	0.287
生活状態感	生活満足度	0.414	0.378	0.188	0.124	0.389	0.271	0.177
景気状態感	景気状態感	0.472	0.144	0.050	0.107	0.179	0.184	0.300
業績評価	全体	0.294	0.196	0.476	0.241	0.107	0.485	0.206
将来期待	全体	−	−	−	1.191	0.568	0.299	0.098
争点態度	景気対策 vs 財政再建（消費税）	−	0.215	0.157	0.526	0.454	0.180	0.670
	大きな政府 vs 小さな政府	0.162	0.265	0.430	0.106	0.244	0.381	0.616
	中央地方関係	−	−	−	0.237	0.059	0.045	0.404
	憲法改正	−	0.189	0.251	0.013	0.389	0.214	0.435
	集団的自衛権（国際貢献）	0.199	0.292	−	0.259	0.413	0.302	0.477
	靖国参拝・多国籍軍参加	−	−	−	0.147	0.412	0.204	0.624
	農産物輸入自由化	0.050	−	−	−	−	−	−
	政治改革	0.164	−	−	−	−	−	−
	政局安定 vs 政権交代	0.584	−	−	−	−	−	−
	郵政民営化	−	−	−	−	−	−	0.162
政治意識	政治関心	1.366	1.883	0.531	1.166	0.427	0.647	0.415
	政治的満足感	0.513	0.677	0.317	0.807	0.282	0.267	0.395
	政治的有効性感覚	0.876	1.046	−	0.344	0.726	0.731	0.269
内閣・政党支持	内閣支持	−	−	−	−	−	−	−
	政党支持	−	−	−	−	−	−	−

数値はレンジ

また，2001年参院選では年齢，職業，政治関心，政治関心の影響力が大きく，これに続くものとして，精神的豊かさ vs 物質的豊かさ，政治的満足感などが挙げられる。これが2003年衆院選になると，年齢の影響は変わらないものの，職業と政治関心の影響力が下がり，代わりに未来志向 vs 現在志向や政治的有効性感覚が影響力を増す傾向がみられる。この点で，小泉ブームの下で行われた2001年参院選に比べて，将来期待感の影響力が政権の経過とともに下がっていることをみて取ることができる。また，争点態度や業績評価についての影響力は低いままである。ただ，その中では，2003年衆院選でマニフェストに加わることになった憲法改正が他の変数と比べると投票参加に対する影響力は小さいままであるが，それでも従来の国政選挙に比べると相対的に大きくなっている。

さらに，2004年参院選になると，従来影響力が大きかった年齢や政治的有効性感覚に加えて脱物質主義の影響力も大きくなっている。また政権の経過時間が長くなるにしたがって他の変数に比べれば大きくはないものの従来の国政選挙時よりは業績評価の比重が高くなっている一方で，将来期待が影響力をさらに下げている。このように政権が長くなるに従って，有権者の業績評価という視点の比重が上がり，その一方で将来期待という視点から投票参加を決める比重が下がっていることがわかる。最後に，2005年衆院選では年齢以外に精神的豊かさ vs 物質的豊かさという価値観の影響力が大きくなっている。これは景気が持ち直してきたことから，あらためて物資的豊かさ以外の価値を求める志向が強まっていることの表れではないかと思われる。

ここで，1993年衆院選から2005年衆院選にかけての7回の国政選挙におけるモデルⅠの各変数の偏相関をみると，レンジと同様に，争点態度や業績評価の値は高くなく，年齢や政治的有効性感覚などが投票参加に影響をもたらしていることがわかる（表8－2）。

次に，投票参加に対する説明変数に政党支持や内閣支持を加えたモデルⅡの結果をみていくことにしたい。まず，1993年衆院選では政党支持や未来志向 vs 現在志向，年齢，政治関心などが高いレンジを示し，「政治改革」という政治改革論議の中で行われた選挙の様相をみせている（表8－3）。しかし，肝心の争点態度や業績評価についてはレンジの値は高くなく，特に「政治改革」の争点態度の値は低くなっている。言い換えると，改革の中身の是非よりもマスメディアによって「改革をするのかしないのか」という単純化され

表 8 – 2　投票参加の決定要因（モデルⅠ・数量化Ⅱ類・偏相関）

		1993衆	1996衆	2000衆	2001参	2003衆	2004参	2005衆
社会的属性	性別	0.095	0.009	0.025	0.032	0.009	0.043	0.010
	年齢	0.161	0.116	0.103	0.176	0.162	0.089	0.162
	学歴	0.105	0.023	0.053	0.041	0.043	0.016	0.030
	職業	0.075	0.066	0.136	0.105	0.047	0.067	0.055
心理的属性	アノミー度	0.048	—	0.076	0.070	0.031	—	0.014
	権威主義度	0.038	—	0.096	0.065	0.066	—	0.043
	疎外度	—	—	0.064	0.055	0.039	—	0.007
	ソーシャル・キャピタル	—	—	—	0.050	0.023	0.032	0.028
価値観	脱物質主義	0.036	—	—	0.068	0.066	0.065	0.045
	社会志向 vs 個人志向	0.055	—	0.021	0.025	0.041	0.034	0.058
	受益志向 vs 貢献志向	0.038	—	0.077	0.043	0.046	0.037	0.060
	未来志向 vs 現在志向	0.108	—	0.052	0.053	0.078	0.026	0.025
	全体志向 vs 個人志向	—	—	—	0.044	0.017	0.048	0.069
	脱物質主義 vs 物質主義	—	—	—	0.011	0.061	0.014	0.038
	社会将来楽観感 vs 悲観感	—	—	0.094	0.028	0.036	0.069	0.097
	愛国心必要感 vs 不要感	—	—	0.116	0.047	0.017	0.055	0.088
	精神的豊かさ vs 物質的豊かさ	—	—	0.032	0.070	0.036	0.011	0.108
	国外志向 vs 国内志向	—	—	—	0.027	0.054	0.016	0.021
生活状態感	生活満足度	0.065	0.060	0.039	0.024	0.058	0.043	0.028
景気状態感	景気状態感	0.050	0.016	0.004	0.011	0.019	0.028	0.047
業績評価	全体	0.028	0.025	0.071	0.023	0.017	0.062	0.037
将来期待	全体	—	—	—	0.155	0.089	0.041	0.015
争点態度	景気対策 vs 財政再建（消費税）	—	0.038	0.028	0.079	0.049	0.024	0.077
	大きな政府 vs 小さな政府	0.018	0.037	0.075	0.021	0.033	0.075	0.080
	中央地方関係	—	—	—	0.032	0.011	0.006	0.047
	憲法改正	—	0.028	0.036	0.003	0.067	0.027	0.054
	集団的自衛権（国際貢献）	0.030	0.042	—	0.040	0.060	0.041	0.090
	靖国参拝・多国籍軍参加	—	—	—	0.017	0.057	0.036	0.065
	農産物輸入自由化	0.008	—	—	—	—	—	—
	政治改革	0.029	—	—	—	—	—	—
	政局安定 vs 政権交代	0.060	—	—	—	—	—	—
	郵政民営化	—	—	—	—	—	—	0.029
政治意識	政治関心	0.063	0.158	0.104	0.048	0.049	0.123	0.077
	政治的満足感	0.039	0.051	0.046	0.123	0.035	0.038	0.074
	政治的有効性感覚	0.118	0.140	—	0.051	0.095	0.108	0.049
内閣・政党支持	内閣支持	—	—	—	—	—	—	—
	政党支持	—	—	—	—	—	—	—

数値は偏相関係数

第8章 投票行動の決定要因　229

表8－3　投票参加の決定要因（モデルⅡ・数量化Ⅱ類・レンジ）

		1993衆	1996衆	2000衆	2001参	2003衆	2004参	2005衆
社会的属性	性別	0.454	0.029	0.025	0.084	0.023	0.125	0.059
	年齢	1.110	1.268	0.159	1.428	1.013	0.754	0.949
	学歴	0.581	0.019	0.197	0.288	0.244	0.116	0.107
	職業	0.560	0.722	0.302	0.556	0.468	0.310	0.422
心理的属性	アノミー度	0.261	－	0.202	0.478	0.252	－	0.063
	権威主義度	0.204	－	0.143	0.443	0.499	－	0.217
	疎外度	－	－	0.237	0.276	0.073	－	0.029
	ソーシャル・キャピタル	－	－	－	0.598	0.259	0.103	0.130
価値観	脱物質主義	0.253	－	－	0.736	0.649	0.378	0.262
	社会志向 vs 個人志向	0.420	－	0.172	0.063	0.181	0.114	0.394
	受益志向 vs 貢献志向	0.156	－	0.142	0.164	0.188	0.316	0.307
	未来志向 vs 現在志向	1.181	－	0.346	0.068	1.013	0.351	0.077
	全体志向 vs 個人志向	－	－	－	0.141	0.028	0.168	0.383
	脱物質主義 vs 物質主義	－	－	－	0.169	0.431	0.222	0.353
	社会将来楽観感 vs 悲観感	－	－	0.387	0.097	0.224	0.507	0.583
	愛国心必要感 vs 不要感	－	－	0.329	0.207	0.327	0.315	0.801
	精神的豊かさ vs 物質的豊かさ	－	－	0.154	0.299	0.739	0.175	1.202
	国外志向 vs 国内志向	－	－	－	0.170	0.890	0.152	0.368
生活状態感	生活満足度	0.407	0.334	0.048	0.163	0.319	0.236	0.153
景気状態感	景気状態感	0.427	0.163	0.121	0.320	0.043	0.323	0.300
業績評価	全体	0.251	0.182	0.121	0.124	0.165	0.165	0.136
将来期待	全体	－	－	－	0.525	0.385	0.056	0.265
争点態度	景気対策 vs 財政再建（消費税）	－	0.226	0.095	0.451	0.420	0.159	0.558
	大きな政府 vs 小さな政府	0.199	0.218	0.116	0.105	0.458	0.317	0.588
	中央地方関係	－	－	－	0.152	0.237	0.100	0.383
	憲法改正	－	0.098	0.089	0.393	0.247	0.452	0.373
	集団的自衛権（国際貢献）	0.140	0.146	－	0.353	0.392	0.104	0.425
	靖国参拝・多国籍軍参加	－	－	－	0.277	0.429	0.137	0.574
	農産物輸入自由化	0.043	－	－	－	－	－	－
	政治改革	0.129	－	－	－	－	－	－
	政局安定 vs 政権交代	0.412	－	－	－	－	－	－
	郵政民営化	－	－	－	－	－	－	0.187
政治意識	政治関心	1.003	1.388	0.206	1.070	1.061	0.533	0.381
	政治的満足感	0.325	0.414	0.119	0.495	0.241	0.081	0.359
	政治的有効性感覚	0.666	0.848	－	0.275	0.767	0.636	0.164
内閣・政党支持	内閣支持	－	0.058	0.295	0.254	0.009	0.441	0.764
	政党支持	1.240	1.457	3.375	1.589	1.207	1.466	1.111

数値はレンジ

た構図が示され，その軸に即して各政党にレッテルが貼られたり，有権者の投票参加に対する影響がもたらされたのではないだろうか。また，橋本内閣下での1996年衆院選でも政党支持や政治関心，年齢が投票参加の決定に寄与している。

そして，2000年衆院選になると当時の首相の失言などが影響したためか，政党支持の影響が一段と大きくなっている。さらに小泉政権下で行われた2001年参院選以降をみると，いずれも政党支持と年齢のレンジが高く，「小泉選挙」とまで言われたほど首相の人気が高かった2001年参院選ではこれに政治関心や脱物質主義が続き，当時の有権者の政治への関心や従来の補助金配分などに対する批判的な論調を窺うことができる。また2003年衆院選では政党支持以外に政治関心とともに未来志向vs現在志向のレンジが高い値を示しており，年金などへの不安から長期的な財政健全化を考えるべきというマスメディアの論調が強まっていたことが一因となっていたのかもしれない。このため他変数に比べればいずれの争点態度のレンジも低いままであるが，小泉政権以前と比べると相対的には「景気対策vs財政再建」や「大きな政府vs小さな政府」などのレンジが上がってきている。

さらに2004年参院選では政治党支持や年齢，政治的有効性感覚が高い値を示すものの，「政権発足から3年を経たのに改革の実績が上がっていないのではないか？」という批判的な論調もあり，未来志向vs現在志向のレンジが低くなり，「景気対策vs財政再建」も一段と影響力をもたなくなっている。そして，2005年衆院選では小泉首相の持論である郵政民営化に対する是非で争われたことから，政党支持とともに内閣支持のレンジも高くなり，「精神的豊かさvs物質的豊かさ」という価値観も高い値を示している。しかし，それにも拘わらず，肝心の「郵政民営化」の争点態度の影響力は大きくなく，90年代の政治改革論議と同様，争点の中身よりも「改革をするのかしないのか？」という一種のイデオロギー的なレッテルが有権者の投票参加に影響をもたらしたのではないかと推察できる。

上記の期間における各変数のレンジの変化をみるために，変化のグラフを描いてみると，全体に政党支持が投票参加を規定しており，特に低い支持率の首相下で行われた2000年衆院選では一段と顕著な傾向を示していることがわかる（図8−1）。また，小泉政権発足時は有権者の大半が小泉内閣を支持したために（つまり，投票に行く者も棄権する者も内閣を支持したために）

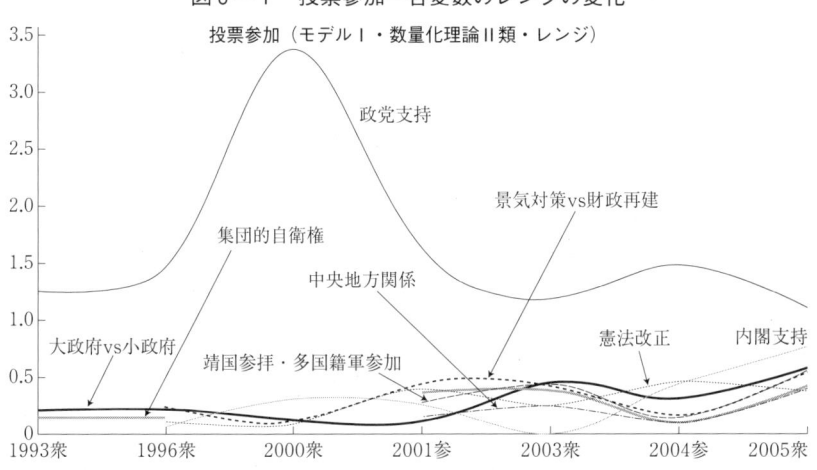

第8章 投票行動の決定要因 231

図8−1 投票参加―各変数のレンジの変化

投票参加（モデルⅠ・数量化理論Ⅱ類・レンジ）

[図：1993衆から2005衆にかけての各変数（政党支持、集団的自衛権、景気対策vs財政再建、中央地方関係、大政府vs小政府、靖国参拝・多国籍軍参加、憲法改正、内閣支持）のレンジ変化を示す折れ線グラフ。政党支持は2000衆で3.4付近まで上昇する大きな山を示す]

投票参加と内閣支持の間に大きな関連がみられなかったが，内閣支持率が低下した後半から投票参加と内閣支持の間の関連がみられるようになり，特に首相がこだわり続けた郵政民営化をめぐって解散総選挙となった2005年衆院選では高いレンジをみせている。しかし，全体に肝心の争点態度や業績評価のレンジは投票参加に強い影響を与えているとは言い難い。

ここで数量化理論Ⅱ類のレンジによる結果を補足するために偏相関係数をみても，ほぼ同様の結果を指摘することができ，争点態度や業績評価に比べて政党支持や年齢がもたらす投票参加に対する効果が大きいことがわかる（表8−4，図8−2）。

2−2 投票参加の決定要因（共分散構造分析）

これまで数量化理論Ⅱ類を用いて，有権者の争点態度や業績評価と投票参加の間に関連がみられるのかどうかを明らかにしてきた。その結果，両者の間に明確な関連を見出すことができないことがわかった。このように数量化理論Ⅱ類では被説明変数である外的基準と説明変数間の関連を調べることができるが，説明変数間の関連については明らかにすることができない。そこで，次に共分散構造分析を用いて，有権者の投票参加に至る構造を明らかにしてみることにしたい。なお，有権者のさまざまな価値観を構成する要因（具体的には社会志向vs個人志向，受益志向vs貢献志向，精神的豊かさvs

表 8－4　投票参加の決定要因（モデルⅡ・数量化Ⅱ類・偏相関）

		1993衆	1996衆	2000衆	2001参	2003衆	2004参	2005衆
社会的属性	性別	0.090	0.005	0.008	0.016	0.004	0.028	0.013
	年齢	0.142	0.107	0.044	0.149	0.125	0.101	0.155
	学歴	0.094	0.003	0.043	0.058	0.040	0.023	0.020
	職業	0.071	0.067	0.064	0.065	0.044	0.065	0.067
心理的属性	アノミー度	0.044	－	0.046	0.070	0.030	－	0.012
	権威主義度	0.035	－	0.038	0.066	0.069	－	0.044
	疎外度	－	－	0.057	0.041	0.011	－	0.006
	ソーシャル・キャピタル	－	－	－	0.083	0.034	0.017	0.027
価値観	脱物質主義	0.040	－	－	0.069	0.048	0.037	0.052
	社会志向 vs 個人志向	0.054	－	0.026	0.012	0.034	0.022	0.056
	受益志向 vs 貢献志向	0.031	－	0.035	0.033	0.020	0.049	0.050
	未来志向 vs 現在志向	0.107	－	0.045	0.011	0.069	0.036	0.017
	全体志向 vs 個人志向	－	－	－	0.018	0.003	0.037	0.076
	脱物質主義 vs 物質主義	－	－	－	0.018	0.040	0.039	0.044
	社会将来楽観感 vs 悲観感	－	－	0.086	0.018	0.026	0.073	0.089
	愛国心必要感 vs 不要感	－	－	0.090	0.031	0.030	0.045	0.083
	精神的豊かさ vs 物質的豊かさ	－	－	0.019	0.041	0.048	0.028	0.098
	国外志向 vs 国内志向	－	－	－	0.012	0.056	0.015	0.029
生活状態感	生活満足度	0.069	0.061	0.015	0.028	0.045	0.045	0.025
景気状態感	景気状態感	0.050	0.019	0.023	0.030	0.006	0.058	0.050
業績評価	全体	0.029	0.030	0.026	0.021	0.021	0.028	0.025
将来期待	全体	－	－	－	0.062	0.057	0.010	0.040
争点態度	景気対策 vs 財政再建（消費税）	－	0.040	0.026	0.056	0.046	0.026	0.072
	大きな政府 vs 小さな政府	0.025	0.035	0.033	0.017	0.052	0.070	0.085
	中央地方関係	－	－	－	0.020	0.027	0.022	0.052
	憲法改正	－	0.016	0.027	0.045	0.042	0.079	0.051
	集団的自衛権（国際貢献）	0.027	0.026	－	0.054	0.060	0.019	0.088
	靖国参拝・多国籍軍参加	－	－	－	0.049	0.052	0.026	0.067
	農産物輸入自由化	0.008	－	－	－	－	－	－
	政治改革	0.025	－	－	－	－	－	－
	政局安定 vs 政権交代	0.050	－	－	－	－	－	－
	郵政民営化	－	－	－	－	－	－	0.035
政治意識	政治関心	0.052	0.140	0.064	0.083	0.046	0.115	0.066
	政治的満足感	0.027	0.038	0.024	0.073	0.031	0.014	0.071
	政治的有効性感覚	0.106	0.126	－	0.043	0.109	0.107	0.032
内閣・政党支持	内閣支持	－	0.009	0.075	0.039	0.001	0.042	0.073
	政党支持	0.190	0.203	0.519	0.187	0.145	0.212	0.180

数値は偏相関係数

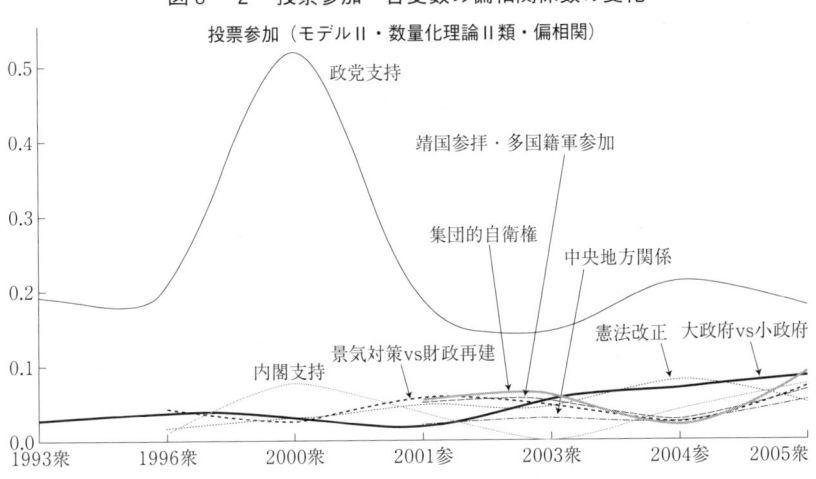

図8-2 投票参加―各変数の偏相関係数の変化

投票参加（モデルⅡ・数量化理論Ⅱ類・偏相関）

物質的豊かさ，未来志向 vs 現在志向，全体志向 vs 個人志向，社会将来楽観 vs 社会将来悲観，愛国心必要感 vs 愛国心不要感，国外志向 vs 国内志向，脱物質主義 vs 物質主義）を加えることにした。なお，これらの要因については主成分分析にかけた結果，いずれの年度においても楽観未来志向 vs 悲観現在志向という主成分と，社会貢献 vs 個人受益志向という２つの主成分が析出されたため，これら２つの主成分に対して各サンプルがもつスコアを分析に用いることにした。

まず，中選挙区制下の1993年衆院選では，年齢が直接，投票参加につながる経路の影響が最も大きな係数を示している（図8-3）。この他，年齢と学歴が生活満足感を形成し，それが景気状態感と業績評価を経て政党支持から投票参加に至る経路とアノミー度や社会志向 vs 個人志向から形成される政治的有効性感覚から投票参加に至る経路などがみられる。しかし，5つある争点態度はいずれも投票参加に対する経路を形成していないことがわかる。次に，1996年衆院選をみると調査項目が異なるために一概に比較することはできないが，投票参加に至る経路として，性別や年齢，学歴などの社会的属性から政治関心を経て来る経路と学歴の影響を受けている生活満足感が直接的ないしは景気状態感を経て間接的に業績評価に繋がり，さらに政党支持を辿ってくる経路がみられる（図8-4）。なお，ここでも争点態度と投票参加

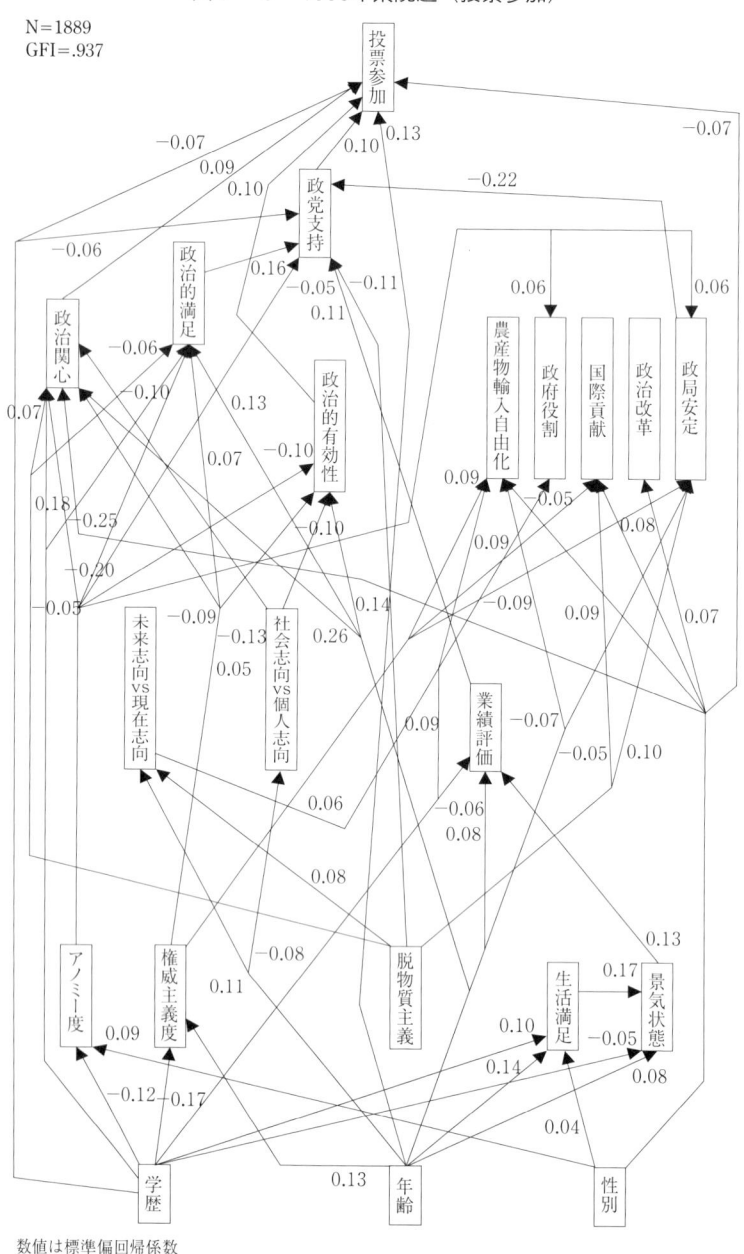

図8－3　1993年衆院選（投票参加）

N=1889
GFI=.937

数値は標準偏回帰係数

第8章 投票行動の決定要因 235

図8－4 1996年衆院選（投票参加）

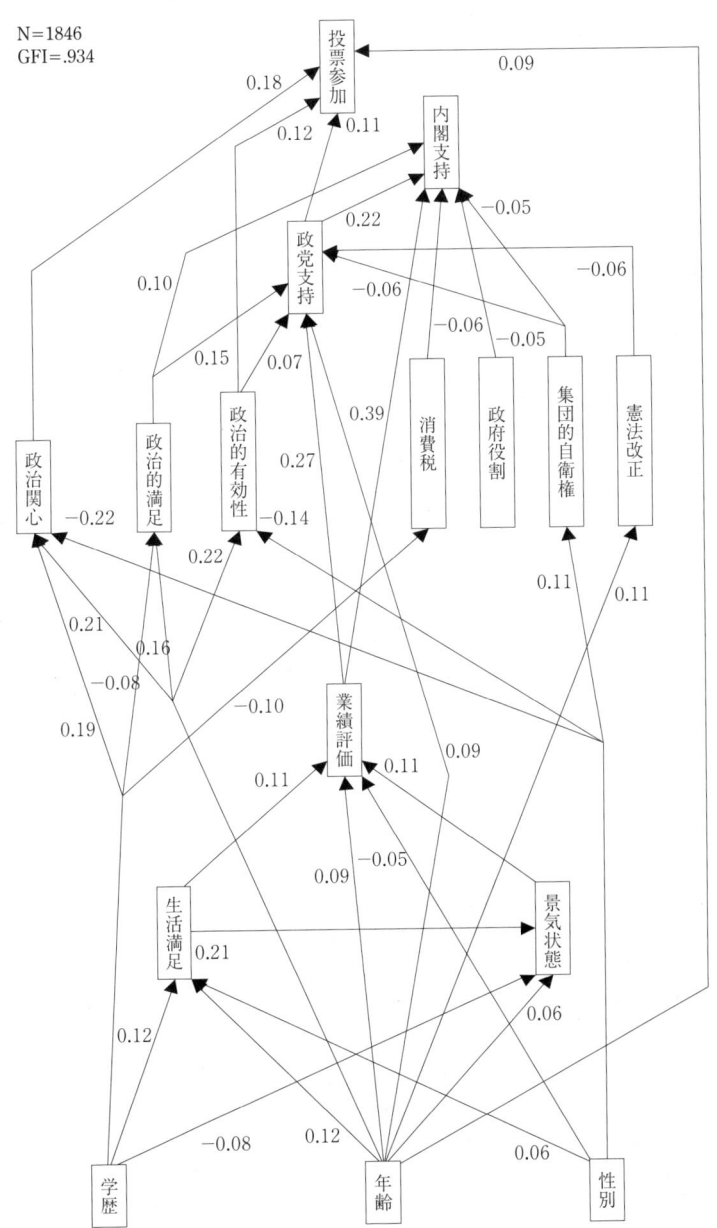

N=1846
GFI=.934

数値は標準偏回帰係数

の間の関連を見出すことができない。

そして，2000年衆院選では，年齢から政治関心を経る間接的な経路と年齢から直接，投票参加に至る経路がみられる（図8－5）。また，年齢や業績評価から形成される政党支持から投票参加に到達する経路もみられる。さらに，2001年参院選でも年齢が投票参加に直接，有意な関連をもち，年齢と性別が政治関心を経て投票参加に至る経路も有意な関連をみせている（図8－6，238頁）。また，年齢や疎外度から形成される社会貢献志向vs個人受益志向から投票参加に至る経路もみられる。さらに，2003年衆院選では性別から政治関心を経て投票参加につながる経路と年齢から直接来る経路，そしてアノミー度が楽観未来志向vs悲観現在志向を経て政治的有効性感覚に繋がり，さらに投票参加に至る経路が有意な関連を示している（図8－7，239頁）。

そして，2004年参院選になると，性別と年齢が政治関心を経て投票参加に至る経路と年齢から直接来る経路，ソーシャル・キャピタルが楽観未来志向vs悲観現在志向と政治的有効性感覚を経て投票参加に至る経路がみられる（図8－8，240頁）。なお，2004年参院選では関連の度合いは大きくはないものの政府役割も投票参加につながっている。最後に，2005年衆院選をみると，年齢から直接，投票参加に至る経路と疎外度などから形成される楽観未来志向vs悲観現在志向から政治的有効性感覚を経て投票参加に至る経路，権威主義度と学歴が政治関心を経て投票参加に至る経路などがみられる（図8－9，241頁）。

このようにみてくると，投票参加を形成している要因は，全体に年齢や政治的有効性感覚，政治関心，政党支持などであり，政治的有効性感覚に影響を与えているのが楽観未来志向vs悲観現在志向であり，さらにそれを形成しているのがアノミー度やソーシャル・キャピタルなどである。また政治関心を形成しているのは社会的属性や権威主義度などである。そして，政党支持に影響をもたらしているのが業績評価であり，それを形成しているのが景気状態感や生活満足度などである。その一方で，争点態度については，2004年参院選の政府役割と2005年衆院選の郵政民営化を除けば，いずれも投票参加と強い関連でつながっているわけではなく，業績評価も政党支持を辿る経路はみられるものの投票参加に直接，つながる経路はみられない。

図8－5　2000年衆院選（投票参加）

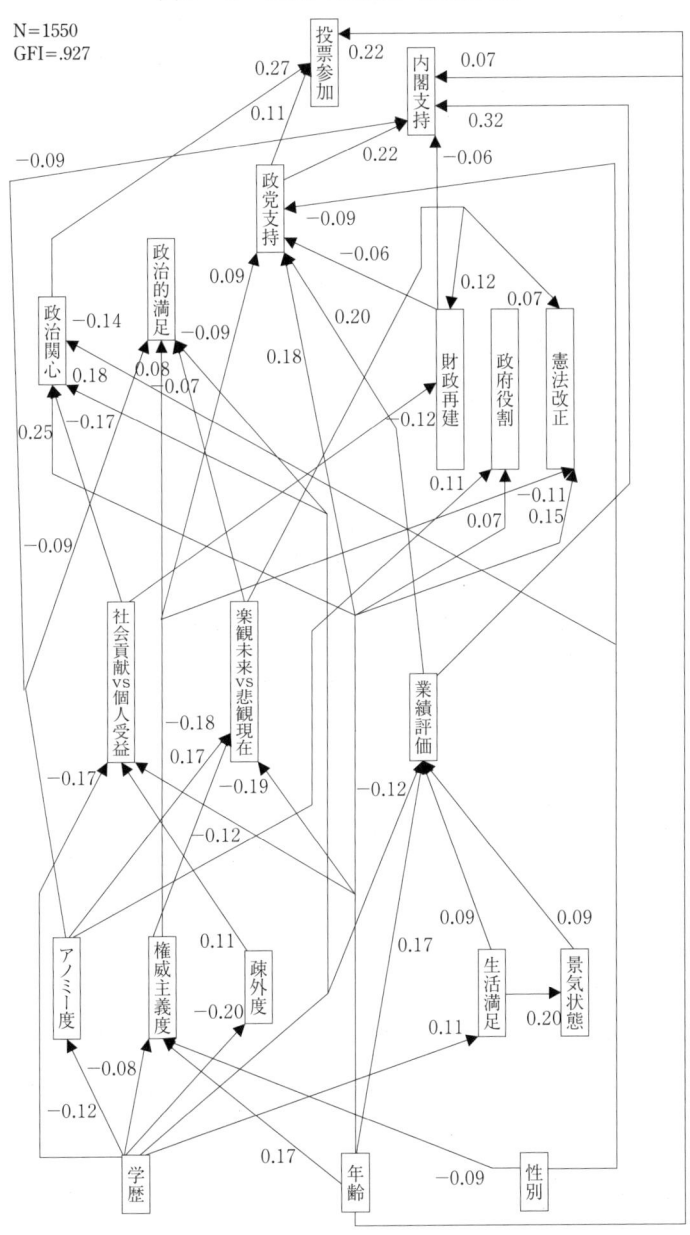

N=1550
GFI=.927

数値は標準偏回帰係数

238

図8－6　2001年参院選（投票参加）

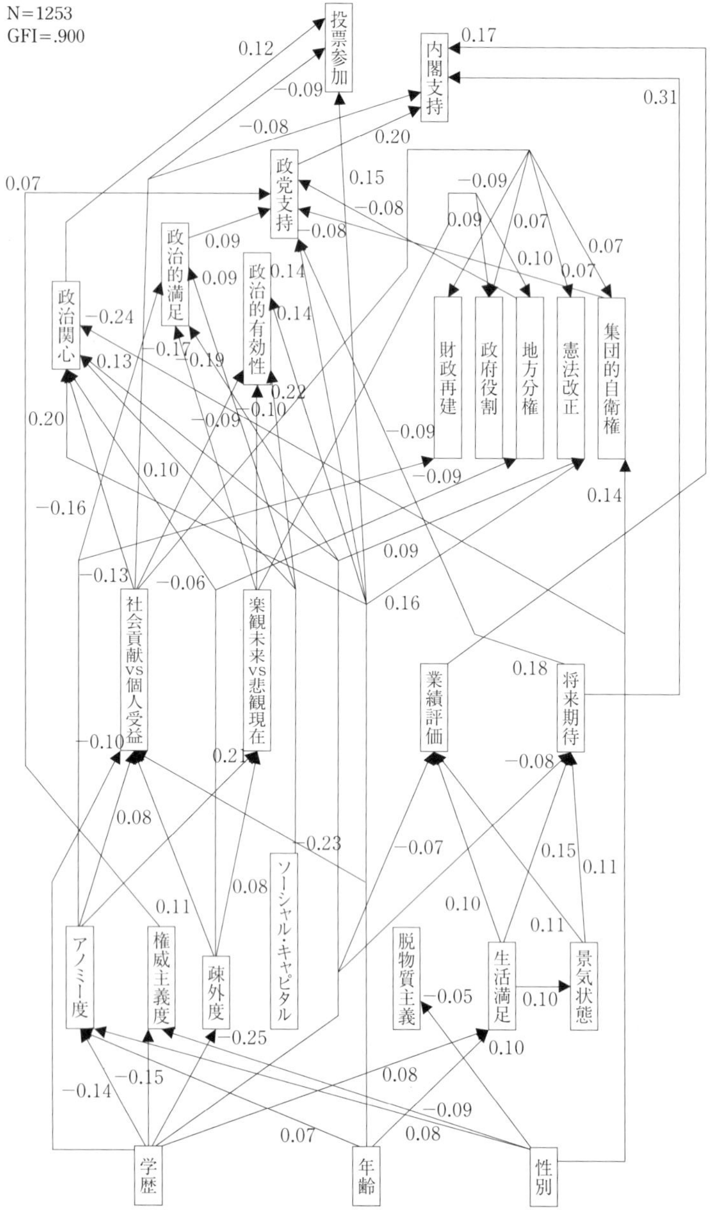

N=1253
GFI=.900

数値は標準偏回帰係数

第8章 投票行動の決定要因　239

図8－7　2003年衆院選（投票参加）

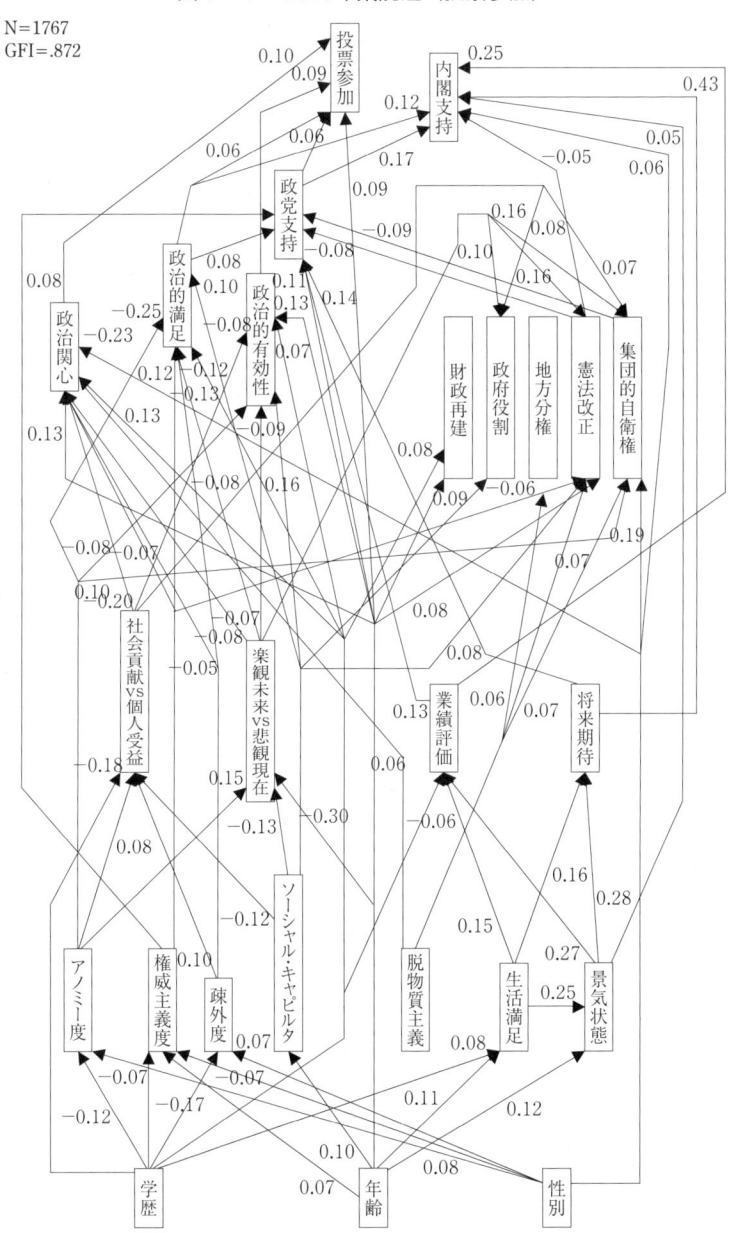

N=1767
GFI=.872

240

図8－8　2004年参院選（投票参加）

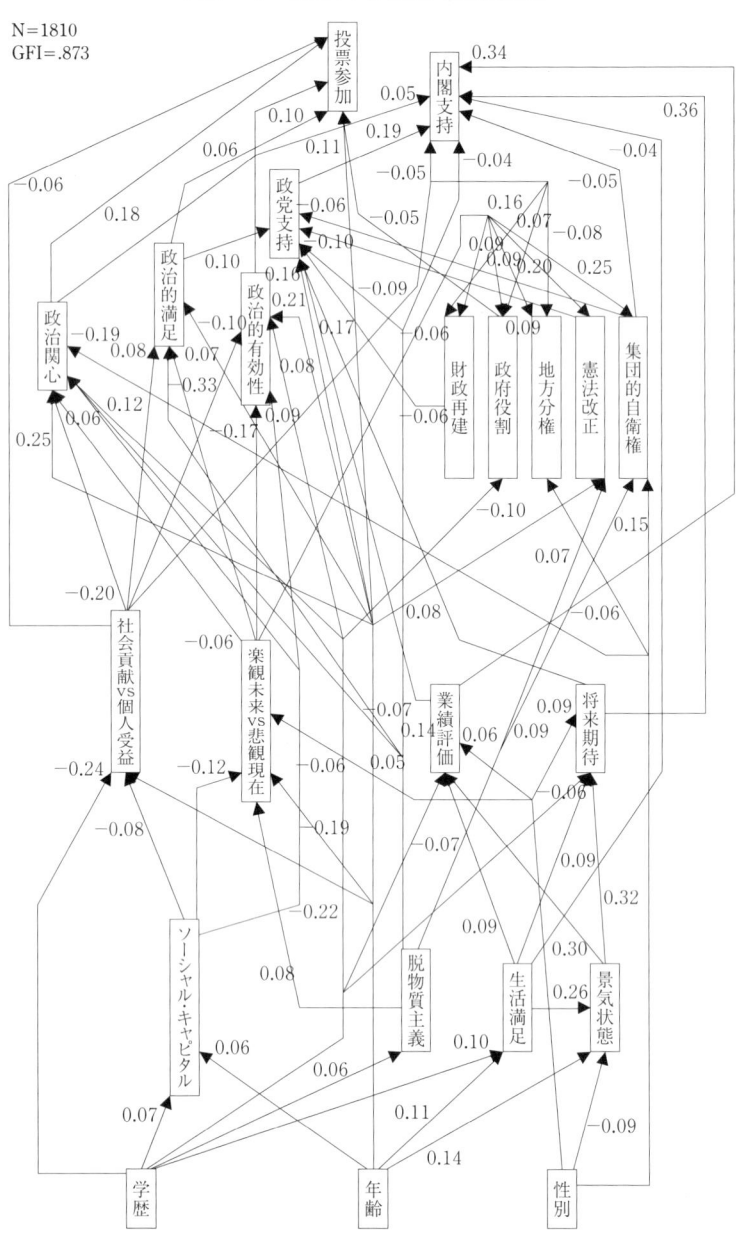

N=1810
GFI=.873

数値は標準偏回帰係数

第8章　投票行動の決定要因　241

図8－9　2005年衆院選（投票参加）

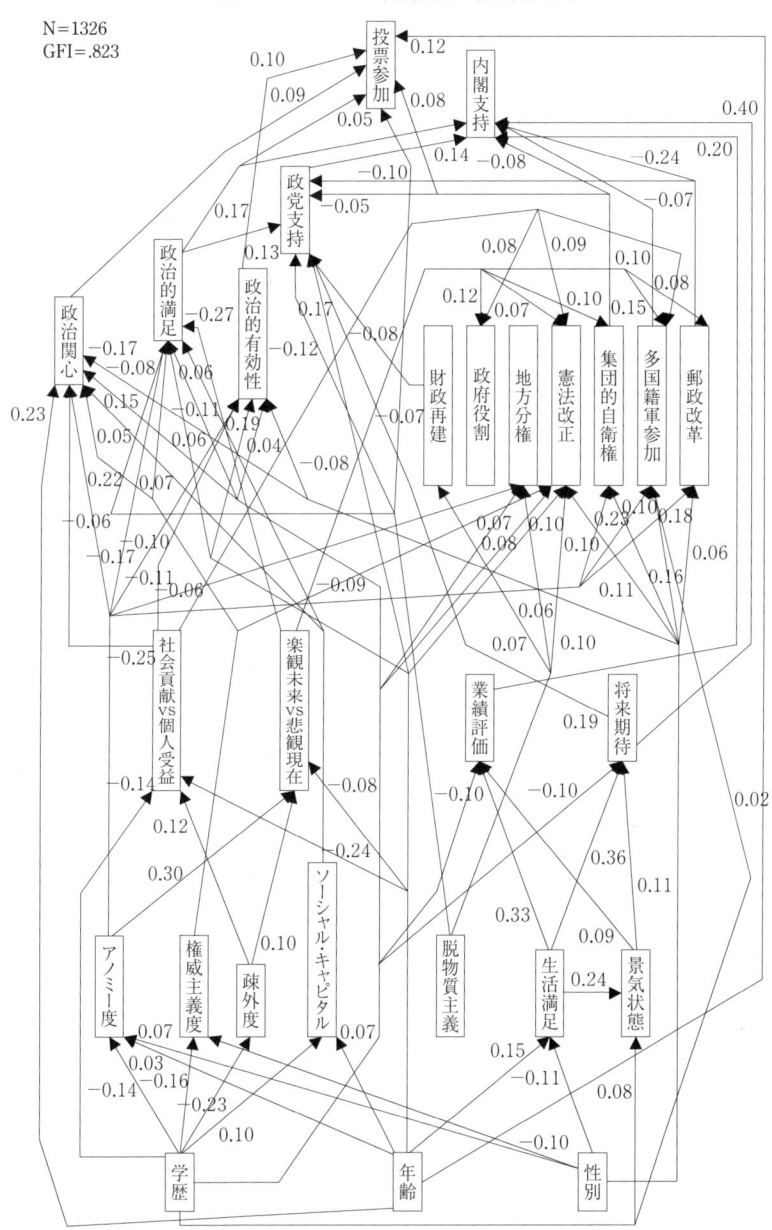

N=1326
GFI=.823

数値は標準偏回帰係数

3 投票方向の決定要因

3-1 投票方向の決定要因（数量化理論Ⅱ類）

さて，これまで投票参加に対する各説明要因の影響力をみてきたが，ここで投票方向（参院選における選挙区選挙ならびに衆院選における小選挙区選挙），つまり「保守政党投票－革新政党投票」という軸に対する影響力をみることにしたい。ここでも，投票参加の場合と同様，モデルⅠとモデルⅡのそれぞれについて分析を行う。

まず，政党支持と内閣支持を含まないモデルⅠでは，中選挙区制下であるか並立制下であるかによって，争点態度が投票方向（選挙区）に及ぼす影響に大きな相違をみることができない（表8-5）。例えば，1993年衆院選以降，一貫して尋ねている「政府役割」をみると，2001年参院選まではレンジが増加するが，その後は下がり，2005年衆院選では中選挙区制時とほぼ同様のレベルにまで落ちている。また，集団的自衛権をみても，1993年衆院選から2001年参院選まで上昇した後に下降し，2005年衆院選では1993年衆院選とほぼ同じ値になっている。さらに業績評価も1993年衆院選から1996年衆院選にかけて一旦レンジが高くなったものの，その後，2001年参院選まで下がり，2003年衆院選以降は中選挙区下での1993年衆院選時と同様の値を示している。

ここで各国政選挙における投票方向（選挙区）を規定する要因をみていくと，まず，1993年衆院選では職業と政治的満足感，そして政局安定vs政権交代が高いレンジをみせており，1996年衆院選では職業と年齢，業績評価などが投票方向との関連をみせている。また，2000年衆院選では職業が投票方向と強い関連をもっていることがわかる。さらに，2001年参院選においては年齢が最も高いレンジを示しており，これに未来志向vs現在志向をはじめ，争点態度の集団的自衛権や靖国参拝などが高いレンジを示している。この他，全体志向vs個人志向，脱物質主義vs物質主義などの価値観や景気状態感も投票方向に影響している。

ところが，2003年衆院選になると，職業や将来期待感がレンジの値を高め，政治的有効性感覚やマニフェストで憲法改正問題が入れられたこともあり，愛国心必要感vs愛国心不要感という価値意識が投票方向への効果をもたらしている。しかし，その一方で憲法改正と財政再建についての争点態度が

表8－5　投票方向の決定要因（選挙区・モデルⅠ・数量化Ⅱ類・レンジ）

		1993衆	1996衆	2000衆	2001参	2003衆	2004参	2005衆
社会的属性	性別	0.089	0.029	0.042	0.261	0.185	0.009	0.162
	年齢	0.470	1.247	0.341	1.034	0.507	0.634	0.390
	学歴	0.480	0.194	0.101	0.054	0.159	0.182	0.212
	職業	0.906	1.475	1.600	0.595	1.231	1.182	0.571
心理的属性	アノミー度	0.495	－	0.243	0.415	0.376	－	0.094
	権威主義度	0.338	－	0.340	0.587	0.221	－	0.057
	疎外度	－	－	0.501	0.278	0.372	－	0.240
	ソーシャル・キャピタル	－	－	－	0.564	0.342	0.101	0.109
価値観	脱物質主義	0.458	－	－	0.606	0.384	0.503	0.222
	社会志向 vs 個人志向	0.093	－	0.097	0.310	0.255	0.265	0.199
	受益志向 vs 貢献志向	0.063	－	0.301	0.375	0.087	0.098	0.158
	未来志向 vs 現在志向	0.156	－	0.528	0.733	0.269	0.303	0.341
	全体志向 vs 個人志向	－	－	－	0.579	0.182	0.409	0.056
	脱物質主義 vs 物質主義	－	－	－	0.551	0.506	0.269	0.093
	社会将来楽観感 vs 悲観感	－	－	0.284	0.357	0.178	0.383	0.198
	愛国心必要感 vs 不要感	－	－	0.234	0.167	0.490	0.103	0.183
	精神的豊かさ vs 物質的豊かさ	－	－	0.135	0.264	0.152	0.099	0.423
	国外志向 vs 国内志向	－	－	－	0.669	0.150	0.104	0.226
生活状態感	生活満足度	0.335	0.290	0.085	0.357	0.044	0.020	0.168
景気状態感	景気状態感	0.118	0.352	0.222	0.532	0.099	0.306	0.154
業績評価	全体	0.490	1.065	0.865	0.129	0.478	0.501	0.370
将来期待	全体	－	－	－	0.492	1.029	0.536	0.830
争点態度	景気対策 vs 財政再建（消費税）	－	0.502	0.415	0.283	0.278	0.148	0.189
	大きな政府 vs 小さな政府	0.047	0.167	0.561	0.315	0.159	0.148	0.099
	中央地方関係	－	－	－	0.109	0.197	0.217	0.173
	憲法改正	－	0.212	0.532	0.365	0.332	0.621	0.440
	集団的自衛権（国際貢献）	0.213	0.418	－	0.640	0.173	0.259	0.226
	靖国参拝・多国籍軍参加	－	－	－	0.653	0.150	0.189	0.133
	農産物輸入自由化	0.082	－	－	－	－	－	－
	政治改革	0.055	－	－	－	－	－	－
	政局安定 vs 政権交代	0.991	－	－	－	－	－	－
	郵政民営化	－	－	－	－	－	－	0.784
政治意識	政治関心	0.429	0.658	0.586	0.623	0.173	0.746	0.779
	政治的満足感	0.805	0.617	0.614	0.221	0.324	0.399	0.443
	政治的有効性感覚	0.422	0.866	－	0.212	0.419	0.336	0.164
内閣・政党支持	内閣支持	－	－	－	－	－	－	－
	政党支持	－	－	－	－	－	－	－

数値はレンジ

　2001年参院選とほぼ同じレンジを示していることを除けば，2001年参院選で投票方向と強い関連を持った集団的自衛権や靖国参拝，政府役割といった争点態度の影響力が低下している。マニフェスト選挙といわれた2003年衆院選

こそ，有権者の争点態度が投票方向とリンクする争点態度投票がみられるべきであったが，残念ながら現実の有権者はそのような視点から自分の投票方向を決めているわけではないことが明らかになった。そして2004年参院選においてもその傾向は継続しており，投票方向に影響をもたらしているのは職業や年齢などの要因である。なお，憲法改正については，争点態度の中では例外的に2004年参院選で投票方向と関連を持っている。そして，2005年衆院選では，郵政民営化と政治関心が高い数値を示している。なお，これまで述べてきたモデルⅠの分析結果を偏相関係数から裏付けてみると，ほぼ同様の結果をみることができる（表8－6）。

　ここで，説明変数に政党支持と内閣支持を加えたモデルⅡによる数量化理論Ⅱ類の分析結果をみても，同様に投票方向（選挙区）に対する争点態度の規定力が並立制以降，高くなったとは言い難い（表8－7）。あえて言えば，憲法改正問題に関する争点態度の影響力が増える傾向にあるが，選挙制度変更の影響というよりも憲法改正論議が本格化してきたためと思われる。その一方で，投票方向に対して最も影響をもつのは政党支持であるが，2000年衆院選以降，少しずつレンジが下がってきている。また内閣支持は2001年参院選における小泉ブームを反映してか，2001年参院選では高く，その後，一時，レンジが低下した後，小泉首相が郵政民営化をめぐって解散総選挙を決断して行われた2005年衆院選で再び高い値を示している。さらに，社会的属性をみると，全体に職業のレンジが高く，年齢のレンジは2001年参院選では高いものの，2003年衆院選以降はやや低下する傾向がみられる。また価値観では2003年衆院選においてアノミー度と疎外度が高い値を示しており，脱物質主義が2001年参院選から2004年参院選にかけての3回の選挙で高いレンジを示し，未来志向vs現在志向と精神的豊かさvs物質的豊かさは2001年参院選においてのみ高い値を示している。この他，将来期待は2001年参院選と2003年衆院選では高い値を示しているが，政権発足後3年以上経た2004年参院選以降は影響力を失っている。同様に，争点態度では財政再建が2003年衆院選までは影響をもつものの，2004年参院選では影響力を低下させている。その他の争点態度では，2004年参院選以降における憲法改正を除けば，総じて投票方向に対しては大きな影響力をもっていない。これに対して，政治関心は2001年参院選と2003年衆院選，また政治的満足感が2001年参院選，政治的有効性感覚が2003年衆院選で投票方向に対する高い影響力を持っている。ここ

第8章 投票行動の決定要因 245

表8-6 投票方向の決定要因（選挙区・モデルⅠ・数量化Ⅱ類・偏相関）

		1993衆	1996衆	2000衆	2001参	2003衆	2004参	2005衆
社会的属性	性別	0.023	0.006	0.009	0.043	0.042	0.002	0.050
	年齢	0.066	0.107	0.045	0078	0.072	0.112	0.086
	学歴	0.083	0.036	0.016	0.009	0.033	0.040	0.042
	職業	0.146	0.138	0.150	0.071	0.135	0.147	0.092
心理的属性	アノミー度	0.097	―	0.033	0.049	0.060	―	0.027
	権威主義度	0.064	―	0.048	0.064	0.037	―	0.016
	疎外度	―	―	0.069	0.038	0.061	―	0.068
	ソーシャル・キャピタル	―	―	―	0.069	0.055	0.019	0.032
価値観	脱物質主義	0.089	―	―	0.054	0.068	0.058	0.069
	社会志向vs個人志向	0.024	―	0.020	0.048	0.028	0.051	0.026
	受益志向vs貢献志向	0.015	―	0.059	0.042	0.020	0.016	0.037
	未来志向vs現在志向	0.017	―	0.041	0.053	0.026	0.030	0.043
	全体志向vs個人志向	―	―	―	0.058	0.024	0.063	0.017
	脱物質主義vs物質主義	―	―	―	0.047	0.070	0.065	0.015
	社会将来楽観感vs悲観感	―	―	0.038	0.041	0.030	0.077	0.055
	愛国心必要感vs不要感	―	―	0.025	0.019	0.055	0.025	0.026
	精神の豊かさvs物質の豊かさ	―	―	0.018	0.022	0.014	0.015	0.053
	国外志向vs国内志向	―	―	―	0.070	0.012	0.024	0.027
生活状態感	生活満足度	0.068	0.058	0.016	0.038	0.008	0.004	0.040
景気状態感	景気状態感	0.021	0.044	0.025	0.029	0.016	0.052	0.043
業績評価	全体	0.096	0.165	0.149	0.020	0.080	0.085	0.076
将来期待	全体	―	―	―	0.057	0.167	0.091	0.168
争点態度	景気対策vs財政再建（消費税）	―	0.108	0.075	0.027	0.061	0.025	0.059
	大きな政府vs小さな政府	0.012	0.030	0.101	0.033	0.037	0.026	0.022
	中央地方関係	―	―	―	0.011	0.032	0.052	0.053
	憲法改正	―	0.035	0.091	0.036	0.070	0.132	0.084
	集団的自衛権（国際貢献）	0.050	0.077	―	0.076	0.031	0.047	0.048
	靖国参拝・多国籍軍参加	―	―	―	0.082	0.031	0.025	0.037
	農産物輸入自由化	0.012	―	―	―	―	―	―
	政治改革	0.012	―	―	―	―	―	―
	政局安定vs政権交代	0.231	―	―	―	―	―	―
	郵政民営化	―	―	―	―	―	―	0.196
政治意識	政治関心	0.020	0.062	0.111	0.097	0.010	0.062	0.050
	政治的満足感	0.131	0.082	0.076	0.034	0.051	0.073	0.114
	政治的有効性感覚	0.080	0.142	―	0.027	0.079	0.067	0.044
内閣・政党支持	内閣支持	―	―	―	―	―	―	―
	政党支持	―	―	―	―	―	―	―

数値は偏相関係数

表 8－7　投票方向の決定要因（選挙区・モデルⅡ・数量化Ⅱ類・レンジ）

		1993衆	1996衆	2000衆	2001参	2003衆	2004参	2005衆
社会的属性	性別	0.015	0.092	0.036	0.167	0.072	0.098	0.020
	年齢	0.199	0.510	0.140	0.455	0.210	0.278	0.265
	学歴	0.219	0.056	0.081	0.075	0.092	0.154	0.206
	職業	0.405	0.729	0.705	0.524	0.845	0.655	0.214
心理的属性	アノミー度	0.267	－	0.073	0.191	0.322	－	0.053
	権威主義度	0.198	－	0.169	0.272	0.140	－	0.053
	疎外度	－	－	0.137	0.257	0.319	－	0.149
	ソーシャル・キャピタル	－	－	－	0.177	0.232	0.133	0.119
価値観	脱物質主義	0.145	－	－	0.481	0.379	0.434	0.089
	社会志向 vs 個人志向	0.158	－	0.081	0.193	0.227	0.195	0.157
	受益志向 vs 貢献志向	0.092	－	0.098	0.187	0.068	0.100	0.083
	未来志向 vs 現在志向	0.146	－	0.252	0.568	0.054	0.229	0.269
	全体志向 vs 個人志向	－	－	－	0.352	0.153	0.317	0.029
	脱物質主義 vs 物質主義	－	－	－	0.369	0.279	0.191	0.082
	社会将来観楽観感 vs 悲観感	－	－	0.100	0.232	0.169	0.215	0.156
	愛国心必要感 vs 不要感	－	－	0.037	0.163	0.299	0.126	0.134
	精神的豊かさ vs 物質的豊かさ	－	－	0.106	0.403	0.051	0.077	0.353
	国外志向 vs 国内志向	－	－	－	0.231	0.333	0.103	0.150
生活状態感	生活満足度	0.156	0.143	0.025	0.118	0.043	0.085	0.059
景気状態感	景気状態感	0.047	0.130	0.170	0.191	0.059	0.231	0.154
業績評価	全体	0.172	0.187	0.061	0.273	0.148	0.126	0.125
将来期待	全体	－	－	－	0.329	0.425	0.060	0.116
争点態度	景気対策 vs 財政再建（消費税）	－	0.324	0.083	0.318	0.295	0.072	0.115
	大きな政府 vs 小さな政府	0.038	0.043	0.089	0.242	0.088	0.130	0.080
	中央地方関係	－	－	－	0.122	0.113	0.189	0.113
	憲法改正	－	0.101	0.084	0.135	0.217	0.330	0.346
	集団的自衛権（国際貢献）	0.080	0.122	－	0.152	0.043	0.145	0.192
	靖国参拝・多国籍軍参加	－	－	－	0.214	0.077	0.205	0.043
	農産物輸入自由化	0.095	－	－	－	－	－	－
	政治改革	0.064	－	－	－	－	－	－
	政局安定 vs 政権交代	0.413	－	－	－	－	－	－
	郵政民営化	－	－	－	－	－	－	0.406
政治意識	政治関心	0.299	0.291	0.015	0.536	0.504	0.151	0.361
	政治的満足感	0.246	0.117	0.083	0.363	0.145	0.172	0.212
	政治的有効性感覚	0.250	0.440	－	0.176	0.240	0.159	0.088
内閣・政党支持	内閣支持	－	0.394	0.562	0.813	0.376	0.489	0.736
	政党支持	2.250	1.764	2.310	2.045	1.770	1.739	1.255

数値はレンジ

で投票方向に対する各説明変数のレンジの変化をみると，上下を繰り返しながらも政党支持の値が低下する一方で，内閣支持のレンジが上がっていることがわかる（図8－10）。これら2つの変数に比べると，その他の変数のレンジは相対的にはあまり高くはない。

さらに偏相関係数をみると，やはりレンジと同様の傾向をみることができる。つまり，政党支持が全体に高い影響力を保ち，内閣支持は2000年衆院選と2001年参院選で高い影響力を持つものの，その後，低下した後，2005年衆院選で再び影響力を増やしている（表8－8）。また争点態度については，1993年衆院選における「政局安定 vs 政権交代」と2005年衆院選における郵政民営化，そして2004年衆院選以降の憲法改正を除くと投票方向との間に大きな関連をみることができない。また，将来期待も2003年衆院選以外では大きな影響力を持っていない。このようにみると，やはり偏相関からみても，マニフェスト選挙といわれた2003年衆議院選挙以降，有権者の争点態度投票がみられたとは言えないようである。ここで，レンジと同様に，投票方向に対する各説明変数の偏相関の変化をみると，政党支持が最も高い値を示し，内閣支持が徐々に政党支持に迫る勢いを示していることがわかる（図8－11）。

図8－10　投票方向—各変数のレンジの変化

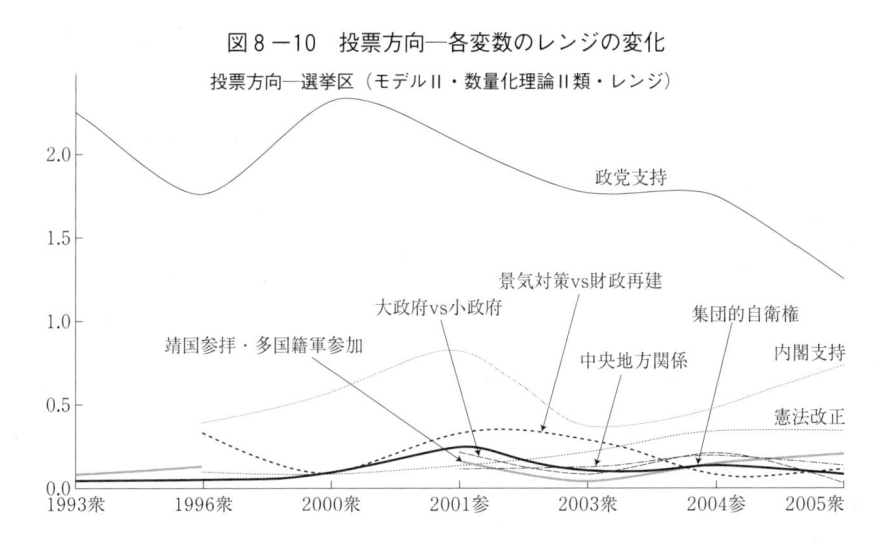

投票方向—選挙区（モデルⅡ・数量化理論Ⅱ類・レンジ）

表8-8 投票方向の決定要因（選挙区・モデルⅡ・数量化Ⅱ類・偏相関）

		1993衆	1996衆	2000衆	2001参	2003衆	2004参	2005衆
社会的属性	性別	0.006	0.029	0.017	0.047	0.022	0.034	0.007
	年齢	0.051	0.079	0.040	0.093	0.042	0.071	0.084
	学歴	0.067	0.015	0.030	0.017	0.028	0.040	0.053
	職業	0.103	0.113	0.151	0.085	0.112	0.108	0.047
心理的属性	アノミー度	0.069	―	0.026	0.050	0.068	―	0.019
	権威主義度	0.056	―	0.057	0.065	0.033	―	0.019
	疎外度	―	―	0.052	0.063	0.063	―	0.052
	ソーシャル・キャピタル	―	―	―	0.039	0.052	0.039	0.041
価値観	脱物質主義	0.052	―	―	0.064	0.075	0.053	0.031
	社会志向 vs 個人志向	0.036	―	0.018	0.053	0.031	0.048	0.026
	受益志向 vs 貢献志向	0.023	―	0.028	0.051	0.020	0.022	0.032
	未来志向 vs 現在志向	0.024	―	0.044	0.062	0.007	0.032	0.044
	全体志向 vs 個人志向	―	―	―	0.059	0.027	0.083	0.006
	脱物質主義 vs 物質主義	―	―	―	0.057	0.052	0.062	0.020
	社会将来楽観感 vs 悲観感	―	―	0.029	0.058	0.038	0.066	0.056
	愛国心必要感 vs 不要感	―	―	0.014	0.019	0.043	0.021	0.024
	精神的豊かさ vs 物質的豊かさ	―	―	0.046	0.047	0.011	0.016	0.054
	国外志向 vs 国内志向	―	―	―	0.062	0.034	0.015	0.040
生活状態感	生活満足度	0.048	0.044	0.011	0.022	0.011	0.028	0.020
景気状態感	景気状態感	0.016	0.030	0.027	0.019	0.010	0.052	0.053
業績評価	全体	0.055	0.047	0.018	0.035	0.036	0.026	0.033
将来期待	全体	―	―	―	0.059	0.089	0.013	0.028
争点態度	景気対策 vs 財政再建（消費税）	―	0.093	0.034	0.068	0.057	0.023	0.047
	大きな政府 vs 小さな政府	0.014	0.012	0.036	0.044	0.027	0.034	0.031
	中央地方関係	―	―	―	0.021	0.024	0.049	0.044
	憲法改正	―	0.029	0.034	0.022	0.060	0.093	0.086
	集団的自衛権（国際貢献）	0.028	0.034	―	0.031	0.011	0.034	0.048
	靖国参拝・多国籍軍参加	―	―	―	0.033	0.014	0.040	0.013
	農産物輸入自由化	0.021	―	―	―	―	―	―
	政治改革	0.023	―	―	―	―	―	―
	政局安定 vs 政権交代	0.145	―	―	―	―	―	―
	郵政民営化	―	―	―	―	―	―	0.127
政治意識	政治関心	0.021	0.018	0.007	0.039	0.027	0.019	0.038
	政治的満足感	0.056	0.023	0.021	0.083	0.031	0.040	0.073
	政治的有効性感覚	0.074	0.092	―	0.038	0.060	0.045	0.032
内閣・政党支持	内閣支持	―	0.098	0.178	0.172	0.089	0.109	0.205
	政党支持	0.505	0.398	0.589	0.354	0.344	0.385	0.352

数値は偏相関係数

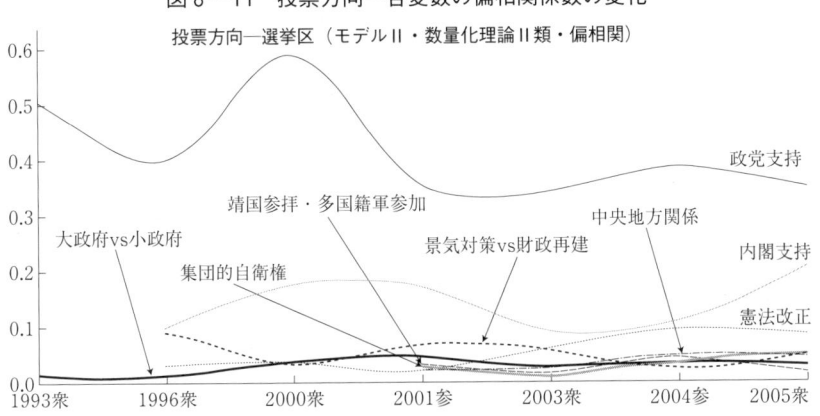

図8-11 投票方向―各変数の偏相関係数の変化

投票方向―選挙区（モデルⅡ・数量化理論Ⅱ類・偏相関）

3-2 投票方向の決定要因（共分散構造分析）

これまで有権者の投票方向がどのような要因によって形成されてきたのかを明らかにしてきた。ここでは各要因の間の関連もみることで有権者がどのような経路をたどって投票方向の決定に至っているのかを明らかにしたい。具体的には，投票方向（選挙区）を被説明変数として，投票参加と同様の説明変数を用いた共分散構造分析を行ってみた。

まず1993年衆院選では，政治満足が直接的あるいは政党支持を介して間接的に投票方向を規定している。これに対し，農産物自由化や政府役割，国際貢献，選挙制度改革などの争点態度と自民支持や投票方向の間との関連はみられない（図8-12）。本来であれば政治改革を争点として争われた衆院選であったにも拘わらず，選挙制度改革の争点程度が投票方向と大きな関連をもっていないことが注目される。なお，政治満足度はアノミー度を経由して学歴が，あるいは年齢が直接的に影響を与えている。そして政局安定vs政権交代が投票方向に寄与している。次に，小選挙区制で行われた1996年衆院選でも，消費税を除けば，政府役割や米軍基地問題，憲法改正などに対する態度が直接，投票行動に影響しておらず，内閣支持や政党支持などが投票行動を規定していることがわかる（図8-13，251頁）。そして，学歴が生活満足感や景気状態感を経由して業績評価に繋がり，さらに政党支持に影響している。

さらに，2000年衆院選では，学歴と年齢が業績評価を経て政党支持を形成し，投票方向に至る経路を見出すことができる（図8-14，253頁）。また，

250

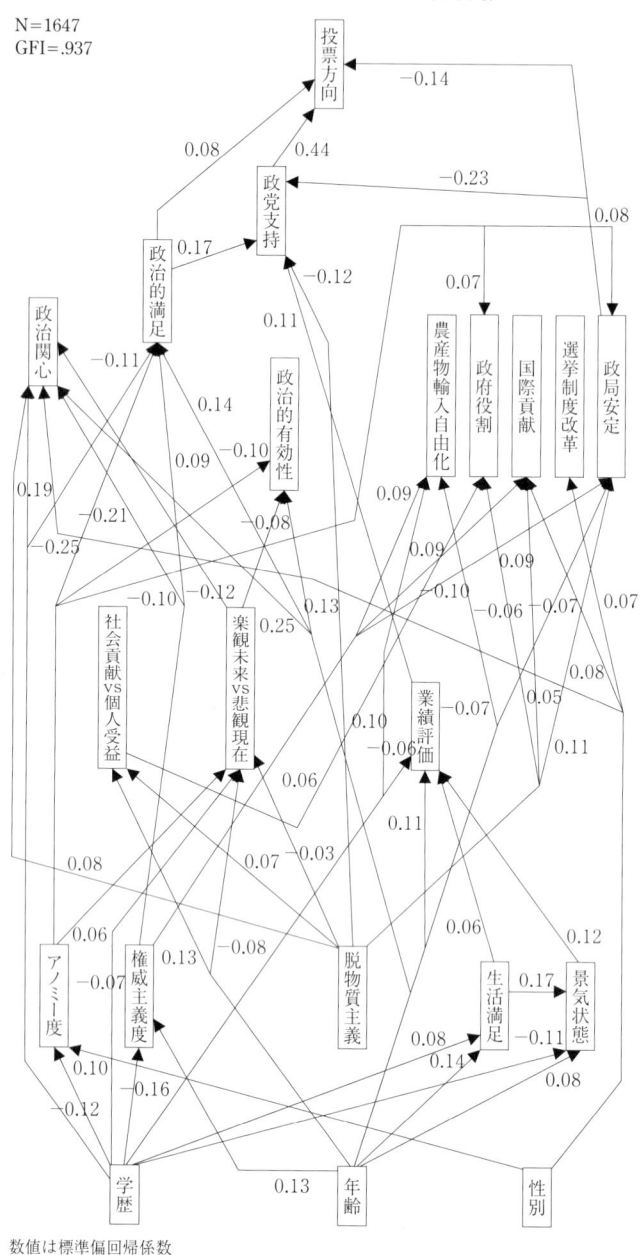

図8-12　1993年衆院選（投票方向）

N=1647
GFI=.937

数値は標準偏回帰係数

第8章 投票行動の決定要因　251

図8−13　1996年衆院選（投票方向）

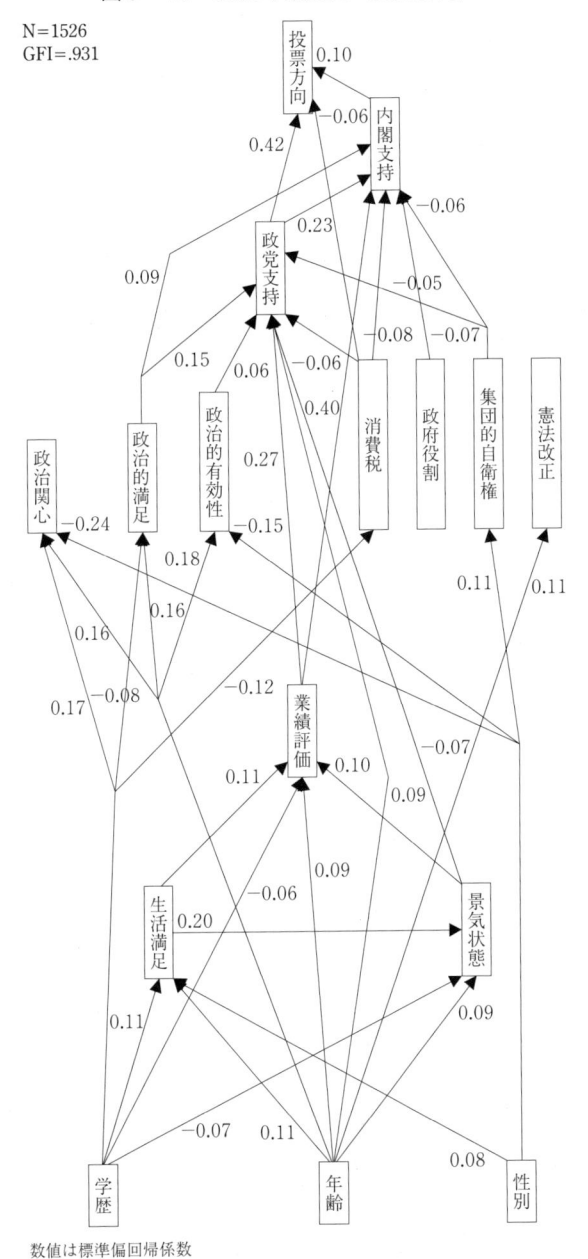

N=1526
GFI=.931

数値は標準偏回帰係数

業績評価と政党支持から内閣支持を辿って投票方向につながる経路も有意な関連をもっている。その一方で，財政再建や憲法改正などの争点態度は投票方向と大きな関連をみせてはいない。そして，2001年参院選でも政党支持と内閣支持が投票行動を大きく規定している（図8－15, 254頁）。なお，学歴から生活満足感と景気状態感を経て将来期待に至り，さらにそれを辿って政党支持に至る経路をみることができる。また，2003年衆院選でも政党支持と内閣支持が投票方向に大きな関連をもっている（図8－16, 255頁）。その他では，憲法改正が投票方向に影響し，他の争点である財政再建や政府役割，地方分権，集団的自衛権などは直接の影響を投票方向に対してもっていない。

次に，2004年参院選でも政党支持と内閣支持が投票方向と有意な関連をもち，憲法改正も投票方向とつながっている（図8－17, 256頁）。しかし，それ以外の財政再建や政府役割，地方分権，集団的自衛権は影響をもたないままである。最後に，2005年衆院選をみても政党支持と内閣支持が投票行動に大きな影響を与えており，郵政民営化以外の財政再建や政府役割，地方分権，憲法改正，集団的自衛権，多国籍軍参加などの争点態度は投票行動と直接にはつながっていないことがわかる（図8－18, 257頁）。

これまでみてきた国政選挙における投票方向を決定する要因を概観してみると，全体として共分散構造分析の結果をみる限り，投票方向に影響をもたらしているのは，政党支持と内閣支持，それに様々な価値観や社会的属性であり，争点態度は1993年の政権交代や2005年の郵政民営化などを除くと，投票方向に大きな影響力をもっているとは言い難い。

なお，同様の分析を有権者の衆参両院の比例代表選挙に対する投票方向を外的基準として行ってみても，モデルⅡにおいては政党支持が強い影響力を持ち，争点態度は2005年衆院選における郵政民営化を除くと全体としてそれほど強い争点態度投票がみられるわけではないことが明らかである（表8－9, 258頁）。それらを図示してみると，投票方向（比例代表）に対しては政党支持が最も大きな影響力をもつものの，その関連の度合いは年々，下がってきている（図8－19, 259頁）。一方，内閣支持は2003年衆院選と2004年参院選では一旦，影響力が低下したものの2005年衆院選では投票方向（比例代表）に対して再び強い関連をみせるようになっている。その傾向は，偏相関で確認してみても同様の傾向を指摘することができる（表8－10, 260頁, 図8－20, 259頁）。

第8章 投票行動の決定要因 253

図8-14 2000年衆院選（投票方向）

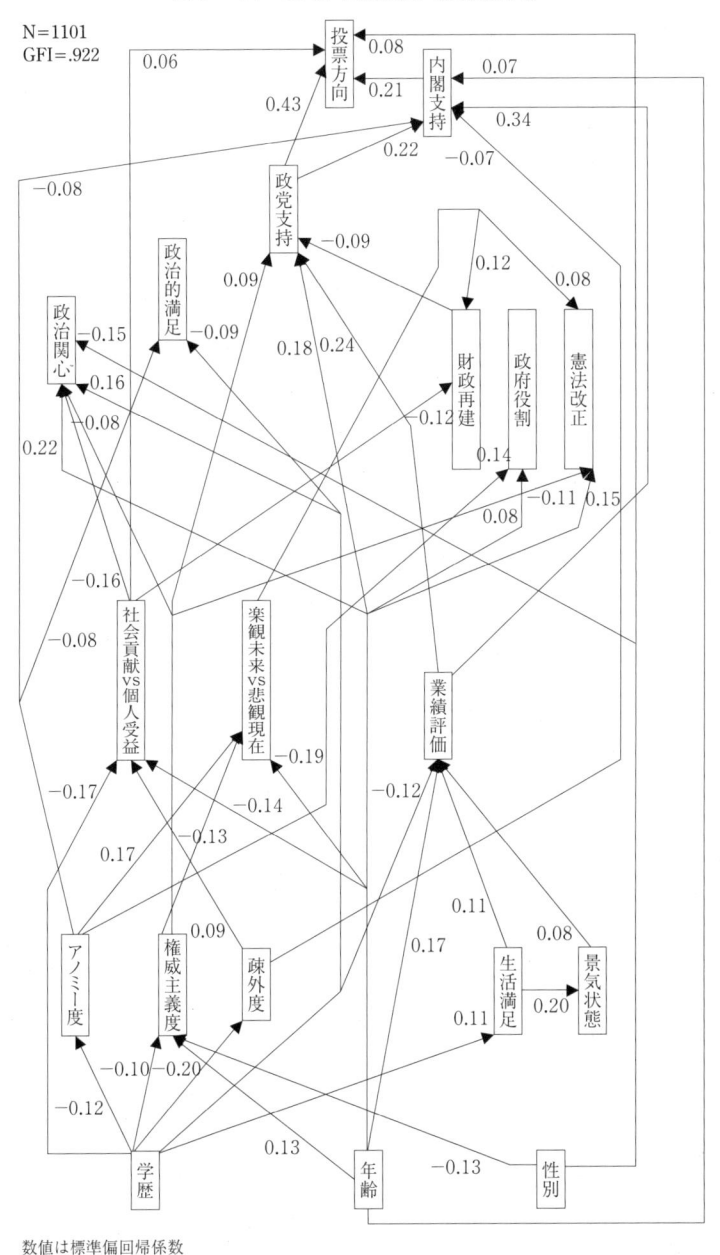

N=1101
GFI=.922

数値は標準偏回帰係数

図 8-15　2001年参院選（投票方向）

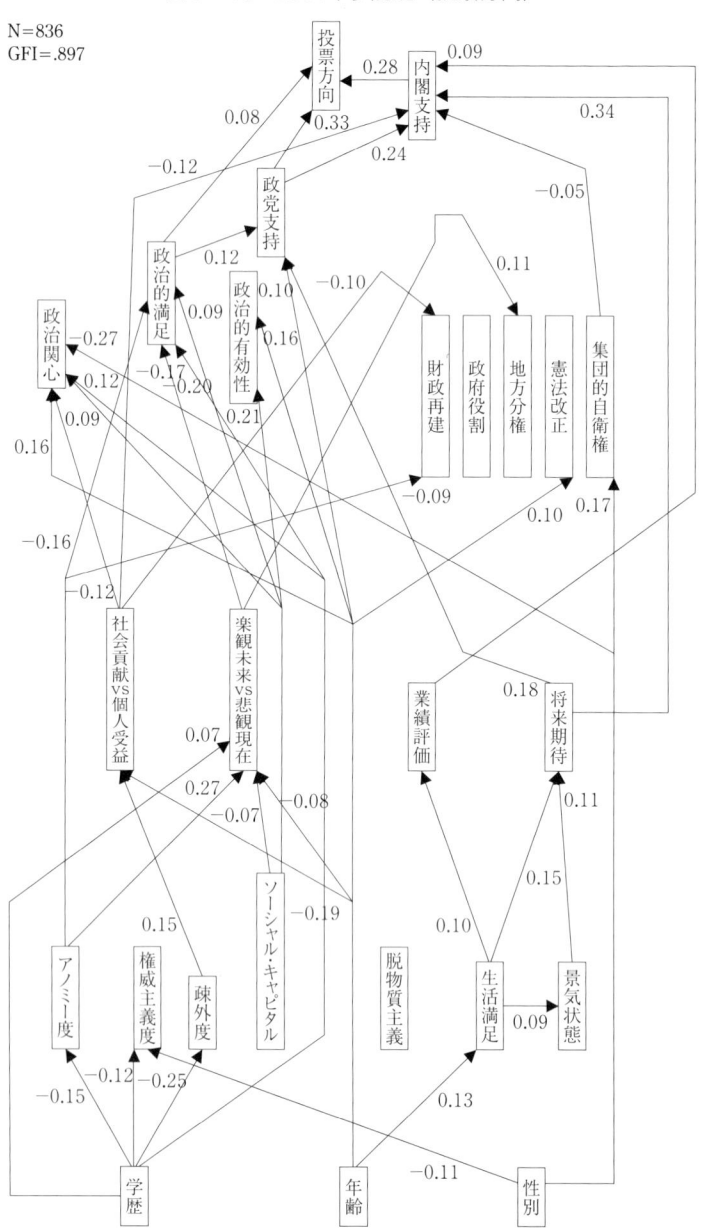

N=836
GFI=.897

数値は標準偏回帰係数

第8章　投票行動の決定要因　255

図8-16　2003年衆院選（投票方向）

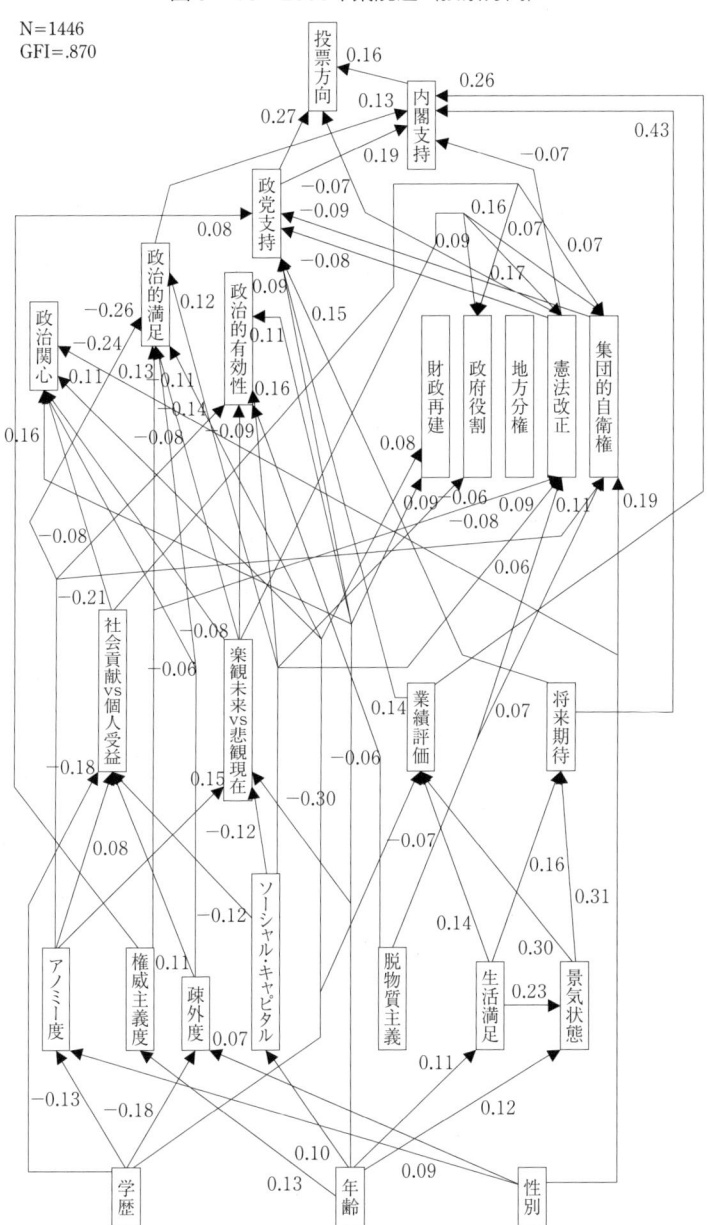

N=1446
GFI=.870

数値は標準偏回帰係数

256

図8－17　2004年参院選（投票方向）

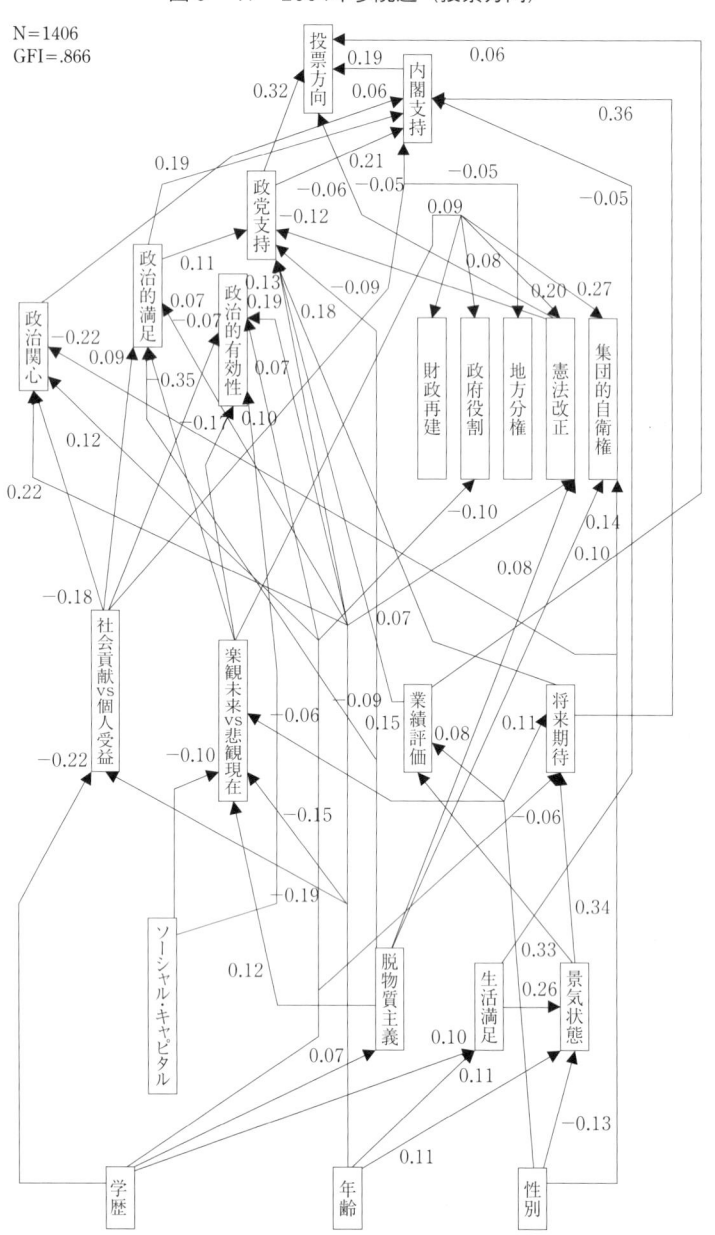

N=1406
GFI=.866

数値は標準偏回帰係数

第8章 投票行動の決定要因 257

図8−18 2005年衆院選（投票方向）

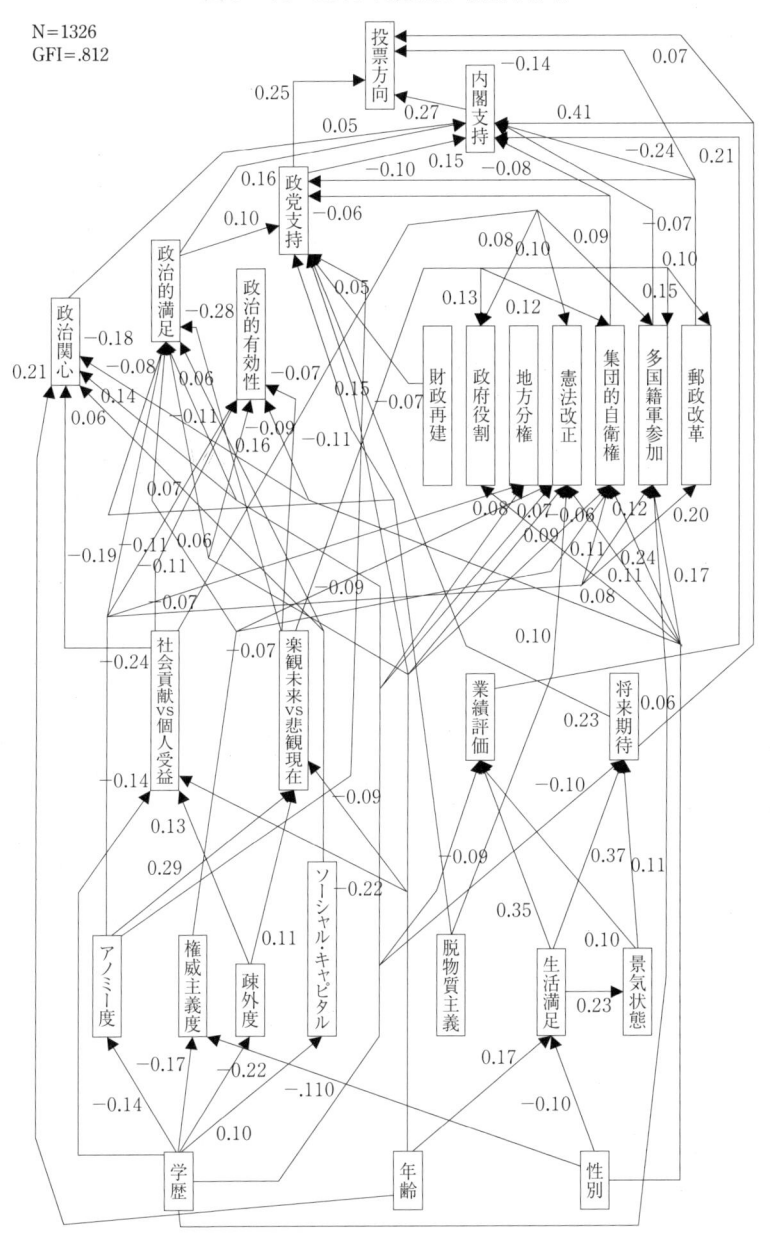

N=1326
GFI=.812

数値は標準偏回帰係数

表8－9 投票方向の決定要因（比例代表・モデルⅡ・数量化Ⅱ類・レンジ）

		1993衆	1996衆	2000衆	2001参	2003衆	2004参	2005衆
社会的属性	性別	−	0.086	0.102	0.036	0.079	0.109	0.037
	年齢	−	0.380	0.064	0.404	0.318	0.411	0.176
	学歴	−	0.110	0.080	0.066	0.062	0.104	0.194
	職業	−	0.560	0.541	0.352	0.511	0.666	0.321
心理的属性	アノミー度	−	−	0.090	0.142	0.251	−	0.142
	権威主義度	−	−	0.172	0.090	0.138	−	0.111
	疎外度	−	−	0.122	0.145	0.139	−	0.038
	ソーシャル・キャピタル	−	−	−	0.176	0.194	0.169	0.074
価値観	脱物質主義	−	−	−	0.383	0.202	0.386	0.050
	社会志向 vs 個人志向	−	−	0.183	0.331	0.174	0.121	0.348
	受益志向 vs 貢献志向	−	−	0.030	0.203	0.202	0.074	0.056
	未来志向 vs 現在志向	−	−	0.079	0.199	0.269	0.159	0.134
	全体志向 vs 個人志向	−	−	−	0.261	0.118	0.124	0.177
	脱物質主義 vs 物質主義	−	−	−	0.294	0.155	0.252	0.048
	社会将来楽観感 vs 悲観感	−	−	0.155	0.125	0.077	0.167	0.177
	愛国心必要感 vs 不要感	−	−	0.101	0.040	0.207	0.123	0.146
	精神的豊かさ vs 物質的豊かさ	−	−	0.088	0.136	0.166	0.226	0.410
	国外志向 vs 国内志向	−	−	−	0.086	0.069	0.085	0.036
生活状態感	生活満足度	−	0.126	0.043	0.207	0.170	0.048	0.063
景気状態感	景気状態感	−	0.055	0.181	0.285	0.203	0.177	0.037
業績評価	全体	−	0.119	0.132	0.333	0.056	0.191	0.105
将来期待	全体	−	−	−	0.311	0.378	0.213	0.079
争点態度	景気対策 vs 財政再建（消費税）	−	0.206	0.073	0.245	0.043	0.052	0.194
	大きな政府 vs 小さな政府	−	0.095	0.081	0.156	0.167	0.037	0.068
	中央地方関係	−	−	−	0.071	0.267	0.212	0.160
	憲法改正	−	0.118	0.024	0.121	0.158	0.192	0.309
	集団的自衛権（国際貢献）	−	0.155	−	0.099	0.249	0.057	0.115
	靖国参拝・多国籍軍参加	−	−	−	0.232	0.343	0.236	0.095
	農産物輸入自由化	−	−	−	−	−	−	−
	政治改革	−	−	−	−	−	−	−
	政局安定 vs 政権交代	−	−	−	−	−	−	−
	郵政民営化	−	−	−	−	−	−	0.485
政治意識	政治関心	−	0.218	0.024	0.221	0.455	0.116	0.319
	政治的満足感	−	0.076	0.119	0.415	0.049	0.159	0.171
	政治的有効性感覚	−	0.235	−	0.296	0.107	0.278	0.088
内閣・政党支持	内閣支持	−	0.370	0.625	0.600	0.309	0.286	0.909
	政党支持	−	2.070	2.204	1.811	1.725	1.798	1.226

数値はレンジ

第 8 章 投票行動の決定要因　259

図 8-19　投票方向（比例代表）─各変数のレンジの変化

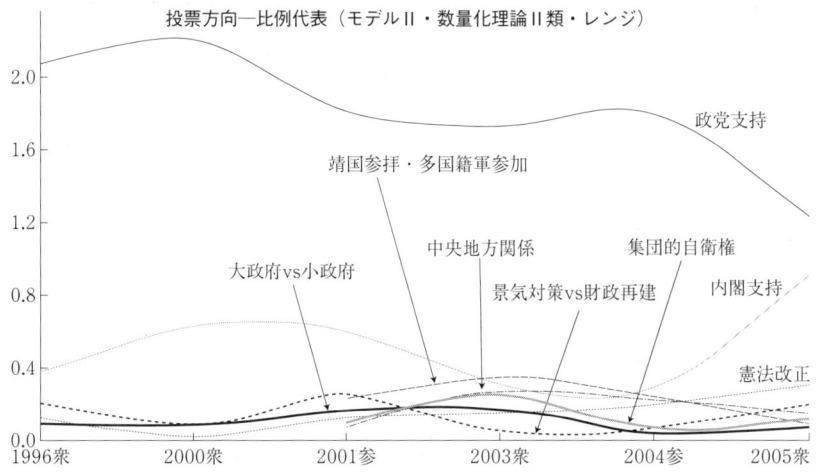

投票方向─比例代表（モデルⅡ・数量化理論Ⅱ類・レンジ）

図 8-20　投票方向（比例代表）─各変数の偏相関係数の変化

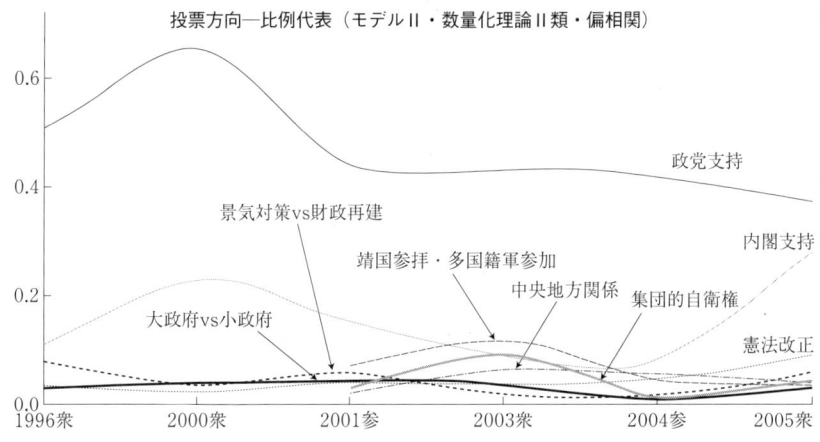

投票方向─比例代表（モデルⅡ・数量化理論Ⅱ類・偏相関）

4　まとめ

　これまでみてきたように，1993年衆院選における政局の安定vs政権交代や2005年衆院選における郵政民営化というアドホックな争点を除くと，1993年衆院選までと同様に，1996年衆院選以降も有権者の争点態度投票が見られる

表8−10 投票方向の決定要因（比例代表・モデルⅡ・数量化Ⅱ類・偏相関）

		1993衆	1996衆	2000衆	2001参	2003衆	2004参	2005衆
社会的属性	性別	−	0.032	0.055	0.012	0.030	0.040	0.016
	年齢	−	0.061	0.028	0.081	0.076	0.098	0.050
	学歴	−	0.036	0.035	0.020	0.021	0.037	0.069
	職業	−	0.102	0.134	0.064	0.095	0.096	0.095
心理的属性	アノミー度	−	−	0.037	0.037	0.073	−	0.057
	権威主義度	−	−	0.075	0.024	0.039	−	0.042
	疎外度	−	−	0.049	0.036	0.038	−	0.015
	ソーシャル・キャピタル	−	−	−	0.039	0.060	0.046	0.027
価値観	脱物質主義	−	−	−	0.052	0.034	0.058	0.022
	社会志向 vs 個人志向	−	−	0.046	0.076	0.030	0.020	0.066
	受益志向 vs 貢献志向	−	−	0.010	0.068	0.058	0.025	0.024
	未来志向 vs 現在志向	−	−	0.024	0.041	0.038	0.034	0.042
	全体志向 vs 個人志向	−	−	−	0.049	0.025	0.035	0.045
	脱物質主義 vs 物質主義	−	−	−	0.051	0.030	0.084	0.013
	社会将来楽観感 vs 悲観感	−	−	0.057	0.026	0.023	0.044	0.067
	愛国心必要感 vs 不要感	−	−	0.043	0.013	0.035	0.025	0.061
	精神の豊かさ vs 物質的豊かさ	−	−	0.044	0.031	0.022	0.031	0.072
	国外志向 vs 国内志向	−	−	−	0.019	0.015	0.030	0.015
生活状態感	生活満足度	−	0.043	0.022	0.053	0.055	0.013	0.018
景気状態感	景気状態感	−	0.016	0.028	0.054	0.037	0.049	0.013
業績評価	全体	−	0.038	0.047	0.058	0.017	0.045	0.035
将来期待	全体	−	−	−	0.056	0.098	0.058	0.027
争点態度	景気対策 vs 財政再建（消費税）	−	0.077	0.034	0.058	0.015	0.015	0.057
	大きな政府 vs 小さな政府	−	0.031	0.036	0.043	0.038	0.009	0.028
	中央地方関係	−	−	−	0.021	0.061	0.056	0.044
	憲法改正	−	0.034	0.024	0.036	0.035	0.044	0.087
	集団の自衛権（国際貢献）	−	0.052	−	0.029	0.089	0.014	0.043
	靖国参拝・多国籍軍参加	−	−	−	0.068	0.117	0.045	0.032
	農産物輸入自由化	−	−	−	−	−	−	−
	政治改革	−	−	−	−	−	−	−
	政局安定 vs 政権交代	−	−	−	−	−	−	−
	郵政民営化	−	−	−	−	−	−	0.167
政治意識	政治関心	−	0.072	0.012	0.016	0.031	0.040	0.032
	政治的満足感	−	0.013	0.048	0.103	0.016	0.049	0.065
	政治的有効性感覚	−	0.056	−	0.068	0.026	0.066	0.032
内閣・政党支持	内閣支持	−	0.109	0.226	0.151	0.089	0.081	0.276
	政党支持	−	0.502	0.649	0.441	0.431	0.419	0.369

数値は偏相関係数

ようになったとは言い難いことがわかる。あえて言えば，憲法改正論議が表面化してマニフェストにも入るようになってからは憲法改正もある程度の影響を有権者の投票行動に与えるようになったかも知れない。しかし，その影響力は政党支持が投票参加や投票方向に，内閣支持が投票方向に与える影響力とは比べるべくもないし，選挙制度が変わったためというよりも憲法改正論議が強まったためであると思われる。ただし，衆議院の選挙制度に小選挙区制が導入されたために，有権者が「自分の1票を死票にしたくない」という合理的判断に基づいて第3党以下の支持者が与党もしくは野党第1党に投票することにより，第3党以下の政党の議席数が減少し，憲法改正の可能性が現実化してきたためと考えることもできよう。しかし，言い換えると，本来，自分が支持している政党以外の候補者に投票せざるを得ないということは，それだけ自分の最適点とは異なる政策に自分の1票を託さざるを得ないということであり，「民意の負託」という意味では好ましい現象であるとは言えないのではないだろうか。つまり，選挙に際して政党や候補者が提示した公約の中で最も自分の争点態度に近いものを選び，それを提示する政党や候補者に投票することで，自分達で自分達のことを決めるという間接代議制の擬制が成立していないことになりはしないだろうか。

また，政府の業績に対する評価で次回選挙における投票行動を決定するという業績評価投票についても，投票参加や投票方向に直接的な形となっては現れていないことが明らかになった。ただし，業績評価を通じて政党支持に影響をもたらし，それが投票行動につながるという間接的効果をみることができる。いずれにしろ，中選挙区制時代において指摘された問題点は，並立制に移行してからも指摘することができるのは事実であり，90年代の政治改革を通してもなお，日本の民主主義の機能不全は解決されないままである。

第9章

ポークバレルポリティクス
―民主主義の機能不全は改善されたのか？―

1 はじめに

　本章では，並立制下で行われた国政選挙，特に選挙制度が変わった衆議院選挙に焦点を当て，並立制導入時に議論されていた小選挙区制をめぐる様々な理屈が，事実に照らして正しかったのかどうかを実証的に明らかにすることにしたい。具体的には，小選挙区比例代表並立制下において，票と補助金の交換システムが減少したのかどうかを明らかにしたい。そして，もし選挙制度の変更にも拘わらず大きな変化がみられないとしたら，並立制下における様々な問題の実態がどうなっているのかを解明する。

　なお，ここでこれまで選挙制度の変更の効果に関する従来の研究を振り返ってみると，まず浅野（2003）は，自民党の公認決定に注目し，中選挙区制下では自民党県連の意向が同党候補者公認に強く作用していたが，小選挙区制下では執行部が推す新人が公認を得ることも少なくなく，総裁派閥や幹事長派閥の影響力が増していることを明らかにした[1]。これに対し，谷口（2002）は静岡県におけるケーススタディを分析することにより，並立制の導入時に予想されたドブ板選挙は生じていないと主張している[2]。またリード（2003）も並立制下における1996年および2000年衆院選を分析し，政治改革に対する肯定的な評価を下している[3]。

1　浅野正彦「選挙制度改革と候補者公認－自由民主党（1960-2000）」『選挙研究』No.18, pp.174－189, 2003年。
2　谷口将紀「改革以降の組織票動員」2002年度日本政治学会研究会報告論文, 2002年。
3　Steven R. Reed, *Japanese Electoral politics: Creating a new partysystem*, Routledge Curzon, London and New York, 2003.

これらの研究に対し，選挙制度の変更が議会などにもたらす影響を考察する研究もある。例えば，成田（2001）は，穏健な多党制をもたらすという意味で並立制が連立政権を促進する反面，複数の政党が協力をする仕組みを持たないために連立政権を抑制する働きもすると述べている[4]。

2　選挙制度改革とポークバレルポリティクス

2－1　仮説

　まず，90年代の政治改革において，並立制賛成論者によって「中選挙区制を小選挙区制にすることでサービス合戦がなくなり政策論争が起きる」と主張されていたことを想い出して頂きたい。つまり，小選挙区制を中心とする並立制の導入によって，衆院選における「票と補助金の交換システム」が解消されることが期待されたわけである。しかも，並立制を導入してからすでに10年以上が経ち，並立制で4回の衆院選を行っているのだから，もう過渡的な時期は過ぎたと言わざるを得ない。また，衆院選における「票と補助金の交換システム」は，参院選や地方自治体の選挙における同様の問題点も解消されることが期待されていた。ここで，これらのことが現実には妥当していないという立場からまとめてみると，次のような仮説になる。

　　仮説1：中選挙区制下よりも小選挙区制下の方が得票と補助金の関連性が薄れているとは言えない。
　　仮説2：中選挙区制下よりも小選挙区制下の方が参院選における得票と補助金の関連性が薄れているとは言えない。

2－2　仮説1の検証

　本書の第4章では，小選挙区制のメリットとして言われていたことが，政治改革以降にわが国で行われた衆院選をみる限り，現実には妥当していないことを明らかにしてきた。本章では中選挙区制の問題点として言われていたことが，中選挙区制がなくなった現在ではみられなくなったのかどうかを検

---

[4] 成田憲彦「日本の連立政権形成における国会の論理と選挙制度の論理」『選挙研究』No.16, pp.18－27, 2001年。

証してみる。もし，小選挙区制で行われた衆院選において，中選挙区制の問題点が消滅あるいは減少しつつあるのであれば，並立制導入時に主張された「悪いのは，選挙制度である」と言う理屈は正しかったことになる。しかし，そうではなく小選挙区制下で衆院選が行われている現在においても，中選挙区制下でみられたのと同じ問題が生じているのであれば，事は重大である。つまり，並立制導入時に主張された「中選挙区制がもたらす問題点」は中選挙区制に伴う問題ではなく，日本の政治構造に伴う問題であったことになる。したがって，問題を解決するために直すのは選挙区制度ではなく，別の構造であったことになるからである。

まず，「中選挙区制下よりも小選挙区制下の方が，得票と補助金の関連性が薄れているとは言えない」という仮説1を検証してみることにしたい。はじめに，衆院選に立候補した各候補者が示した公約の中で，どの程度，地元利益に関する主張をしているのかを調べてみると[5]，中選挙区制時の1993年衆院選でも小選挙区制時の1996年および2000年衆院選でも変わっていないことが明らかになる（図9－1）。

次に，選挙結果が国から地方自治体への補助金の増減に影響しているのかどうかを調べてみると，1996年衆院選で自民党候補者が落選した小選挙区のうち，2000年衆院選でも自民党議員が落選したところでは0.8％しか国庫支出金が増加していないのに対し，2000年衆院選では自民党候補者が当選したところでは8.4％も増加していることがわかる（図9－2）。こうした現象が，小選挙区制に移行した後もみられることに注目したい。

さらに，ここで中選挙区制の悪弊と言われた「票と補助金の交換シス

図9－1　公約で地元利益に言及する割合

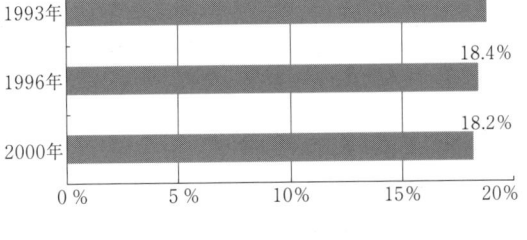

年	割合
1993年	18.8%
1996年	18.4%
2000年	18.2%

5　分析に用いたデータは，次の通りである。小選挙区における自民党（系）候補の相対得票率，人口変動率，有権者人口数，第一次産業従事者比率，建設業従事者比率。いずれも1996，2000，2003（一部2002）年。ケースは衆議院300小選挙区である。

図9-2　自民党候補の当落と国庫支出金の変化

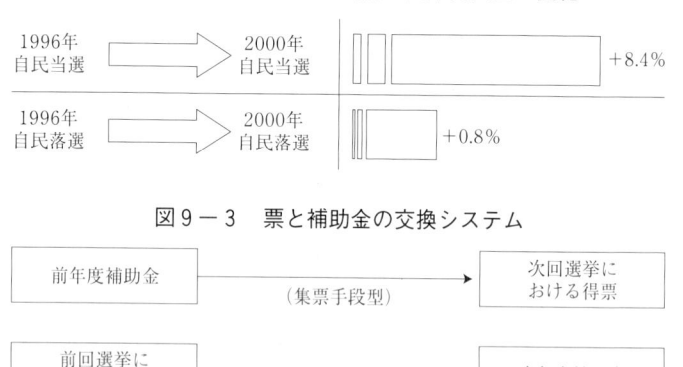

1996年自民当選 → 2000年自民当選　+8.4%
1996年自民落選 → 2000年自民落選　+0.8%

図9-3　票と補助金の交換システム

前年度補助金 →（集票手段型）→ 次回選挙における得票
前回選挙における得票 →（お礼参り型）→ 次年度補助金

テム」に変化が生じたのかどうかを明らかにする。まず中選挙区制時代には，あらかじめ補助金を配分して次回選挙における票に結びつける「集票手段型」と，あらかじめ選挙で出た票に応じて補助金が配分される「お礼参り型」の2タイプが考えられると言われていた（図9-3）。

そこで，まず特別交付税についてみると，小選挙区制で行われた第1回衆院選の前年（1995年）に各小選挙区に配分された特別交付税が都市化の影響を差し引いてもなお自民党得票率と高い関連性を示していることがわかる。いわゆる集票手段型の「票と補助金の交換システム」が小選挙区制下においてもみられることになる（図9-4）。次に，1996年衆院選における各小選挙区における自民党得票率が翌年（1997年）の特別交付税の配分にどのような影響をもたらしているのかをみると，都市化の影響を差し引いてもなお高い関連性を示している。いわゆるお礼参り型の「票と補助金の交換システム」が存続していることがわかる。同様に，2000年衆院選についても前年（1999年）の特別交付税からの影響や翌年（2001年）の特別交付税への影響をみると，いずれも都市化の影響を考慮してもなお高い関連性をみることができる。

さらに地方交付税（普通交付税と特別交付税の総額）について，同様に翌年の衆院選における各小選挙区の自民党得票率や前年の衆院選における各小選挙区の自民党得票率の関連をみると，特別交付税ほどではないにしても，特別交付税と同じように都市化の影響を差し引いてもなお高い関連性をみることができる（図9-5, 268頁）。これは中選挙区制時代にはみられなかった

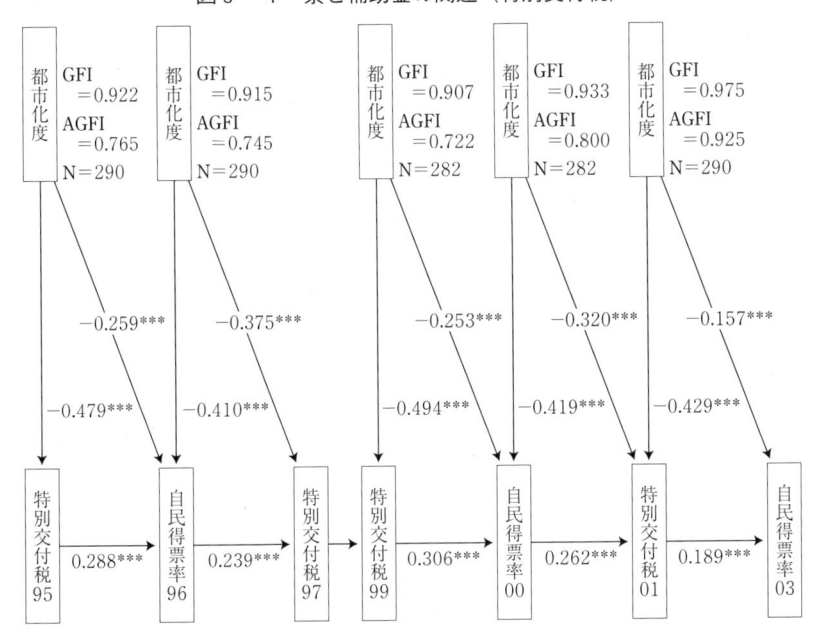

図9-4 票と補助金の関連（特別交付税）

```
都市化度  GFI=0.922   都市化度  GFI=0.915   都市化度  GFI=0.907   都市化度  GFI=0.933   都市化度  GFI=0.975
         AGFI=0.765            AGFI=0.745            AGFI=0.722            AGFI=0.800            AGFI=0.925
         N=290                 N=290                 N=282                 N=282                 N=290
```

矢印の係数：−0.259***、−0.375***、−0.253***、−0.320***、−0.157***

矢印の係数：−0.479***、−0.410***、−0.494***、−0.419***、−0.429***

特別交付税95 → 自民得票率96：0.288***
自民得票率96 → 特別交付税97：0.239***
特別交付税99 → 自民得票率00：0.306***
自民得票率00 → 特別交付税01：0.262***
特別交付税01 → 自民得票率03：0.189***

ことである。その原因としては，選挙制度の問題よりも，むしろ普通交付税の算定根拠となる基準財政需要の中に，交付税制度発足当初とは異なる要因が加わっていることが考えられる。例えば，近年，全国的な不景気の中で，景気対策としての公共事業に関する地元負担分についての元利返済の一部を事業費補正として基準財政需要の中に組み入れることなどが行われており，以前に比べて，普通交付税が「純粋に」収入不足に基づいているわけではなくなったことを指摘することができるのではないかと思われる。

いずれにしろ，これまでみてきたように，中選挙区制の悪弊と言われた「票と補助金の交換システム」は小選挙区制下においても健在であることが明らかになった。したがって，仮説1は証明されたことになる。

2-3 仮説2の検証

次に，衆院選の選挙制度の変更が，参院選に関する「票と補助金の交換システム」に影響をもたらしたのかどうかをみてみることにしたい。まず衆院選の選挙制度が並立制に変更されてから7年後に行われた2001年参院選に建

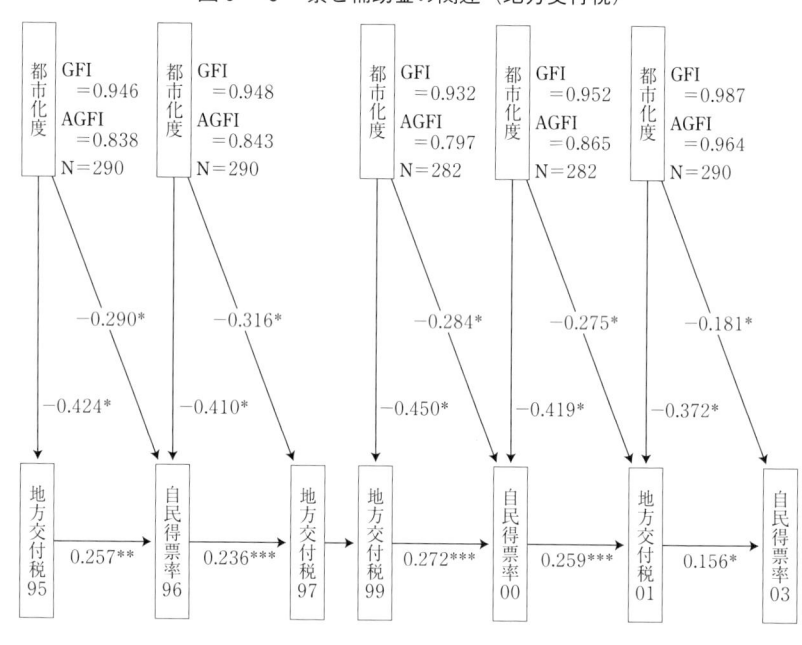

図9-5　票と補助金の関連（地方交付税）

| 都市化度 | GFI=0.946 AGFI=0.838 N=290 | 都市化度 | GFI=0.948 AGFI=0.843 N=290 | 都市化度 | GFI=0.932 AGFI=0.797 N=282 | 都市化度 | GFI=0.952 AGFI=0.865 N=282 | 都市化度 | GFI=0.987 AGFI=0.964 N=290 |

矢印：
−0.290*、−0.316*、−0.284*、−0.275*、−0.181*
−0.424*、−0.410*、−0.450*、−0.419*、−0.372*

地方交付税95 →(0.257**)→ 自民得票率96 →(0.236***)→ 地方交付税97 →(0.272***)→ 自民得票率00 →(0.259***)→ 地方交付税01 →(0.156*)→ 自民得票率03

設関連団体の支援を得て当選した建設組織支援候補の得票率と建設補助金の額を市区町村別に収集した後，小選挙区単位で集計し直して関連を求めてみると，r＝0.449（N＝300）と高い関連があることがわかる（図9-6）。なお，中選挙区制時代に行われた参院選における同様の関連はr＝0.700（N＝130）であるが，ケース（衆院選の選挙区数）の違いを考慮すると，共に高い関連性を示していると言うことができる。また，2000年建設補助金と2001年参院選建設組織支援候補得票率の関連，および2001年参院選建設組織支援候補得票率と2003年建設補助金の関連をみると，両者共に，都市化の影響を差し引いてみても，なお高い関連性を示していることが明らかになった（図9-7）。これらのことから，仮説

図9-6　建設組織支援候補者得票率（2001年）と建設補助金（2000年）

```
r（建設候補得票率＊建設補助金）＝0.449
N＝300
cf：中選挙区制下
r（建設候補得票率＊建設補助金）＝0.700
N＝130
```

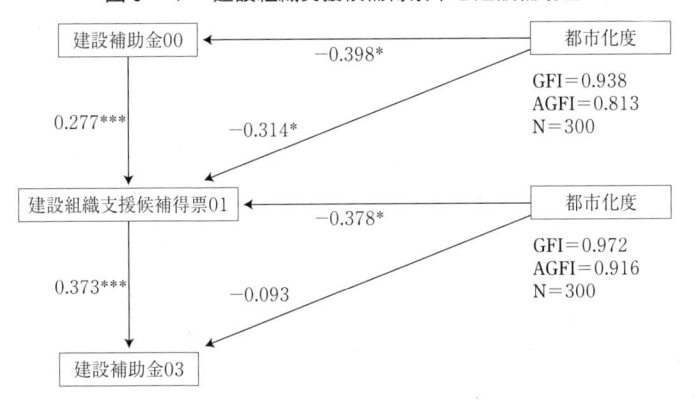

図9-7　建設組織支援候補得票率と建設補助金

```
建設補助金00 ←―― −0.398* ――― 都市化度
                                  GFI＝0.938
  │                               AGFI＝0.813
0.277***   −0.314*                N＝300
  ↓
建設組織支援候補得票01 ← −0.378* ― 都市化度
                                  GFI＝0.972
  │                               AGFI＝0.916
0.373***   −0.093                 N＝300
  ↓
建設補助金03
```

2は証明されたことになる。

3　並立制下における問題点

3－1　仮説

　これまでみてきたように，衆院選の選挙制度が中選挙区制から小選挙区制を中心とする並立制に変わっても「票と補助金の交換システム」に大きな変更が生じていないことがわかった。換言すれば，90年代の政治改革が当初の目的を達成していないことになる。そこで本節以降，並立制下における衆院選でどのような問題が生じているのかを明らかにすることにしたい。

　言うまでもなく，わが国には「政治資金規正法」があり，政治家が特定の企業や個人から一定限度以上の政治資金を受け取ることができないようになっている。しかし，現実には，様々な方法で法律の抜け穴をくぐり抜ける政治家が後を絶たず，マスメディアがそれを調べて政治腐敗が発覚することが続いていた。そして80年代後半から，国民の政治不信が強まり，1989年に行われた参院選では，社会党が自民党よりも多くの議席を獲得することになり，いずれは政権交代が生じる可能性も感じられた。そこで，政府与党も「政治改革」を行うことを標榜せざるを得なくなったが，本音は政治資金の規制強化は避け，選挙制度を当時の中選挙区制から別のものに変えるように方向転換を図ることにした。つまり，国民の目を政治資金から選挙制度へ移すよう

にしたわけである。具体的には,「日本は中選挙区制である→だから,同じ政党から複数の候補者が出馬する→同じ政党だから,政策に違いがない→だから,サービス合戦(有権者に対する利益供与)をするしかない→だから,選挙にお金がかかる→だから,特定の企業や個人から巨額な政治資金を受けることになる」と言う論理を組み立てた。言い換えると,「悪いのは政治家ではなく,選挙制度である」という主張であった。もちろん,この論理が誤っているのは言うまでもない。例えば,同じ政党から立候補しても,政策は個人によって異なっている。また,たとえ政策に違いがないからと言って,何故,サービス競争で選挙を戦おうとするのかが理解できない。さらに,仮にそうするしかないとしても,何故,だから違法な手段でお金を受け取っても良いということになるのかが理解できない。

　しかし,当時の日本では,上記の論理がまかり通り,さらに中選挙区制を小選挙区制に改めることにより定数不均衡の解消がなされるという主張もなされて,1994年3月に,選挙制度が中選挙区制から小選挙区比例代表並立制に変わることになった。そして,それ以降,並立制の下で何度か衆議院選挙が行われた。その結果,政治改革で目指した公正な選挙が実現できたのであろうか。いわゆる「地盤,鞄,看板」と言われる三種の神器が揃わなくては当選できないというような,中選挙区制時代の悪弊は排除することができたのであろうか。本稿では,並立制下で行われた衆院選に焦点を当て,①定数不均衡に伴う各党の有利不利は解消したのか,②「地盤,鞄,看板」という中選挙区制時代の悪弊が解消されたのか,を検証してみることにしたい。こうした問題意識に従い,次の2つの仮説を設定する。

　　仮説1　並立制下においても,1票の格差を特定地域に議席を配分しようとすればするほど,特定政党に有利な選挙結果となる。
　　仮説2　並立制下においても,中選挙区時代と同様に,当選回数を積み,支持基盤を固め,政治資金を企業団体献金に比重を移すほど,当選確率が高くなる。

3-2　仮説1の検証　一票の格差と選挙結果

　憲法第14条に「すべて国民は,法の下に平等であって……」とある以上,国民の代表者である議員の定数配分は平等になされなければならないのはい

うまでもない。しかし，現実には，わが国における定数配分は「不均衡」とそれの是正を求める歴史の繰り返しであった。

　そして，選挙制度改革論議の際にも，この定数不均衡の問題が検討され，人口40万につき1小選挙区を配分することで，平等な定数配分がなされるという期待が持たれた時期もあった。しかし，実際には，まず「基礎定数」として，各都道府県に1つずつ小選挙区が配分され，その後，残余の小選挙区を人口に比例して配分するという方策がとられた。何故，連邦制でもないわが国において全ての小選挙区を各都道府県の人口に比例して配分せず，47の小選挙区を最初に各都道府県に配分するのか，政治学上の理由を見つけることは困難である。

　この結果，2003年衆院選では「1票の格差」が徳島1区と東京6区の間で「1：2.15」となっている。確かに，最高裁の憲法判例では，衆議院は3倍，参議院は6倍までが立法の裁量による「合理性を欠くとは言えない」範囲とされている。しかし，政治学的にみれば，「1：2以上」の定数不均衡は，1人の有権者が実質的に2票持つことを黙認しているのであるから，「法の下の平等」を侵害しているのは明らかではないか。また，裁判所の判断による「1票の格差」，すなわち政治参加の機会の不平等は3倍，5倍まで認められるとされるが，その3倍，5倍という数字には確たる根拠があるとは言い難い。

　ここで，中選挙区制を小選挙区比例代表並立制に制度変更したことによる「1票の格差」の問題について考察を加えることにしたい。具体的には，「まず各都道府県に1つずつ小選挙区を配分」したことが，どの程度，「農村部の過剰代表，都市部の過少代表」という問題を生み出しているのかを実証的に明らかにしたい。

　表9－1の重回帰分析は，1996年衆院選，2000年衆院選，2003年衆院選の選挙結果を基に小選挙区単位で自民党得票率の要因を検証したものである。分析の結果，有権者数が少ないほど自民党の得票が多くなることがわかる。有権者数が少ないということは「1票が重い」選挙区を意味しており，「基礎定数」という配分ルールが「1票の重さ」に影響を与えていることになる。つまり，「基礎定数」を導入した結果，「基礎定数」の恩恵を受けるのは有権者数の少ない農村部の都道府県であり，都市部と比べて農村部の小選挙区では有権者数が少ないからである。したがって，有権者が少ないほど自民党の得票が大きいのであるから，自民党としては，出来うる限り農村部の選出議

表9－1　自民党の得票を規定する要因（3回の選挙結果をプール。N＝900）

	小選挙区自民得票率	有権者数	人口変動率	建設業従事者比率
小選挙区自民得票率	1.000	−0.316***	−0.230***	0.249***
有権者数	−	1.000	0.361***	−0.351***
人口変動率	−	−	1.000	−0.410***
建設業従事者比率	−	−	−	1.000

数値は相関係数
***：$\rho<0.001$　**：$0.001\leq\rho<0.01$　*：$0.01\leq\rho<0.05$

従属変数：小選挙区自民得票率

変数	標準化係数	t-statistic	有意確率
有権者数	−0.238	−6.904	0.000
人口変動率	−0.092	−2.604	0.009
建設業従事者比率	0.128	3.624	0.000

R-squared=0.128
Adjusted R-squared=0.125
N=900

員を多くしたいと考えるのは当然のことである。このことは，建設業従事者比率との関係からも推察できる。すなわち，第一次産業従事層とともに自民党の支持基盤の中軸をなす建設業従事者は農村部に多い。そのため，農村部選出議席を多くすることが，急激な議席の減少を食い止めることになる。事実，「有権者数」と「建設業従事者比率」の間の相関係数は−0.351であり，建設業の盛んな地域に議席を多く配分しようとする（その結果1議席当たりの有権者数は減る）裏付けになる。

なお，重回帰分析には変数として設定していないが，「有権者数」と「第一次産業従事者比率」の相関は，−0.530であった。なお，「第一次産業従事者比率」をコントロール変数として重回帰分析に投入してしまうと，変数の影響が強すぎて他の変数の効果を減殺してしまうので，分析からは除外することにした。

さらに，ここで「人口変動率」という独立変数を設定して分析を続けることにしたい。この変数を設定した意味は，従来の「都市−農村」という指標の他に「人口変動」を加えた方が，都市部の中での地域事情の差異を分析によって見ることが可能になるためである。具体的には，都心部は「都市」としての特徴はあるものの，新住民は少なく従来からの地域共同体が根強く残っているため，意外に自民党にとって集票が難しくないのではないかと仮定したためである。一方，「ベッドタウン」と言われるような都市の郊外においては，新住民の流入も目立ち「都市」という一言では表現できない特徴を持つと考えられる。昨今，各種選挙において「無党派層」の投票行動が注目さ

れるようになったが，その無党派層は，「都市部」の中でも「都市郊外」において増加傾向が見られると思われる。こうした理由から，自民党の得票を分析する際に「都市－農村」の指標に加えて，新たな人口動態を示す「人口変動率」を用いた。そこで人口変動率の係数を見ると，人口変動がある選挙区ほど自民党の得票率が少なくなっていることがわかる。また，人口変動率と有権者数の相関を見ると，正の関係にある。つまり，人口変動率の低い選挙区において，1票が「重い」状態にあるのであり，人口変動という関係においても，同党に有利な議席配分ルールになっていることは否めないであろう。

次に，表9－1の重回帰分析を個別・時系列に再分析してみた。その結果，「有権者数」，つまり「1票の格差」に関わる独立変数は，1996年，2000年，2003年と一貫して有意であった（表9－2）。つまり，「基礎定数」が影響をしている議席配分ルールによる自民党の得票のアドバンテージが示されていると言えよう。ここで着目すべき点は，「有権者数」の係数の推移であり，1996年衆院選や2000年衆院選の分析に比べて，2003年衆院選では説明力が落ちている。これは，野党第一党の民主党が農村部においても勢力を拡大させたためとも考えられるが，「5増5減」という「区割り変更[6]」によるものであると推測される。このように，2000年の国勢調査を基にして行われた区割り変更によって，不十分とは言え1票の格差が緩和された結果であると言えよう。

なお，表9－2の分析において有意であった「人口変動率」は，ケースを3分割した分析においては有意な関連がみられなかった。小選挙区比例代表並立制への制度変更以降の傾向として，人口変動による自民党得票率への影響は見られるものの，その傾向が強まる，あるいは弱まるとまではいえないようである。

また，社会経済状況を計るものとして用いた「建設業従事者比率」の説明力についてみると，1996年衆院選では説明力を持たなかったが，2000年衆院選と2003年衆院選では説明力がみられる結果となった（なお，「第一次産業従

---

[6] 「5増5減」は，「1票の格差」の是正のために衆議院小選挙区の区割りを変更する公職選挙法の改正で，2002年に行われた。改正は，衆議院選挙区画定審議会の勧告に沿ったもので，定数は，埼玉，千葉，神奈川，滋賀，沖縄の5県で各1増，北海道，山形，静岡，島根，大分の5道県で各1減とされた。なお「5増5減」の改正は2002年の国勢調査に基づいて行われた。

表9－2　自民党の得票を規定する要因（推移）（N＝各300）

1996年衆院選

	小選挙区自民得票率	有権者数	人口変動率	建設業従事者比率
小選挙区自民得票率	1.000	0.351***	−0.244***	0.223***
有権者数	−0.351	1.000	0.362***	−0.355***
人口変動率	−0.244	0.362	1.000	−0.418***
建設業従事者比率	0.223	−0.355	−0.418	1.000

数値は相関係数
***：$\rho<0.001$　**：$0.001\leq\rho<0.01$　*：$0.01\leq\rho<0.05$

従属変数：小選挙区自民得票率

変数	標準化係数	t-statistic	有意確率
有権者数	−0.284	−4.773	0.000
人口変動率	−0.109	−1.788	0.075
建設業従事者比率	0.077	1.255	0.210

R-squared=0.143
Adjusted R-squared=0.135
N=300

2000年衆院選

	小選挙区自民得票率	有権者数	人口変動率	建設業従事者比率
小選挙区自民得票率	1.000	−0.384***	−0.258***	0.297***
有権者数	−0.384	1.000	0.441***	−0.373***
人口変動率	−0.258	0.441	1.000	−0.418***
建設業従事者比率	0.297	−0.373	−0.418	1.000

数値は相関係数
***：$\rho<0.001$　**：$0.001\leq\rho<0.01$　*：$0.01\leq\rho<0.05$

従属変数：小選挙区自民得票率

変数	標準化係数	t-statistic	有意確率
有権者数	−0.297	−4.928	0.000
人口変動率	−0.060	−0.971	0.333
建設業従事者比率	0.161	2.699	0.007

R-squared=0.177
Adjusted R-squared=0.169
N=300

事者率」を変数として投入すると，その説明力は一貫して有意であった。ただ，投入した場合，他の変数の説明力に影響を及ぼすため，分析には加えていない）。

さらに，「建設業従事者比率」のもつ意味を考えると，補助金・公共事業政治という「利益供与」の問題も浮上してくるかもしれない。1996年衆院選においても大規模建設工事など公共事業を中心とした財政出動は見られたが，建設業界を中心とした「集票マシーン」が積極的に動きを見せたのは2000年や2003年の衆院選においてであったことが，3ケースに分割した重回帰分析によってわかる。上述の分析においても示したように，「1票の格差」は建設業者の多い地域の政治力を高めるものであり，「元来の自民党の地力」に加えて「建設業界を中心とした集票マシーン」の影響力を高めるという相乗効果を「1票の格差」が担っていた

第9章　ポークバレルポリティクス

と言えるのではないだろうか。

ただ、この問題をさらに探ると、「1票の格差」は自民党の得票構造・権力構造の一端を規定しているに過ぎず、さらに構造的・制度的な問題に

表9－2のつづき

2003年衆院選

	小選挙区 自民得票率	有権者数	人口変動率	建設業 従事者比率
小選挙区自民得票率	1.000	−0.264***	−0.204***	0.235***
有権者数	−0.264	1.000	0.278***	−0.329***
人口変動率	−0.204	0.278	1.000	−0.395***
建設業従事者比率	0.235	−0.329	−0.395	1.000

数値は相関係数
***：$\rho<0.001$　**：$0.001\leq\rho<0.01$　*：$0.01\leq\rho<0.05$

従属変数：小選挙区自民得票率

変数	標準化係数	t-statistic	有意確率
有権者数	−0.193	−3.256	0.001
人口変動率	−0.098	−1.609	0.109
建設業従事者比率	0.133	2.151	0.032

R-squared=0.102
Adjusted R-squared=0.093
N=300

ついて詳細に検討する必要があるようである。

　さて、それでは、「1票の格差」に対して、どのような施策を講じればよいのであろうか。選挙区制で選挙を行う限り、格差「1：1」は不可能であるが、格差が限りなく1倍に近い制度はいくらでも考えられる。ここでは、「基本定数」の効果を調べるため、「基本定数」を廃止し定数是正をやり直した小選挙区の区割りの新制度を考案し、現行制度と比較してどの程度の議席変動があるのか、T検定を行って議席変動を予測してみることにしたい。

　データは2000年衆院選の比例代表の得票（都道府県）を用いることにした。定数是正を行い、結果として2000年衆院選時点（5増5減以前の区割り）より、東京・神奈川が3増、埼玉・千葉・大阪が2増、北海道・愛知・兵庫・福岡が1増、青森・岩手・山形・福井・山梨・三重・奈良・鳥取・島根・徳島・香川・高知・佐賀・熊本・大分・鹿児島が1減となった。その結果、1票の格差は和歌山：鳥取の1：1.71となった[7]。

7　区割りの方法は、まず、日本の全人口を小選挙区定数の300で割り、「議員1人当たり人口」を算出し、各都道府県の人口をその「議員1人当たり人口」で割り、最大剰余式で各都道府県の議員定数を確定。その後、「市区町村はなるべく分割しない」「飛び地は作らない」「現行の区割りを叩き台とする」という原則の下に、出来る限り県内の議員1人当たり人口は等価となるように

T検定で増員県と減員県それぞれの「自民―民主得票差」が優位であるか否かを分析したところ，増員県・減員県いずれのサンプルにおいても有意な差があった（表9－3）。一部の県で両党の得票率差が伯仲するものの，増員県では民主党得票率が自民党得票率を，減員県では自民党得票率が民主党得票率を有意に上回っている。したがって，基礎定数を廃止した「16増16減」定数是正の後では，比例区の得票だけで見ると自民党の議席が減少することがわかった。基礎定数を廃止しただけで，現行の選挙と比較して最大32議席の議席変動が数字の上では考えられ，自民党にとっては不利な条件となる。

もちろん，基礎定数の廃止で定数不均衡の問題が解決できるわけではない。小選挙区や2人区の場合，人口移動が避けられない社会においては区割りの作業を人為的に行わなければならない。区割りは人が行う以上，完璧なものは出来ないし，歪みが生じるのは不可避であろう。定数是正が国勢調査などの数値で強制的にでき，人による制度変更の歪みを防止するという点では，比例代表制や多数代表制における定数是正の方が利点があるかもしれない。

こうした定数不均衡是正論に対して，「1票の格差は，地方への配慮のあらわれで，地方交付税や補助金と同じことだ。地方の切り捨てはいけない」という主張も根強くある。確かに，財政面の地方への再配分は必要なことであろうし，生活基盤の整備という点では必要最小限の公共サービスは政治の役割である。しかし，参政権・代表選出の機会を過剰に与えることは地方だからといって認められるべきことなのであろうか。むしろ，参政権は個人に内在し，信条の発露を伴う権利であり経済

表9－3　定数是正対象県の自民―民主の得票差

	自民比例得票率	民主比例得票率		自民比例得票率	民主比例得票率
北海道	25.6	31.2	青森	34.7	20.5
埼玉	25.1	26.3	岩手	23.1	7.8
千葉	27.6	26.7	山形	41.5	21.4
東京	19.5	29.0	福井	43.3	23.3
神奈川	22.2	28.5	山梨	29.7	26.5
愛知	25.7	33.2	三重	29.7	29.5
大阪	20.9	22.9	奈良	28.0	27.6
兵庫	22.1	24.0	鳥取	36.3	19.4
福岡	23.6	24.7	島根	42.2	24.0
			徳島	33.9	27.7
			香川	37.5	18.1
			高知	33.8	17.9
			佐賀	35.8	20.2
			熊本	34.6	22.8
			大分	31.8	18.4
			鹿児島	40.1	13.1

区割りをした。

的自由よりも優越した地位にあると考えるべきではないだろうか。つまり，参政権は「人権を守るための権利」なのであり，その行使の機会は限りなく平等であるべきだと考える。

3-3 仮説2の検証　政治家属性と投票行動

政治家にとって，選挙を勝ち抜き，政策を遂行するために必要な条件は「地盤，鞄，看板」の「三バン」であると俗に言われてきた。そして，「三バン」を形作ってきた政治文化・政治風土が「中選挙区制」であるとの主張もなされてきた。つまり，中選挙区制では「同じ党から複数の候補者が立候補するのだから，政策論争が起きずに」，地元後援会や支持組織の票を固め（地盤），政治資金を潤沢にし（鞄），一人でも多くの有権者に顔を売る（看板）ことで当選を果たすしかない，という論理である。だから，衆議院の選挙制度を中選挙区制から小選挙区制を中心とした並立制に変えるべしとの主張であった。

それでは，小選挙区比例代表並立制になって，「三バン」と言われた中選挙区制時代の政治家像は一変したのであろうか。ここでは，並立制下で行われた2000年衆議院総選挙における当選議員の属性を分析することで，選挙に当選するための，あるいは，選挙に強い議員の政治活動が小選挙区になってどのように変化したのかを明らかにしたい[8]。

まず，自民党の小選挙区選出議員（N＝191）をケースとした，小選挙区の得票要因をさぐった共分散構造分析（重回帰モデル）を行ってみると（図9－8），世襲議員であるほど，また当選回数が多いほど，さらに政治資金に占める企業・団体献金の比率[9]が多いほど，小選挙区における得票が多くなっていることがわかる。特に，当選回数を押し上げるものは政治資金に占める

---

[8] 分析に用いたデータは，次の通りである。小選挙区における自民党（系）候補の相対得票率，比例区における自民党の相対得票率，候補者当選回数，与党（自民，公明，保守）ダミー，世襲ダミー，大臣経験ダミー，政務次官経験ダミー，主要党役員経験ダミー，官僚経験ダミー，地方議員経験ダミー，財政力指数，第1次産業従事者比率，建設業従事者比率，人口変動率（以上，2000年），次点者惜敗率（1996年）。いずれも，ケースは衆議院　300小選挙区。

[9] 政治資金の性質の分析については，佐々木毅・吉田慎一・谷口将紀・山本修嗣『代議士とカネ－政治資金全国調査報告』朝日新聞社，1999，の方法を参考にした。また，朝日新聞社がホームページ上で一般公開したデジタル・データを加工して，分析に用いた。

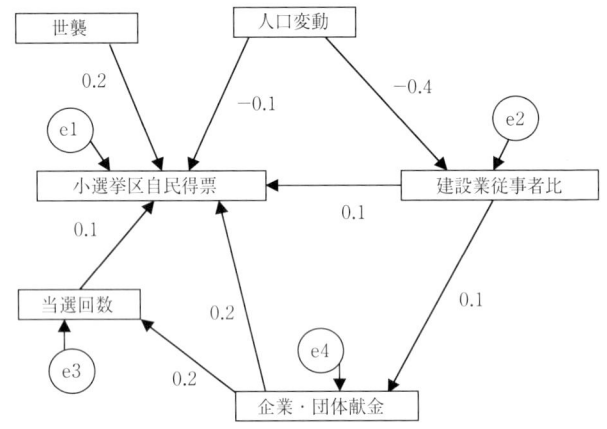

図9-8 小選挙区における自民党の得票規定要因（N＝191）

（図：世襲→小選挙区自民得票 0.2、人口変動→小選挙区自民得票 −0.1、人口変動→建設業従事者比 −0.4、建設業従事者比→小選挙区自民得票 0.1、当選回数→小選挙区自民得票 0.1、企業・団体献金→小選挙区自民得票 0.2、建設業従事者比→企業・団体献金 0.1、企業・団体献金→当選回数 0.2、e1, e2, e3, e4）

係数は標準化係数（全て、5％水準で有意）
x^2=23.644　自由度=7
GFI=0.974　AGFI=0.923　CFI=0.911
AIC=51.644　RMSEA=0.092

企業・団体献金の比率であり，企業・団体献金は建設業従事者比率の影響を受けている。この分析結果を見る限り，「地盤」や「鞄」という要因が，小選挙区比例代表並立制への制度変更後においても得票を押し上げる役割を担っていることがわかる。また，「建設業者→献金→（当選回数）→得票」という得票の「源泉」を表す因果関係は明瞭であり，並立制への制度変更があったにも拘わらず，地元支持組織重視・政治資金における企業への依存は変わっていないことがわかる。

ここで，従属変数を比例区の得票に変えて共分散構造分析を行ってみると，小選挙区と同様に，世襲議員であるほど，当選回数が多いほど，政治資金に占める企業・団体献金の比率か多いほど，得票が多くなっていることがわかる（図9-9）。ただし，係数の値を見ると，世襲という「個人的要因」や企業団体献金は，小選挙区での得票におけるほど説明力を持ってはいない。比例区となると，個人の力量というよりは，「組織」の力が重要になるためか，「建設業従事者比率」の係数の値が，政治家の個人属性以上の説明力を持っている。また，そのことと同じ傾向であるが，「人口変動率」という社会・経済変数の説明力も小選挙区での得票に比べて高くなっている。しかし，世襲や当選回数といった議員の個人属性も有意であることから，「小選挙区当選の

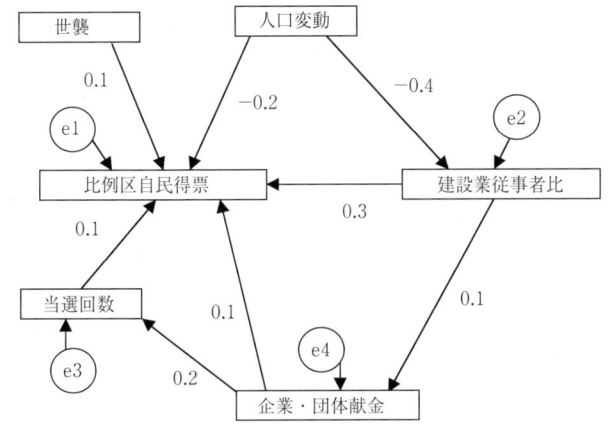

図9-9 比例区における自民党の得票規定要因（N＝191）

```
      世襲              人口変動
       |                  |
      0.1              -0.4
       |   -0.2          |
  e1→  ↓    ↓             ↓  ←e2
      比例区自民得票 ←──── 建設業従事者比
       ↑           0.3
      0.1                  ↑
       |                  0.1
     当選回数               |
       ↑    ↘0.1    ↗
      e3    0.2   e4
             ↓    ↓
           企業・団体献金
```

係数は標準化係数（全て，5％水準で有意）
$x^2=23.644$ 自由度＝7
GFI＝0.974 AGFI＝0.923 CFI＝0.924
AIC＝51.644 RMSEA＝0.089

ための地盤形成」が，「比例区の票の掘り起こし」にも役立っていると考えることができよう。さらに，「建設業者→献金→（当選回数）→得票」という得票の「源泉」を表す因果関係は小選挙区の得票の説明と変わることがなく，比例代表制においても地元支持組織重視・政治資金における企業への依存という中選挙区下で築かれた政治文化は，継続して存在していることが明らかになった。

なお，ここで，「選挙における議員の強さ」を従属変数とする分析を行ってみることにしたい。その際，具体的な変数としては，「次点者惜敗率」を用いることにした。つまり，「次点者惜敗率」が低ければ，次点者と差をつけて当選したわけであり，「選挙に強い」ことになる。逆に，「次点者惜敗率」が高ければ，次点者と接戦を演じたことになり，「選挙に強くない」ことになる。これらをふまえて，小選挙区制における「選挙に強い」のは，どのような属性を有した議員なのかを明らかにするために，300小選挙区全ての当選議員をケースとした分析を行うことにしたい。

共分散構造分析の結果，係数がマイナスのものは選挙が強い（接戦ではない）ことを表し，係数がプラスのものは選挙が弱い（接戦である）ことを表している。つまり，世襲や政務次官経験の議員は選挙に強く，当選回数を重

ねたベテラン議員ほど,また,有権者数が少ない,すなわち主として農村部選出の議員ほど,選挙において「余裕のある戦い」をしていることがわかった(図9－10)。言い換えると,世襲であり(強固な選挙地盤があり),当選回数,役職という「キャリアポイント」を重ねている議員ほど,接戦ではなく選挙に強いため,「地盤→当選を重ねる→キャリア→さらに当選を重ねる」という議員としての力を強固にして行く過程があることが確かめられた。また,分析における300ケースのうち,191ケースが自民党議員であるとは言え,3分の1は野党議員も入っていることから,上述のような「キャリアポイント」に基づくパターンは,野党議員にも適用できるものと考えても差し支えないであろう。

次に,得票要因としての「企業団体献金」について若干の考察を加えてみることにしたい。一般に,企業献金を受けることができる政治家は(もちろん,新人議員にも存在することは存在するが),それなりのキャリアを持った政治家に多いだろうし,キャリアを積めば積むほど,政治資金全体の中に占める企業献金の割合が増えるのではないかと思われる。そこで,重回帰分析でどのような属性を持つ議員が企業団体献金に依存しているのかを検証して

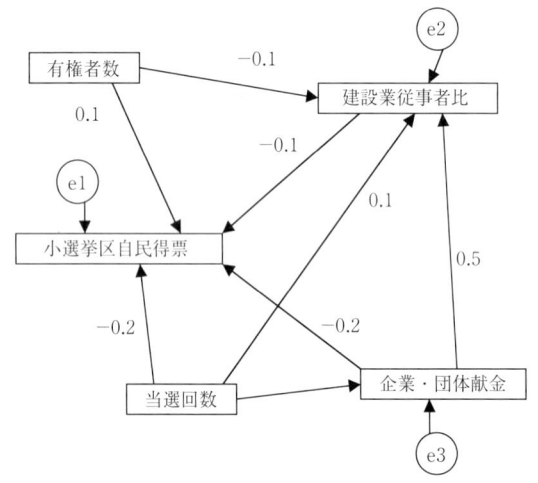

図9－10 小選挙区における選挙の勝利要因(N＝300)

係数は標準化係数(全て,5％水準で有意)
x^2=1.341 自由度=2
GFI=0.998 AGFI=0.987 CFI=1.000
AIC=27.341 RMSEA=0.000

みた。なお，自民党議員は企業献金を，民主党議員は労働組合からの団体献金に政治資金を頼っている面があるので，企業献金と団体献金は合算して計算することにした。

分析の結果，世襲議員で，大臣経験者ほど，企業団体献金に多くを頼っていることが明らかになった（表9－4）。また，地方議員経験者も同様の傾向がみられることがわかった。大臣経験者は，大臣経験があるからと言って選挙での高い得票率を望めるわけではないが，政治資金面では企業献金に多くを頼ることができることがわかった。新人にとっては「スポンサー」を新規開拓することは困難な作業であるが，キャリア・役職を積むことによって，政治資金の内訳が，個人献金や党・派閥からの支援，私財の投入といった形から，「スポンサー」を次第に掴んでゆく過程が見て取れる。

新人議員でも，世襲候補，地方議員経験者は，企業団体献金への依存度が高い。世襲議員の場合，先代の議員の後援会を中心とした支持基盤以外にスポンサーという「鞄」も引き継ぐことが可能であり，地方議員経験の場合でも，従来より継続して企業や団体から支援を受ける傾向があることがわかった。また，経済変数の「建設業従事者比率」が有意であった。政治家が受ける企業団体献金の主力スポンサーとして建設業者がいることがわかる。

政治家は，自己の当選を目指して支持基盤を拡大させたり，キャリアを積

表9－4　企業・団体献金を政治資金源としている議員（N＝300）

	企業・団体献金	建設業従事者比率	世襲	大臣	地方議員
企業・団体献金	1.000	0.167**	0.191***	0.272***	0.085
建設業従事者比率	−	1.000	0.094*	0.031	0.047
世襲	−	−	1.000	0.196***	−0.218***
大臣	−	−	−	1.000	−0.020
地方議員	−	−	−	−	1.000

数値は相関係数
*** : $\rho<0.001$　　** : $0.001 \leq \rho<0.01$　　* : $0.01 \leq \rho<0.05$

従属変数：企業・団体献金（N＝300）

変数	標準化係数	t値	有意確率
建設業従事者比率	0.140	2.554	0.011
世襲	0.156	2.734	0.007
大臣	0.239	4.318	0.000
地方議員	0.117	2.099	0.037

R-squared=0.128
Adjusted R-squared=0.116

んだり，献金の裾野を広げるという行動を取ることが，これらの分析で明らかになった。つまり，「金のかからない選挙」「企業献金から政党交付金への転換」「地元へのサービス合戦の防止」が小選挙区比例代表並立制への制度変更の目的だったが，現実には，「政治・選挙とカネ」，地元との利益供与の関係の構図は大きくは変わっていないように思われる。当初より想定できていたこととはいえ，90年代の政治改革は本質的な問題を根本から変えることなく終わったといわざるを得ないわけである。

4　まとめ

本章では，並立制導入時に小選挙区制賛成論者が主張した「小選挙区制のメリット」が現実には妥当していないことを明らかにした。また，当時，中選挙区制に伴う問題点といわれたことが，小選挙区制においてもみられることを明らかにした。これにより，当時，政治不信の原因となった「政治と金」の問題点が選挙制度に付随するものではなく，別の構造に伴う問題であったことが明らかになる。つまり，本章でも明らかなように，選挙制度を変えても問題点は変わらないままであり，肝心の改革をしないまま時間が経つことになったわけである。

なお，本章における分析にも限界があるのは，事実である。本章では，JESⅡ調査やJESⅢ調査など入手できるサーベイデータと補助金など市区町村別に入手できるアグリゲートデータに基づいて分析を行った。筆者にとって入手できるデータは全て用いたつもりであるが，それが現実の政治現象をどこまで再現できるかについては，自ずと限界がある。本章で明らかにできることは，あくまでも「本章で用いたデータの限りにおいては，小選挙区制のメリットは生じていないし，中選挙区制の問題点も解消していなかった」ことが明らかになったに過ぎない。

自然科学における実験とは異なり，社会科学では他の変数をコントロールすることは現実には不可能である。中選挙区制が行われた1993年衆院選と，小選挙区制で行われた1996年衆院選，2000年衆院選，2003年衆院選では存在する政党も候補者も同一ではないし，争点も異なっている。したがって，「他の条件が等しければ」と言うことにはならないし，そうした比較を社会科学で行うことは今後も不可能であると言わざるを得ない。

しかし，それにも拘わらず，本章を執筆した理由は，未だに証明されてい

ない「小選挙区制のメリット」があたかも「証明された」事実であるかのような言説が最近，見受けられるからである。客観的データに基づいて，一つ一つ事実を積み重ねる謙虚さを失ったこうした言説は，単なる「個人的好みによる評論」に過ぎないものである。社会科学がそうした評論に惑わされることがないことを願いつつ，本章を執筆した次第である。

第10章

市民社会のための制度改革
― どうすれば民主主義の機能を回復することができるのか？ ―

1 はじめに

　はじめに，これまでみてきたことをまとめることにしよう。まず，2001年参院選から2003年衆院選，2004年参院選を経て2005年衆院選に至る4回の国政選挙に際して政党や候補者が有権者に提示する公約を内容分析した結果，有権者全体や各党の支持者の争点態度の分布とは大きく異なる内容であることがわかった。また，こうした公約が選挙結果に与える影響も限定的であることが明らかになった。さらに，上記の期間における有権者の投票行動を分析した結果，選挙における争点に対する態度に基づいて投票行動を決定する争点態度投票があまり行われていないこともわかった。特に，90年代の政治改革の結果，衆議院の選挙制度を変更して政策論争による民主主義の機能回復を期待したが，現実にはそのような効果がほとんど生じてはいないことが計量的に明らかになった。言い換えると，選挙における争点を通じて民意を政治に反映させるという民主主義のインプットの部分が損なわれていると言わざるを得ない状況にある。また，この問題を一般化するために数理モデルを構築することができた。

　次に，民主主義のもう一つの側面である政府の政策に対する業績評価に基づいて国政選挙における投票行動を決定するというフィードバックの効果がみられるかどうかを分析した。その結果，一部の地域を除いて全体としては，有権者の業績評価と投票行動との関連はさほど強くなく，しかも継続的に影響しているわけではないことが明らかになった。つまり，わが国では，政府による政策アウトプットに対する有権者の評価が次の投票行動に反映することで，民主主義のフィードバックが生じるとは言い難い状況にあることが明らかになった。

このようにわが国の民主主義は本来の理想の姿からかけ離れたものとなっている。いわば「民主主義の機能不全」が生じている。こうした状況は90年代の政治改革を経ても改善していない。かつて中選挙区制時代のわが国の民主主義を分析して拙著を刊行した1。その後，衆議院の選挙制度を並立制にすることで政策論争による解決を図ったが，本書の分析からも明らかなように「選挙に際して政党・候補者が提示した公約の中で，自分の争点態度に最も近いものを選択して投票することで民意を負託する」という間接代議制の「擬制」が実現しているとは言い難い。また，現在に至るまで「政治と金」の問題は絶えることがなく，ポークバレルポリティクスも相変わらず存在し続けている。わが国の民主主義が特定集団のためのものであってはならないし，またそうした集団のためだけの民主主義であってはならない。そこで本章では，わが国の民主主義が少しでも本来の機能を取り戻すために，どのような制度上の改善を行わなければならないのかを検討することにしたい。

2　民主主義の機能回復の提唱

そもそも民主主義とは，われわれ有権者が自分達で自分達を治める政治制度である。だから，民主主義においては有権者の選好をできるだけ反映させる制度が必要となる。ところが，日本の現実において，有権者がどれほど国の政治に対して「民意を負託する」ことができているのであろうか。例えば，われわれ有権者がわれわれの代表を選ぶための選挙制度にしても，重要な争点に対しても，われわれはどれほど選ぶことができているのだろうか。

確かに，政治家は有権者の代表者であり，有権者に代わって議論をしてもらいたいという気持ちに変わりはない。しかし，現在の日本の政治状況においては，肝心の民主主義の原理があまりにも損なわれているのではないであろうか。まず選挙の後に発生した問題については，有権者は何も選ぶことができない。さらに選挙の時と選挙の後で政治家の主張が変わってしまったとしたら，有権者の投票は意味を持たないことになる。そうした事例を，いやと言うほど見せつけられているのではなかろうか。そこで，今の日本の政治がもっと有権者主体のものとなるために，幾つかの方策を提案したい。

1　小林良彰『現代日本の政治過程－日本型民主主義の計量分析－』東京大学出版会，1997年。

第一に現在，選挙の際に政党や候補者が掲げる政策があまりにも曖昧で具体性に欠けることが多いのではないか。例えば，「生活者主体の政治」とか「国民本位の政治」と言われても，有権者は何を選択していいのか理解できない。また選挙の後で政党や政治家が何かを行ったとしても，選挙公約を守ったのか破ったのかを判断することができないことになる。さらに，「減税します」とか「福祉を充実します」，「財政再建をします」と言われても，その一つ一つは良くても，両立するのかどうかが問題となる。

　そこで，選挙の際に政党や候補者に，次年度予算案を提示することを義務付けてはどうであろうか。何故ならば，予算案を提示することで，抽象的な政策をどのように実現させるのかを知ることができる。また予算案を提示することで，両立不可能な複数の政策を並べることができなくなる。そして，各党・各候補者の政策を予算案化することで，有権者にとって様々な選挙公約が比較可能になる。なお選挙後は，提示した予算案の各項目の内訳の一定範囲内（例えば，一割以内）の変更のみを認め，それを越える変更は有権者の承認を得るものとする。さらに予算を伴わない政策についても同時に提示させて予算案とともに登録させ，戦争などによる緊急事態は例外とし，有権者の承認を経ない変更は認めないものとする。

　こうした予算案を含めた選挙公約の登録化により，有権者が選挙の際に何を選択すればよいのか，選挙後にどの政党や候補者が選挙公約を守り，あるいは破っているのかを明確に認知できるようにすべきではないであろうか。

3　衆議院の選挙制度改革

3－1　理想的な選挙制度の基準

　このようにみてくると，小選挙区制が多数決民主主義を変質させてしまうばかりでなく，有権者から実質的な選択権を剥奪してしまう選挙制度であることが明らかになる。それでは，どのような選挙制度が最善のものなのであろうか。ここで重要なのは，どの政党にとって有利か不利かということで良い選挙制度であるとか悪い選挙制度であるとかを議論すべきではないということである。最も重要なことは，それが有権者にとってメリットがあるのか，ないのかという点である。そこで，何が有権者にとってのメリットとなりうるのかを検討してみたい。

まず、選挙制度は何よりも「民意の反映」を実現するものでなくてはならない。そのためには、投票者による各政党に対する得票率と議席率を一致させることが要請される。次に、政党を選ぶだけでなく、「人の選択」も行いたいというのが、有権者の要請である。さらに、有権者の意向を正しく議席に反映させるためには、「恣意性の排除」が可能なものでなくてはならない。しかし、小選挙区の区割りを作成する際に、一義的な区割りしか存在しない基準を設けることは困難である。したがって、誰が小選挙区割りを作成しても、たとえ意図せざる場合でも、結果として個々の政治家にとっての有利不利が生じることになる。近年、国政選挙における投票率の低下が著しい。このままでは選挙の意義そのものが問われることにもなりかねない。したがって、可能であれば、有権者に「投票のインセンティヴ」を与えるような選挙制度が望ましいことになる。

3-2 衆議院定数自動決定式比例代表制

ここで、これまでみてきたような有権者にとってのメリットを満たす選挙制度を考案したい[2]。具体的には、次のような手順に従って行われる選挙制度である。

(a)：総定数は、公職選挙法の本則に従って、471とする。
(b)：新しい選挙区は、都道府県（ただし、地域の広い北海道や、人口の多い東京都などは分割）、もしくは衆議院で用いられてきた中選挙区など、人為的な恣意性が新たに入らないものを用いる。
(c)：各政党は、各選挙区毎に順位を定めずに名簿を作成する。
(d)：有権者はこの名簿の中から候補者を選んで個人名を書いて投票するか、あるいは政党名だけを書いて投票する。
(e)：選挙後、各選挙区における各候補者、あるいは各政党の投票を、政党別に全国で集計する。
(f)：全国で集計された得票にしたがって、ドント式により各党に議席を

---

[2] 定数自動決定式比例代表制については、同様の考えをすでに西平重喜氏も提案している。ただし、同氏の考えでは各選挙区への議席配分をドント式で行うために、定数不均衡が1対2を超える場合がある。

配分する。
(g)：各党に配分された議席を，さらに各党の各選挙区における得票に応じて，最大剰余式により各選挙区に配分する。
(h)：各党の各選挙区に配分された議席を，その選挙区におけるその党の候補者の得票の多い順に与える。

なお上記(g)において，各選挙区への議席配分を最大剰余式ではなくドント式で行うと，各選挙区間の定数格差が1対2を越える場合が生じる。したがって，最大剰余式を用いることにした。

さて，この定数自動決定式比例代表制の長所であるが，それは次の4点である。第一は，「民意が反映される」ということである。各党の議席数を比例代表に従って配分するので，得票率によって議席率が決まることになる。

第二に，「定数不均衡がない」ことである。つまり，憲法第14条で定められている「法の下の平等」を満たすことになる。選挙区の得票数に応じて議席数が決まるので，常に自動的に見直しが行われるわけである。現在のわが国においては，定数是正が国会議員に任されているため，その是正には長い年月がかかっている。このため，一度是正を行った後にすぐにまた新たな不均衡が生じても，これに機敏に対応することができない。したがって，自動的に不均衡が是正されるような制度が，わが国には必要である。

第三に，これまで定数は人口に応じて配分されてきたが，本来の意味では，人口の格差ではなく1票の格差こそを是正すべきなのではないであろうか。仮に，投票率40％と80％の選挙区があるとすると，人口あるいは有権者人口に応じて定数を配分した場合，投票率40％における1票の価値が80％における1票の価値の2倍になってしまうことになる。すると，いくら人口や有権者人口に応じて定数を定めても，別の意味での1票の格差が生じてしまう。したがって，投票に応じて定数を定める方式が求められるのである。

第四に，「党利党略が入らない」ことがあげられる。この選挙方式では，小選挙区を必要としないので，ゲリマンダーの弊害が生じない。

第五に，「有権者の意識が高まる」ことである。投票率が議席数に反映されるために，投票するインセンティヴが有権者にもたらされるわけである。

この他，現実の問題として，最大の定数となるのが，東京の45程度である。したがって，現在，参院選において定数48の比例代表制を行っていることを

考えれば,実現可能な選挙制度であるといえよう。従来の比例代表制のように拘束式ではないので,政治家の顔を選ぶということもできる。ただし欠点は,同じ選挙区内の異なる政党の候補者間においては,得票の順番と当落の逆転が生じることが起こり得ることである。

3－3 候補者助成制度

選挙制度とともに,政治改革法案の一つに取り入れられているのが,政党への公的助成である。政治家個人への企業献金を廃止する分だけ,公的助成で補おうというわけである。また,政治家個人ではなく政党を公的助成の対象とすることで,政治資金の透明性を確保しようとする狙いもあるようである。

それでは,政党への公的助成に問題はないのであろうか。ここでは特に実際の運用上,生じるのではないかと思われる2つの問題を指摘することにしたい。

第一の問題点は,公的助成が流入する分だけ,確実に他の政治資金が減るのかどうかということである。そうでなければ,公的助成が加わる分だけ,逆に政治資金の総量が増加することにもなりかねない。そもそも「お金がかかる政治」を改めることが政治改革の原点であったことを考えると,政治資金の総量規制を検討することも必要ではなかろうか。

第二の問題点は,政党への公的助成を行った場合,各政党で助成金の配分をどのように行うのかということである。例えば,各党の委員長や執行部の権限で配分をするとなると,政党内が中央集権化する恐れがある。当然,党内で中央の意向に反する政治家へ薄い配分がなされ,意向に従う政治家には厚い配分が行われるとも限らない。こうなると,各々の政治家が自分の選挙区の有権者の意向を代弁することが妨げられかねない。

これらの問題点を改めるためには,政治資金の総量を定めた上で予備選での「いやがらせ投票」を排除する場合を除いて,政治家や候補者個人への公的助成を行ってみたらいかがであろうか。ただし,「泡沫候補にも助成を行うのは税金の無駄使い」という指摘があるのも事実である。そこで,選挙の際には,あらかじめ候補者個人に上限を決めてお金を貸し出すことにする。そして,選挙後に1票800円とか1票1,000円換算で計算し,貸し出した金額に比べて票数が足りない候補者からはお金を返してもらう。逆に,票数の多

い者には，法定選挙費用の範囲内で，割り増しで助成を行う。こうすれば，税金の無駄使いを避けながら，候補者個人への助成を行うことができる。

　選挙以外では，政治家個人への助成を実費で行ってはどうであろうか。つまり，これまでのように立法活動に熱心でもそうでなくても，同額の立法調査費を支払うというのではフリーライダーが発生する。そこで，政治家が立法活動に使った委託調査費や図書費などの請求書を上限を決めて政府に提出させ，政府が議員に代わって実費を調査の委託先などに支払うわけである。こうしたことにより，立法活動を行う政治家ほど助成を受けることにより，議員立法のインセンティブを与えることが可能になるのではないであろうか。いずれにしろ，有権者にとってのメリットにつながる公的助成を検討してもらいたい。

4　二院制改革

4－1　参議院の存在意義と選出方法

　日本は言うまでもなく衆議院と参議院からなる二院制を採用している。これに対して，「世界の国の多くは一院制である」とか「参議院は衆議院のカーボンコピーだから不要である」との意見があるが，如何であろうか。前者については，世界の国々の多くが大統領制であることを忘れてはいないだろうか。つまり，大統領制であれば，国民は大統領と議会の双方を選出することで，権力の抑制と均衡を保つ機会をもつことができる。しかし，日本のような議院内閣制の国で一院制にすると，一院である議会を構成する多数政党がそのまま行政府を構成するために，結果として立法府と行政府が同じになり，権力の抑制と均衡を保つ機会を国民がもつことができなくなる。だから日本のような議院内閣制を採用する国では，二院制にすることで，第一院と行政府による政策形成をダブルチェックしたり，第一院と異なる論理で構成する多様な意思を反映させたり，任期の長さや良識の府たる議員を選出し各党の議論を深めて時にはリードする役割を担うことを期待できるわけである。

　これは同時に参議院の構成や役割を再検討することを要請する。つまり，「衆議院＝行政府」（首班指名で衆参両院の決定が異なる場合には，憲法67条の規定により衆議院の決定が優先する）との間で権力の抑制と均衡を図ることが参議院の存在意義であるならば，当然，衆議院と参議院の構成は異なっ

ていることが期待される。もし両院の構成が同じであれば，権力の抑制と均衡は図られようがないからである。このため，衆議院と参議院の選挙制度は異なる必要がある。しかし，わが国では衆議院が小選挙区比例代表並立制であり，参議院も地方は小選挙区比例代表並立制，都市部は中選挙区比例代表並立制と類似した選挙制度を採用しており，上記の存在意義からすると，いささか適切とは言い難い状況にある。

　もちろん参議院の現行選挙制度の方が先に採用されたものであるから，参議院側からすれば衆議院の方が類似した選挙制度を採用したことに問題があることになる。また衆議院が前述したような比例代表を中心とする選挙制度にした場合には，参議院が地域代表を中心とする選挙制度に変更することも考えられる。しかし，現実には，衆議院で多数の議席を占める大政党が，共に小選挙区制を現行の選挙制度として支持している現状では，参議院の選挙制度の方を衆議院と異なる方式に変えることを検討せざるを得ないのではないか。もし衆議院の選挙制度が変わらないことを前提にするならば，小選挙区制を中心とする衆議院に対して，参議院は比例代表を中心とする選挙制度にすることが，両院の構成を異なるものにして権力の抑制と均衡を可能にすることができるのではないか。

　なお，憲法43条における「両院は全国民を代表する選挙された議員」における「選挙」は間接選挙であることを否定しないという学説を主張する者もあるが，如何なものであろうか。敢えて「直接選挙」と書いてなくとも，「間接選挙」と書いてなければ，通常，「選挙」が「直接選挙」を指すと考えるべきではないだろうか。また，仮に間接選挙にした場合，参議院と国民との距離を拡げ，衆議院との間で対等な関係に立つことができず権力の抑制と均衡を難しくするかも知れない。上記のような間接選挙と解釈できるという理窟に立つならば，同様のことを衆議院についても指摘することができるが，そうした主張はほとんどみられない。つまり，参議院を衆議院とは異なる位置に置くことを念頭においた意見と思われても仕方がないのではないだろうか。

　ここで諸外国の上院議員の選出方法をみると，民主主義という観点からすれば，日本の参議院の選出方法が優れていると言っても誇張ではない。まず，イギリスでは，上院である貴族院議員には，終身の世襲貴族や一代貴族，および聖職貴族や法服貴族などが就くことになっており，そもそも選挙を行っていない。ドイツでも各州政府閣僚で構成されるために，非公選である。そ

して，フランスでは上院議員を選挙で選出しているものの，選挙権は下院議員や県会議員，市町村会議員の代表にだけ与えられ，一般の有権者には上院議員の選挙権が付与されていない。さらに，米国では一般有権者による公選で上院議員が選出されるが，上院の位置づけが州代表であるために憲法に保証された各州平等の原則により，人口が多いカリフォルニア州と少ないワイオミング州では定数不均衡が1：70と大きくなっている。これに対して，日本の参議院では1：5の定数格差を別にすれば，一般有権者による公選で選出することができるわけである。

それでは具体的に，どのような方式の選挙制度が考えられるのかを検討してみることにしたい。まず重要なことは，現在の定数不均衡を1：2未満にまで小さくすることである。すでに最高裁による度重なる判決により，合憲ではあるものの速やかな改善をする必要があり，これ以上，司法の判断を無視することは許されない。

4－2　参議院定数自動決定式比例代表制

ここで，これまでみてきたような参議院の存在意義を考慮して，下記のような選挙制度を考案してみた。もちろん衆議院が前述の定数自動決定式比例代表制を採用する場合には，両院が異なる選挙制度を採用すべきとの主旨から本章の制度にすべきでないのは言うまでもない。

(a)：総定数は，242議席で3年毎に半数改選する。その内，ブロック別選挙区を146議席，全国区を96議席とする。
(b)：ブロック別選挙区は拘束式比例代表制とし，全国区は非拘束式比例代表制とする。
(c)：有権者は，ブロック別選挙区の政党別拘束式名簿を基に政党名で投票し，全国の非拘束式名簿の中から個人名または政党名で投票する。
(d)：各ブロック別選挙区における各政党票を全国集計して各政党に配分した後，「各党各ブロック票／各党全国票」の比率に応じて各党各ブロックに最大剰余式により議席配分する。
(e)：全国比例代表における各党候補者および各政党の投票はいずれも政党別に全国で集計して，ドント式により各政党に議席を配分する。

上記(b)では，本来，党だけでなく人も選びたいので非拘束式にすべきであるが，衆議院とは異なり参議院では定数不均衡を解消するためにはブロック別選挙区を採用せざるを得ない。このため，もし非拘束式にした場合，例えば九州ブロックでは人口が多い福岡県の候補者が多く当選する反面，人口が少ない宮崎県や佐賀県の候補者が当選することが難しくなる。したがって，当面，拘束式にして，将来，道州制などが採用されてブロックの一体化が進んで時点で，再検討すればよいと考える。

なお，上記の選挙制度平成16年の参議院選に当てはめてみると，各ブロックの定数は，表10－1の数値になる。

また，衆議院と参議院で権力の抑制と均衡を図るために，異なる選挙制度を採用するのではなく，参議院を非政党化して衆議院との相違を示すべきではないかとの意見がある。しかし，現実には，参議院議員が政党に所属しないで個々に行動したら，政党に所属して集団的に行動する衆議院に対抗し得るであろうか。また衆議院に対する抑制は，院と院の間だけでなく，政党内において同じ党の衆議院議員に対しても行うことが可能になる。このため，本書では，非政党化による異なる院の構成ではなく，異なる選挙制度による異なる院の構成を検討した次第である。さらに，参議院が6年間という長い任期や解散がないという特長を活かすために，憲法問題や環境問題など長期的な議案については参議院先議で議論を進めるべきではないかと考える。そして，折角，異なる選挙制度を採用しても，党議拘束をかけてしまえば，同じ政党に所属する議員であれば衆参同じ行動を取ることになるので意味がなくなってしまう。このため党議拘束についてはこれを見直し，国会議員は有権者から負託された民意にのみ基づいて行動すべきこととする。

表10－1　参議院定数自動決定式比例代表制を採用した場合の各ブロック選挙区の定数（2003年参院選の場合）

	現行定数	平成16年参院選の場合	平成17年国調人口
北海道	2	4	3
東北6県	8	6	6
関東7都県	18	23	24
北陸4県	5	3	3
中部6県	11	10	10
近畿6府県	10	11	12
中国5県	6	5	4
四国4県	4	2	2
九州8県	9	9	9
合計	73	73	73

5　地方議会制度改革

これまでみてきた民主主義の機能不全は，国政だけの問題ではなく，地方政治

においても同様の，あるいは国政以上に深刻な問題の存在を指摘することができる。

　その背景には，わが国の地方自治が未だ形成過程にあることがあげられる。言うまでもなく，日本の地方自治は，明治期に始まり，紆余曲折を経て今日に至っている。まず，明治21年に市制町村制が公布され，その後，明治23年には府県制が公布された。このうち，前者の市制町村制においては，特定の納税者による制限選挙で選出された地方議員が首長の選出に関わるものであった。このため，現行の普通選挙や首長の直接公選とは大きく異なるものの，住民の代表として位置づけられていた。

　しかし，後者の府県制においては，国の行政機関としてではなく地方公共団体として府県が規定されたものの，府県知事は官選であった。このため，府県内の郡会や市会における複選制選挙で選出された府県議会議員とは自ずと立場を異にする制度設計になっていた。つまり，住民意思を代表する議会が暴走しないように，議会活動に枠をはめるための様々な歯止めが制度的に設けられていたと言わざるを得ない。

　そして，第2次世界大戦後，知事も議会も共に住民による直接投票で選出されるようになり，議会に決定機能と首長の監視機能が付与され，二元代表制となった。その理念は，「住民が議会と首長を選ぶ。選ばれた議員が条例を発議する立法権を持ち，議会が決める。また，決められたことを首長が，執行する行政権を持つ。そして，議会が決めた事項を首長が執行しているかどうか監視する監視権を議会がもつ。このことにより，権力の均衡と抑制をはかる」ものであった。

　しかし，その理念とは別に，昭和26年改正後の地方自治法においても，それまで議員と同じ名誉職員となっていた名誉市町村長は常勤職となる反面，議員については未だに常勤職として位置づけられていない。特に，都道府県においては，前述の通り，その前身が国の出先機関として始まったために，今日に至るまでその意識が残存し，住民代表である議会に対して首長が優位な立場に立とうとする傾向がある。換言すれば，アメリカ型の権限や役割を明確に分ける二元代表制とは異なり，戦前からの中央集権を引きずる独特の日本型二元代表制を形作っているといえよう。

　こうした日本型二元代表制が生まれた背景には，元々，日本における地方自治の理念が明確になっていなかったことがあげられる。「地方自治」は元来

日本語ではなく，Local Self-Government という英語を訳したものであり，自分たちで自分たちを統治する「自己統治」を意味するものであった。事実，アメリカでは日本のような地方交付税制度（自治体間で行われる財政調整制度）はなく，義務教育をはじめさまざまな地方自治体による行政サービスは日本に比べて地元負担の色彩が強い。また，日本では中央政府が地方税に関しても標準税率を定め，自治体側には決定権がほとんどないが，アメリカでは消費税率などは州によって異なり，独自に税金を課すことも日本よりも遙かに自治体の裁量に任せられている。そのため，税負担が重くても行政サービスが良い自治体もあれば，その逆の自治体もある。つまり，米国では「自分たちがどういう自治体にするかを自分たちで決めることができる」という自己統治を体現する仕組みになっている。

しかし，日本ではこうした「自治の原則」だけが地方自治の理念として認められているわけではない。もう一つの理念として「均衡の原則」があり，国民はどこに居住していようとも，同一水準の税負担で同一水準の行政サービスを享受できるようにしようというものである。これら自治の原則と均衡の原則はどちらも立派な考え方であるが，よくみれば分かるとおり，両者の間に矛盾が生じることがある。つまり，自治の原則に従えば，当然自治体が独自性を発揮することが期待されるが，均衡の原則に従えば，そうした独自性は否定され，画一性，均質性が重視されることになる。

このため戦後の日本で二元代表制が制度として整えられながら，都道府県の仕事の大半や市町村の仕事の少なからぬ部分を占めてきた機関委任事務については法律の定めがない限り自治体で条例を作ることができなかった。このため機関委任事務については，所管大臣の指揮監督の下で知事が執行し，知事の指揮監督の下で市町村長が執行する一方で，地方議会は口を挟む機会を閉ざされてきた。その意味では，日本において二元代表制が理念として描く姿と現実の間には大きな乖離が存在していたといえる。

それでは，機関委任事務が廃止された第一次地方分権一括法施行以降，二元代表制が本来の理念に立ち返ったのであろうか。ここで，第一次地方分権一括法施行について振り返ってみると，当時，多くのマスメディアが誤った評価をしていたのではないだろうか。何故なら，機関委任事務が廃止されて一部は自治事務になったものの法定事務として残った事務もあったことから，「第一次地方分権は大した分権ではない」と批判したマスメディアが多かった。

しかし、この分権で一番重要であったのは、実は法令解釈権の移行であり、従来なら地方自治法に「やって良い」と書いてあること以外はやることが難しかったのが、第一次地方分権施行以降は、「やってはいけない」と書いていないことはできる可能性が出てきたことになる。最もわかりやすい例は、阪神大震災の時に、崩壊した家を建て直す資金を自治体が補助することができなかった。つまり、個人の家のような私有財産に税金を投入することは、地方自治法に「やって良い」と書いてなかったわけである。ところが、同じことが鳥取県米子沖で地震が起きた時には、当時の片山善博知事が山奥の村で倒壊した家の復旧に補助しようとした際に、国とは大激論になったが、最終的にはできたのである。問題は、このことに気付いた知事と気付かなかった知事がいたことである。

さらに最近では、改革派知事による監視権の取り込みも始まっている。例えば、知事が何か政策を新しく作って提案する際に、従来であればまず議会とやり取りをしていたが、インターネットを利用して直接、県のホームページに掲載して県民からパブリックコメントを求めるようになっている。つまり、知事が県のホームページで「こういうことをやろうと思うが、県民の皆さん、意見を下さい」と呼びかけると、数百件くらいの意見が県民から届くことになる。そうして首長と住民の直接のパイプができ、「改革をする首長」のイメージが生まれることになる。

その一方で、議会の方は、地方分権一括法施行以後、どう変わってきたかといえば、静岡県議会ではモニター方式を採用し、傍聴者が多い場合に別室でモニターによる傍聴ができるようにしている。また、三重県などでは対面型議場にして、一問一答とまではいかないにしても2問2答、3問3答ぐらいで型通りではない質疑応答を行おうとしている。この他、宮城県議会や鳥取県議会などでも様々な改革の試みが行われている。

しかし、そうした努力にもかかわらず、議会全体として議員発議条例数が大きく伸びたとは言い難く、「地方自治を担うのは知事」という認識が住民の間に広がっていったことは否めない。特に、前述の通り、首長が住民に対して直接、パブリックコメントを求めるようになると、住民も「議会を通して間接的に自治体に働きかけるよりも、首長に直接、訴えた方が良い」と考えるようになる。また地方議員の中には、「自分たちの仕事は条例を作ることではなく、住民の意向を首長や職員に伝えて調整することにある」と思う者

が出てくる。こうして本来の二元代表制とは異質の「日本型二元代表制」が、第一次地方分権一括法施行以降に継続することになった。

ここで、本来であれば議会に属する議員が行うべき発議条例について最近の例をみると、全国に都道府県議会議員が全部で2,868人いて、年間発議条例は140件程度にとどまっている。つまり、1都道府県当たり、年間平均でわずか3件しかないのが実情である。しかも、その多くは定数条例や報酬条例であり、政策条例は14件程度しかない。これに対して、知事による発議条例は年間3,235件で、1都道府県あたり70件近くある。また、予算などを含めると、知事提案は年間8,906件にのぼり、住民から「地方自治の主役は知事」とみられても仕方がない。

それでは、何故、地方議員はもっと本来の二元代表制に立ち返って議員発議条例を作らないのだろうか。原因は、2つある。それは、理念としての二元代表制を妨げる制度的障壁と地方議員の意識である。このうち、前者の地方議会の制度的障壁については、都道府県議会制度研究会（平成16年4月～平成19年3月）が、従来の地方自治法を詳細に検討して平成17年3月に提出した「中間報告」の中で、以下の15の改革を主張している[3]。

第一に、都道府県議会制度研究会は、現在、首長に専属している地方議会の招集権を議長に付与することを求めている。これは、首長が地方公共団体の代表者であるから地方議会の招集権を持つという現行の論理に対して、二元代表制の一方の主体である首長が他方の主体である議会の招集権を持つのは如何なものかという考えに基づいている。

第二に、閉会中の委員会活動に関わる制約を撤廃することである。これは地方自治法上、特に重要な問題であり、現行法では議会が閉会中の活動能力を議会が持たないのに対して、執行機関は常時活動することができる。つまり、常時活動ができない主体と常時活動ができる主体では、二元代表制と言

---

[3] 都道府県制度研究会（座長・大森彌、同代理・小林良彰、他委員5名）は、平成16年4月に全国都道府県議会議長会より、今後の都道府県議会のあり方についての調査検討を依頼され、中間報告の提出までに計11回の研究会を行った。その後、平成19年3月に終了するまでに当初より数えて計28回の研究会を重ね、様々な提案を行った。「中間報告」は平成17年3月16日に同研究会から提出された「今こそ地方議会の改革を―都道府県議会制度研究会中間報告―」の略称である。

っても，明らかに大きなハンディキャップが議会側に与えられていることから，これを改めるべしとの主張である。

　第三に，地方議会における内部機関の設置を自由化することである。現在でも，常任委員会や議会運営委員会，特別委員会以外にも代表協議会や税務協議会を設置することができるが，それらは正規の会議ではないので，改めて委員会で決定を行うことになる。このため内部機関を設置できるようにして，議事の二度手間を避けるようにすべしというものである。

　第四に，地方議会の議決権を拡大することを求めている。現在では地方自治法96条1項で15項目を制限列挙し，同条2項で法定受託事務にかかるものを除いて議決事項を付け加えることはできる。しかし，中間報告では，制限列挙を概括列挙に改め，さらに法定受託事務についても議決事項に加えることができるようにすべしと主張している。

　第五に，地方議会の調査権・監視権の強化である。現行の地方自治法では，地方議会には98条1項で検査権を，同条2項で監査請求権を付与している。さらに地方自治法100条で地方議会に調査権を与えている。しかしながら，これらに基づく地方議会の監視が執行部と部局に限定されることから，さらに公社等外郭的団体にも監視の範囲を広げるべきであると主張している。

　第六に，今後，政策条例を促進するためには，地方議会が専門的な案件に対応できるよう附属機関の設置を認めるべしとしている。

　第七に，議会事務局の機能を明確にするために，単なる庶務的事項に留まらず，政策提案などを補佐する機関として位置づけるべしとしている。

　第八に，議長に議会費の予算執行権を付与すべしとしている。これは，二元代表制の主旨からすれば，議会費の予算執行件が現行のように首長にあるのはおかしいという論理に発している。

　第九に，同様に，議長に議会棟の管理権を付与すべしとしている。現行，議長にあるのは議場内の管理権のみであり，例えば委員会室や廊下の審議妨害に対する秩序維持権や委員会室の管理権は議長には付与されていない。

　第一〇に，執行機関に対する議会の資料請求権を保障するために，執行機関による資料提出を義務づけるべしとしている。

　第一一に，委員会にも議案提出権を付与すべしとしている。現行は，議員と首長だけが議案提出権をもっており，委員会には付与されていない。このため，委員会に所属する議員の連名で提出するなどの運用で処理している。

しかし，委員会が実質的に重要な議論の場となっている現状を考えれば，委員会から議案提出を行えるようにすべしと主張している。

第一二に，常任委員会への議員の所属制限を撤廃すべしとしている。平成12年の常任委員会設置制限廃止に対応するために，現行の1人1常任委員会という制限の廃止を求めている。

第一三に，補選で当選した議員が委員としての活動をできるよう議長による委員会委員の選任特例を認めるべしとしている。

第一四に，専決処分の要件を見直し，不承認の場合の首長の対応を義務付けるべしとしている。今日のように交通通信手段が発達している現状では，「議会を開く暇がない」ケースは極めて限定的に考えるべきであり，仮に専決処分をしたときには次の議会で報告し，承認を求めなければならない。しかし，首長が議会で承認を得られなくても，専決処分の効力に影響しない。このため不承認の場合における首長の対応義務を明確にすべしとしている。

第一五に，予算修正権の緩和と予算議決科目の拡大であり，現在は地方自治法97条2項で予算修正権の制限がある。また，「款項」ではなくて，「目」までを議決対象にすべしとしている。

このような都道府県議会制度研究会の中間報告における主張を見てくると，第二次世界大戦後におけるGHQの改革にも拘わらず，地方自治法の中には明治以来の住民の意思を抑えつけるような二重三重の歯止めが残存していると言わざるを得ない。その後，上記の要望のうち，幾つかの点については制度改正が行われた。しかし，第一の議長に対する「議会招集権」の付与が首長に対する「議会招集請求権」の付与に留まるなど，まだまだ二元代表制にはほど遠い状況にある。

それでは，こうした制度的改革を行えば，議員発議条例は飛躍的に増えるのであろうか。そこで，全国の知事，都道府県議会議員，部長および部長職以上の職員の全員を対象とした意識調査を行った[4]ので，その結果をみてい

---

[4] 調査は，文部科学省21世紀COEプログラム『多文化多世代交差世界の政治社会秩序形成－多文化世界における市民意識の動態－』（拠点リーダー・小林良彰慶應義塾大学教授）と全国都道府県議会議長会『都道府県議会制度研究会』（座長・大森彌東京大学名誉教授）の共同調査である。調査票は，各都道府県議会事務局から議員に配布してもらい，郵送により回収を行う方法を採った。

くことにしたい。

　まず，第一次地方分権一括法施行以降，政策立案で誰が影響主体なのかについてみると，知事の回答のうち，第一の影響主体として「首長のリーダーシップ」が71.4％，「市民運動や一般住民の世論」が25.0％で，「議会・議員のリーダーシップ」は皆無であった。これに対して議員の回答をみると，「首長のリーダーシップ」が78.6％で「国の影響力」が12.5％でこれに続き，「議会・議員のリーダーシップ」は1.7％しかない。つまり，議員自ら自分たちが地方自治体における影響主体の中心になっていないことを認めている。同じことを政策領域別に聞いてみても，経済問題でも文教でも福祉でも，議員は「首長のリーダーシップ」が政策立案の中心にあると認識していることがわかる。

　さらに，地方分権一括法施行以降，どのような変化が起きているのかを尋ねてみると，首長では「権限や事務量の割には財源がないため，特に変化はない」という回答は24.1％しかなく，多くの知事が変化が起きていることを認識しているのに対して，議員の62.8％が同じ質問に対して「特に変化はない」と回答している。二元代表制の当事者間で，地方分権一括法施行以降の変化について意識が大きく異なっていることが明らかになった。

　そこで議員がどのような役割意識をもっているのかを探ってみることにしたい。まず，議員が誰を対象に活動しているのかをみると，「選挙区」が49.4％でもっとも多く，「自治体全体」が44.6％，「政党（会派を含む）」が6.0％となっている。そうした回答が分かれる要因を分析してみると，議員の選ばれ方の違いが原因となっているようである。つまり，小選挙区から選出されている議員では7割近くが「選挙区」と答える一方で，定数2以上の中選挙区から選出されている議員では「自治体全体」という回答が多くなっている。また，NPC（New Political Culture，新政治文化）という意識[5]を持つ議員ほど「自治体全体」のために活動をしているようである。

　5　NPC（New Political Culture）は，社会的クライエンタリズムに基づく既存の政治文化に対してシカゴ大学社会学部教授のテリー・クラークが考案した概念である。本章において「NPC意識が高い」とは，特に，社会的リベラルと財政的コンサーヴァティヴの双方を併せ持つ意味で用いている。詳細は，テリー・クラーク，小林良彰共編『地方自治の国際比較―台頭する新しい政治文化―』慶應義塾大学出版会，2001年を参照。

次に，議員が「できるだけ住民の要求に気を配り，それを実現していくことを重視する」代理型であるか，それとも「住民の利益に関する自己の判断にはある程度自信があるため，それに基づいて行動する」信託型であるかのどちらの代表スタイルで活動しているのかをみていくことにしたい。すると，「代理型」を自覚している議員が21.2％，「準代理型」が31.6％で，両者を併せると52.8％が代理タイプとなる。一方，「信託型」を自覚する議員は17.0％で「準信託型」が30.2％で，併せて47.2％が信託タイプとなっている。ここで，2つの代表タイプを弁別する要因を分析してみると，意外に都市部選出の議員に信託タイプが多く，地方選出の議員に代理タイプが多い。またNPCの意識が強い議員ほど，代理タイプの代表スタイルをもっていることがわかる。

　言うまでもなく，議員であれば住民の選好を集約して政策条例を発議することや審議決定することが本来の仕事であるが，現実には，立案するのではなく支持者の意向を執行部や部局に伝える調整も自分の役割意識として認識している者も少なくない。そこで「議員として何をすることが自分の仕事であると認識をしているか」を尋ねてみると，「政策の審議決定」が32.％でもっとも多く，「住民のための世話役，相談役」が25.1％で続き，「政策を立案する」は14.1％に留まり，「行政執行を監視・批判する」も11.7％である。ここで，どういう要因が自分の役割意識を決めているかを分析してみると，当選回数が多く，小選挙区からではなく複数の定数の選挙区から選出された議員であることがわかる。また，議会事務局に対する満足感が高く，NPC意識を持っている議員ということになる。

　このようにみてくると，明治以来の要素を残す地方議会制度の改革だけでなく，代表活動や代表スタイル，代表意識といった地方議員の役割意識が，現在よりも政策立案を重視するように変わる必要があるのではないだろうか。これに対して，「いや，うちの知事はよくやっているから，今のままでいいのだ」とか「条例など作らなくても，支持者の要望はきちんと知事に伝えている」と思う議員もいるかもしれない。しかし，現状の首長主導の地方分権のままでは，権力のチェック・アンド・バランスが薄れ，昨今の公共事業をめぐる首長の不祥事が今後も起きないとは言い切れないのではないか。

　したがって，一層の地方分権を求めるならば，首長と議会が車の両輪として理念通りの二元代表制を形作らなければならない。そのためには，①地方議会制度の改革，②地方議員意識の刷新，および③地方議会事務局の体制整

備が必要になる。例えば，様々な政策条例を作る際に，既存の法令とのバッティングをチェックすることは難しい。そのため，衆議院法制局や参議院法制局に対応するような地方法制局を各都道府県が整備する必要があるのではないか。住民の意向を反映した本来の地方自治を実現するために，首長も議会も政策を軸として住民の支持を競うことが，あるべき二元代表制の姿と思うのだが，如何であろうか。

6　おわりに

わが国の民主主義の機能を再生させるために行うべき制度的改革は，この他にも数多くある。例えば，議員立法や国会論戦を活発化させるための施策など，数え切れないほど多くの提言をあげることができる。いずれにせよ，どのような状態が理想であるかを描くにとどまらず，現実の姿をとらえて理想との乖離を示し，その乖離を埋めるための方策を考えることこそ，政治学本来の役割なのではないであろうか。こうした問題意識に従って，本書を執筆した次第である。

参考文献

阿部頼孝（1996）『現代社会と人権』，梓出版社

Abramson, Paul R. (1983) *Political Attitudes in America: Formation and Change*, San Francisco: W.H. Freeman and Company

Abramson, Paul R., John H. Aldrich and David W. Rohde (1994) *Change and Continuity in the 1992 Elections*, Washington, D.C.: Congressional Quarterly Inc.

Ackerman, Bruce, & Fishkin, James S. (2004) *Deliberation Day*. New Haven, CO: Yale University Press

Agee, Warren K., Phillip H. Ault and Edwin Emery (1986) *Maincurrents in Mass Communications*, New York・Cambridge・Philadelphia・San Francisco・London・Mexico City・San Paulo・Singapore・Sydney: Harper & Row, Publishers, Inc.

飽戸弘編（1994）『政治行動の社会心理学』，福村出版

飽戸弘（1994）「政界再編と有権者の意識――一九九三年「総選挙」の分析―」『選挙研究』No. 9，16－26頁

Alesina, Alberto and Howard Rosenthal (1995) *Partisan Politics, Divided Government, and the Economy*, New York・Melbourne: Cambridge University Press

Alexander, Herbert E. (1992) *Financing Politics: Money, Elections, and Political Reform Fourth Edition*, Washington, D.C.: Congressional Quarterly Inc.

H. E. アレキサンダー・白鳥令（1995）『民主主義のコスト』，新評論

Allen, Charles F. and Jonathan Portis (1992) *The Comeback Kid: The Life and Career of Bill Clinton*, New York: A Birch Lane Press Book

Almond, Gabriel A. (eds.) (1974) *Comparative Politics Today: A World View*, Boston・Toronto: Little, Brown and Company Inc.

安藤清志・大坊郁夫・池田謙一（1995）『社会心理学』，岩波書店

荒井紀一郎（2006）「参加経験とその評価にもとづく市民の政治参加メカニズム」『選挙学会紀要』No. 6，5－24頁

荒木俊夫（1994）『投票行動の政治学－保守化と革新政党－』，北海道大学図書刊行会

荒木俊夫・相内俊一・川人貞史・蓮池穣（1983）『投票行動における連続と変化－札幌市の場合－』，木鐸社

Arnold, R. Douglas (1979) *Congress and the Bureaucracy: A Theory of Influence*, New Haven・London: Yale University Press

浅野一郎編（2003）『選挙制度と政党』，信山社

浅野正彦（2003）「選挙制度改革と候補者公認－自由民主党（1960－2000）」『選挙研究』No. 18，174－189頁

Asher, Herbert B. (1984) *Presidential Elections and American Politics: Voters, Candidates, and Campaigns since 1952, Third Edition*, Homewood, Illinois: The Dorsey Press

Baehr, Peter R. and Bjorn Wittrock (1981) *Policy Analysis and Policy Innovation: Patterns Problems and Potentials*, London・Beverly Hills: Sage Publications

Baker, Ross K. (1989) *The New Fat Cats: Members of Congress as Political Benefactors*, New York: Priority Press Publications

Balassa, Bela (1977) *Policy Reform in Developing Countries*, Oxford・New York・Toronto・Sydney・Paris・Frankfurt: Pergamum Press

Balinski, Michel L. and H. Peyton Young (1982) *Fair Representation: Meeting the Ideal of One Man, One Vote*, New Haven: Yale University Press（越山康監訳、一森哲男訳、『公正な代表制』、千倉書房、1987年）

Barnes, Samuel H. and Max Kaase (1979) *Political Action: Mass Participation in Five Western Democracies*, Beverly Hills・London: Sage Publications

Barry, Brian (1978) *Sociologists, Economists and Democracy*, Chicago・London: The University of Chicago Press

Bartels, Larry M. (1988) *Presidential Primaries and the Dynamics of Public Choice*, Princeton, N.J.: Princeton University Press

Beck, Paul Allen, Dalton, Russell J., Greene, Steven, & Huckfeldt, Robert (2002) "The Social Calculus of Voting: Interpersonal, Media, and Organizational Influences on Presidential Choices." *American Political Science Review*, 96, pp. 57-73

Berger, Arthur Asa (1982) *Media Analysis Techniques*, Beverly Hills・London・New Delhi : Sage Publications

Bernstein, Robert A. and James A. Dyer (1979) *An Introduction to Political Science Methods*, Englewood Cliffs, N.J.: Prentice — Hall, Inc.

Biersack, Robert, Paul S. Herrnson and Clyde Wilcox (eds.) (1994) *Risky Business? PAC Decisionmaking in Congressional Elections*, Armonk, New York: M.E. Sharpe, Inc.

Binkley, Wilfred E. (1962) *American Political Parties: Their Natural History Fourth Edition*, Enlarged, New York: Alfred A. Knopf, Inc.

Blomquist, David (1982) *Elections and the Mass Media*, Washington, D.C.: The American Political Science Association

Blondel, Jean (1981) *The Discipline of Politics*, London・Boston・Sydney・Wellington・Durban・Toronto : Butterworth

Bogdanor, Vernon and David Butler (eds.) (1983) *Democracy and Elections: Electoral Systems and Their Political Consequences*, Cambridge・London・New York・New Rochelle・Melbourne・Sydney: Cambridge University Press

Bogdanor, Vernon (1983) *Multi-party politics and the Constitution*, Cambridge・London・New York・New Rochelle・Melbourne・Sydney: Cambridge University Press

Boller, Paul F., Jr. (1984) *Presidential Campaigns*, New York: Oxford University Press

Bott, Alexander J. (1990) *Handbook of United States Election Laws and Practices: Politi-*

cal Rights*, New York・Connecticut・London: Greenwood Press
Bowler, Shaun, & Donovan, Todd (2002) "Democracy, Institutions and Attitudes about Citizen Influence on Government." *British Journal of Political Science*, 32, pp. 371-390
Brady, David W. (1988) *Critical Elections and Congressional Policy Making*, California: Stanford University Press
Brewer, Marilynn B. and Barry E. Collins (eds.) (1981) *Scientific Inquiry and the Social Sciences*, San Francisco・Washington・London: Jossey-Bass Inc. Publishers
Brody, Richard A. (1991) *Assessing the President: The Media, Elite Opinion, and Public Support*, California: Stanford University Press
Broh, C. Anthony and Charles L. Prysby (1981) *Voting Behavior: The 1980 Election*, Washington, D.C.: The American Political Science Association
Brown, Thad A. (1988) *Migration and Politics: The Impact of Population Mobility on American Voting Behavior*, Chapel Hill: The University of North Carolina Press
Budge, Ian and Dennis J. Farlie (1983) *Explaining and Predicting Elections: Issue Effects and Party Strategies in Twenty-Three Democracies*, London: George Allen & Unwin
Burnham, Walter Dean (1982) *The Current Crisis in American Politics*, New York: Oxford University Press
Burns, James MacGregor, J. W. Peltason and Thomas E. Cronin (1978) *Government by the People National Edition*, Englewood Cliffs, N.J.: Prentice-Hall, Inc.
Burns, James MacGregor (1984) *The Power to Lead : The Crisis of the American Presidency*, New York : Simon & Schuster, Inc.
Cain, Bruce, John Ferejohn and Morris Fiorina (1987) *The Personal Vote: Constituency Service and Electoral Independence*, Cambridge, Massachusetts: Harvard University Press
Calder, Kent E. (1988) *Crisis and Compensation: Public Policy and Political Stability in Japan, 1944-1986*, Princeton, N.J.: Princeton University Press（淑子カルダー訳『自民党長期政権の研究-危機と補助金-』，文藝春秋，1989年）
Calder, Kent E. (1993) *Strategic Capitalism: Private Business and Public Purpose in Japanese Industrial Finance*, Princeton, N.J.: Princeton University Press（谷口智彦訳『戦略的資本主義-日本型経済システムの本質-』，日本経済新聞社，1994年）
Campbell, John C. (1977) *Contemporary Japanese Budget Politics*, Berkeley: University of California Press（小島　昭・佐藤和義訳『予算ぶんどり-日本型予算政治の研究』，サイマル出版会，1984年）
Campbell, John C. (1992) *The Japanese Government and the Aging Society*, Princeton, N.J.: Princeton University Press（三浦文夫・坂田周一監訳『日本政府と高齢化社会-政策転換の理論と検証』，中央法規出版，1995年）
Cappella, Joseph N., Price, Vincent, & Nir, Lilach (2002) "Argument Repertoire as a Reliable and Valid Measure of Opinion Quality: Electronic Dialogue during Campaign

2000." *Political Communication*, 19, pp. 73-93

Ceaser, James and Andrew Busch (1993) *Upside Down and Inside Out: The 1992 Elections and American Politics*, Maryland : Rowman & Littlefield Publishers, Inc.

Chandler, Ralph C. and Jack C. Plano (1982) *The Public Administration Dictionary*, New York・Chichester・Brisbane・Toronto・Singapore: John Wiley & Sons, Inc,

Christoph, James B. and Bernard E. Brown (1969) *Cases in Comparative Politics* Second Edition, Boston: Little, Brown and Company

Clarke, Peter and Susan H. Evans (1983) *Covering Campaigns: Journalism in Congressional Elections*, California: Stanford University Press

Clinton, Bill and Al Gore, (1992) *Putting People First: How We Can All Change America*, New York : Times Books

Cohen, Stanley and Andrew Scull (eds.) (1983) *Social Control and the State: Historical and Comparative Essays*, Oxford: Martin Robertson

Coleman, James S. (1990) *Foundations of Social Theory*, Cambridge・London: The Belknap Press of Harvard University Press

Conley, Frank (1994) *General Elections Today Second Edition*, Manchester・New York : Manchester University Press

Conway, M. Margaret (1991) *Political Participation in the United States Second Edition*, Washington, D.C.: Congressional Quarterly Inc.

Crespigny, Anthony de and Alan Wertheimer (1970) *Contemporary Political Theory*, Chicago・New York: Aldine. Atherton, Inc.

Crittenden, John A. (1982) *Parties and Elections in the United States*, Englewood Cliffs, N.J.: Prentice-Hall, Inc.

Crotty, William (eds.) (1980) *The Party Symbol: Readings on Political Parties*, San Francisco: W.H. Freeman and Company

Crotty, William (eds.) (1991) *Political Participation and American Democracy*, Westport, Connecticut: Greenwood Press

Cronin, Thomas E. (1989) *Direct Democracy: The Politics of Initiative, Referendum, and Recall*, Cambridge, Massachusetts: Harvard University Press

Curtis, Gerald L. (1987) *The Japanese Way of Politics* （山岡清二訳『「日本型政治」の本質－自民党支配の民主主義－』, TBSブリタニカ, 1987年）

Dahl, Robert A. (1981) *Democracy in the United States: Promise and Performance Fourth Edition*, Boston・Dallas・Geneva, Illinois・Hopewell, N.J.・Palo Alto・London: Houghton Mifflin Company

Dahl, Robert A. (1982) *Dilemmas of Pluralist Democracy: Autonomy vs. Control*, New Haven・London: Yale University Press

Dalton, Russell J., Scott C. Flanagan and Paul Allen Beck (eds.) (1984) *Electoral Change in Advanced Industrial Democracies: Realignment or Dealignment?* Princeton, N.J. :

Princeton University Press

Dalton, Russell J. (2002) *Citizen Politics: Public Opinion and Political Parties in Advanced Industrial Democracies (3rd Edition)*. New York: Chatham House

Davies, Philip John and Fredric A. Waldstein (eds.) (1991) *Political Issues in America The 1990s*, Manchester: Manchester University Press

Dennis, Everette E. and John C. Merrill (1991) *Media Debates: Issues in Mass Communication*, New York: Longman

Denver, David (1989) *Elections and Voting Behavior in Britain*, New York・London・Toronto・Sydney・Tokyo : Philip Allan

Dickson, Paul and Paul Clancy (1993) *Congress Dictionary: The Ways and Meanings of Capitol Hill*, New York・Chichester・Brisbane・Toronto・Singapore : John Wiley & Sons, Inc.

Dodd, Lawrence. C. (1976) *Coalitions in Parliamentary Government*, Princeton, N.J.: Princeton University Press（岡沢憲芙訳『連合政権考証－政党政治の数量分析－』、政治広報センター、1977年）

Drew, Elizabeth (1981) *Portrait of an Election : The 1980 American Presidential Campaign*, London : Rutledge & Kegan Paul

Dye, Thomas R. and L. Harmon Zeigler (1972) *The Irony of Democracy: An Uncommon Introduction to American Politics Second Edition*, Belmont, California: Wadsworth Publishing Company, Inc.

Duncan, Graeme (1983) *Democratic Theory and Practice*, London・New York・New Rochelle・Melbourne・Sydney: Cambridge University Press

Durbin, Thomas M. and L. Paige Whitaker (1992) *Nomination and Election of the President and Vice President of the United States, 1992: Including the Manner of Selecting Delegates to National Party Conventions*, Washington: U.S. Government Printing Office

Feeley, Malcolm M. and Austin D. Sarat (1980) *The Policy Dilemma: Federal Crime Policy and the Law Enforcement Assistance Administration*, Minneapolis: University of Minnesota Press

Feigenbaum, Edward D. and James A. Palmer (1992) *Campaign Finance Law 92*, Washington, D.C.: National Clearinghouse on Election Administration Federal Election Commission

Ferguson, Thomas and Joel Rogers (eds.) (1981) *The Hidden Election: Politics and Economics in the 1980 Presidential Campaign*, New York: Pantheon Books

Fiorina, Morris P. (1981) *Retrospective Voting in American National Elections*, New Haven・London: Yale University Press

Fiske, John (1982) *Introduction to Communication Studies*, London・New York : Methuen & Co. Ltd.

藤本一美編（1990）『国会機能論－国会の仕組みと運営－』，法学書院
藤本一美（1992）『世界の政治改革－激動する政治とその対応－』，東信堂
藤本一美（1999）『アメリカの政治資金』，勁草書房
福元健太郎（2000）『日本の国会政治－全政府立法の分析』，東京大学出版会
福元健太郎（2007）『立法の制度と過程』，木鐸社
Gallup, George Jr. (1993) *The Gallup Poll: Public Opinion 1992*, Wilmington: Scholarly Resources Inc.
Gilbert, Robert E. (1972) *Television and Presidential Politics*, North Quincy, Massachusetts: The Christopher Publishing House
Goldenberg, Edie N. and Michael W. Traugott (1984) *Campaigning for Congress*, Washington, D.C.: Congressional Quarterly
Golding, Peter, Graham Murdock and Philip Schlesinger (eds.) (1986) *Communicating Politics: Mass Communications and the Political Process*, Leicester University Press
Goodin, Robert E. (1982) *Political Theory and Public Policy*, Chicago・London: The University of Chicago Press
Graber, Doris A. (1984) *Mass Media and American Politics Second Edition*, Washington, D.C.: Congressional Quarterly Inc.
Grodzins, Morton (1984) *The American System : A New View of Government in the United States*, New Brunswick, N.J.: Transaction Books
Gunlicks, Arthur B. (eds.) (1993) *Campaign and Party Finance in North America and Western Europe*, Boulder・San Francisco・Oxford: Westview Press, Inc.
Gutmann, Amy (1980) *Liberal Equality*, Cambridge・London・New York・New Rochelle・Melbourne・Sydney : Cambridge University Press
Hahn, Harlan and Sheldon Kamieniecki (1987) *Referendum Voting: Social Status and Policy Preferences*, Westport, Connecticut: Greenwood Press
濱本真輔（2007）「個人投票の低下」『選挙学会紀要』No. 9, 47－66頁
Hamilton, Charles V. (eds.) (1982) *American Government*, Glenview, Illinois・Oakland, N.J.・Tucker, Georgia・Dallas, Texas・Palo Alto, California・London: Scott, Foresman and Company
Hammond, John L. (1979) *The Politics of Benevolence: Revival Religion and American Voting Behavior*, Norwood, N.J.: Ablex Publishing Corporation
Harrop, Martin and William L. Miller (1987) *Elections and Voters: A Comparative Introduction*, London: Macmillan Education
Harmel, Robert (eds.) (1984) *Presidents and Their Parties Leadership or Neglect?* New York: Praeger Publishers
Hart, Roderick P. (1984) *Verbal Style and the Presidency: A Computer-Based Analysis*, Orlando: Academic Press, Inc.
橋本晃和（1975）『政党支持なし－崩れゆく"政党"神話－』，日本経済新聞社

橋本晃和（1995）『「新・無党派」の正体—"政党支持なし"をどう読むか—』，東洋経済新報社
早川昌範・吉崎輝美（1997）「「無党派」層の政治的態度と投票行動」『選挙研究』No. 12，88－97頁
Heath, Anthony, Roger Jowell, John Curtice, Geoff Evans, Julia Field, and Sharon Witherspoon (1991) *Understanding Political Change: The British Voter 1964-1987*, Oxford : Pergamon Press
Herbst, Susan (1993) *Numbered Voices : How Opinion Polling Has Shaped American Politics*, Chicago・London : The University of Chicago Press
Herzberg, Donald G. and Gerald M. Pomper (1966) *American Party Politics: Essays and Readings*, New York: Holt, Rinehart and Winston, Inc.
Hill, D. J., C.P. Mittal, and L.T. Kulasingham (1989) *Accountability and Control of Public Enterprises*, Kuala Lumpur: Asian Organization of Supreme Audit Institutions (ASOSAI)
Hillyard, Paddy and Janie Percy-Smith (1988) *The Coercive State*, London : Pinter Publishers
Himmelweit, Hilde T., Patrick Humphreys, Marianne Jaeger, and Michael Katz (1981) *How Voters Decide: A longitudinal study of political attitudes and voting extending over fifteen years*, London: Academic Press Inc.
平野浩（1989）「情報・イメージ・投票行動—記号としての候補者と意味としての候補者イメージ—」『選挙研究』No. 4，84－108頁
平野浩（1991）「政治的争点と政党評価—89年参院選における投票意思決定の分析—」『選挙研究』No. 6，160－183頁
平野浩（2002）「社会関係資本と政治参加—団体・グループ加入の効果を中心に—」『選挙研究』No. 17，19－30頁
平野浩（2004）「政治・経済的変動と投票行動—90年代以降の日本における経済投票の変容—」『日本政治研究』第1巻第2号，6－25頁
平野浩（2005）「小泉内閣下の国政選挙における業績評価投票」『年報政治学2005－Ⅰ』，66－87頁
平野浩（2007）『変容する日本の社会と投票行動』木鐸社
樋渡展洋（1991）『戦後日本の市場と政治』，東京大学出版会
Hirschfield, Robert S. (eds.) (1982) *Selection / Election: A Forum on the American Presidency*, New York: Aldine Publishing Company
広瀬道貞（1981）『補助金と政権党』，朝日新聞社
肥前洋一（2003）「拘束名簿式比例代表制と非拘束名簿式比例代表制のゲーム理論的比較分析」『選挙研究』No. 18，137－147頁
House, Peter W. (1982) *The Art of Public Policy Analysis: The Arena of Regulations and Resources*, Bevery Hills・London・New Delhi: Sage Publications

市川太一(1990)『「世襲」代議士の研究』,日本経済新聞社
五十嵐仁(1993)『一目でわかる小選挙区比例代表並立制』,労働旬報社
五十嵐仁(2003)『戦後政治の実像』,小学館
五十嵐敬喜(1994)『議員立法』,三省堂
飯田健(2005)「政党支持の内閣支持への影響の時間的変化－ARFIMAモデルと時変パラメータを用いた時系列分析－」『選挙学会紀要』No. 4, 41－61頁
飯田健(2006)「90年代日本の連立政権下における政党支持と内閣支持」『選挙学会紀要』No. 6, 25－42頁
池田謙一(1991)「投票行動のスキーマ理論」『選挙研究』No. 6, 137－159頁
池田謙一(2000)「98年参議院選挙における投票行動の分析：業績評価変数をめぐって」『選挙研究』No. 15, 109－121頁
池田謙一(2002)「2000年衆議院選挙における社会関連資本とコミュニケーション」『選挙研究』No. 17, 5－18頁
池田謙一(2007)『政治のリアリティと社会心理』,木鐸社
Indian Council of Social Science Research (1979) *A Survey of Research in Political Science Volume 1. Political System*, New Delhi・Bombay・Calcutta・Madras・Bangalore : Allied Publishers Private Limited
Indian Council of Social Science Research (1981) *A Survey of Research in Political Science Volume 3. Political Dynamics*, New Delhi・Bombay・Calcutta・Madras・Bangalore : Allied Publishers Private Limited
Indian Council of Social Science Research (1986) *A Survey of Research in Political Science Volume 4. Political Thought*, New Delhi・Bombay・Calcutta・Madras・Bangalore : Allied Publishers Private Limited
猪口孝(1983)『現代日本政治経済の構図－政府と市場－』,東洋経済新報社
猪口孝(1993)『日本－経済大国の政治運営－』,東京大学出版会
猪口孝・M.コックス・G.J.アイケンベリー編(2006)『アメリカによる民主主義の推進』,ミネルヴァ書房
石川経夫編(1994)『日本の所得と富の分配』,東京大学出版会
石川真澄(1995)『戦後政治史』,岩波書店
石川真澄・広瀬道貞(1989)『自民党－長期支配の構造－』,岩波書店
石川真澄・鷲野忠雄・渡辺治・水島朝穂(1991)『日本の政治はどうかわる－小選挙区比例代表制－』,労働旬報社
石上泰州(2003)「第15回統一地方選挙の分析－「脱政党」と無投票当選－」『選挙学会紀要』No. 1, 5－20頁
石上泰州(2006)「知事選挙の投票率－「選挙の舞台装置」を中心に」『選挙研究』No. 21, 125－136頁
岩渕美克(1996)「東京都知事選における無党派層の投票行動」『選挙研究』No. 11, 61－70頁

岩崎正洋（2002）『議会制民主主義の行方』, 一藝社
岩崎正洋編（2004）『eデモクラシーと行政・議会・NPO』, 一藝社
岩崎正洋編（2005）『ガバナンスの課題』, 東海大学出版会
岩崎正洋・坪内淳編（2007）『国会の現在』, 芦書房
Jacobson, G. A. and M. H. Lipman (1979) *Political Science Second Edition*, New York・Hagerstown・San Francisco・London: Harper & Row, Publishers, Inc.
Jacobson, Gary C. (1983) *The Politics of Congressional Elections*, Boston: Little, Brown & Company
Jacobson, Gary C. and Samuel Kernell (1983) *Strategy and Choice in Congressional Elections Second Edition*, New Haven・London: Yale University Press
Jaensch, Dean (1995) *Election! How and Why Australia Votes*, NSW, Australia: George Allen & Unwin
Jennings, M. Kent and Richard G. Niemi (1981) *Generations and Politics: A Panel Study of Young Adults and Their Parents*, Princeton, N.J.: Princeton University Press
Jennings, M. Kent and Thomas E. Mann (eds.) (1994) *Elections at Home and Abroad: Essays in Honor of Warren E. Miller*, Michigan: The University of Michigan Press
自治省選挙部監修（1994）『政治改革関係法令集』, ぎょうせい
自由法曹団編（1991）『小選挙区制・政党法のすべて』, イクォリティ
Johnson, Janet Buttolph and Richard A. Joslyn (1995) *Political Science Research Methods Third Edition*, Washington, D.C.: Congressional Quarterly Inc.
Johnston, R. J. (1987) *Money and Votes: Constituency Campaign Spending and Election Results*, New York: Croom Helm
Jones, Bryan D. (eds.) (1995) *The New American Politics: Reflections on Political Change and the Clinton Administration*, Boulder・San Francisco・Oxford: Westview Press
Joslyn, Richard (1984) *Mass Media and Elections*, New York : Random House Inc.
Jun, Jong S. and Deil S. Wright (eds.) (1996) *Globalization and Decentralization: Institutional Contexts, Policy Issues, and Intergovernmental Relations in Japan and the United States*, Washington, D.C.: Georgetown University Press
蒲島郁夫・竹中佳彦（1996）『現代日本人のイデオロギー』, 東京大学出版会
貝塚啓明・金本良嗣編（1994）『日本の財政システム－制度設計の構想－』, 東京大学出版会
亀ヶ谷雅彦（1995）「多次元政党支持と政策支持・政治家への支持の関係－政界再編時における大学生の政治認知－」『選挙研究』No. 10, 41－59頁
亀ヶ谷雅彦（1998）「アナウンスメント効果の「間接効果」の実証に関する試み」『選挙研究』No. 13, 110－119頁
上条貞夫（1992）『選挙法制と政党法－ドイツにおける歴史的教訓－』, 新日本出版社
上條末夫（1978）『政治意識の構造』, 北樹出版
上條末夫（1991）『戦後日本の総選挙－データの時系列分析－』, 北樹出版

加茂利男(1993)『日本型政治システム-集権構造と分権改革-』, 有斐閣
金井利之(2006)「地域間平等の行政学」『年報政治学2006-Ⅰ』, 148-170頁
Kane, Joseph Nathan (1993) *Facts About the Presidents : A Compilation of Biographical and Historical Information Sixth Edition*, New York : The H.W. Wolson Company
加藤元宣(2005)「変わりゆく選挙世論調査-小選挙区制の導入と調査方法の変遷」『選挙研究』No. 20, 68-85頁
加藤博久編(1987)『自民「304」議席の秘密-'86ダブル選挙分析-』, 政治広報センター
加藤博久編(1998)『選挙制度の思想と理論』, 芦書房
Katz, James E. & Rice, Ronald E. (2002a) *Social Consequences of Internet Use: Access, Involvement, and Interaction*. Cambridge, MA: MIT Press
Kavanagh, Dannis (1983) *Political Science and Political Behaviour*, London : George Allen & Unwin
川上和久(1993)「価値観の変化と都市型選挙の変化--九九二年参議院議員選挙調査結果より-」『選挙研究』No. 8, 31-46頁
川上和久(1998)「日本におけるメディア・ポリティクス」『選挙研究』No. 13, 100-109頁
川原彰(2006)『現代市民社会論の新地平』, 有信堂
川村暁雄(2005)『グローバル民主主義の地平』, 法律文化社
河村和徳(1998)「地方財政に対する首長選挙の影響」『選挙研究』No. 13, 130-139頁
河村和徳(2001)「知事の政治的態度と市長選挙-松山市長選挙をケースとして-」『選挙研究』No. 16, 78-88頁
河村和徳(2004)「統一地方選挙の意義と課題」『選挙学会紀要』No. 2, 39-50頁
川人貞史(2000)「中選挙区制研究と新制度論」『選挙研究』No. 15, 5-16頁
川人貞史(2002)「選挙協力・戦略投票・政治資金-2000年総選挙の分析-」, 『選挙研究』No. 17, 58-70頁
川人貞史(2004)『選挙制度と政党システム』, 木鐸社
Keeter, Scott and Cliff Zukin (1983) *Uninformed Choice: The Failure of the New Presidential Nominating System*, New York : Praeger Publishers
Keith, Bruce E., David B. Magleby, Candice J. Nelson, Elizabeth Orr, Mark C. Westlye, and Raymond E. Wolfinger (1992) *The Myth of the Independent Voter*, Berkeley・Los Angeles : University of California Press
Kelly, Stanley Jr. (1983) *Interpreting Elections*, Princeton, N.J.: Princeton University Press
Kiewiet, D. Roderick (1983) *Macroeconomics & Micropolitics: The Electoral Effects of Economic Issues*, Chicago・London: The University of Chicago Press
King, Anthony (eds.) (1978) *The New American Political System*, Washington, D.C.: American Enterprise Institute for Public Policy Research

King, Gary, Honaker, James, Joseph, Anne, & Scheve, Kenneth (2001) "Analyzing Incomplete Political Science Data: An Alternative Algorithm for Multiple Imputation." *American Political Science Review*, 95, 1, pp. 49-69

桐谷仁（2002）『国家・コーポラティズム・社会運動』，東信堂

北岡伸一（1995）『自民党－政権党の38年－』，読売新聞社

Kitzinger, U. W. (1960) *German Electoral Politics: A Study of the 1957 Campaign*, Oxford: The Clarendon Press

清原慶子（1999）「高齢者社会における高齢者・障害者の投票をめぐるアクセシビリティ」『選挙研究』No. 14，75－88頁

Kleppner, Paul, Walter Dean Burnham, Ronald P. Formisano, Samuel P. Hays, Richard Jensen, and William G. Shade (1981) *The Evolution of American Electoral Systems*, Westport, Connecticut : Greenwood Press

Knoke, David, Franz Urban Pappi, Jeffrey Broadbent, and Tsujinaka Yutaka (1996) *Comparing Policy Networks: Labor Politics in the U.S. Germany, and Japan*, Cambridge・New York・Melbourne: Cambridge University Press

Kobach, Kris W. (1993) *The Referendum: Direct Democracy in Switzerland*, Aldershot・Brookfield・Hong Kong・Singapore・Sydney: Dartmouth Publishing Company

小林良彰・村山皓司・谷藤悦史・武重雅文（1984）『現代政治意識論』，高文堂出版社

小林良彰（1985）『計量政治学』，成文堂

小林良彰・新川達郎・佐々木信夫・桑原英明（1987）『地方政府の現実』，学陽書房

小林良彰（1987）「投票行動と政治意識に関する計量分析」『選挙研究』No. 2，26－63頁

小林良彰（1988）『公共選択』，東京大学出版会

小林良彰（1991）『現代日本の選挙』，東京大学出版会

小林良彰編（1991）『政治過程の計量分析』，芦書房

小林良彰（1992）「選挙制度改革の分析」『選挙研究』No. 7，19－39頁

小林良彰（1994a）『選挙制度－民主主義再生のために－』，丸善

小林良彰（1994b）「投票行動のダイアメトロスモデル」『レヴァイアサン』，15号，木鐸社

小林良彰（1996）「五五年体制下の有権者－政治家関係に関する計量分析」『年報政治学1996』，249－267頁

小林良彰編（1997）『日本人の投票行動と政治意識』，木鐸社

小林良彰（2000）『選挙・投票行動』，東京大学出版会

小林良彰（2002）「2001年参院選における合理的投票モデル」『選挙研究』No. 17，31－44頁

Yoshiaki Kobayashi (2004a) "The Voter's Response for Democratic Malfunction in Japan: Macro-analysis," *Journal of Political Science and Sociology*, No. 1, pp. 13-45

Yoshiaki Kobayashi (2004b) "Previous Researches on Japanese Politics," 『法学研究』, 第77巻第12号, pp. 459-482

Yoshiaki Kobayashi (2004c) "The Voter's Response to Democratic Malfunction in Japan: Micro-analysis," *Journal of Political Science and Sociology*, No. 2, pp. 33-67

小林良彰（2005a）「政治改革の効果測定―小選挙区比例代表並立制導入に伴う投票行動の変化と持続―」『年報政治学2005－Ⅰ』, 11－35頁

小林良彰編（2005b）『日本における有権者意識の動態』, 慶應義塾大学出版会

Yoshiaki Kobayashi (2005c) "Candidates' Platforms and Voting Behavior," *Journal of Political Science and Sociology*, No. 4, pp. 1-21

Yoshiaki Kobayashi (2005d) "Party Platforms and Government Expenditures," *Journal of Political Science and Sociology*, No. 3, pp. 1-19

小林良彰（2006a）「マニフェスト選挙以降の争点態度投票」『選挙研究』No. 21, 7－38頁

Yoshiaki Kobayashi (2006b) "Investigating the Political Rationality Hypothesis," *Journal of Political Science and Sociology*, No. 6, pp. 1-19

Yoshiaki Kobayashi (2006c) "Politicians' Career Points," *Journal of Political Science and Sociology*, No. 5, pp1-42

小林良彰・富田広士・粕谷祐子編（2007a）『市民社会の比較政治学』, 慶應義塾大学出版会

Yoshiaki Kobayashi (2007b) "Issue Voting and the Manifesto Elections," *Journal of Political Science and Sociology*, No. 8, pp. 1-46

Yoshiaki Kobayashi (2007c) "Measuring the effects of political reform: changes and continuity in voting behavior in Japan," *Journal of Political Science and Sociology*, No. 7, pp. 1-22

児島和人（1993）『マス・コミュニケーション受容理論の展開』, 東京大学出版会

Kolb, Eugene J. (1978) *A Framework for Political Analysis*, Englewood Cliffs, N.J.: Prentice-Hall, Inc.

公平慎策（1979）『転換期の政治意識－変わる日本人の投票行動－』, 慶應通信

河野武司（1994）「東京都議会議員選挙の分析－政権交代への序曲－」『選挙研究』No. 9, 53－65頁

河野武司（1998）「第40回及び41回総選挙に関するテレビ報道の比較内容分析」『選挙研究』No. 13, 78－88頁

河野武司（2006）「国民の対外意識に及ぼすマスメディアの影響―テレビニュースの内容分析とパネル調査から―」『年報政治学2005－Ⅱ』, 69－86頁

香西泰・寺西重郎編（1993）『戦後日本の経済改革－市場と政府－』, 東京大学出版会

Kraan, Dirk-Jan (1996) *Budgetary Decisions: A Public Choice Approach*, New York・Melbourne : Cambridge University Press

Kravitz, Walter (1993) *Congressional Quarterly's American Congressional Dictionary*, Washington, D.C.: Congressional Quarterly Inc.
Kreml, William P. (1985) *A Model of Politics*, New York: Macmillan Publishing Company
Kruschke, Earl R. and Byron M. Jackson (1987) *The Public Policy Dictionary*, Santa Barbara, California・Oxford: ABC-Clio, Inc.
Kulasingham, L.T. and A.C. Tiwari (1992) *Financial Accountability and Management in Government*, Kuala Lumpur : ASOSAI (Asian Organization of Supreme Audit Institutions)
Kuper, Jessica (1987) *Political Science and Political Theory*, London・New York: Rutledge & Kegan Paul
栗田宣義（2000）「戦後日本における1955年から1995年にかけての社会変動と社共支持-左翼主義はなぜ衰退したのか-」『選挙研究』No. 15, 122-138頁
京極純一（1968）『政治意識の分析』, 東京大学出版会
Landau, Martin (1972) *Political Theory and Political Science: Studies in the Methodology of Political Inquiry*, New York: The Macmillan Company
Lane, Jan-Erik, David McKay, and Kenneth Newton (1991) *Political Data Handbook OECD Countries*, New York : Oxford University Press
The League of Women Voters Education Fund (1984) *Choosing the President*, New York : Nick Lyons Books, Schocken Books
Lewis-Beck, Michael S. and Tom W. Rice (1992) *Forecasting Elections*, Washington, D.C.: Congressional Quarterly Inc.
Linsky, Martin (eds.) (1983) *Television and the Presidential Elections: Self-Interest and the Public Interest*, Lexington, Massachusetts・Toronto: D.C. Heath and Company
Lodge, Juliet and Valentine Herman (1982) *Direct Elections to the European Parliament : A Community Perspective*, London: The Macmillan Press
前田英昭（1990）『イギリス議会政治の研究』, 渓林出版社
前田英昭（1993）『政治腐敗防止法を考える-イギリスの教訓と日本の課題-』, 信山社
松下圭一（1988）『昭和後期の争点と政治』, 木鐸社
松本正生（1991）『世論調査と政党支持』, 法政大学出版局
松本正生（2006）「無党派時代の終焉」『選挙研究』No. 21, 39-50頁
Malbin, Michael J. (eds.) (1980) *Parties, Interest Groups, and Campaign Finance Laws*, Washington, D.C.: American Enterprise Institute for Public Policy Research
Manheim, Jarol B. and Richard C. Rich (1981) *Empirical Political Analysis: Research Methods in Political Science*, Englewood Cliffs, N.J.: Prentice-Hall, Inc.
Markinson, Larry (1992) *Open Secrets : The Encyclopedia of Congressional Money & Politics*, Washington, D.C.: Congressional Quarterly Inc.
Markinson, Larry (1992) *Open Secrets : The Cash Constituents of Congress*, Washington,

D.C. : Congressional Quarterly Inc.
Marshall, Thomas R. (1981) *Presidential Nominations in a Reform Age*, New York: Praeger Publishers
丸山正次(2006)『環境政治理論』,風行社
的場敏博(2003)『現代政党システムの変容』,有斐閣
McCubbins, Mathew D. and Terry Sullivan (eds.) (1987) *Congress: Structure and Policy*, Cambridge・New York・New Rochelle・Melbourne・Sydney: Cambridge University Press
McKay, David (1983) *American Politics and Society*, Oxford : Martin Robertson
三船毅(2005)「投票参加の低下―90年代における衆議院選挙投票率低下の分析―」『年報政治学2005-Ⅰ』,161-180頁
三船毅(2007)「投票参加理論におけるコスト-ダウンズモデルにおける投票コストと組織・動員-」『選挙学会紀要』No. 9, 103-138頁
御厨貴編(1994)『都政の五十年-シリーズ　東京を考える1-』,都市出版
御厨貴編(1995)『都庁のしくみ-シリーズ　東京を考える3-』,都市出版
Miller, Warren E. (1988) *Without Consent: Mass-Elite Linkages in Presidential Politics*, Lexington, Kentucky: The University Press of Kentucky
Miller, William L. (1991) *Media and Voters: The Audience, Content, and Influence of Press and Television at the 1987 General Election*, Oxford・New York: Oxford University Press
宮川公男・大守隆編(2004)『ソーシャル・キャピタル』,東洋経済新報社
宮川隆義(1996)『小選挙区比例代表並立制の魔術』,政治広報センター
三宅一郎(1985)『政党支持の分析』,創文社
三宅一郎(1989)『投票行動』,東京大学出版会
三宅一郎(1990)『政治参加と投票行動-大都市住民の政治生活-』,ミネルヴァ書房
三宅一郎・西澤由隆(1992)「日本の投票行動モデルにおける政党評価要因」『選挙研究』No. 7, 63-79頁
三宅一郎(1994)「新党の出現と支持者集団の編成――九九三年政界再編第一幕-」『選挙研究』No. 9, 2-15頁
三宅一郎(1995)『日本の政治と選挙』,東京大学出版会
三宅一郎(1998)『政党支持の構造』,木鐸社
三宅一郎(1999)「中途半端に終わった政策投票-1996年衆議院議員総選挙の場合-」『選挙研究』No. 14, 50-62頁
三宅一郎(2000)「政党の政策に対する満足度:もう一つの政策評価尺度」『選挙研究』No. 15, 96-08頁
三宅一郎(2001)『選挙制度変革と投票行動』,木鐸社
三宅一郎(2002)「1998参議院選挙と「参議院選挙」-明るい選挙推進協会による参議院選挙調査データの分析-」『選挙研究』No. 17, 100-112頁

三宅一郎・木下富雄・間場寿一（1967）『異なるレベルの選挙における投票行動の研究』，創文社
三宅一郎・村松岐夫編（1981）『京都市政治の動態－大都市政治の総合分析－』，有斐閣
宮本憲一編（1990）『補助金の政治経済学』，朝日新聞社
水崎節文（1992）「一人区における自民党の完敗－89年参議院選挙集計データの解析から－」『レヴァイアサン』，10号，木鐸社
水崎節文・森裕城（2007）『総選挙の得票分析1958－2005』，木鐸社
Mondak, Jeffery J. & Sanders, Mitchell S. (2003) "Tolerance and Intolerance, 1976-1998." *American Journal of Political Science*, 47, pp. 492-502
Monsma, Stephen V. and Jack R. Van Der Slik (eds.) (1970) *American Politics: Research and Readings*, New York: Holt, Rinehart and Winston, Inc.
森正（2004）「地方議会におけるリクルートメント－愛知県議会・名古屋市議会を中心に－」『選挙学会紀要』No. 3，55－70頁
森川友義・遠藤晶久（2005）「有権者の政治知識に関する実証分析－その分布と形成に関する一考察」『選挙学会紀要』No. 5，61－77頁
森脇俊雅（1998）『小選挙区制と区割り－制度と実態の国際比較』，芦書房
Mosher, Frederick C. (1982) *Democracy and the Public Service Second Edition*, New York・Oxford: Oxford University Press
The Movement for a New Congress (1970) *Vote Power: The Official Activist Campaigner's Handbook*, Englewood Cliffs, N.J.: Prentice-Hall, Inc.
村松岐夫（1975）「行政過程と政治参加－地方レベルに焦点をおきながら－」『年報政治学1974』，41－68頁
村松岐夫（1981）『戦後日本の官僚制』，東洋経済新報社
村松岐夫（1994）『日本の行政』，中央公論社
村松岐夫・伊藤光利（1986）『地方議員の研究－「日本的政治風土」の主役たち』，日本経済新聞社
村松岐夫・久米郁男編（2006）『日本政治 変動の30年』，東洋経済新報社
Nagel, Stuart S. (eds.) (1983) *Encyclopedia of Policy Studies*, New York・Basel: Marcel Dekker, Inc.
永井陽之助（1971）『政治意識の研究』，岩波書店
中村悦大（2003）「経済投票モデルと政党選択」，『選挙研究』No. 18，164－173頁
中村宏（1996）『地方選挙－英国，日本，ヨーロッパ』，日本評論社
中野実編（1992）『現代日本の政策過程』，東京大学出版会
中野実（1986）『日本型政策決定の変容』，東洋経済新報社
名取良太（2002）「選挙制度改革と利益誘導政治」『選挙研究』No. 17，128－141頁
Nelson, Michael (eds.) (1993) *The Elections of 1992*, Washington, D.C.: Congressional Quarterly Inc.

ニュー・グランド・デザイン研究会編（1993）『政治改革宣言－近未来政治システム』，亜紀書房
ＮＨＫ放送世論調査所編（1982）『図説　戦後世論史　第二版』，日本放送出版協会
ＮＨＫ世論調査部編（1991）『現代日本人の意識構造　第三版』，日本放送出版協会
Nicholson, Michael (1983) *The Scientific Analysis of Social Behaviour: A Defense of Empiricism in Social Science*, London: Frances Printer (Publishers)
Nie, Norman H., Sidney Verba and John R. Petrocik (1979) *The Changing American Voter Enlarged Edition*, Cambridge, Massachusetts: Harvard University Press
Niemi, Richard G. and Herbert F. Weisberg (eds.) (1976) *Controversies in American Voting Behavior*, San Francisco: W.H. Freeman and Company
Niemi, Richard G. and Herbert F. Weisberg (1984) *Controversies in Voting Behavior Second Edition*, Washington, D.C.: Congressional Quarterly Inc.
Niemi, Richard G. and Herbert F. Weisberg (1993) *Controversies in Voting Behavior Third Edition*, Washington, D.C.: Congressional Quarterly Inc.
Niemi, Richard G. and Herbert F. Weisberg (1993) *Classics in Voting Behavior*, Washington, D.C.: Congressional Quarterly Inc.
日本人研究会編（1976）『日本人研究 No.2－政党支持別日本人集団－』，至誠堂
西川美砂（2003）「2001年参院選における政党システムへの選挙制度の影響」『選挙研究』No. 18，12－25頁
西尾勝（1975）「行政過程における対抗運動―住民運動についての一考察―」『年報政治学1974』，69－95頁
西尾勝（1990）『行政学の基礎概念』，東京大学出版会
野田遊（2006）「知事選投票率からみた広域政府の規模のあり方に関する研究」『年報政治学2005－Ⅱ』，170－194頁
Noll, Roger G. and Bruce M. Owen (eds.) (1983) *The Political Economy of Deregulation: Interest Groups in the Regulatory Process*, Washington, D.C.: American Enterprise Institute for Public Policy Research
野中尚人（1995）『自民党政権下の政治エリート』，東京大学出版会
岡田浩（1998）「政党間差異認知の投票参加に及ぼす影響」『選挙研究』No. 13，60－65頁
岡田陽介（2007）「投票参加と社会関係資本－日本における社会関係資本の二面性」『日本政治研究』第4巻第1号，91－116頁
岡野八代（2007）「シティズンシップ論再考―責任論の観点から―」『年報政治学2007－Ⅱ』，122－141頁
岡本哲和（2003）「政治家のホームページ・スタイル－衆議院議員ウェブサイトについての数量分析の試み―」『選挙学会紀要』No. 1，37－50頁
岡本哲和（2006）「市民社会におけるインターネットと選挙― 2004年参院選候補者ウェブサイトの分析―」『年報政治学2005－Ⅱ』，87－104頁

沖野安春（1995）『現代日本の政治－制度と選挙過程－』, 芦書房
奥野信宏（2006）『公共の役割は何か』, 岩波書店
鬼塚尚子（2000）「市民参加のジレンマ－市民組織の選挙活動におけるフリーライダーの発生－」『選挙研究』No. 15, 139－151頁
鬼塚尚子（2002）「中小政党の連立政権参加と有権者の投票行動」『選挙研究』No.17, 113－127頁
大石眞・久保文明・佐々木毅・山口二郎編（2002）『首相公選を考える－その可能性と問題点』, 中公新書
大嶽秀夫（1994）『戦後政治と政治学』, 東京大学出版会
大嶽秀夫（1996）『戦後日本のイデオロギー対立』, 三一書房
大宮武郎（1988）『選挙制度と議員定数の是正』, 北樹出版
大山耕輔（1996）『行政指導の政治経済学－産業政策の形成と実施－』, 有斐閣
大山七穂（2006）「選挙制度と女性議員の選出－1990～2005年の総選挙の分析より－」『選挙学会紀要』No. 7, 5－26頁
大和田宗典（2004）「国政選挙における業績評価投票に関する実証分析」『日本政治研究』第1巻第2号, 26－41頁
Ornstein, Norman J., Thomas E. Mann and Michael J. Malbin (1996) *Vital Statistics on Congress 1995-1996*, Washington, D.C.: Congressional Quarterly Inc.
Orr, Robert M. Jr. (1990) *The Emergence of Japan's Foreign Aid Power*, New York: Columbia University Press（田辺　悟訳,『日本の政策決定過程－対外援助と外圧－』, 東洋経済新報社, 1993年）
尾崎和典（2007）「世論調査から見たメディア選挙」『選挙研究』No. 22, 17－24頁
Ostrom, Elinor (1982) *Strategies of Political Inquiry*, Beverly Hills · London · New Delhi :Sage Publications
逢坂巌（2007）「小泉劇場 in テレビ05年総選挙のテレポリティクス－「内戦」としての「改革」, その表象と消費－」『選挙研究』No. 22, 5－16頁
Ozawa, Connie P. (1991) *Recasting Science: Consensual Procedures in Public Policy Making*, Boulder · San Francisco · Oxford, Westview Press
Page, Benjamin I. (1978) *Choices and Echoes in Presidential Elections: Rational Man and Electoral Democracy*, Chicago: The University of Chicago Press
Patterson, Thomas E. (1980) *The Mass Media Election: How Americans Choose Their President*, New York: Praeger Publishers
Pennock, J. Roland (1979) *Democratic Political Theory*, Princeton, N.J.: Princeton University Press
Petersen, Svend (1981) *A Statistical History of the American Presidential Elections : With Supplementary Tables Covering 1968-1980*, Westport, Connecticut : Greenwood Press
Pika, Joseph A., Zelma Mosley and Richard A. Watson (1992) *The Presidential Contest: With a Guide to the 1992 Presidential Race Fourth Edition*, Washington, D.C.: Congres-

sional Quarterly Inc.
Pirie, Madsen (1988) *Privatization : Theory, Practice and Choice*, Hampshire, England : Wildwood House
Plamenatz, John (1973) *Democracy and Illusion : An examination of certain aspects of modern democratic theory*, London・New York: Longman
Polsby, Nelson W. and Aaron Wildavsky (1984) *Presidential Elections Strategies of American Electoral Politics Sixth Edition*, New York: Charles Scribner's Sons
Polsby, Nelson W. and Aaron Wildavsky (1991) *Presidential Elections: Contemporary Strategies of American Electoral Politics Eighth Edition*, New York: The Free Press, Toronto: Maxwell Macmillan Canada, New York・Oxford・Singapore・Sydney: Maxwell Macmillan International
Pomper, Gerald M. (eds.) (1981) *Party Renewal in America: Theory and Practice*, New York: Pager Publishers
Popkin, Samuel L. (1991) *The Reasoning Voter: Communication and Persuasion in Presidential Campaigns*, Chicago: The University of Chicago Press
Powell, G. Bingham, Jr. (1982) *Contemporary Democracies: Participation, Stability, and Violence*, Cambridge・London: Harvard University Press
Pugh, D.S. (eds.) (1984) *Organization Theory Second Edition*, Middlesex, England・New York・Victoria・Ontario・Auckland: Penguin Books
羅一慶（2007）「信頼，信頼性，そして政治活動における協力類型」『選挙学会紀要』No. 8, 43-60頁
Rae, Douglas W. (eds.) (1981) *Equalities*, Cambridge・London: Harvard University Press
Ragsdale, Lyn (1996) *Vital Statistics on the Presidency : Washington to Clinton*, Washington, D.C.: Congressional Quarterly Inc.
Ramseyer, Mark J. and Frances McCall Rosenbluth (1993) *Japan's Political Marketplace*, Cambridge: Harvard University Press（加藤寛監訳，川野辺裕幸・細野助博訳『日本政治の経済学－政権政党の合理的選択－』，弘文堂，1995年）
Ranney, Austin (1983) *Channels of Power : The Impact of Television on American Politics*, New York : Basic Books, Inc.
Reed, Steven R. (1986) *Japanese Prefectures and Policymaking*, The University of Pittsburgh Press（森田朗・新川達郎・西尾隆・小池治訳『日本の政府間関係－都道府県の政策決定－』，木鐸社，1990年）
Roberts, Geoffrey K. (1986) *An Introduction to Comparative Politics*, London・Victoria, Australia・Baltimore, Maryland: Edward Arnold
Rose, Gary L. (eds.) (1991) *Controversial Issues in Presidential Selection*, Albany, New York: State University of New York Press
Rose, Richard (1980) *Electoral Participation: A Comparative Analysis*, Beverly Hills・London : Sage Publications

Rosenstone, Steven J., Roy L. Behr and Edard H. Lazarus (1984) *Third Parties in America: Citizen Response to Major Party Failure*, Princeton, N.J.: Princeton University Press

Rosenthal, Alan and Maureen Moakley (eds.) (1984) *The Political Life of the American States*, New York: Praeger Publishers

Rush, Mark E. (1993) *Does Redistricting Make a Difference? : Partisan Representation and Electoral Behavior*, Baltimore・London: The Johns Hopkins University Press

Sabato, Larry J. (1981) *The Rise of Political Consultants: New Ways of Winning Elections*, New York: Basic Books, Inc.

Sabato, Larry J. (1984) *Pac Power: Inside the World of Political Action Committees*, New York: W.W.Norton & Company

Safire, William (1972) *The New Language of Politics: A Dictionary of Catchwords, Slogans, and Political Usage Revised and Enlarged*, New York : Collier Books

阪上順夫（1990）『現代選挙制度論』, 政治広報センター

境家史郎（2005）「政治的情報と有権者の選挙行動－日本の選挙におけるキャンペーンの効果－」『日本政治研究』第2巻第1号, 74－110頁

境家史郎（2006）『政治的情報と選挙過程』, 木鐸社

Sartori, Giovanni (1976) *Parties and Party Systems: A Framework for Analysis Volume I*, Cambridge・London・New York・Melbourne: Cambridge University Press

佐々木毅(1987)『いま政治になにが可能か――政治的意味空間の再生のために』, 中央公論社

佐々木毅（1995）『政治家の条件』, 講談社

佐々木毅（2006）『政治学は何を考えてきたか』, 筑摩書房

佐々木毅・谷口将紀・山本修嗣・吉田慎一編（1999）『代議士とカネ－政治資金全国調査報告』, 朝日新聞社

佐々木信夫（1990）『都市行政学研究』, 勁草書房

佐々木信夫（1991）『都庁－もうひとつの政府－』, 岩波書店

佐藤誠三郎・松崎哲久（1986）『自民党政権』, 中央公論社

佐藤立夫（1993）『ポスト政治改革の参議院像』, 高文堂出版社

佐藤哲也（2003）「争点投票支援システムの提案とその評価－2001年参院選を対象として」『選挙研究』No. 18, 148－163頁

Schmitt-Beck, Rudiger (2003) "Mass Communication, Personal Communication, and Vote Choice: The Filter Hypothesis of Media Influence in Comparative Perspectives." *British Journal of Political Science*, 33, pp. 233-259

Schram, Arthur J. H. C. (1991) *Voter Behavior in Economics Perspective: Studies in Contemporary Economics*, Berlin・Heidelberg・New York・London・Paris・Tokyo・Hong Kong・Barcelona・Budapest: Springer-Verlag

Semetko, Holli A., Jay G. Blumler, Michael Gurevitch, David H. Weaver, with Steve

Barkin, G. Cleveland Wilhoit (1991) *The Formation of Campaign Agendas : A Comparative Analysis of Party and Media Roles in Recent American and British Elections*, Hillsdale, N.J. : Lawrence Erlbaum Associates, Inc.
芹沢功(1980)『選挙と政治意識の諸相』, 北樹出版
芹沢功(1986)「政治意識と投票行動－巨視的分析による予想の世界－」『選挙研究』No. 1, 20－43頁
Shafer, Byron E. (eds.) (1991) *The End of Realignment? Interpreting American Electoral Eras*, Wisconsin: The University of Wisconsin Press
Shienbaum, Kim Ezra (1984) *Beyond the Electoral Connection: A Reassessment of the Role of Voting in Contemporary American Politics*, Philadelphia : University of Pennsylvania Press
篠原一(2007)『歴史政治学とデモクラシー』, 岩波書店
Silberman, Bernard S. (1993) *Cages of Reason: The Rise of the Rational State in France, Japan, the Unites States, and Great Britain*, Chicago・London: The University of Chicago Press
Silbey, Joel H., Allan G. Bogue and William H. Flanigan (eds.) (1978) *The History of American Electoral Behavior*, Princeton, N.J.: Princeton University Press
品田裕(2001)「地元利益指向の選挙公約」『選挙研究』No. 16, 39－54頁
品田裕(2006)「選挙公約政策データについて」『日本政治研究』第3巻第2号, 63－91頁
Sinclair, Barbara (1983) *Majority Leadership in the U.S. House*, Baltimore, Maryland: The Johns Hopkins University Press
新川敏光(2006)「不平等と政治的動員戦略」『年報政治学2006－Ⅰ』, 65－93頁
塩沢健一(2004)「同日実施された住民投票・市長選挙の分析－大阪府高石市における調査データをもとに－」『選挙学会紀要』No. 3, 33－54頁
白鳥令・阪上順夫・河野武司編(1998)『90年代初頭の政治潮流と選挙』, 新評論
Smith, Eric R. A. N. (1989) *The Unchanging American Voter*, Berkeley: University of California Press
Smith, Paul A. (1982) *Electing a President: Information and Control*, New York: Praeger Publishers
曽我謙悟・待鳥聡史(2006)「無党派知事下の地方政府における政策選択— 1990年代以降における知事要因と議会要因—」『年報政治学2005－Ⅱ』, 25－46頁
曽我謙悟・待鳥聡史(2007)『日本の地方政治』, 名古屋大学出版会
杣正夫(1986)『日本選挙制度史－普通選挙法から公職選挙法まで－』, 九州大学出版会
杣正夫編(1985)『日本の総選挙1983年－田中判決批判選挙の総合分析－』, 九州大学出版会
杣正夫編(1987)『日本の総選挙1986年－同日選挙, 自民党300時代の登場－』, 九

州大学出版会
Spitzer Robert J. (1988) *The Presidential Veto: Touchstone of The American Presidency*, Albany, New York: State University of New York Press
Spragens, Thomas A., Jr. (1973) *The Dilemma of Contemporary Political Theory: Toward a Post-Behavioral Science of Politics*, New York: Dunellen Publishing Company, Inc.
Stanley, Harold W. and Richard G. Niemi (1995) *Vital Statistics on American Politics Fifth Edition*, Washington, D.C.: Congressional Quarterly Inc.
Stein, Herbert (1984) *Presidential Economics: The Making of Economic Policy From Roosevelt To Reagan and Beyond*, New York: Simon & Schuster, Inc.
季武嘉也（2007）『選挙違反の歴史－ウラからみた日本の100年』，吉川弘文館
菅原琢（2004）「日本政治における農村バイアス」『日本政治研究』第1巻第1号，53－86頁
菅原琢（2007）「中選挙区自民党候補者の地盤分割－55年体制下における割拠性の変動と構造の計測－」『日本政治研究』第4巻第2号，109－152頁
Sundquist, James L. (1983) *Dynamics of the Party System: Alignment and Realignment of Political Parties in the United States Revised Edition*, Washington, D.C.: The Brookings Institution
鈴木基史（2000）「並立制における投票行動研究の統合的分析アプローチ」『選挙研究』No. 15, 30－41頁
Taagepera, Rein and Matthew Soberg Shugart (1989) *Seats and Votes: The Effects and Determinants of Electoral Systems*, New Haven・London : Yale University Press
田口富久治編（1982）『主要諸国の行政改革』，勁草書房
高木悠貴（2005）「中選挙区制における戦略的投票の特徴」『日本政治研究』第2巻第2号，106－120頁
高橋祥起（1991）『政治改革－信頼される政治をめざして－』，芦書房
田村理（2006）『投票方法と個人主義』，創文社
田中愛治（1992）「『政党支持なし』層の意識構造と政治不信」『選挙研究』No. 7, 80－99頁
田中愛治（1996）「国民意識における『五五年体制』の変容と崩壊－政党編成崩壊とシステム・サポートの継続と変化－」『年報政治学1996』，31－66頁
田中愛治・三村憲弘（2006）「国民意識における平等と政治—政治経済対立軸の継続と変化—」『年報政治学2006－Ⅰ』，117－147頁
田中善一郎（1981）『自民党体制の政治指導』，第一法規
田中善一郎（2005）『日本の総選挙1946－2003』，東京大学出版会
棚瀬孝雄編（2007）『市民社会と責任』，有斐閣
谷望美（2002）「日本社会党の盛衰をめぐる若干の考察－選挙戦術と政権・政策戦略－」『選挙研究』No. 17, 84－99頁
谷口将紀（2004）『現代日本の選挙政治－選挙制度改革を検証する』，東京大学出版会

谷口将紀（2006）「衆議院総選挙候補者の政策位置」『年報政治学2005－Ⅱ』，11－24頁
谷口将紀（2006）「衆議院議員の政策位置」『日本政治研究』第3巻第1号，96－108頁
Tate, Katherine (1993) *From Protest to Politics : The New Black Voters in American Elections*, New York : Russell Sage Foundation, Cambridge・London : Harvard University Press
統計数理研究所国民性調査委員会編（1992）『第5　日本人の国民性－戦後昭和期総集－』，出光書店
東京市政調査会編（1993）『大都市行政の改革と理念－その歴史的展開』，日本評論社
東京大学新聞研究所編（1988）『選挙報道と投票行動』，東京大学新聞研究所研究業書
富田信男（1986）「衆議院議員総選挙の史的分析（一）－明治・大正期－」『選挙研究』No. 1, 65－93頁
富田信男（1987）「衆議院議員総選挙の史的分析（二）－明治・大正期－」『選挙研究』No. 2, 64－88頁
富田信男（1992）『芦田政権二二三日』，行研
富田信男（1998）「小選挙区比例代表並立制に関する一考察」『選挙研究』No. 13, 140－148頁
Troy, Gil (1991) *See How They Ran : The Changing Role of the Presidential Candidate*, New York : The Free Press
辻田好和（1988）『戦後の選挙総覧』，ぎょうせい
堤英敬（1998）「1996年衆議院選挙における候補者の公約と投票行動」『選挙研究』No. 13, 89－99頁
内田満（1975）「政治参加の構造的変貌と政治過程－都市化インパクトを中心に－」『年報政治学1974』，23－40頁
内田満（1983）『政党政治の論理』，三嶺書房
内田満（2000）『可能事の芸術と現実の間で』，三嶺書房
上住充弘（1992）『日本社会党興亡史』，自由社
宇治敏彦（1988）「統一地方選挙と売上税」『選挙研究』No. 3, 5－21頁
Usher, Dan (1981) *The Economic Prerequisite to Democracy*, Oxford: Basil Blackwell
Wada Junichiro (1996) *The Japanese Election System: Three Analytical Perspectives*, London : Rutledge
Ware, Alan (eds.) (1987) *Political Parties: Electoral Change and Structural Response*, Oxford・New York: Basil Blackwell
和田淳一郎（1995）「小選挙区比例代表並立制に関するゲーム論的一考察」『選挙研究』No. 10, 32－40頁
和田淳一郎・坂口利裕（2006）「横浜市における期日前投票所増設の効果」『選挙学会紀要』No. 7, 27－35頁
渡辺治（1988）『現代日本の支配構造分析－基軸と周辺－』，花伝社
綿貫譲治・三宅一郎・猪口孝・蒲島郁夫（1986）『日本人の選挙行動』，東京大学出

版会
綿貫譲治・三宅一郎（1997）『環境変動と態度変容』，木鐸社
Wattenberg, Martin P. (1984) *The Decline of American Political Parties 1952-1980*, Cambridge, Massachusetts: Harvard University Press
Wayne, Stephen J. (1980) *The Road to the White House: The Politics of Presidential Elections Second Edition*, London: Macmillan Press
Weaver, R. Kent (1988) *Automatic Government: The Politics of Indexation*, Washington, D.C.: The Brookings Institution
Willetts, Peter (eds.) (1982) *Pressure Groups in the Global System: The Transnational Relations of Issue-Orientated Non-Governmental Organizations*, London: Frances Pinter (Publishers)
Wilson, James Q. (1980) *The Politics of Regulation*, New York: Basic Books, Inc.
Wolfinger, Raymond E. (eds.) (1966) *Readings in American Political Behavior*, Englewood Cliffs, N.J.: Prentice-Hall, Inc.
Wolfinger, Raymond E. and Steven J. Rosenstone (1980) *Who Votes?* New Haven・London : Yale University Press
Worcester, Robert M. and Martin Harrop (eds.) (1982) *Political Communications: The General Election Campaign of 1979*, London: George Allen & Unwin
薬師寺泰蔵・小林良彰・櫻井眞・竹中平蔵・由井真人（1987）『日本経済「知」の処方箋－新ソフトノミックスの時代－』，TBSブリタニカ
山口二郎（1989）『一党支配体制の崩壊』，岩波書店
山口二郎（1993）『政治改革』，岩波書店
山口二郎（2004）『戦後政治の崩壊－デモクラシーはどこへゆくか－』，岩波書店
山口二郎（2007）「戦後政治における平等の終焉と今後の対立軸」『年報政治学2006－Ⅱ』，202－225頁
山本竜大（2005）「2003年衆議院選挙における候補者ホームページとその政策・公約に関する分析」『選挙学会紀要』No. 5，79－95頁
山田真裕（1992）「投票率の要因－1979～86年総選挙－」『選挙研究』No. 7，100－116頁
山田真裕（1997）「五五年体制下の新党現象と投票行動」『選挙研究』No. 12，59－70頁
山田真裕（2002）「2000年総選挙における棄権と政治不信」『選挙研究』No. 17，45－57頁
山田真裕（2004）「投票外参加の論理－資源，指向，動員，党派性，参加経験－」『選挙研究』No. 19，85－99頁
山田真裕（2005）「2004年参院選における自民党からの離反と小泉評価」『年報政治学2005－Ⅰ』，88－105頁
山田竜作（2007）「包摂／排除をめぐる現代デモクラシー理論—『闘技』モデルと

『熟議』モデルのあいだ―」『年報政治学2007-Ⅰ』，143-162頁
柳沢尚武（1996）『二大政党制と小選挙区制－アメリカ，イギリスの制度研究－』，新日本出版社
矢野順子・松林哲也・西澤由隆（2005）「自治体規模と住民の政治参加」『選挙学会紀要』No. 4, 63-78頁
安野智子（1996）「メディアの影響力の認知は世論形成を媒介するか－第三者効果による世論形成過程モデルの試み」『選挙研究』No. 11, 46-60頁
安野智子・池田謙一（1997）「投票行動の社会心理学」『選挙研究』No. 12, 28-40頁
安野智子（2001）「重層的な世論過程：世論変化の許容範囲モデル」『選挙研究』No. 16, 89-100頁
読売新聞調査研究本部編（1988）『日本の国会－証言・戦後議会政治の歩み－』，読売新聞社
読売新聞調査研究本部編（2002）『日本の世論』，弘文堂
読売新聞社編（1990）『激変の政治選択－'89参院選，'90衆院選徹底分析－』，読売新聞社
Young, Michael L. (1987) *The American Dictionary of Campaigns and Elections*, Lanham・New York・London: Hamilton Press
湯淺墾道（2006）『電子化社会の政治と制度』，オブアワーズ
Zisk, Betty H. (1987) *Money, Media, and the Grass Roots: State Ballot Issues and the Electoral Process*, Newbury Park・Beverly Hills・London・New Delhi: Sage Publications

あとがき

本書執筆の動機

　本書を執筆したきっかけは，90年代半ばに行われた政治改革に対する疑問である。当時，リクルート事件や佐川急便事件など「政治とカネ」をめぐる疑惑が噴出し，有権者の政治不信が臨界点を超えようとしていた。しかし，「中選挙区制だから同じ政党から複数の候補者が立候補する」→「同じ政党だから政策に違いがないのでサービス合戦をするしかない」→「だから政治にお金がかかるので，問題があるお金も受け取ってしまう」のだとして，悪いのは政治家ではなく中選挙区制なのだということになり，政治改革から選挙制度改革に議論が方向転換していった。

　しかも，「有権者にとってどんな選挙制度が良いのか？」という視点から政治家が選挙制度を論じたのだろうか。例えば，民意を反映するために「得票率と議席率の乖離が少ない」制度が良いのであれば小選挙区制が導入されることにはならないし，「党だけでなく人も選びたい」というのであれば拘束式比例代表制が導入されることはない。しかし，現実には小選挙区制と拘束式比例代表制を併せた並立制が導入されることになった。

　また，小選挙区制導入に際して主張された「政権交代可能な二大政党制を作る」という建前も，自民党と民主党の大連立構想を2007年に両党首が協議したことで（その後，民主党の役員会における反対多数で頓挫したが），本当に当時の政治家達が二大政党制を目指していたのかどうか疑われても仕方がないのではないか。

　もちろん，「90年代の政治改革に意味がなかった」というつもりはない。政治資金規正についていえば，未だに問題点が残っているとはいえ，政治改革以前に比べれば改善された点は少なくない。また，選挙における党首イメージが重要になったことから，世論に対する政党の応答性も増している。ただ，それが必ずしも政策を介在するものになっていないことを指摘したつもりである。さらに，「政治改革以前の日本政治が良かった」というつもりも毛頭ない。すでに，拙著『現代日本の政治過程－日本型民主主義の計量分析－』（東京大学出版会，1997年）の中で実証的に明らかにしたように，55年体制における民主主義の機能不全には根深いものがある。今回，刊行する本書は，その問題が選挙制度改革以降も解決されることなく続いていることを実証的に

明らかにしたものである。つまり，90年代の政治改革で本来，解決すべきことを解決しなかったことが，その原因となっていることを明らかにしたものである。

本書を執筆したもう一つの動機は，現在の日本における選挙行動研究に対する疑問である。選挙行動研究は，長年，米国政治学における主要な潮流の一つとして多くの政治学者が携わってきた。その目的は，選挙行動の実態を研究することで，代議制民主主義の「擬制」が機能しているのかどうかを確認し，もし機能不全が生じているならばどこに問題があり，どのように改善できるかを議論していくためである。

これに対して，日本の選挙行動研究ではその本来の目的を忘れ，実証分析という形式のみを模倣し，外界にある政治の現実をみることなく，机上のパソコンを動かすだけで書かれた論文が量産されていると言ったら誇張であろうか。中には，政治学には「日本の民主主義をどうしたらより良いものにできるのか？」などという問題意識は不要であり，「学問に価値観を持ち込むべきではない」と極論する者すらいる。現状を評価することなく現状を説明するだけの学問が，価値の「中立性」に名を借りた価値の「保守性」に繋がることを忘れているのではないだろうか。それが，本書を執筆したもう一つの理由である。

本書で使用したデータ

本書では，様々なデータを用いながら日本政治の実態を解明しようとした。まず，文部科学省21世紀COEプログラム・慶應義塾大学「多文化多世代交差世界の政治社会秩序形成－多文化世界における市民意識の動態－」（21COE － CCC）（平成15年度～平成19年度）（拠点リーダー：小林良彰）が行った各国における意識調査データ，ならびに収集した地域別アグリゲートデータを分析に使用している。また，文部科学省科学研究費特別推進研究「21世紀初頭の投票行動の全国的・時系列的調査研究」（JES Ⅲ）（平成13～平成17年度）（池田謙一・小林良彰・平野浩）が行ったわが国における意識調査データも活用している。

謝辞

本書は，当初の予定を遅れて刊行されることになった。言い訳になるが，この5年間，上記21COE － CCCの事業推進にほとんどの時間を取られてきた。この1年間，辛抱強く待ち続けて頂いた木鐸社の坂口節子社長には心より厚く御礼を申し上げたい。また，データの整理などで多くの助力を頂いた金宗郁君（慶應義塾大学特別研究講師）と松本淳君（同大学大学院博士課程）

にも感謝を述べたい。さらに，いつものことながら，本書を執筆する期間，籠もりきりで共に過ごす時間を大幅に犠牲にした妻と息子にはお詫びを言いたい。

　最後に，2007年にご逝去されたお二人の先生方，日本の民主主義の現状を憂い投票率向上のためにご尽力された内田満先生（早稲田大学名誉教授・全国明るい選挙推進協会前会長）と日本に選挙研究を確立するために日本選挙学会を創立した富田信男先生（明治大学名誉教授・日本選挙学会初代理事長）の日本の学問研究に対する貢献に敬意を払うとともに，お二人に本書を捧げることをお許し頂きたい。日本により良い民主主義をもたらすことに生涯を捧げた内田先生と富田先生のご冥福を心からお祈り申し上げる次第である。

2007年11月8日

小林　良彰

Is Democracy Working in Japan after the Political Reform?

Yoshiaki Kobayashi, Keio University

Abstract

Since the electoral reform a decade ago, four elections to the House of Representatives have been held. At the time of the reform, the problems of political funding and widespread corruption were commonly attributed to the multi-member district system. It was then argued that the introduction of the dual system, consisting of both the single-member district and proportional representation systems, would counter these problems by stimulating policy debates. This book examines the validity of these claims by comparing the patterns of voting behavior in elections held under the new and old systems.

The analysis empirically tests five hypotheses built around the following points: 1. The range of candidates' policy positions. 2. The distance between candidates' issue positions and voters' ideal points. 3. Whether issue voting has increased or decreased. 4. Correspondence between subsidies to a constituency and the number of votes gained. 5. Correspondence between subsidies and the number of votes gained at House of Councilors elections.

The results of this book show that the dual system has not brought about the expected changes in voting behavior. It also suggests that the problems regarding political funding did not originate in the multi-member district system but still persist under the new system.

索 引

あ行

浅野正彦 263
アノミー度 191, 224-225, 233, 236, 244
一票の格差 270
インドネシア 209
運輸・通信 73
NPC（New Political Culture, 新政治文化） 43, 124, 301-302
オーストラリア 209, 213
大山礼子 110

か行

外交政策 157, 159
回顧評価 18, 171
期待効用差 115
期待効用モデル 132, 135, 138
教育・労働 71
業績評価 18, 39-40, 155-161, 164-169, 173, 225, 227, 231, 233, 236, 242, 249
業績評価投票 31, 171, 223
業績評価の形成要因 171
業績評価（外交政策）の形成要因 179-180
業績評価（景気対策）の形成要因 176-177
業績評価（財政再建）の形成要因 174-175
業績評価（全体）の形成要因 172
業績評価と投票行動 192
グッドとメイヤー 132
景気状態感 31
景気対策 157, 159
権威主義度 224-225
小泉純一郎 20, 34
候補者助成制度 290
合理的モデル 132-133
国土環境 73
55年体制 21
固定層 28-29

さ行

財政構造改革 22, 157-160, 164-165

財政再建 33-35
参議院定数自動決定式比例代表制 293
シェファー 132
司法・警察 73
市民参加の機会 12
社会福祉 71
衆議院定数自動決定式比例代表制 288
修正ダイアメトロス 140
修正ダイアメトロスモデル 144-146
修正ニューダイアメトロスモデルⅡ 151
住宅・中小企業 73
集団的自衛権 36
主観的認知距離 113-114
商工鉱業 72
小選挙区 109
小選挙区制 108, 110-113, 118, 263-267, 269-270, 277, 282
小選挙区比例代表並立制 108-109, 277
将来期待（プロスペクティヴ） 39-40, 107
シンガポール 209, 213
鈴木基史 109
生活状態感 31
政治意識 12
政治改革 25-26, 43, 230, 223, 269
政治関心 12
政治的知識度 12
政治の有効性感覚 15, 225, 227, 236, 244
政党間期待効用差 133
制度改革 18, 285
接戦の主観的可能性 132
選挙公約 47-48, 69-76, 87-91, 93, 95-97, 99-106
選挙公約（一般行政） 65
選挙公約（運輸・通信） 59
選挙公約（教育・労働） 53
選挙公約（国債） 67
選挙公約（国土環境） 63
選挙公約（司法・警察） 67
選挙公約（社会福祉） 49
選挙公約（住宅・中小企業） 62
選挙公約（商工鉱業） 58

選挙公約（生活保護）　53
選挙公約（地方自治）　61
選挙公約（農林水産）　56
選挙公約（防衛および外交・貿易）　55
選挙公約（保健衛生）　51
選挙制度　287
選挙制度改革　43, 108, 110
ソーシャル・キャピタル　188, 224, 236
争点態度　225, 227, 230, 242
争点態度投票　107, 223
疎外度　224-225, 244

た行

ダール R.　11, 223
タイ　209, 211-212
ダイアメトロス　140
ダイアメトロスモデル　131, 139-140, 142-144, 149
ダイアメトロスモデルⅡ　148-151
ダウンズ　132, 134
谷口将紀　263
地域特性　69
地方議会制度改革　294
地方交付税　266
地方交付税制度　296
地方自治　73
中選挙区制　224, 233, 263-267, 269-270, 276-277
D係数　141, 150
定数不均衡　271, 276
投票参加の決定要因　224
投票方向の決定要因　242
トルコ　211, 213, 215

な行

成田憲彦　264
二元代表制　298
日本　211, 213
農林水産　71

は行

バッジとホフバート　47
パブリックコメント　297
バングラデシュ　209, 211-212
票と補助金の交換システム　18
フェアジョンとフィオリーナ　137-138
浮動層　28
プロスペクティヴ・ヴォーティング」（将来期待投票）　17
並立制　244, 263, 282
ポークバレルポリティクス　18, 263-264
傍観者民主主義　14
保健衛生　71
保守回帰　31
補助金　31, 266, 268
ポリアーキー　11, 223

ま行

マニフェスト　38-39, 261
ミニマックスリグレットモデル　137-138
民主主義　11, 223, 285
民主主義に対する満足度　12
民主主義の機能回復　286
民主主義の機能不全　263, 285
民主主義を保障する制度的要件　11
無党派層　21, 27-30, 32-33, 272

や行

郵政民営化　21, 42, 230

ら行

ライカーとオードシュック　132-133
リード　263
リトロスペクティヴ・ヴォーティング（業績評価投票）　17
連立ダイアメトロスモデル　148
連立モデル　147

著者略歴

小林　良彰（こばやし　よしあき）法学博士
1954年　東京都生まれ
1982年　慶應義塾大学大学院法学研究科博士課程政治学専攻修了
現　在　慶應義塾大学法学部教授・同大学多文化市民意識研究センター長
著　書　『計量政治学』成文堂
　　　　『公共選択』東京大学出版会
　　　　『現代日本の選挙』東京大学出版会
　　　　『選挙制度』丸善出版
　　　　『現代日本の政治過程』東京大学出版会
　　　　『選挙・投票行動』東京大学出版会
　　　　『政治過程の計量分析』（編著）芦書房
　　　　『日本人の投票行動と政治意識』（編著）木鐸社
　　　　『地方自治の実証分析』（編著）慶應義塾大学出版会
　　　　『日本政治の過去・現在・未来』（編著）慶應義塾大学出版会
　　　　『地方自治の国際比較』（編著）慶應義塾大学出版会
　　　　『地方分権と高齢者福祉－地方自治の展開過程－』（共著）慶應義塾大学出版会
　　　　『リーダーシップから考える公共性』（共編）東京大学出版会
　　　　『日本と韓国における政治とガバナンス』（共編）慶應義塾大学出版会
　　　　『日本における有権者意識の動態』（編著）慶應義塾大学出版会
　　　　『地方自治体をめぐる市民意識の動態』（編著）慶應義塾大学出版会
　　　　『シヴィル・ソサエティ論』（共編）慶應義塾大学出版会
　　　　『市民社会における政治過程の日韓比較』（共編）慶應義塾大学出版会
　　　　『市民社会の比較政治学』（共編）慶應義塾大学出版会

亀　真奈文（かめ　まなぶ）修士（法学）（9章の共同執筆者）
1978年　北海道生まれ
2003年　慶應義塾大学大学院法学研究科修士課程政治学専攻修了
現　在　日本経済新聞社記者

制度改革以降の日本型民主主義：選挙行動における連続と変化
Is Democracy Working in Japan after the Political Reform?

2008年1月31日	第1版第1刷印刷発行
2009年1月15日	第1版第2刷印刷発行
2009年9月15日	第1版第3刷印刷発行 ©

著者との
了解により
検印省略

著　者　　小　林　良　彰
発行者　　坂　口　節　子
発行所　　㈲　木　鐸　社
印　刷　㈱アテネ社　　製　本　高地製本所

〒112-0002　東京都文京区小石川5-11-15-302
電話 (03) 3814-4195　ファクス (03) 3814-4196
振替 東京00100-5-126746　http://www.bokutakusha.com/

乱丁・落丁本はお取替え致します
ISBN978-4-8332-2402-4 C3031

〔シリーズ 21世紀初頭・日本人の選挙行動〕全3巻完結

　ＪＥＳⅢパネル調査は，21世紀初頭，小泉政権期をほぼカヴァーし，1976年ＪＡＢＩＳＳ調査から数えても30年の歴史と継続性を有し，また国際比較の標準（ＮＥＳやＣＳＥＳ２）調査項目とも一致させて比較できるよう工夫している。

　本シリーズは，これらの普遍性・歴史性を踏まえたうえで，ＪＥＳⅢのデータを用い，小泉政権の固有性を明確にし，更に視野を拡げ，投票行動の背景をなす日本人の価値観の変容と連続性を様々な手法を用いて検証する。政治意識と選挙行動から捉えた21世紀初頭日本社会と日本人の実像。

〔既刊〕

池田謙一
政治のリアリティと社会心理
― 平成小泉政治のダイナミックス

　選挙制度の変更が定着し，加えて行政改革の結果として首相権限が強化された状況下で，出自の自民党に反旗を翻すようなスタンスを取り，その反響のどよめきにも乗る形で未曾有の支持を獲得し続けた首相による4度の国政選挙では，何が生じていたのか。政治のリアリティの構造，政治参加のあり方，各種メディアとの接触状況，インターネット利用者の増加との関係，社会関係資本たる信頼と安心がどんな役割を果たしているのか等の検証に焦点を置いた。

Ａ５判320頁定価：本体4000円＋税

平野　浩
変容する日本の社会と投票行動

　２１世紀初頭における有権者の投票行動の分析を通じて，なぜ日本の政治が今日あるようなものであるのかを解明することを目的とする。まず第一部（第１章～第４章）では，マクロな社会構造，経済状況，政治文化などが有権者の投票行動にどのように反映しているのかを明らかにする。続く第二部（第５章～第８章）では，投票行動を内的に規定する社会心理学的諸変数，すなわち政党支持，候補者評価，争点態度，内閣業績評価などの再検討を行う。最後の第三部（第９章～第１０章）では，投票行動を外的に拘束する諸要因の影響，すなわち衆参それぞれの選挙制度が分割投票に及ぼす影響，日本の政党システムと有権者の投票行動の相互の規定関係などを明らかにし，今後の日本政治を展望する。

Ａ５判200頁定価：本体3000円＋税